HELMUT GROSSKREUTZ

Privatkapital und Kanalbau in Frankreich 1814-1848

AF808113

Schriften zur Wirtschafts- und Sozialgeschichte

In Verbindung mit Rudolf Braun, Otto Büsch und Peter Czada
herausgegeben von Wolfram Fischer

Band 28

Privatkapital und Kanalbau in Frankreich 1814-1848

Eine Fallstudie zur Rolle der Banken in der französischen Industrialisierung

Von

Dipl.-Vw. Dr. Helmut Großkreutz

DUNCKER & HUMBLOT / BERLIN

CIP-Kurztitelaufnahme der Deutschen Bibliothek

Großkreutz, Helmut

Privatkapital und Kanalbau in Frankreich : 1814 - 1848 ; e. Fallstudie zur Rolle d. Banken in d. franz. Industrialisierung. — 1. Aufl. — Berlin : Duncker und Humblot, 1977.

(Schriften zur Wirtschafts- und Sozialgeschichte ; Bd. 28)

ISBN 3-428-03852-5

D 188

Alle Rechte vorbehalten

© 1977 Duncker & Humblot, Berlin 41

Gedruckt 1977 bei fotokop, wilhelm weihert, Darmstadt

Printed in Germany

ISBN 3 428 03852 5

Vorwort

Das französische Kanalnetz entstand zu etwa zwei Dritteln in den Jahren 1814 bis 1848. Die Untersuchung der Planung, Bauausführung und insbesondere Finanzierung dieser Kanalbauten zielt darauf ab, die Rolle verschiedener Institutionen und Personengruppen, insbesondere die des Staates und der Privatbankiers,im Prozeß der französischen Industrialisierung neu zu gewichten und somit zum besseren Verständnis dieses Prozesses vor dem Hintergrund des englischen Industrialisierungsmusters beizutragen.

Die Arbeit geht zurück auf eine Anregung von Herrn Professor François Crouzet. Sie wurde betreut von Herrn Professor Wolfram Fischer. Zahlreiche Hinweise und Ratschläge verdanke ich Herrn Professor François Caron sowie den Mitarbeitern des Instituts für Wirtschafts- und Sozialgeschichte an der Freien Universität Berlin, insbesondere Herrn Professor Hartmut Kaelble und Herrn Privatdozent Heinrich Volkmann. Frau Heike Siesslack schrieb das Manuskript und half bei der Fertigstellung der Druckfassung.

Ihnen allen sei an dieser Stelle herzlich gedankt, ebenso der Ernst-Reuter-Gesellschaft der Förderer und Freunde der Freien Universität Berlin, die einen großzügigen Druckkostenzuschuß gewährte.

Helmut Großkreutz

Inhaltsverzeichnis Seite

A. Kanalbau in Frankreich: Staatsaufgabe oder Feld der Privatwirtschaft? 13

1. Binnenschiffahrt und Transportrevolution 13
2. Der Ausbau des Kanalnetzes bis 1848.....................19
3. Kanalbaupolitik 1814-1848 31
   a. Planungsgrundlage....................................31
   b. Zielsetzung..39
   c. Finanzierung...55

B. Die Finanzierung der privaten Investitionen

Kapitel I: Die institutionelle Form der Kapitalsammlung.....78

1. Die rechtliche Organisation der französischen Wirtschaft.79
2. Die Rechtsform der Kanalgesellschaften..................81
3. Die rechtliche Ausgestaltung der Kapitalgesellschaften im Kanalsektor...95

Kapitel II: Die geographische Herkunft von Kapitalgebern und Führungskräften..........................108

1. Problemstellung und methodischer Ansatz................108
2. Einzelstudien...111
   a. Ancien Régime: Dominanz regionaler Initiativen.......111
   b. Konsulat und Empire: Beginn der räumlichen Konzentration..121
   c. Konstitutionelle Monarchie: Pariser Hegemonie........124
   d. Der Beitrag des Auslandes............................142
3. Versuch der Aggregierung................................149

Kapitel III: Die sozioprofessionelle Herkunft von Kapitalgebern und Führungskräften...................162

1. Problemstellungen und methodischer Ansatz..............162
2. Einzelstudien...170
   a. Die Rolle technischer Spezialisten...................170
   b. Der Beitrag der traditionellen Führungsschicht: Adel, Offiziere, Beamtenschaft...........................175
   c. Die neue Aristokratie: Die Pariser Haute Banque......189
3. Versuch der Aggregierung................................211
   a. Kapitalaufbringung...................................211
   b. Unternehmensführung..................................225
   c. Die Rolle gesellschaftlicher und politischer Eliten: Adel, Pairs, Deputierte............................230
   d. Soziale Schichtung der Kapitaleigner.................243

C. Zur Rolle der Banken in der französischen Industrialisierung...275

Anhang A: Die Entwicklung des französischen Kanalnetzes im 19. Jahrhundert..............................288

Anhang B: Die Quantifizierung der 1814 bis 1848 im französischen Kanalbau durchgeführten Investitionen.........296

Anhang C: Zur Identifizierung und Klassifizierung der privaten Kapitalgeber und Führungskräfte....................309

Quellen- und Literaturverzeichnis..........................320

Register...347

Verzeichnis der Tabellen Seite

Tabelle 1: Kanalgesetze von 1821/22: Finanzielle Bedingungen....66

Tabelle 2: Kanalgesellschaften 1848....84/85

Tabelle 3: Rechtsform der Kanalgesellschaften 1814-1848....89

Tabelle 4: Kanalgesellschaften: Anteil der Rechtsformen 1800-1850 im Zeitablauf....92

Tabelle 5: Midi-Kanal. Besitzverhä tnisse 1792-1897....116

Tabelle 6: Orléans- und Loing-Kanal. Besitzverhältnisse 1794-1863....118

Tabelle 7: Givors-Kanal. Geographische Herkunft der Aktionäre 1837....120

Tabelle 8: Beaucaire-Kanal. Geographische Herkunft der Aktionäre 1801-1829....122

Tabelle 9: Ardennen-Kanal. Geographische Herkunft der Aktionäre 1825....128

Tabelle 10: Somme-Kanal. Geographische Herkunft der Aktionäre 1825/1826....128

Tabelle 11: Oise-Kanalisierung. Geographische Herkunft der Aktionäre 1825/1826....129

Tabelle 12: Cie des Quatre Canaux. Geographische Herkunft der Subskribenten 1822....130

Tabelle 13: Cie des Quatre Canaux. Geographische Herkunft der Administratoren und Zensoren 1823-1856....131

Tabelle 14: Arles-Bouc- und Bourgogne-Kanal. Geographische Herkunft der Subskribenten 1822....133

Tabelle 15: Vire-Taute-Kanal. Geographische Herkunft der Aktionäre 1835-1838....134

Tabelle 16: Arcachon-Kanal. Geographische Herkunft der Aktionäre 1834....136

Tabelle 17: Arcachon-Kanal. Geographische Herkunft der Aufsichtsratsmitglieder 1834-1837....136

Tabelle 18: Aire-La Bassée-Kanal. Geographische Herkunft der Aktionäre 1822-1828....138

Tabelle 19: Roubaix-Kanal. Geographische Herkunft der Aktionäre 1826-1849....139

Tabelle 20: Kanalisierte Sambre. Geographische Herkunft der Aktionäre 1826-1850....144

Tabelle 21: Sambre-Oise-Kanal. Geographische Herkunft der Aktionäre 1834-1850....144

Tabelle 22: Kanalgesellschaften 1814-1848: Geographische Verteilung des Gesellschaftskapitals....150

Tabelle 23: Kanalgesellschaften 1814-1848: Geographische Verteilung des Gesellschaftskapitals. Zusammenfassung....152

Seite

Tabelle 24: Kanalgesellschaften 1814-1848: Geographische Zusammensetzung der Gesellschaftsorgane........157

Tabelle 25: Givors-Kanal. Berufsstruktur der Aktionäre 1838.......................................174

Tabelle 26: Roubaix-Kanal. Berufsstruktur der Aktionäre 1826-1849..................................180

Tabelle 27: Arcachon-Kanal. Berufsstruktur der Aktionäre 1834.......................................182

Tabelle 28: Aire-La Bassée-Kanal. Berufsstruktur der Aktionäre 1822-1828...........................183

Tabelle 29: Kanalisierte Sambre. Berufsstruktur der Aktionäre 1825...............................185

Tabelle 30: Vire-Taute-Kanal. Berufsstruktur der Aktionäre 1835-1847...........................186

Tabelle 31: Beaucaire-Kanal. Berufsstruktur der Aktionäre 1801-1829...........................192

Tabelle 32: Kanalisierte Sambre. Berufsstruktur der Aktionäre 1850...............................195

Tabelle 33: Sambre-Oise-Kanal. Berufsstruktur der Aktionäre 1850...............................195

Tabelle 34: Ourcq- und St.-Denis-Kanal: Berufsstruktur der Gesellschafter 1819-1830.................197

Tabelle 35: St.-Martin-Kanal. Berufsstruktur der Aktionäre 1822-1832...........................198

Tabelle 36: Roanne-Digoin-Kanal. Berufsstruktur der Aktionäre 1837...............................200

Tabelle 37: Ardennen-Kanal. Berufsstruktur der Aktionäre 1825.......................................204

Tabelle 38: Somme-Kanal. Berufsstruktur der Aktionäre 1825/1826..................................204

Tabelle 39: Oise-Kanalisierung. Berufsstruktur der Aktionäre 1825/1826...........................205

Tabelle 40: Cie des Trois Canaux. Berufsstruktur der Administratoren und Zensoren 1836-1854.........205

Tabelle 41: Arles-Bouc- und Bourgogne-Kanal. Berufsstruktur der Subskribenten 1822................207

Tabelle 42: Cie des Quatre Canaux. Berufsstruktur der Administratoren und Zensoren 1823-1856.........208

Tabelle 43: Kanalgesellschaften 1814-1848: Berufsstruktur der Anteilseigner.............................213

Tabelle 44: Kanalgesellschaften 1814-1848: Die Kapitalbeteiligung von Bankiers...........................215

Tabelle 45: Kanalgesellschaften 1814-1848: Die Kapitalbeteiligung von Offizieren und Beamten.........216

Tabelle 46: Kanalgesellschaften 1814-1848: Die Kapitalbeteiligung von Rentiers............................220

Seite

Tabelle 47: Kanalgesellschaften 1814-1848: Die Kapitalbeteiligung von Bauunternehmern 221

Tabelle 48: Kanalgesellschaften 1814-1848: Berufliche Zusammensetzung der Gesellschaftsorgane 228

Tabelle 49: Anteilseigner der Kanalgesellschaften 1814-1848: Geographische Herkunft der Pairs und Deputierten 236

Tabelle 50: Kanalgesellschaften 1814-1850: Zahl der Anteilseigner 245

Tabelle 51: Aktionäre ausgewählter Kanalgesellschaften 1814-1850,gegliedert nach dem Nennwert ihrer Akteinpakete: Zahl der Aktionäre absolut 255

Tabelle 52: Aktionäre ausgewählter Kanalgesellschaften 1814-1850,gegliedert nach dem Nennwert ihrer Aktienpakete: Zahl der Aktionäre (%) 256

Tabelle 53: Ausgewählte Kanalgesellschaften 1814-1850: Anteile der nach dem Wert ihrer Aktienpakete geordneten Aktionärsgruppen am Gesellschaftskapital (4) 258

Tabelle 54: Ausgewählte Kanalgesellschaften 1814-1850: Kumulierte Anteile der nach dem Wert ihrer Aktienpakete geordneten Aktionärsgruppen am Gesellschaftskapital (%) 260

Tabelle 55: Aktionäre ausgewählter Kanalgesellschaften 1814-1850, gegliedert nach dem Nennwert ihrer Aktienpakete und ihrem Wohnsitz 266

Tabelle 56: Aktionäre ausgewählter Kanalgesellschaften 1814-1850, gegliedert nach dem Nennwert ihrer Aktienpakete und ihrem Beruf 268

Tabelle 57: Kanalgesellschaften 1814-1850: Berufe und Wohnsitze der wichtigsten Aktionäre 269

Tabelle 58: Kanalgesellschaften 1814-1850: Wohnsitz, Beruf und Anteilswerte der kapitalstärksten Aktionäre 273

Tabelle 59: Entwicklung d-s französischen Kanalnetzes bis 1900, Länge in km 292/293/294

Tabelle 60: Das französische Kanalnetz zu Ende der Julimonarchie .... nach S. 294

Tabelle 61: Nettoinvestitionen im französischen Kanalbau bis 1848: absolute Höhe der Investitionen pro Kanal .... nach S. 302

Tabelle 62: Die Nettoinvestit-onen im französischen Kanalbau unter der konstitutionellen Monarchie: Die Entwicklung der Investitionen im Zeitablauf 308

Seite

Verzeichnis der Schaubilder und Karten

Schaubild 1: Transportaufkommen von Straße, Binnenwasserstraße und Schiene in Frankreich 1847-1950....17

Schaubild 2: Die Entwicklung des französischen Kanalnetzes im 19. Jahrhundert....20

Schaubild 3: Die Entwicklung des französischen Kanalnetzes im 19. Jahrhundert: pro Jahr autorisierte bzw. neueröffnete Strecken....21

Schaubild 4: Die Nettoinvestitionen im französischen Kanalbau 1814-1848 im Zeitablauf....29

Schaubild 5: Rechtsform der Kanalgesellschaften 1814-1848....90

Schaubild 6: Kanalgesellschaften: Anteil der Rechtsformen 1814-1850 im Zeitablauf....94

Schaubild 7: Kanalgesellschaften 1814-1848: Geographische Verteilung des Gesellschaftskapitals....153

Schaubild 8: Kanalgesellschaften 1814-1848: Geographische Zusammensetzung der Gesellschaftsorgane....158

Schaubild 9: Kanalgesellschaften 1814-1848: Berufsstruktur der Anteilseigner....217

Schaubild 10: Kanalgesellschaften 1814-1848: Berufliche Zusammensetzung der Gesellschaftsorgane....229

Schaubild 11: Aktionäre ausgewählter Kanalgesellschaften 1814-1850, gegliedert nach dem Nennwert ihrer Aktienpakete....257

Schaubild 12: Ausgewählte Kanalgesellschaften 1814-1850: Anteile der nach dem Wert ihrer Aktienpakete geordneten Aktionärsgruppen am Gesellschaftskapital....259

Schaubild 13: Aktionäre ausgewählter Kanalgesellschaften 1814-1850, gegliedert nach dem Nennwert ihrer Aktienpakete und ihrem Wohnsitz....267

Schaubild 14: Aktionäre ausgewählter Kanalgesellschaften 1814-1850, gegliedert nach dem Nennwert ihrer Aktienpakete und ihrem Beruf....267

Schaubild 15: Kanalgesellschaften 1814-1850: Berufe und Wohnsitz der wichtigsten Aktionäre....270

Schaubild 16: Investitionsprofile von Kanalbauten....305

Karte der Binnenwasserstraßen Frankreichs um 1848 ....nach S. 22

Verzeichnis der Abkürzungen

A	Arrêt
AER	American Economic Review
AN	Archives Nationales
Annales	Annales. Economies, Sociétés, Civilisations
AP	Archives Parlementaires
AR	Aufsichtsrat
BL	Bulletin des Lois
BN	Bibliothèque Nationale
BPC	Bibliothèque de l'Ecole Nationale des Ponts et Chaussées
CdE	Conseil(ler) d'Etat
CDep	Chambre des Députés
CGPC	Conseil Général des Ponts et Chaussées
D	Décret
DGPC	Directeur Général des Ponts et Chaussées
EDCC	Economic Development and Cultural Change
EEH	Explorations in Economic History (früher: Explorations in Entrepreneurial History)
GB	Geschäftsbericht
GV	Gesellschaftsvertrag
HV	Hauptversammlung
JEcH	Journal of Economic History
JdI	Journal de l'Industriel
L	Gesetz
MAE	Ministre des Affaires Etrangères
MACTP	Ministre de l'Agriculture, du Commerce et des Travaux Publics
MC	Ministre du Commerce
MCI	Ministre du Commerce et de l'Industrie
MCTP	Ministre du Commerce et des Travaux Publics
MF	Millionen Franken
MFin	Ministre des Finances
MI	Ministre de l'Intérieure
MTP	Ministre des Travaux Publics
MU	Moniteur Universel
O	Ordonnance
PC	Ponts et Chaussées
RDM	Revue des Deux Mondes
RHES	Revue d'Histoire Economique et Sociale
RHM	Revue d'Histoire Moderne
RHMC	Revue d'Histoire Moderne et Contemporaine
RHS	Revue de l'histoire de la siderurgie française
SA	Société anonyme
VSWG	Vierteljahrschrift für Sozial- und Wirtschaftsgeschichte

Zeichen in Tabellen:

-	Tatbestand nicht gegeben; nichts
0 oder 0,0	mehr als Null, aber weniger als die Hälfte der dargestellten Einheit
•	keine Angaben vorhanden
()	Schätzung

A. Kanalbau in Frankreich: Staatsaufgabe oder Feld der Privatwirtschaft?

1. Binnenschiffahrt und Transportrevolution

In der Diskussion um Phänomen und Ursachen der Industriellen Revolution wird der Verbesserung der Transportbedingungen zwar durchweg ein wichtiger Platz eingeräumt. Hierbei bezieht man sich jedoch in erster Linie auf den Bau der Eisenbahnen, stuft diesen als entscheidendes Element oder gar auslösenden Faktor des Modernisierungsprozesses ein[1] und widmete ihm dementsprechend eine kaum übersehbare Zahl von Studien[2].

Eine andere, dem Eisenbahnzeitalter nur wenige Jahrzehnte vorangegangene "Transportrevolution" wurde dagegen in der wissenschaftlichen Diskussion weitgehend vernachlässigt, nämlich die Schaffung eines leistungsfähigen Binnenwasserstraßensystems. Dies ist insofern verständlich, als wohl nur während der ersten, der englischen Industriellen Revolution, die Verkehrsprobleme primär (und ergänzt durch die wegen der englischen Insellage traditionell wichtigen Küstenschiffahrt) durch den Ausbau des Binnenschiffahrtsnetzes bewältigt wurden: "Allein auf die Landstraßen angewiesen", so Deane, "hätte auch Großbritannien vermutlich bis zum Eisenbahnzeitalter auf seine Industrielle Revolution warten müssen"[3].

---

1) W.W. Rostow zufolge "war der Eisenbahnbau historisch gesehen der bedeutendste Faktor für die Einleitung von take-offs", vgl. The process of economic growth, Oxford, 2. Aufl. 1960, S. 302 f.

2) An neueren Veröffentlichungen sei lediglich auf die bedeutenden Beiträge von Fishlow, A., American railroads and the transformation of the ante-bellum-economy, Cambridge (Mass.) 1965; Fogel, R.W., Railroads and American economic growth. Essays in econometric history, Baltimore 1964; Hawke, G.R., Railways and economic growth in England and Wales 1840-1870, Oxford 1970 sowie speziell für Frankreich Caron, F., Histoire de l'exploitation d'un grand réseau français: la compagnie des chemins de fer du Nord de 1846 à 1936, 2 Bde. mss., thèse lettres Nanterre 1969, hingewiesen.

3) Deane, Ph., The first industrial revolution, Cambridge 1969, S. 73; entsprechend ist die Entwicklung des englischen Binnenschiffahrtsnetzes besser erforscht als die anderer Länder, vgl. etwa die zahlreichen Arbeiten von Hadfield, Ch., insbesondere British canals. An illustrated history, 2. Aufl. London 1959; ders., The canal age, Newton Abbot 1968.

Aber auch in anderen Ländern spielte die Binnenschiffahrt wenigstens zeitweilig eine bedeutende Rolle. Insbesondere in Belgien, Frankreich und den USA setzte der Prozeß der Modernisierung und Industrialisierung bereits ein, als die Eisenbahn als alternatives und zumindest marginal überlegenes Verkehrsmittel noch nicht zur Verfügung stand bzw. deren Möglichkeiten noch nicht voll abschätzbar waren. Entsprechend konzentrierten sich während der Frühindustrialisierungsphase dieser Länder die Anstrengungen zur Schaffung eines für die Steigerung der wirtschaftlichen Leistungskraft unerläßlich scheinenden verbesserten Verkehrssystems ebenfalls auf den Ausbau des Binnenschiffahrtsnetzes[1)]. Auch in diesen Ländern brachte die Binnenschiffahrt die eigentliche Revolutionierung der Verkehrsbedingungen mit sich, auch hier wurden die Transportkosten durch den Übergang von der Land- zur Wasserstraße auf einen Bruchteil verringert, während die Eisenbahn nur noch eine marginale Verbesserung brachte[2)]; auch hier schließlich

---

1) Vgl. für Belgien etwa Dhont, J. und Bruwier, M., The industrial revolution in Belgium and Holland 1700-1914, o.O. 1970 (The Fontana Economic History of Europe, Bd. 4, Kap. 1); Levy-Leboyer, M., Les banques européennes et l'industrialisation internationale dans la première moitié du 19e siècle, Paris 1964, S. 246 ff.; Grangez, E., Précis historique et statistique des voies navigables de la France et d'une partie de la Belgique, Paris 1855, passim; für die USA siehe insbesondere die Beiträge von J.Rubin und H.H. Segal in Goodrich, C. (Hrsg.), Canals and American economic development, New York u. London 1961; Goodrich, C., Government promotion of American canals and railroads 1800-1890, 2. Aufl. New York und London 1965; Scheiber, H.N., Ohio canal era: a case study of government and the economy, 1820-1861, Athens (Ohio) 1969.

2) Es ist nicht möglich, einen generell gültigen Schätzwert für das Ausmaß der durch den Übergang von Landstraßen- zu Kanal- bzw. Eisenbahntransport erzielten Kostenersparnis anzugeben. Hierzu sind die durch geographisch-technische Besonderheiten, durch Verschiebungen im Zeitablauf, durch die jeweils transportierte Warenart etc. bedingten Differenzen in den zu beobachtenden Transportpreisen zu groß. Will man in den Vergleich auch qualitative Unterschiede der Verkehrsträger einbeziehen - Schnelligkeit, Zuverlässigkeit, Sicherheit des Transportes etwa -, verliert das Bild vollends an Übersichtlichkeit. Angesichts dieser Komplexität erstaunt es nicht, daß sich in Quellen und Literatur eine kaum übersehbare Vielfalt z.T. widersprüchlicher, nicht zuletzt durch die jeweilige Interessenlage geprägter Angaben zu den bei den jeweiligen Verkehrsträgern anfallenden Kosten finden. Am informativsten schienen uns

folgende Quellen und Veröffentlichungen:

1. Quellen und offizielle Veröffentlichungen:

   AN F 14.1252: Enquête générale sur les voies de communication intérieure, 1811-1812;

   AN F 14.1269-F 14.1270: Grande enquête sur le commerce et ses moyens de transport, 1811-1812;

   AN F 14.6821-7073: Canaux. Classement par ordre alphabétique de canaux sowie F 14.7085-7113: Projets de canaux. Classement par ordre alphabétique de canaux (zahlreiche Rapports der Tiefbauingenieure, insbesondere die Antworten auf eine Befragung durch den DGPC aus den Jahren 1842/1843);

   AN F 20.724: Statistique de l'industrie des transports: roulage par terre 1845; navigation intérieure 1841, 1845;chemins de fer 1845.

   Ministère des Travaux Publics, Direction générale des ponts et chaussées et des chemins de fer, Documents statistiques sur les routes et ponts, Paris 1873, passim;

2. zeitgenössische Veröffentlichungen:

   Chevalier, M., Des chemins de fer comparés aux lignes navigables, in: RDM 1838, S. 804 ff.; Grangez, E., Traité de la perception des droits de navigation intérieure, Paris 1840, S. 365 ff.; ders., Précis, a.a.O., S. 750 ff. sowie Einzeldarstellungen der Kanäle; Collignon, Ch., Du concours des canaux et des chemins de fer et de l'achèvement du canal de la Marne au Rhin, Paris 1845, S. 68 ff., 83 ff.; Proudhon, P.J., De la concurrence entre les chemins de fer et les voies navigables, Paris 1845, S. 1-30; Teisserenc, E., Statistique des voies de communication en France, Paris 1845; ders., Etudes sur les voies de communication perfectionnées et sur les lois économiques de la production du transport, Paris 1847;

3. neuere Veröffentlichungen:

   Foville, A. de, La transformation des moyens de transport et ses conséquences économiques, Paris 1880, S. 62 ff., 130 ff.; Sée, H., Französische Wirtschaftsgeschichte, Bd. 2, Jena 1936, S. 211; Chabert, A., Essai sur le mouvement des prix et des revenus en France de 1789 à 1820, 2 Bde., Paris 1945-1949, S. 305 f., 319 f.

Nach Durchsicht dieses Materials würden wir von einer Transportkostensenkung durch den Kanal- gegenüber dem Straßentransport von ca. 75 - 90 % ausgehen - ein Wert, der, wie ausgeführt, (für eine gesamtwirtschaftliche Nutzenrechnung beispielsweise) vielfach differenziert werden müßte. Ähnliche Werte legen im übrigen auch Fishlow, American railroads, S. 22 ff., 62 ff. sowie Fogel, Railroads, S. 36 ff., 73 ff. ihren Berechnungen zugrunde; vgl. dazu auch die Kritik bei Scheiber, H.N., On the new economic history - and its limitations: a review essay, in: Agricultural History, Bd. 41 (1967), S. 387 ff.

wurde die Wirtschaftsgeographie des Landes für lange Zeit durch das Binnenschiffahrtsnetz geprägt[1].

Daß gerade in Frankreich die Binnenschiffahrt bis über die Mitte des 19. Jahrhunderts hinaus eine hervorragende Bedeutung bewahrte, geht aus den seit dieser Zeit durchgeführten, sich auf ganz Frankreich erstreckenden Verkehrszählungen hervor (vgl. Schaubild 1). Will man deren zumindest für Schienen- und Wassertransport recht zuverlässigen Ergebnissen glauben, so überflügelte die Eisenbahn[2] erst nach 1856, d.h. knapp 30 Jahre nach Eröffnung der ersten Strecke, die Binnenschiffahrt hinsichtlich des von ihr bewältigten Verkehrsvolumens, und erst 1930 schob sich auch die Land- wiederum vor die Wasserstraße. Zwar sank der Anteil der Binnenschiffahrt am - in Tonnenkilometern gemessenen - Binnentransportaufkommen seit Ende der konstitutionellen Monarchie beständig, nämlich von gut einem Drittel um 1850 auf ein Viertel ein Jahrzehnt danach, ein knappes Fünftel zu Ende des Second Empire sowie

---

1) Am eingehendsten wurde dieser Problemkreis für den Fall der USA diskutiert, vgl. etwa Ransom, R.L., Interregional canals and economic specialization in the ante-bellum United States, in: EEH, 2. Serie, Bd. 5 (1967/68) S. 12-35; ders., A closer look at canals and western manufacturing, in: EEH, 2. Serie, Bd. 8 (1971), S. 501-508; Niemi, A.W., A further look at interregional canals and economic specialization: 1820-1840, in: EEH, 2. Serie, Bd. 7 (1970), S. 499-520; für Frankreich vgl. die Hinweise bei Levy-Leboyer, Banques, S. 268 ff., 300 ff.; Dunham, A.L., La révolution industrielle en France (1815-1848), Paris 1953, S. 83 ff.; Gillet, M., Charbonnages belges et charbonnages du Nord de la France au 18e et 19e siècle in: Mélanges offerts à G. Jacquemyns, Brüssel 1968, S. 361-384; Guillaume, P., La Compagnie des Mines de la Loire (1846-1854), Paris 1966, S. 80 ff., 89 ff.

2) Die erste französische Bahnlinie wurde am 1.10.1828 zwischen St. Etienne und Andrézieux eröffnet; vgl. zur weiteren Entwicklung insb. James, A.M., Sidérurgie et chemins de fer en France, in: Cahiers de l'ISEA: Sidérurgie et croissance économique en France et en Grande Bretagne (1735-1913), Paris 1965, S. 110 f.

Schaubild 1

Transportaufkommen von Straße, Binnenwasserstraße und Schiene in Frankreich, 1847-1950 (Millionen tkm)

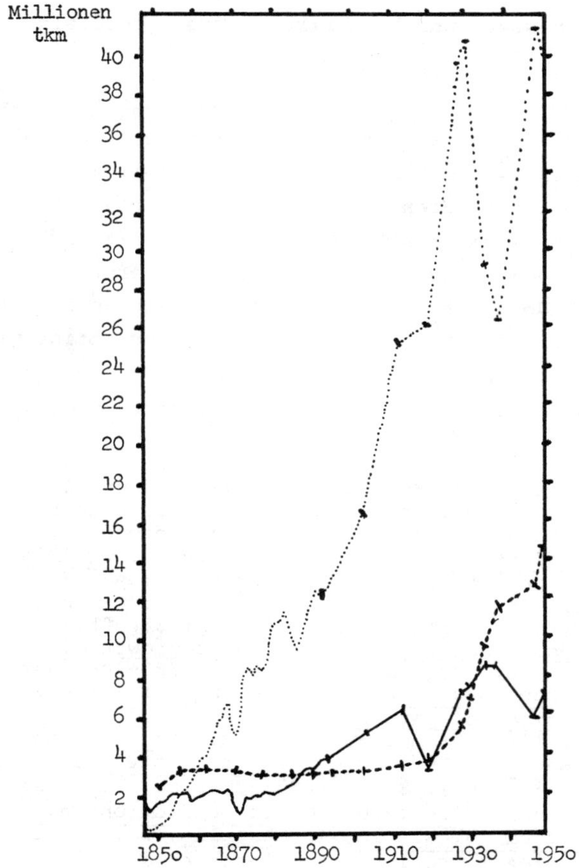

---Straße; Werte liegen nur für die durch ein Kreuz gekennzeichneten Jahre vor;
——Binnenwasserstraße; bis 1894 liegen Werte für jedes Jahr, danach nur für die durch ein Kreuz gekennzeichneten Jahre vor;
····· Schiene;ohne Lokalbahnen, deren Anteil am Verkehrsaufkommen der Schiene unter 1% lag; bis 1894 liegen Werte für jedes Jahr, danach nur für die durch ein Kreuz gekennzeichneten Jahre vor.

Quellen: Kaufmann, R. von, Die Eisenbahnpolitik Frankreichs, 2 Bde. Stuttgart 1896, S. 630 (für Schiene und Wasserstraße bis 1894); Renouard, D., Le transport de la marchandise par fer, route et eau depuis 1850, Paris 1960, S. 37 (sonstige Werte).

schließlich ein Zehntel zu Mitte dieses Jahrhunderts; dennoch bleibt festzuhalten, daß sie während des größten Teils der Periode, für die sich die Bezeichnung Industrielle Revolution eingebürgert hat[1)], eine wichtige Rolle bei der Bewältigung der Transportprobleme - und insbesondere der für die Industrialisierung wichtigen Massen- und Schwertransporte - gespielt hat.

Das Binnenschiffahrtsnetz bestand zwar überwiegend aus natürlichen Wasserstraßen - um die Mitte des 19. Jahrhunderts werden knapp 7.000 km Flüsse gegenüber gut 4.000 km Kanäle als tatsächlich befahren aufgeführt[2)]; die künstlichen wurden im Vergleich zu den natürlichen Wasserstraßen jedoch intensiver benutzt - im Jahre 1847 wurden auf jedem Kanalkilometer durchschnittlich 211.000 t Ware, auf jedem Flußkilometer 142.000 t befördert - , so daß um die Jahrhundertmitte der Anteil der Kanäle am Binnenwasserstraßentransport nahezu 50 % betrug[3)]. Berücksichtigt man weiter,daß auch die sog. natürlichen Wasserstraßen - die selbstverständlich durchaus nicht im Naturzustand belassen wurden,

---

1) Über die Anwendbarkeit der Konzepte von take-off und Industrieller Revolution sowie über eine mögliche zeitliche Fixierung dieser Phänomene für den Fall Frankreichs vgl. Fohlen, C., The industrial revolution in France 1700-1914, London 1970 (The Fontana Economic History of Europe Bd. 4, Kap. 3), S. 6 ff., 65 ff.; hier werden die neueren Arbeiten von Dunham, A.L., Révolution industrielle, S. 388 ff.; Marczewski, J., Some aspects of the economic growth of France, 1660-1958, in: EDCC Bd. 9 (1961), S. 369-386; ders., The take-off hypothesis and French experience, in: W.W.Rostow (Hrsg.), The economics of take-off into sustained growth, New York 1963, S. 119-138; Levy-Leboyer, M., La croissance économique en France au 19e siècle. Résultats préliminaires, in: Annales, Bd. 23 (1968), S. 788-807; Crouzet, F., Essai de construction d'un indice annuel de la production industrielle française au 19e siècle, in: Annales, Bd. 25 (1970), S. 56-99 etc. zu diesem Problemkreis eingehend diskutiert und ausgewertet.

2) Vgl. Ministère des Travaux Publics. Direction Générale des Ponts et Chaussées et des Chemins de Fer. Rivières navigables. Tableau de la fréquentation des rivières navigables pendant les années 1847 à 1868; Paris 1872, passim.

3) Vgl. ebda., S. 6 f. sowie dass., Tableau de la fréquentation des canaux pendant les années 1847 à 1868, Paris 1870, S. 10 f.; in der Folgezeit stieg der Anteil der Kanäle übrigens weiter an, 1868 beispielsweise belief er sich auf 62,0 %.

sondern beträchtliche Ameliorationen erfahren hatten - durch die Kanalbauten erheblich an Nutzen gewannen, da erst durch die Schaffung strategisch wichtiger Verbindungsstücke aus voneinander isolierten Wasserstraßen ein geschlossenes System wurde, wird deutlich, daß den Kanälen innerhalb des französischen Verkehrssystems und somit der gesamten französischen Wirtschaft der ersten Hälfte des 19. Jahrhunderts eine entscheidende Bedeutung zukam.

2. Der Ausbau des Kanalnetzes bis 1848

Dieses Kanalnetz wurde, wie aus den Schaubildern 2 und 3 hervorgeht, zu einem erheblichen, ja zum überwiegenden Teil in den drei Jahrzehnten zwischen dem Sturz Napoleons (1814) und dem Louis-Philippes (1848) geschaffen. Aber auch in früheren Jahrhunderten bereits waren beträchtliche Anstrengungen in dieser Richtung unternommen worden, wie aus den in Tabelle 60 des Anhangs A aufgeführten Autorisations- und Eröffnungsdaten der Kanäle ersichtlich ist. Danach gehen die ersten Bauten künstlicher Wasserstraßen auf dem Boden des späteren Frankreich bis in die Zeit des Römischen Reiches zurück[1].

Bis zum Ende des 16. Jahrhunderts wurden vor allem im Mündungsgebiet der Rhone sowie in Flandern einige weitere Bauten von jeweils interessierten Handelsstädten oder Fürsten durchgeführt[2],

---

1) Laut Grangez, E., Précis, S. 452; Debauve, A., Manuel de l'ingénieur des ponts et chaussées, Bd. 19: Des eaux comme moyen de transport, Paris 1878, S. 384; Ministère des Travaux Publics, Direction générale des ponts et chaussées et des chemins de fer, Canaux de navigation. Etat des canaux exécutés ou en cours d'exécution antérieurement au 19e siècle, Paris 1870, S. 5; dass., Direction des routes, de la navigation et des mines. Division de la navigation, Statistique de la navigation intérieure. Dépenses de premier établissement et d'entretien concernant les fleuves, rivières et canaux. Documents historiques et statistiques, Paris 2. Aufl. 1892, S. 13 f., 81 wird - ebenso wie die Öffnung einer nicht mehr vorhandenen Verbindung zwischen dem heutigen Arles und dem Mittelmeer - der Bau der noch heute befahrenen, im 17. Jahrhundert in den canal du Midi miteinbezogenen robine de Narbonne den Römern zugeschrieben.

2) Vgl. ebenda sowie Lagrené, H. de, Les travaux publics en France, Bd. 3: Rivières et canaux, Paris 1883, S. 3 ff. sowie Grangez, Précis, S. 20, 74, 80, 133, 175, 202, 268, 452.

Schaubild 2:
Die Entwicklung des französischen Kanalnetzes im 19. Jahrhundert (Länge in km)

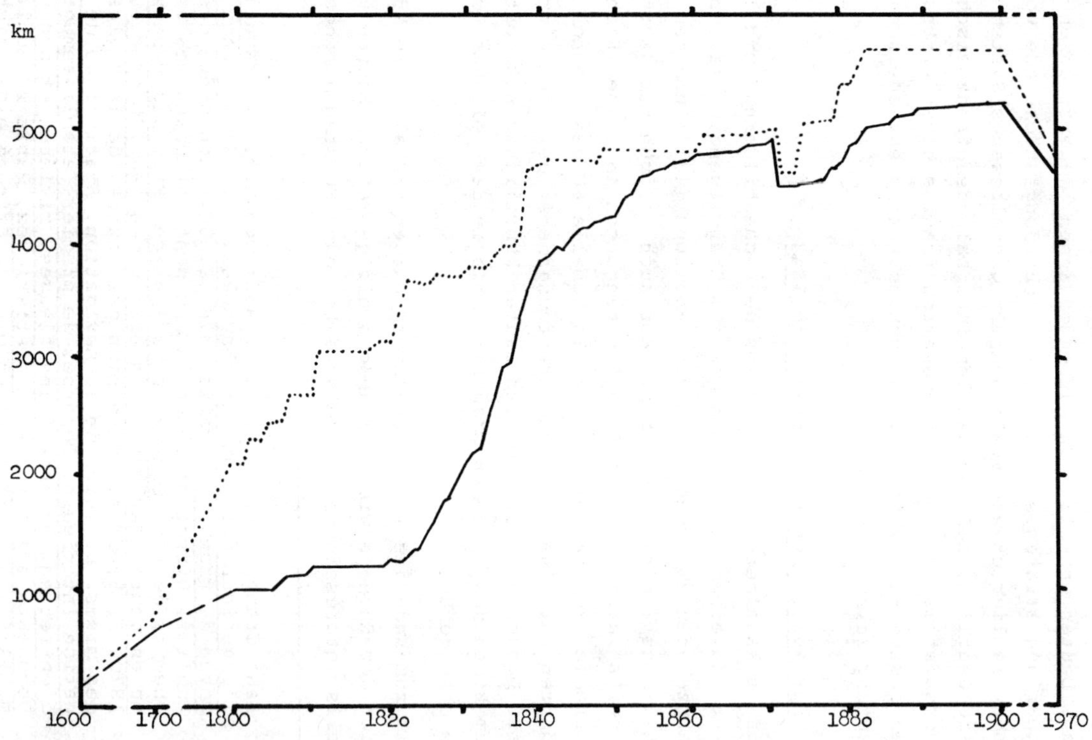

..... autorisierte Kanäle
— eröffnete Kanäle
Quellen: vgl. Anhang A.

Schaubild 3:

Die Entwicklung des französischen Kanalnetzes im 19. Jahrhundert: pro Jahr autorisierte bzw. neueröffnete Strecken (gleitende Fünfjahresdurchschnitte, Länge in km)

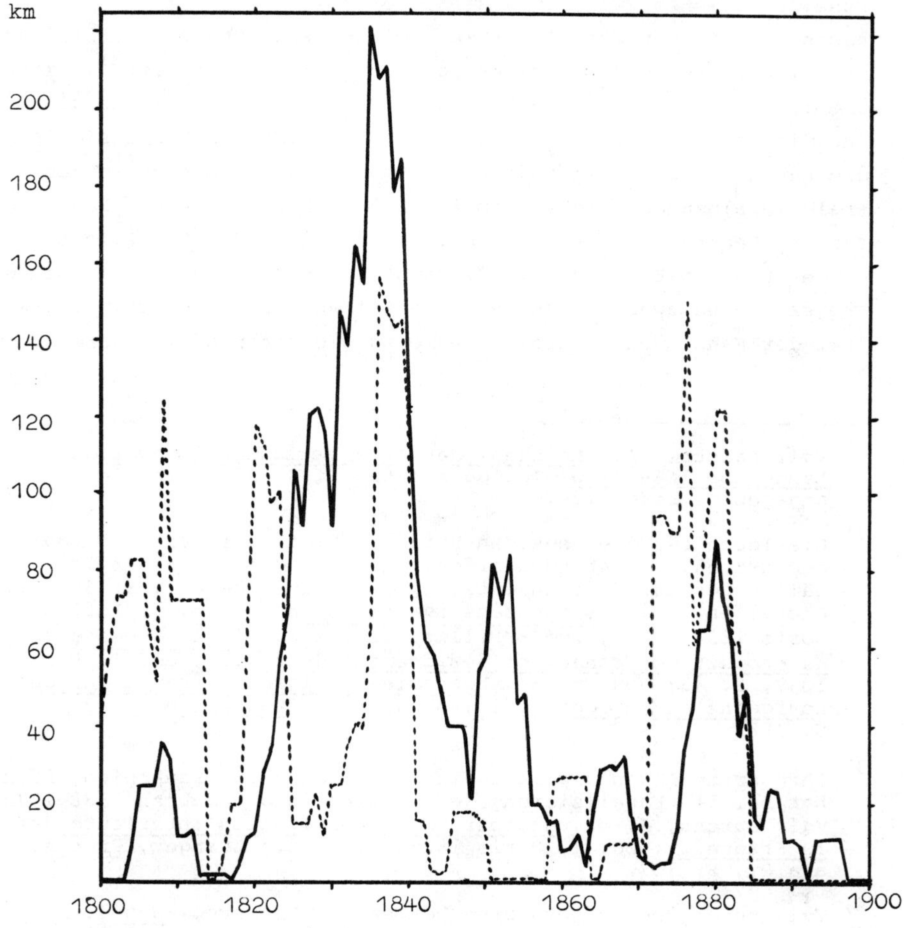

----- autorisierte Kanäle
—— neueröffnete Kanäle

Die durch Gebietsabtretungen im Jahre 1871 bedingten Verluste wurden nicht berücksichtigt.

Quellen: vgl. Anhang A.

so daß Frankreich zur Zeit Heinrichs IV. über gut 150 km künstlicher Wasserstraßen verfügte. All diese Kanäle befanden sich in fast ebenem Gelände, die - Leonardo da Vinci zugeschriebene[1] - Einführung der Kammerschleuse in Frankreich, die die Überwindung größerer Höhenunterschiede oder gar einer Wasserscheide zwischen zwei Flußsystemen ermöglichte, schlug sich zunächst nur in der Erstellung zahlreicher Projekte zur Verbindung der wichtigsten Ströme Frankreichs untereinander nieder[2], blieb praktisch jedoch für lange Zeit ohne Folgen[3]. Das gleiche gilt für die meisten der im 17. Jahrhundert vergebenen Konzessionen, die neben heute völlig bedeutungslosen Flußläufen auch so zentrale Verbindungen wie den späteren Bourgogne-, Berry-, Beaucaire-, Centre- und Etangs-Kanal vorzeichneten[4]. Realisiert wurde bis zum Ende des 17. Jahrhunderts nur ein Bruchteil dieser Projekte, und zwar als erster Scheitelkanal Frankreichs im Jahre 1642 der Kanal von Briare, der ebenso wie der fünfzig Jahre jün-

---

1) Vgl. Maistre, A., Le canal des deux mers. Canal royal du Languedoc 1666-1810, Toulouse 1968, S. 31-35 sowie die dort angegebene Literatur.

2) Die Ideen für die heutigen Briare-, Midi-, Centre- und Bourgogne-Kanäle entstanden offensichtlich bereits in der 1. Hälfte des 16. Jahrhunderts, vgl. Debauve, Manuel, S. 385 ff., Chevalier, M., Des intérêts matériels en France, 4. Aufl. Paris 1838/1839, S. 55; Pillet-Will, M.F., De la dépense et du produit des canaux et des chemins de fer..., Bd. 1, Paris 1837, S. 43; Bouron, S., Les voies navigables françaises de Bourgogne et du Centre, in: Annales de Géographie, 1932, S. 188.

3) Ihre erste Anwendung fand diese Erfindung in Frankreich offenbar bei der Kanalisierung der Vilaine in den Jahren 1538-1575, vgl. Dutens, J.-M., Histoire de la navigation intérieure de la France..., Bd. 1, Paris 1829; S. 56 f.; Grangez, Précis, a.a.O., S. 707.

4) Vgl. neben den aufgeführten Werken von Debauve, Manuel, S. 388; Dutens, Histoire, S. 85 ff., 92 ff.; Grangez, Précis, S. 74, 106, 140 auch Letaconnoux, J., Voies de communication en France au 18e siècle, in: VSWG, Bd. 7, S. 94-141, S. 125 ff.; Pinsseau, H., Un aspect du développement économique de la France: Histoire de la construction, de l'administration et de l'exploitation du Canal d'Orléans de 1676 à 1954, Paris/Orléans 1963, S. 23 ff., 212 ff.

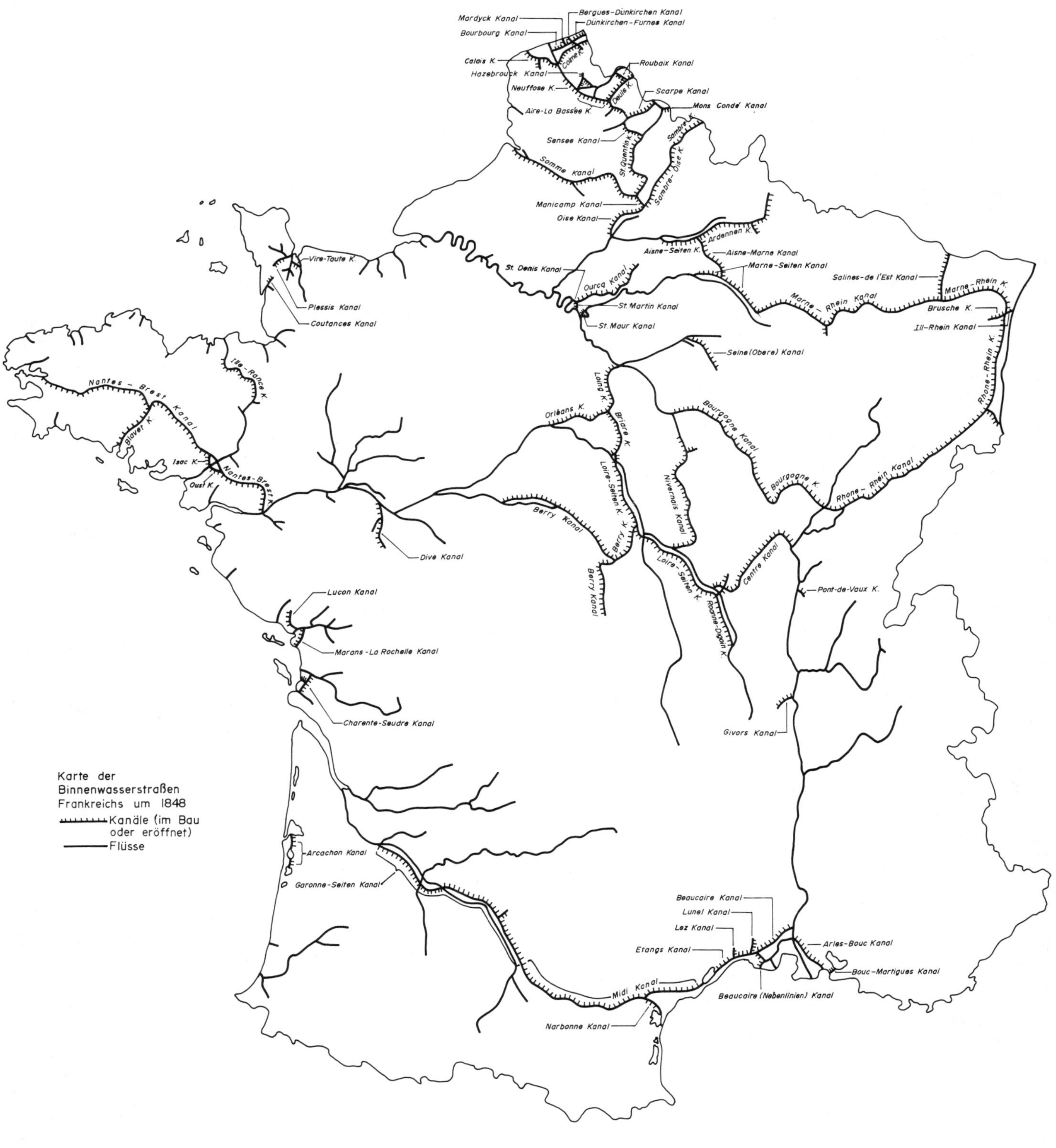
Mardyck Kanal
Bergues-Dünkirchen Kanal
Dünkirchen-Furnes Kanal
Bourbourg Kanal
Calais K.
Colme K.
Roubaix Kanal
Hazebrouck Kanal
Neuffose K.
Deûle K.
Scarpe Kanal
Mons Condé Kanal
Aire-La Bassée K.
Sambre K.
Sensee Kanal
St. Quentin K.
Somme Kanal
Sambre-Oise K.
Manicamp Kanal
Oise Kanal
Ardennen K.
Aisne-Seiten K.
Aisne-Marne Kanal
Marne-Seiten Kanal
Vire-Taute K.
St. Denis Kanal
Ourcq Kanal
Salines-de l'Est Kanal
Marne-Rhein K.
Marne-Rhein Kanal
Brusche K.
St. Martin Kanal
Plessis Kanal
St. Maur Kanal
Ill-Rhein Kanal
Coutances Kanal
Seine (Obere) Kanal
Ile-Rance K.
Nantes-Brest Kanal
Loing K.
Rhone-Rhein K.
Orléans K.
Briare K.
Bourgogne Kanal
Blavet K.
Isac K.
Loire-Seiten K.
Nivernais Kanal
Bourgogne K.
Rhone-Rhein Kanal
Oust K.
Nantes-Brest K.
Berry Kanal
Berry K.
Dive Kanal
Centre Kanal
Loire-Seiten K.
Berry Kanal
Roanne-Digoin K.
Pont-de-Vaux K.
Lucon Kanal
Marans-La Rochelle Kanal
Charente-Seudre Kanal
Givors Kanal
Karte der
Binnenwasserstraßen
Frankreichs um 1848
Kanäle (im Bau
oder eröffnet)
Flüsse
Arcachon Kanal
Garonne-Seiten Kanal
Beaucaire Kanal
Lunel Kanal
Lez Kanal
Etangs Kanal
Arles-Bouc Kanal
Bouc-Martigues Kanal
Midi Kanal
Beaucaire (Nebenlinien) Kanal
Narbonne Kanal

gere Kanal von Orléans[1] die Loire mit der Seine und damit Paris verband, einige flandrische Kanäle sowie schließlich als bedeutendste Leistung des 17. Jahrhunderts auf diesem Gebiet der Canal du Midi bzw. Canal des Deux Mers, der unter Benutzung der Garonne eine Verbindung zwischen Atlantik und Mittelmeer herstellte und zum vielzitierten Vorbild der meisten späteren Kanalprojekte wurde[2]. Durch diese Bauten, die im wesentlichen durch private Konzessionäre mit teilweise königlicher Finanzhilfe durchgeführt wurden, verfügte Frankreich zu Ende des 17. Jahrhunderts über knapp 700 km Kanäle, die sich einerseits in der flandrischen Tiefebene, andererseits dem Gebiet zwischen Seine und Loire, drittens zwischen Rhone-Mündung und Garonne konzentrierten.

Während also unter Richelieu, Mazarin und besonders Colbert unzählige Pläne erstellt und beträchtliche Mittel für den Kanalbau eingesetzt wurden, wurde nach dem Tode Colberts die "grandiose Idee..., ein ganzes Land systematisch mit einem Netz wie von Landstraßen so auch von Kanälen zu überziehen", dieses "Symbol merkantilistischen, zugleich raumwirtschaftlichen Denkens"[3],

---

1) Vgl. zur Entstehung dieser beiden Wasserstraßen Pinsseau, P., Le canal Henri IV ou Canal de Briare (1604-1943), Paris 1943, sowie Pinsseau, H., Canal d'Orléans, a.a.O.

2) Voltaire bezeichnete den Canal du Midi "als das bedeutendste in der Zeit Ludwigs XIV. entstandene Bauwerk" (zitiert nach Hadfield, Ch., The canal age, Newton Abbot 1968, S. 177), Vauban schreibt anläßlich der von ihm im Jahre 1684 im Auftrag des Königs durchgeführten Abnahme des Kanals: "Ich würde alles, was ich errichtet habe, hingeben, hätte ich nur dieses eine Bauwerk geschaffen" (zitiert nach Debauve, Manuel, a.a.O., S. 425); der Canal du Midi inspirierte den Herzog von Bridgewater ebenso zu seinem Kanal (vgl. Hadfield, a.a.O., S. 178) wie er bis ins späte 19. Jahrhundert als leuchtendes Beispiel genannt wurde, wenn eine französische Regierung vom widerstrebenden Parlament Kredite für den Ausbau von Wasserstraßen erlangen wollte. Vgl. zur Entstehungsgeschichte des Kanals im übrigen Maistre, Le canal des deux mers, S. 39 ff.

3) Most, O., Binnenschiffahrt und Kanalbau im 19. Jahrhundert, in: Historische Raumforschung, Bd. 6: Raumordnung im 19. Jahrhundert, 2. Teil, Hannover 1967, S. 36.

zunächst nur halbherzig weitergeführt: Während in den fünfzig Jahren, die der Konzessionierung des Briare-Kanals folgten, 510 km neuer Kanäle eröffnet wurden, konnte man in den darauffolgenden hundert Jahren ganze 220 km dem Verkehr übergeben[1]. Erst in den letzten Jahren des 18. Jahrhunderts nahm das Interesse an der Binnenschiffahrt wieder merklich zu. Doch stärker als unter Colbert faßte man jetzt den Ausbau des Verkehrswesens als Aufgabe des Staates auf, und so wurden die Projekte des letzten Viertels des 18. Jahrhunderts, die Bemühungen, ein "système général des navigations de l'intérieure de la France"[2] zu schaffen, weniger von privaten Konzessionären als vielmehr von der Krone, vor allem aber von den Privinzialverwaltungen getragen[3].

Aber obwohl insbesondere die Provinzen bedeutende Mittel für die Realisierung dieser Pläne einsetzten, blieb auch diesmal der Versuch, Frankreich mit einem leistungsfähigen Wasserstraßennetz zu versehen, ohne großen Erfolg. Mit Ausbruch der Revolution wurden - während Großbritannien gerade in den 1790er Jahren seine zweite <u>canal mania</u> erlebte[4] - in Frankreich nicht

---

1) Vgl. Anhang A, Tabelle 59.

2) Dies ist der Titel eines der zahlreichen Gesamtentwürfe dieser Zeit von Marivetz u. Goussier, Paris 1788; vgl. für weitere Literaturhinweise Letaconnoux, <u>Voies</u>, S. 112, 116.

3) Die Krone nahm unter anderem den Rhone-Rhein-, Somme- und Nivernais-Kanal, die Provinz Languedoc den Etangs-Kanal, die Provinz Bourgogne den Centre- und Bourgogne-Kanal in Angriff, im Auftrag der Provinzen Bretagne und Berry wurden Pläne erstellt, aus denen später die Nantes-Brest-, Ille-Rance-, Blavet- und Berry-Kanäle hervorgingen, deren Baubeginn jedoch zunächst durch den Ausbruch der Revolution verhindert wurde, vgl. Letaconnoux, <u>Voies</u>, S. 128 f.; Debauve, <u>Manuel</u>, S. 437 f., 442.

4) Vgl. Deane, <u>Industrial Revolution</u>, S. 75.

nur die meisten Bauarbeiten für lange Zeit eingestellt, sondern die bestehenden Verkehrswege infolge mangelnder Unterhaltung auch weitgehend dem Verfall preisgegeben[1]. Insgesamt also machte der Ausbau des französischen Binnenschiffahrtsnetzes während des 18. Jahrhunderts nicht nur kaum Fortschritte, vielmehr sind sogar Rückschläge insofern zu verzeichnen, als es sich um 1800 in einem Zustand befand, der seinen Nutzen erheblich minderte[2].

Auch die Herrschaft Napoleons brachte hier nur eine geringfügige Wende zum Besseren. Zwar versuchte er durch zahlreiche Reformen auch diesen Bereich neu zu organisieren und insbesondere finanziell auf eine solidere Basis zu stellen[3], ja ließ, überzeugt von der Notwendigkeit verbesserter Verkehrs-

---

1) Vgl. zu den das Binnenschiffahrtsnetz betreffenden Maßnahmen der Revolutionszeit insbesondere Sée, H., Französische Wirtschaftsgeschichte Bd. II, Jena 1936, S. 72 f.; Pinsseau, H., Canal d'Orléans, S. 89 f.; Ministère des Travaux Publics, Dépenses de premier établissement..., S. 22 ff.; Letaconnoux, Voies, S. 118 f., 123; Jouffroy, L.-M., L'ère du rail, Paris 1953, S. 42-46. Auch insofern ist es berechtigt, wenn Levy-Leboyer, Banques, S. 29, die Revolution von 1789 "aus wirtschaftlicher Sicht als nationale Katastrophe" bezeichnet.

2) Vgl. hierzu Letaconnoux, J., Les transports en France au 18e siècle, in: RHMC Bd. 11 (1908/9), S. 97, 270 ff.; ders., Voies, S. 136-141.

3) So ließ er die 1790 bzw. 1793 beseitigten Wasserstraßengebühren wieder einführen und festlegen, daß diese ausschließlich für Unterhalt und Verbesserung der jeweils belasteten Wasserstraße zu verwenden seien (L 30 floréal an X); weiter wurde das gesamte Wasserstraßennetz in bassins, diese wiederum in arrondissements de navigation untergliedert und jedem von ihnen ein für sämtliche Kanäle und Flüsse verantwortlicher Ingenieur zugeteilt (A. 8 prairial an XI); schließlich ordnete er an, daß neben dem Staat auch die durch neue Wasserstraßen direkt begünstigten Departemente, Kommunen und Unternehmer an deren Finanzierung zu beteiligen seien (L. 29 floréal an X, L. 3.4.1806, L. 11.4.1806, L. 15.4.1806, L. 10.5.1806, D. 14.7.1812); am bedeutsamsten war vermutlich der Entschluß, eine Reihe staatlicher Kanäle zu veräußern und aus deren Erlös weitere Neubauten zu finanzieren (die zahlreichen zu diesem Zweck erlassenen Dekrete und Gesetze sind in Grangez, Précis, S. 303 f. aufgeführt und erläutert).

bedingungen[1], einen gigantischen Plan zum Ausbau der Wasserstraßen erstellen[2]. Auch jetzt jedoch waren die erzielten Resultate eher bescheiden: Wiederum wurde eine enorme Zahl von Projekten eingeleitet bzw. weitergeführt[3], wiederum wurden nur die wenigsten fertiggestellt[4], und wiederum wurden die ursprünglich für diesen Sektor vorgesehenen Mittel - häufig unter Mißachtung gesetzlicher Bindungen - anderen Zwecken zugeführt[5]. Insbesondere in den letzten Jahren des Empire führte man nicht einmal die notwendigen Reparaturarbeiten durch, so daß auch Napoleon seinen Nachfolgern das Binnenschiffahrtsnetz in völlig "abgewirtschaftetem Zustand" hinterließ[6].

Somit übernahmen die Bourbonen bei ihrer Rückkehr neben einem durch Kriegsanstrengungen erschöpften Land und zerrütteten Staatsfinanzen auch ein weitgehend vernachlässigtes Binnenverkehrssystem sowie schließlich eine große Zahl unvollendeter und zum Teil wieder im Verfall begriffener Kanaltorsi. Es war das Verdienst ihrer Administration, die endgültige Fertigstellung

---

1) Vgl. insbesondere sein Schreiben vom 14.11.1807 an seinen Innenminister Cretet, in dem er detailliert seine diesbezüglichen Vorstellungen darlegt, siehe Max Vox (Hrsg.), Napoléon Ier, Correspondance, Six cents lettres de travail (1806 à 1810), Paris 1943, S. 147.

2) In Jouffroy, Rail, S. 47 findet sich eine Karte mit den in Aussicht genommenen Wasserstraßen.

3) Vgl. etwa Montalivet, Cte J.-P.B.de, Exposé de la situation de l'Empire, 25.2.1813, S. 116 ff., 136 ff.; Schumacher, H., Die finanzielle Entwicklung der französischen Wasserstraßen, in: Archiv für Eisenbahnwesen, Bd. 22 (1899), S. 427. Die Investitionen wurden zu nahezu 85 % vom Staat finanziert (vgl. Anhang B, Tab. 61).

4) In den 14 Jahren von Konsulat und Empire wurden zwar etwa 1.000 km neuer Kanäle autorisiert, jedoch nur etwa 180 km der Schiffahrt übergeben.

5) Vgl. Ministère des Travaux Publics, Dépenses de premier établissement, S. 25; Lagrené, Rivières et canaux, S. 6; Dunham, Révolution industrielle, S. 25.

6) Sée, Wirtschaftsgeschichte, Bd. 2, S. 208; Jouffroy, Rail, S. 42-47. Es sei noch angemerkt, daß sich weder zu Ende des Ancien Régime noch unter Napoleon die vorher festgestellten regionalen Schwerpunkte des Kanalsystems wesentlich veränderten.

der meisten dieser Projekte eingeleitet und somit Frankreich ein leistungsfähiges Binnenverkehrsnetz gegeben zu haben. Beginnend mit den zwanziger Jahren erlebte Frankreich - mit nahezu sechzigjähriger Verspätung gegenüber England - sein Kanalbaufieber, das ungefähr zwei Jahrzehnte andauerte und in dessen Verlauf nahezu 60 % aller je in Frankreich gebauten Kanäle eröffnet wurden (vgl. neben Schaubildern 2 und 3 insb. Anhang A). Am Ende dieser Periode hatte das französische Kanalnetz im wesentlichen seine heutige Gestalt gewonnen[1], in der Folgezeit beschränkte man sich - von einigen Ausnahmen, unter denen der Bau des Canal de l'Est die bedeutendste ist, abgesehen - im wesentlichen auf Fertigstellungs- und Ergänzungsbauten sowie - im Gefolge des 1879 verabschiedeten Freycinet-Programms beispielsweise - auf die Anpassung des Vorhandenen an die veränderten technischen und wirtschaftlichen Erfordernisse[2].

Wenn es auch unmittelbar einleuchtet, daß es zum Erreichen so eindrucksvoller Resultate beträchtlicher Investitionen bedurfte, die - zumal sie innerhalb nur einer einzigen Generation getätigt wurden - nicht ohne gesamtwirtschaftliche Auswirkungen bleiben konnten, fällt es doch schwer, eben diese gesamtwirtschaftliche Bedeutung exakt abzuschätzen. Denn zwar ist es möglich, die für den Ausbau des Kanalsystems eingesetzten Mittel relativ präzise zu bestimmen (vgl. hierzu Anhang B); an entsprechenden volkswirtschaftlichen Vergleichsdaten fehlt es zum gegenwärtigen Zeitpunkt jedoch weitgehend, und so können die folgenden Angaben nur zu einer sehr ungefähren Einordnung der Kanalinvestitionen in den gesamtwirtschaftlichen Zusammenhang beitragen.

Wenn die unter der konstitutionellen Monarchie für Kanalneu- und Verbesserungsarbeiten durchgeführten Nettoinvestitionen sich - wie in Anhang B hergeleitet - auf etwa 500 Millionen Franken beliefen, so waren sie damit mehr als fünfmal so groß als die Nettoinvesti-

---

1) Eine-allerdings nicht völlig korrekte - Übersichtskarte über das französische Kanalsystem im Jahre 1830 bzw. 1960 findet sich in Fohlen, <u>The industrial revolution</u>, S. 39.

2) Vgl. zu den Details des Freycinet-Planes insb. Schumacher, <u>Finanzielle Entwicklung</u>, S. 434ff,445ff.

tionen für den Ausbau der natürlichen Wasserstraßen[1], ja sie lagen auch doppelt so hoch wie die entsprechenden Ausgaben für das Straßennetz[2]. Gesamtwirtschaftlich gesehen allerdings waren diese Ausgaben eher bescheiden: Mißt man sie an den von Marczewski vorgelegten Werten, belief sich ihr Anteil am Bruttosozialprodukt in den Jahren 1825-1844 durchschnittlich auf knapp 0,2 %, ja auch in Spitzenjahren wie 1826 (vgl. zur zeitlichen Entwicklung der Kanalbaunettoinvestitionen Schaubild 4) dürfte er nicht über 0,3 % gestiegen sein. Hiermit lag ihr Beitrag zur Nettokapitalbildung über die gesamte Periode gesehen vermutlich etwas unter, in den Spitzenjahren zu Ende der Restauration etwas über 5 %[3].

---

1) In Ministère des Travaux Publics. Direction des routes, de la navigation et des mines. Division de la navigation. Actes législatifs et dépenses concernant les travaux de navigation intérieure et maritime, 1814-1900, Paris 1902, S. 13 ff. sowie dass., Statistique de la navigation intérieure. Dépenses de premier établissement et d'entretien concernant les fleuves, rivières et canaux. Documents historiques et statistiques, Paris 2. Aufl. 1892, S. 27 ff. werden die Nettoinvestitionen für den Ausbau der natürlichen Wasserstraßen unter der Restauration auf ganze 6,6 Millionen Franken, unter der Julimonarchie auf etwa 90 Millionen Franken beziffert.

2) Vgl. Ministère des Travaux Publics. Direction générale des ponts et chaussées et des chemins de fer. Documents statistiques sur les routes et ponts, Paris 1873, S. 68 f., 76 f. Diese Angaben, die - ebenso wie die Vergleichszahlen für die Binnenschiffahrt - die laufenden Instandhaltungsausgaben nicht berücksichtigen, beziehen sich auf die Ausgaben der Zentraladministration für überregionale Verbindungsstraßen (routes royales, routes stratégiques, Brücken) sowie die Straßen und Brücken von Paris, schließen dagegen die - im Vergleich wesentlich geringeren - Ausgaben der Kommunen und Departemente für Lokalverbindungen nicht ein.

3) Diese ungefähren Schätzwerte wurden abgeleitet von den in Marczewski, The take-off hypothesis, S. 120 f. gegebenen Daten; nicht berücksichtigt wurde der Umstand, daß in unseren Kanalinvestitionswerten auch Entschädigungszahlungen insb. für Landerwerb enthalten und diese somit nicht vollständig mit dem Volumen der volkswirtschaftlichen Nettokapitalbildung in diesem Sektor gleichzusetzen sind. Nach einer vorläufigen, sich auf 47 % der 1814-1847 getätigten Investitionen beziehenden Analyse, die allerdings nicht unbedingt völlig repräsentativ für deren Gesamtheit ist, entfielen im Durchschnitt etwa 12 % der Nettoinvestitionen auf Entschädigungszahlungen für Landerwerb, Wasserrechte etc.

Schaubild 4:

Die Nettoinvestitionen im französichen Kanalbau
1814-1847

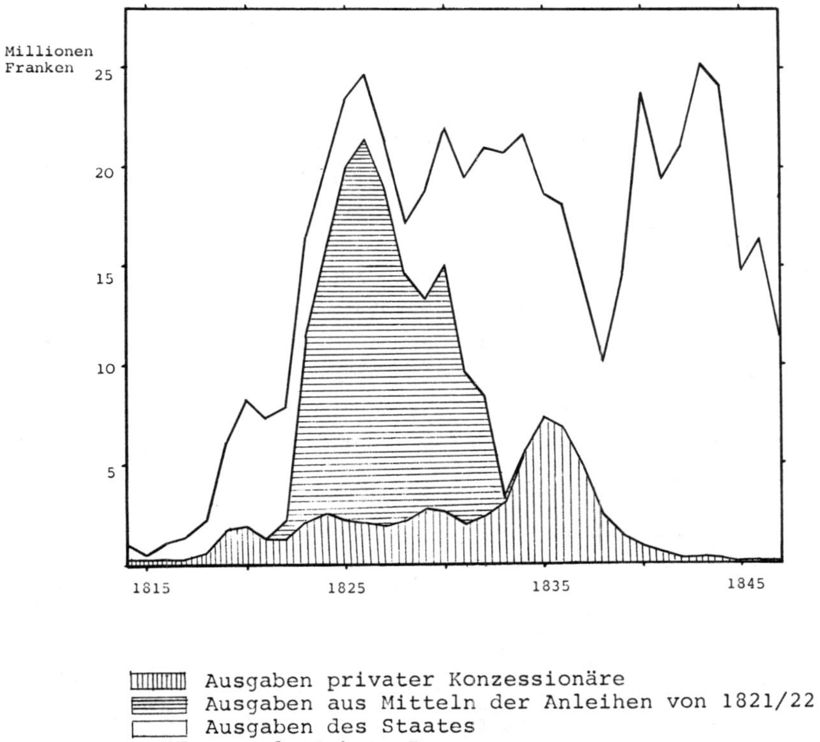

Quellen: vgl. Anhang B.

Bei der Interpretation dieser Werte ist zu berücksichtigen, daß die französische Wirtschaft der ersten Hälfte des 19. Jahrhunderts noch weitgehend agrarisch geprägt und entsprechend die Investitionen in anderen, für deren Modernisierung entscheidenden Sektoren relativ gering waren. Welch beachtliches Volumen die Kanalinvestitionen gemessen an der rein industriellen Kapitalbildung erreichten, läßt sich beispielsweise daran ermessen, daß das gesamte um 1825 in der eisenschaffenden Industrie investierte Fixkapital sich vermutlich auf nicht einmal 100 Millionen Franken belief[1].

Innerhalb der französischen Wirtschaft der Jahre 1814-1848 kommt den Kanalinvestitionen somit eine durchaus nennenswerte Bedeutung zu; eine im Sinne Rostows führende Rolle spielte der Kanalbau sicherlich nicht. Denn dies wird ja, was Frankreich betrifft, nicht einmal dem Eisenbahnbau zugestanden[2], obwohl dieser auch in diesem Lande völlig neue Maßstäbe setzte: Allein in den sieben letzten Jahren der Julimonarchie (1841-1847) verschlang er - will man den offensichtlich weitgehend verläßlichen zeitgenössischen Angaben glauben - mehr als sechsmal soviel Kapital wie der Kanalbau unter der gesamten konstitutionellen Monarchie[3].

---

1) Vgl. Gille, B., Analyse de l'industrie sidérurgique francaise à la veille de 1830, in: RHS Bd. 3 (1962), S. 108; Levy-Leboyer, Banques, S. 417.

2) Vgl. insb. Marczewski, Take-off hypothesis und Fohlen, Industrial revolution, S. 6 ff. sowie die dort aufgeführte Literatur.

3) Vgl. Chevalier, M., Statistique des travaux publics sous la Monarchie de 1830, in: Journal des Economistes, Bd. 21 (1848), S. 293; Lavelaye, A. de, Histoire financière des chemins de fer français, Brüssel/Paris 1860, S. 66 ff.; siehe auch Caron, F., Recherches sur le capital des voies de communication en France au 19e siècle (en particulier le capital ferroviaire), in: P. Léon, F. Crouzet, R. Gascon (Hrsg.), L'industrialisation en Europe au 19e siècle. Cartographie et typologie, Paris 1972, S. 237 ff.

3. Kanalbaupolitik 1814 - 1848

Wie bereits zuende des Ancien Régime und unter Napoleon spielte der Staat auch zur Zeit der konstitutionellen Monarchie die entscheidende Rolle beim Ausbau des Kanalnetzes. Der Staat war es, der durch seine Initiative das Kanalbaufieber der zwanziger und dreißiger Jahre einleitete, unter staatlicher Leitung wurde der größte Teil der Bauten durchgeführt, der Staat schließlich stellte - obwohl dies ursprünglich nicht beabsichtigt war - den größten Teil der finanziellen Mittel bereit. Private konnten im Kanalbau nur in Abhängigkeit von und in Kooperation mit staatlichen Stellen tätig werden, ihre Projekte waren nicht nur generell sondern bis hinein in technische Details von staatlicher Kontrolle und Zustimmung abhängig[1]. Entsprechend ist die private Aktivität in diesem Bereich einzuordnen in den Rahmen der staatlichen Kanalbaupolitik. Welches nun waren deren Pläne und Zielsetzungen, und welche Wege schlug man zu ihrer Realisierung ein?

a) Planungsgrundlage

Der gesamte Zeitraum der konstitutionellen Monarchie war - und aus diesem Grunde kann er aus unserer Sicht als Einheit aufgefaßt werden - bezüglich der Entwicklung des Binnenschiffahrtsnetzes weitgehend durch zwei dicht beieinanderliegende Ereignisse geprägt: zum einen durch die Vorlage eines gigantischen, praktisch allen späteren Projekten als Grundlage dienenden Wasserstraßengesamtplanes im Jahre 1820; zum anderen durch die Verabschiedung einer Reihe von Gesetzen in den Jahren 1821/1822, die die Realisierung wenigstens eines Teiles dieses Planes durch Kooperation von Staat und Privatwirtschaft sicherstellten.

---

1) Vgl. S. 58 f.

Der unter Federführung des damaligen Generaldirektors des öffentlichen Tiefbauamtes Louis Becquey[1] ausgearbeitete und unter dem Titel Rapport au Roi sur la navigation intérieure de la France erschienene Gesamtplan[2] setzte sich gemäß einer königlichen Order aus dem Jahre 1818 zum Ziel, "sämtliche Kanäle, die in Frankreich angelegt werden könnten, ... systematisch darzustellen" und zumindest grob nach dem Grad ihrer Dringlichkeit zu klassifizieren.[3]

Wenigstens die erste der beiden Forderungen scheinen von dem Dokument weitgehend erfüllt zu werden,mangelnde Vollständigkeit kann man dessen Autoren kaum vorwerfen: neben einer Darstellung der flöß- oder schiffbaren Flüsse des Königreiches in einer Gesamtlänge von 7.490 km werden nicht weniger als 14.281,9 km

---

1) Sowohl wegen der Bedeutung seines Planes als auch wegen seiner hervorragenden Rolle bei dessen Realisierung seien die persönlichen Daten Becqueys kurz geschildert: Geboren am 24.9.1760 in Vitry-Le-François begann Becquey seine administrative Laufbahn in der lokalen Finanzverwaltung. 1787 wurde er zum Abgeordneten des Provinzparlaments der Champagne, 1791 der Assemblée législative gewählt. Unter Napoléon war er ab 1810 Mitglied des Conseil de l'Université, nach dessen Sturz wurde er am 16.5.1814 zum Directeur Général de l'Agriculture, du Commerce, des Arts et des Manufactures, 1815 zum Conseiller d'Etat ernannt. Unter Lainé wurde er 1816/1817 Unterstaatssekretär im Innenministerium. Vom 17.9.1817 bis zum 19.5.1830 leitete er als Generaldirektor die Administration des Ponts et Chaussées. Nach der Julirevolution zog er sich aus dem öffentlichen Leben zurück, auch in die Deputiertenkammer, der er 1815 bis 1830 angehört hatte, wurde er nicht wiedergewählt. Er starb am 2.5.1849 in Paris, vgl. Beugnot, Cte A.A., Vie de Bécquey, Paris 1852, S. 5, 76, 111 ff., 131, 279 sowie Dictionnaire de Biographie Francaise, hrsg. von M. Prévost u.a., Paris 1933 ff.

2) Der 75 Seiten umfassende Rapport trägt das Datum vom 4.8.1820, er wurde der Deputiertenkammer am 16.8.1820 vorgelegt.

3) Rapport M.I. Siméon, M.U. 2.9.1820, S. 1213.

fertigzustellender oder neu zu beginnender Kanäle aufgeführt, die Investitionen in Höhe von 1.096 Millionen Franken erwarten ließen[1]. Das Grundanliegen der Planer war es, überregionale Verbindungen zwischen den Grenzen des Königreiches, insbesondere aber zwischen Mittelmeer und Atlantik, herzustellen. Die so entstehenden sieben Magistralen von Kanälen erster Ordnung[2] sollten durch Wasserstraßen zweiter Ordnung ergänzt werden, die insbesondere Verbindungen zwischen den wichtigsten Flüssen sowie lokale Stichkanäle umfaßten[3].

Auf die zweite Forderung allerdings, die Klassifizierung der Projekte nach dem Grad ihrer Dringlichkeit, wurde in den Ausführungen Becqueys nur ungenügend eingegangen: abgesehen von der Unterscheidung in Kanäle erster und zweiter Ordnung wurden keinerlei Überlegungen durchgeführt, die zur Erstellung einer Prioritätenskala der einzelnen Projekte hätten führen können.

---

1) Becquey, Rapport 1820, S. 71-75.

2) Wegen der Vielzahl nicht realisierter Kanäle fällt es schwer, den Verlauf dieser sich mehrfach überschneidenden und überlagernden Magistralen zu schildern. Grob gesagt sollten folgende Verbindungen hergestellt werden: 1. Strasburg - Arles, 2. Calais - Arles, 3. Le Havre - Arles, 4. Le Havre - Bordeaux, 5. Nantes - Arles 6. Bordeaux - Sète, 7. Calais - Bayonne, vgl. a.a.O., S. 27 f.

3) Insgesamt führt der Plan a.a.O., S. 54-70, auf:

	Länge (km)	geschätzte Kosten (Millionen Franken)
Kanäle 1. Ordnung		
begonnen	2.159,9	100,6
nicht begonnen	1.125,6	110,9
zusammen	3.285,5	211,5
Kanäle 2. Ordnung		
begonnen	596,6	26,2
nicht begonnen	10.399,8	858,3
zusammen	10.996,4	884,5
total	14.281,9	1.096,0

Dieser Mangel des Becquey-Rapports, der seinen Wert als die zukünftige Wasserbaupolitik bestimmenden Entwicklungsplan erheblich minderte, erklärt sich nicht zuletzt aus seiner Entstehungsgeschichte. Denn im Grunde wurde er nicht innerhalb der hierfür an sich zuständigen und mit den notwendigen Personalmitteln ausgestatteten Administration des Ponts et Chaussées erarbeitet[1], sondern übernahm fast alle Details von einer aus privater Initiative heraus erstellten Studie. Diese Studie des Tiefbauingenieurs Barnabé Brisson[2] nun geht auf rein technische Überlegungen zurück: Bereits im Jahre 1802 hatte er zusammen mit seinem Ingenieurskollegen Dupuis de Torcy eine Theorie entwickelt, mit deren Hilfe er die technisch optimale Streckenführung von Kanälen

---

1) Beispielsweise hat sich der für derartige Fragen zuständige Conseil général des ponts et chaussées offensichtlich nie mit dem Plan befaßt: in den Sitzungsmitschriften dieses Gremiums, die für die Zeit von Oktober 1815 bis April 1822 überprüft wurden, finden sich weder Spuren einer Diskussion des Gesamtkonzepts noch von Detailfragen, vgl. F 14. 10912[25] - F 14. 10912[48].

2) Barnabé Brisson, geboren am 11.10.1777 in Lyon, hatte seine Ausbildung als Ingenieur 1793 bis 1798 an der Ecole Nationale des Ponts et Chaussées sowie der Ecole Polytechnique erhalten, wurde 1798 ingénieur ordinaire (Arbeiten am Bau des Rhone-Rhein sowie des St. Quentin-Kanals) 1808 ingénieur en chef (Départemente Escaut und Marne), erstellte um 1820 Pläne für projektierte Kanäle zwischen Paris und Tours sowie Paris und Nantes, wurde 1820 Professor für Konstruktion an der Ecole Nationale des Ponts et Chaussées, 1821 deren Inspektor, wenig später ihr stellvertretender Direktor. 1822 wurde er zum Sekretär des Conseil Général des Ponts et Chaussées, 1824 zum Divisionsinspektor ernannt. Während einer Inspektionsreise starb er 50jährig am 25.9.1828 in Nevers, vgl. F 14. 2182[1], Dossier Brisson; ebda., Extrait du registre des délibérations du Conseil Général des Ponts et Chaussées vom 14.10.1828; MU 19.10.1828: Notice sur M. Brisson; Dictionnaire de biographie francaise, Bd. 7, S. 364. Zur Urheberschaft Brissons am Becquey-Plan vgl. - abgesehen von den technischen Details - Becquey, F.-L., Observations sur le rapport lu par M. le comte Molé, commission des routes et canaux 1.12.1828, Paris 1828, S. 3 sowie F 14. 2182[1], Dossier Brisson, Hommage des élèves des Ponts et Chaussées à la Mémoire de M. Brisson, Paris o.J. (1828).

bestimmen zu können glaubte[1].

Ausgehend von der Überzeugung, daß "wegen der Abhängigkeit des Kanalbaues von geographischen Gegebenheiten ... nicht dem Kaufmann oder Ökonomen sondern dem Ingenieur das Primat bei der Planung künstlicher Wasserstraßen" zukäme, erstellte er einen "systematischen Gesamtplan aller nützlichen und technisch möglichen Wasserstraßen"[2]. Während er nicht darauf einging, welche Wasserstraßen "nützlich" seien, bestimmte er mit Hilfe existierender Landkarten, den 1744 bis 1793 entstandenen cartes topographiques de la France von Cassini - d.h. ohne eigene Vermessungen zu diesem speziellen Zweck - nach rein technischen Überlegungen den Verlauf der von ihm vorgeschlagenen Kanäle: er führte sie jeweils über den niedrigsten Punkt einer Wasserscheide und erhob zum Kriterium ihrer technischen Durchführbarkeit, daß - je nach den Kanalabmessungen - die Niederschläge von 122 bzw. 240 Quadratkilometern Land der Scheitelhaltung eines Kanals zugeführt werden könnten[3].

Die von ihm als technisch durchführbar eingestuften Kanäle ordnete er - anders als später Becquey - drei Klassen zu: ausgehend von Paris als Zentrum sah er entsprechend dem Landstraßennetz acht strahlenförmige Verbindungen zu den wichtigsten Grenzstädten des Landes vor; diese bildeten zusammen mit vier überregionalen Querverbindungen die "Hauptarterien des Königreiches,

---

1) Er legte seine Theorie nieder im Mémoire sur un nouveau procédé pour tracer les canaux de navigation d'après les cartes topographiques, das zunächst im Journal de l'Ecole Polytechnique Bd. VII (1802) erschien und später unter dem Titel Essai sur l'art de projeter les canaux à point de partage als Anhang zu seinem posthum von Duleau herausgegebenen Essai sur le système général de navigation intérieure de la France, Paris 1829, nochmals abgedruckt wurde.

2) Brisson, Essai sur le système général, S. 3 f.

3) ebda., S. 5 f.; zur Entstehungsgeschichte des Planes vgl. auch die Einleitung des Herausgebers Duleau, ebda. S. I - VIII.

das Kanalnetz erster Ordnung"[1]. Kanäle, die nur für eine einzelne Provinz von Bedeutung waren, bildeten die 2. Klasse, lokale Kanäle die 3. Klasse. Die Dimensionen der Wasserstraßen sollten entsprechend ihrer Bedeutung ansteigen und je nach Kategorie Schiffen von 10 bis 12, 50 bzw. 200 t Tragfähigkeit Platz geben[2].

Neben Brisson beeinflußte ein zweiter Ingenieur den Becquey-Plan entscheidend, der spätere inspecteur général des ponts et chaussées Joseph Michel Dutens[3]. Die wesentlichen Neuerungen seines 1820

---

1) Es handelt sich um Verbindungen zwischen Paris und Le Havre, Belgien, Strasburg, Marseille, Nantes, Bordeaux, La Rochelle und Brest sowie zwischen Bayonne/Bordeaux und Marseille, Marseille und Strasburg, Bordeaux und Hüningen bei Basel sowei Nantes und Hüningen, vgl. Brisson, Essai sur le système, S. 119 f.

2) ebda., S. 7 f.; Angaben über Länge, Verlauf und voraussichtliche Kosten der Kanäle finden sich S. 114 - 129 sowie Einleitung Duleau, S. XIII; Überlegungen hinsichtlich der zu erwartenden Verkehrsaufkommen und Erträge wurden nicht angestellt.

3) Vgl. Becquey, Rapport 1.12.1828, S. 3 sowie Duleau in Brisson, Essai, S. I; Dutens wurde am 15.10.1765 in Tours geboren, trat 1783 in die Ecole Nationale des Ponts et Chaussées ein, wurde 1788 zum sous-ingénieur, 1802 zum ingénieur ordinaire (Arbeiten an der Kanalisierung des Ourcq), 1805 zum ingénieur en chef ernannt (Départemente Léman und Nièvre; Bau am späteren Berry-Kanal); 1821 wurde er inspecteur divisionnaire, 1830 inspecteur générale des ponts et chaussées, 1831 Vizepräsident der Commission de la navigation; 1833 hatte er zeitweilig den Vorsitz im Conseil Général des Ponts et Chaussées inne. Seine Pensionierung erfolgte 1840, er starb am 6.8.1848.

Im Jahre 1818 wurde er von Becquey nach England gesandt, um die jüngsten Entwicklungen auf dem dortigen Verkehrssektor zu untersuchen und insbesondere festzustellen, inwieweit das englische Beispiel Vorbild für die französische Verkehrs- und speziell Wasserstraßenpolitik sein könnte. Seine diesbezüglichen Ergebnisse finden sich in seinen sehr instruktiven Mémoires sur les travaux publics de l'Angleterre, 4 Bde. Paris 1819; vgl. F 14.2220², Dossier Dutens sowie Dictionnaire de Biographie Française Bd. 12, S. 892 ff.

fertiggestellten Entwurfes[1] liegen erstens in der Betonung der Verbindungen zwischen Ozean und Mittelmeer - wie erwähnt setzte sich dieses Konzept im Becquey-Plan gegenüber dem von Brisson vorgeschlagenen um Paris zentrierten strahlenförmigen Netz durch -; zweitens entschied er die Frage, welche Dimensionen den neuen Kanälen gegeben werden sollten. Denn ebenso wie in England hatte der Vorschlag Robert Fulton's, das ganze Land mit einem dichten Netz kleinster Kanäle für Boote mit nur 4 t Tragfähigkeit zu überziehen, auch in Frankreich eine lebhafte Diskussion entfacht[2]. Dieses von Brisson übernommene und von Dutens abgelehnte Konzept[3] griff Becquey ebensowenig auf wie Vorschläge, Schleusen teilweise durch schiefe Ebenen, auf denen die Kanalboote von einem Kanalniveau zum anderen gleiten sollten, zu ersetzen. Auch Dutens allerdings - und mit ihm Becquey - trat nicht dafür ein, allen Kanälen eine einheitliche Dimension zu geben, sondern sah aus Kostengründen "Kleinkanäle" vor, die so konstruiert werden sollten, daß zwei Boote eines Kleinkanals von jeweils etwa 50 t Tragfähigkeit nebeneinander gekoppelt gerade die Schleusen eines Normalkanals passieren könnten[4]. Insgesamt hat somit Dutens die Grundkonzeption, Brisson die technischen Details der Streckenführung des Becquey-Planes weitgehend ge-

---

1) Die Veröffentlichung dieses Planes erfolgte infolge einer schweren Krankheit von Dutens erst mit neunjähriger Verzögerung in einer leicht veränderten, den neuen Verhältnissen angepaßten Form unter dem Titel <u>Histoire de la navigation intérieure de la France, avec une exposition des canaux à entreprendre pour en compléter le système</u>, 2 Bde. Paris 1829; vgl. dazu Bd. 2, S. 404.

2) Vgl. Fulton, R. <u>A treatise on the improvement of canal navigation</u>, London 1796 sowie dazu Jackman, W.T., <u>The development of transportation in modern England</u>, Reprint London 1962, S. 389 ff.

3) Dutens, <u>Angleterre</u>, S. 68-70.

4) Ebda. sowie Becquey, <u>Rapport 1820</u>, S. 8 f.

prägt[1].

Befriedigende Überlegungen zur Erstellung einer ökonomisch begründeten Prioritätenskala innerhalb der einzelnen Projekte allerdings führte keiner von ihnen durch, und sie wurden auch von Becquey bzw. seiner Administration nicht geliefert: Die Angaben über die zu erwartenden Kosten waren grobe Extrapolationen der beim Bau der Midi-, Centre- und St.-Quentin-Kanäle beobachteten Werte[2],und Schätzungen über die zu erwartenden Verkehrsaufkommen und Erträge wurden völlig unterlassen. Wenn somit der Becquey-Rapport - obwohl viele der Angaben über Verlauf und Länge der Kanäle nur grobe Schätzungen darstellen, ja "zahlreiche Projekte lediglich in der Schreibstube mit Hilfe topographischer Karten geprüft worden waren"[3] - aus der Sicht des Ingenieurs eine große Leistung darstellte, wurde sein Wert als echter, die zukünftige Wasserbaupolitik lenkender Entwicklungsplan durch den Mangel an ökonomischer Analyse erheblich gemindert.

Im übrigen waren selbst Becquey und Siméon, der zuständige Innenminister, sich darüber im klaren, daß erstens bei weitem micht alle der aufgeführten Kanäle wirtschaftlich sinnvoll und wünschenswert waren und zweitens ein beträchtlicher Zeitraum - sie rechneten mit etwa 60 Jahren - für die Realisierung der wesentlichen Teile des Planes anzusetzen war[4]. Auch in den Augen seiner Urheber konnte

---

1) Übrigens war der Plan von Dutens, der die Fertigstellung von 4.467 km Haupt- und 8.446 km Nebenstrecken vorsah (vgl. Dutens, Histoire Bd. 1, S. 341 ff.), nicht der letzte seiner Art. In den Folgejahren wurden neben einem von E.Flachat, dem Erbauer der Eisenbahn Paris - Pecq, in Zusammenarbeit mit G. Lamé, E. Clapeyron und S. Flachat vorgelegten Entwurf (Vues politiques et pratiques sur les travaux publics en France, Paris 1832) insbesondere die "babylonischen" (Girard, Travaux Publics, S. 305) Pläne aus Michel Chevaliers Des intérêts matériels en France, Paris 1838, diskutiert.

2) Vgl. zur Schätzmethode Brisson's, dessen Werte Becquey weitgehend übernahm, seinen Essai, S. 119 ff.

3) Becquey, Rapport 1820, S. 29 f.; ders. in MI, Rapport au roi sur la situation des canaux au 31 mars 1828, Paris 1828, S.3 f.

4) Becquey, Rapport 1820, S. 28 ff.; MI Siméon, M.U. 2.9.1820, S. 1213 und M.U. 2.7.1821, S. 972.

der Becquey-Plan deshalb nicht mehr als einen ersten groben Entwurf darstellen - eine Bestandsaufnahme für den Staat und eine Aufforderung an potentielle Investoren, aus der Fülle technisch möglicher Projekte einige renta-el erscheinende näher zu prüfen und möglicherweise in Angriff zu nehmen. Und diese Funktionen erfüllte er voll und ganz: Durch ihn wurden Parlament und Öffentlichkeit auf die Möglichkeiten des Ausbaus der Binnenwasserstrassen aufmerksam gemacht und als Reaktion auf ihn fanden sich private Kapitalgeber, um in Kooperation mit dem Staat einen Teil der vorgeschlagenen Bauten zu realisieren. Der Becquey-Plan steht somit am Anfang der fruchtbarsten Kanalbauperiode der französischen Geschichte, in seinem Gefolge erlebte Frankreich mit mehr als 50-jähriger Verspätung gegenüber England seine erste große, nicht bereits in den Anfängen erstickte canal mania. Seine Publikation kann deshalb mit Recht als "wichtigstes Ereignis der Binnenschifffahrtsgeschichte (Frankreichs) zwischen 1815 und 1848" eingestuft werden[1].

b) Zielsetzung

Obwohl also Detailuntersuchungen zur Quantifizierung der von den Kanalbauten zu erwartenden Effekte fehlten, hatte man doch recht präzise Vorstellungen darüber, welcher Art diese Effekte sein würden bzw. sein sollten. Naturgemäß waren die mit dem Kanalbau verfolgten Ziele vielschichtig, im Zeitablauf Veränderungen ausgesetzt und, da die Motive nicht unbedingt offen dargelegt wurden, nicht immer eindeutig bestimmbar. Sicherlich wirkte eine ganze Palette von Überlegungen unterschiedlichen Gewichts zusammen,und so trifft es wohl auch zu, daß - wie Ponteil meint[2] - bei Ausarbeitung und Inangriffnahme des Becquey-Planes der Wunsch mitentscheidend war, Stellung und Prestige der Bourbonen zu festigen oder - wie eine offizielle Schrift des Jahres 1821 es ausdrückte - "Frankreich durch neue, großartige Entwürfe

---

1) So Dunham, Révolution industrielle, S. 25.

2) Ponteil, F., Georges Humann et l'achèvement du canal du Rhône au Rhin, in: Navigation du Rhin, Bd. 12 (1934), S. 302; ders., Le financement de la construction du canal du Rhône au Rhin sous la Restauration, in: Revue de la Navigation Intérieure et Rhénane, Bd. 25 (1953), S. 172.

zu zeigen, was es von der Familie der Bourbonen erwarten konnte... Und kein Unternehmen wäre hierzu besser geeignet und hätte mehr Aussicht, nahezu die Gesamtheit des Landes zufriedenzustellen, als die rasche Fertigstellung eines guten Binnenwasserstraßensystems"[1].

Derart generelle Überlegungen, die sicherlich im Hintergrund eine Rolle spielten, müssen jedoch präzisiert werden. Allein durch sie oder durch pathetische Vergleiche der Kanalbauten mit der Errichtung der Pyramiden durch die Pharaonen bzw. deren Anpreisung als corne d'abondance, als ständig fließenden Quell neuen Reichtums[2], konnten weder Parlament noch private Kapitalgeber von der Zweckmäßigkeit der Projekte überzeugt werden. Welches also waren konkret die positiven und damit der Festigung des Regimes förderlichen Auswirkungen, die man sich vom Ausbau des Kanalnetzes versprach?

---

1) Zitiert nach Ponteil, Georges Humann, a.a.O., S. 302.

2) Derartig überschwengliche Vergleiche wurden von mehreren Rednern während der Kanalbaudebatte von 1822 aufgestellt; vgl. etwa M.U. 1822, S. 966.

Nur am Rande offensichtlich spielten militärische Überlegungen eine Rolle. Zwar besaßen zahlreiche Kanäle als Versorgungswege oder potentielle Verteidigungslinien eine gewisse militärische Bedeutung, die auch fast immer in die Debatte um ein Kanalprojekt miteinbezogen wurde[1]; nur im Fall der in der Bretagne angelegten Wasserstraßen wurden diese jedoch - in Erinnerung an die durch die englische Blockade erschwerte Versorgung der Kriegshäfen Brest, Lorient und St. Malo - als für den Bau allein schon hinreichend und wirtschaftlichen Überlegungen übergeordnet dargestellt[2].

Insgesamt wirkten sich diese militärischen Implikationen jedoch eher negativ auf Planung und Ausführung der Projekte aus: "Jede einzelne Aktion des öffentlichen Tiefbauamtes", so Becquey,

---

1) Vgl. etwa M.I. am 26.5.1821 vor der Deputiertenkammer bzgl. des Baues des Rhein-Rhone-Kanals (M.U. 1821, S. 973), am 30.6.1821 bzgl. der Kanäle von Somme und Manicamp (M.U. 1821, S. 973), am 8.4.1822 bzgl. des Aire-La Bassée-Kanals (M.U. 1822, S. 558 b); Rapport Taillandier bzgl. des Sambre-Oise-Kanals (M.U. 1833, S. 839); Cavenne (Divisionsinspektor PC), Canal latéral à la Garonne, in: Annales des Ponts et Chaussées, 1832 I, S. 268 f. bzgl. des Garonne-Seitenkanals; General **Pelet** zum gleichen Projekt (M.U. 1833, S. 1580). Nicht immer allerdings wurden die militärischen Argumente so anschaulich dargestellt wie in dem 1840 im Journal de l'Industriel et du Capitaliste erschienenen Artikel De la canalisation du territoire compris entre la Loire et la Garonne. Dort wird die Anlage von Kanälen in Zentralfrankreich zur Schaffung von Verteidigungslinien gefordert, damit man "wie schon Napoléon geplant hatte - ... im Falle einer neuerlichen Überschwemmung Frankreichs durch die germanischen und slavischen Massen... sich in diese Provinzen als... letzte Festung und Basis der Unabhängigkeit zurückziehen könnte... um so dem restlichen Europa solange Widerstand zu leisten, bis man dessen dezimierte Massen zurück über den Rhein werfen könnte" (a.a.O., S. 31).

2) M.I. am 8.4.1822 vor der Deputiertenkammer (M.U. 1822, S. 558 b).

"wurde mit dem Geniekorps des Militärs abgestimmt"[1]; und da militärische mit technisch-wirtschaftlichen Kriterien nur schwer in Einklang zu bringen waren, führte diese Praxis zu teilweise jahrelangen Auseinandersetzungen und Verzögerungen[2] [4].

Eine zweite Gruppe von für den Kanalbau vorgebrachten Argumenten zielte auf dessen im Grenzbereich zwischen Wirtschafts- und Sozialpolitik anzusiedelnde Konsequenzen ab, von denen man sich zugleich eine politisch stabilisierende Wirkung versprechen konnte. Einerseits wurde auf die beschäftigungspolitischen Auswirkungen während der Konstruktionsphase hingewiesen: Man konnte "dem Volk Arbeit geben"[3]; "...und schon diese Arbeitsmöglichkeiten... stellen einen Beitrag zum öffentlichen Wohl dar: Die für den Kanalbau eingesetzten Kapitalien kommen den betroffenen Regionen als Entgelt für Materiallieferungen sowie als Lohnzahlungen zugute.

---

1) M.U. 1821, S. 990.

2) Der Fall des Aire-La Bassée-Kanals, dessen Weiterbau zeitweilig sogar "mit Waffengewalt durch die Truppen verhindert wurde" (F 14.6821, Konzessionär Desjardin an DGPC, 28.6.1824), stellt zwar eine Ausnahme dar: erhebliche Verzögerungen brachte der Einspruch der Militärs jedoch häufig mit sich. Über die Streckenführung des Rhone-Rhein-Kanals entlang der Festung Besançon beispielsweise konnten sich militärische und zivile Stellungen erst nach siebenjähriger Diskussion einigen, entsprechend lange wurde die Eröffnung des sonst weitgehend fertigen Kanals hinausgeschoben (M.I., Rapport au Roi sur la situation des canaux 1825 ff., Abschnitt Rhone-Rhein-Kanal). Häufig mußten auch "mit erheblichen Nachteilen verbundene Auflagen (der Militärs) akzeptiert werden,.., um die Arbeiten nicht endlos hinauszuzögern" (F 14.6836 Doc. 3: CGPC 21.12.1824 bzgl. der Streckenführung des Ardennen-Kanals; vgl. zu diesen sich 5 Jahre hinziehenden Verhandlungen auch F 14.6837, Doc. 48, 50, 51).

3) Ledissez Pennaurun, M.U. 1822, S. 984; ähnlich Corbière, MI, M.U. 1825, S. 974; Rapport Teillandier, M.U. 1833, S. 839, 902 etc.

4) Vgl. auch Dode de la Brunerie, Vte, Rapport sur le principe et le mode d'intervention de l'autorité militaire relativement aux travaux d'utilité publique compris dans la zone des frontières; commission des routes et canaux, 3.1.1829, Paris 1829 (AN F 14.7076).

Die auf das ganze Königreich verteilten, umfangreichen Beschäftigungsmöglichkeiten führen den seit langem wirtschaftlich erschöpften Dörfern und Städten neue Geldmittel zu und werden so einen Beginn von Wohlstand säen, der sich mit Hilfe der neugeschaffenen Transportmöglichkeiten weiter entwickeln wird".[1)]
Andererseits - und dies war sicherlich wesentlich wichtiger, ja vermutlich der direkte Anlaß zur Ausarbeitung des Becquey-Planes - hoffte man Versorgungskrisen wie die der Jahre 1816/1817 durch eine Verbesserung der Transportbedingungen am wirkungsvollsten bekämpfen zu können. So ist es wohl kein Zufall, daß Becquey selbst es war, der in seiner Eigenschaft als Unterstaatssekretär im Innenministerium die Maßnahmen der Regierung gegen eben diese Hungersnot geleitet hatte.[2)] Schon damals erkannte er, daß "die Folgen mangelhafter Ernten nur durch Erleichterung des Warenverkehrs gemildert werden können, daß nur auf diese Weise eine gleichmäßigere Verteilung der Nahrungsmittelreserven und eine entsprechende Angleichung des Preisniveaus zu erreichen", eine Verbesserung der Transportbedingungen somit wichtigste Voraussetzung zur Vermeidung derartiger Katastrophen sei.[3)] Die gleichen Argumente werden vom Innenminister während der Kanalbaudebatte des Jahres 1821 vorgebracht: "Der Bau von Kanälen ermöglicht eine Steigerung der Produktion, ... einen interregionalen Preisausgleich ... und vor allem verhindert er diese lokalen Hungersnöte, die ein Gebiet mit voller Wucht treffen ... , während andere Teile des Königreiches unter einem Lebensmittelüberschuß leiden, den durch Export abzubauen ihnen wegen des gegenwärtigen Zustandes der Verkehrswege unmöglich ist."[4)]

---

1) Becquey, Rapport 1820, S. 25.

2) Vgl. Beugnot, Vie de Becquey, ... , S. 112-119.

3) Rundschreiben Becqueys vom 4.11.1816, zitiert nach Beugnot, a.a.O., S. 116.

4) MI Siméon am 26.5.1821 vor der Deputiertenkammer (M.U. 1821, S. 972); ähnlich ders., M.U. 1822, S. 837.

Das Hauptmotiv des Kanalbaues lag jedoch naturgemäß auf rein wirtschaftlichem Gebiet. Hiermit sind allerdings nur in zweiter Linie rein kommerzielle oder fiskalpolitische Überlegungen, nämlich die Erzielung von Einnahmen aus Kanalgebühren, gemeint. Von vornherein war man realistisch genug, sich nur eine geringe privatwirtschaftliche Rendite aus den Kanalinvestitionen zu erhoffen: Zwar werde, so der die Projekte befürwortende Berichterstatter der mit der Prüfung der Kanalgesetze von 1822 beauftragten Kommission, durch die Vervollständigung des Kanalnetzes eine Intensivierung des Verkehrs auf allen Teilstrecken eintreten; dennoch sei "für viele Kanäle nicht einmal die Erwirtschaftung der laufenden Instandsetzungsausgaben..., für die übrigen während der ersten 40 Jahre bestenfalls eine Rendite von 4 % zu erwarten..."[1].

Viel wesentlicher als der sich in Gebühreneinnahmen niederschlagende privatwirtschaftliche Nutzen erschien den Befürwortern der Kanäle die zu erwartende gesamtwirtschaftliche Ersparnis bzw. der soziale Nutzen dieser Bauten. Zwar befanden sich die theoretischen Überlegungen zum Konzept des sozialen Nutzens noch in den Anfängen und entsprechend waren die hierauf aufbauenden Berechnungen - abgesehen von der oft zweifelhaften Materialbasis - z.T. lückenhaft bzw. mit Doppelzählungen behaftet[2]. Im Ansatz jedoch unterschieden sich diese Berechnungen

---

1) Huerne de Pommeuse, M.U. 1822, S. 961; ähnlich Becquey, M.U. 1821, S. 980; M.I., M.U. 1822, S. 558a; M.F., M.U. 1822, S. 995. Für die darauffolgenden Jahre allerdings erwartete man eine höhere Rendite.

2) Frühe Versuche der Berechnung des sozialen Nutzens von Kanalbauten finden sich beispielsweise in Gauthey, E.M., Mémoires sur les canaux de navigation, Paris 1816, Bd. 3, S. 5; F 14. 6916: Rapport Chefingenieur Ille-et-Vilaine, 6.1.1818; Huerne de Pommeuse, Des canaux navigables considérés d'une manière générale, Paris 1822, Bd. 2, S. 308 ff.; ders., Rapport Ch. Dep. 22.6.1822, M.U. 1822, S. 962; Dupin, Ch., Des forces productives et commerciales de la France, Paris 1827, Bd. 2, S. 328 f.; Dutens, J.-M., Histoire de la navigation intérieure de la France..., Paris 1829, Bd. 1, S. 177 f.; Lamé, G., Clapeyron, E., Flachat, S. und E., Vues politiques et pratiques sur les travaux publics en France, Paris 1832, S. 251 ff. (einschließlich zahlreicher Hinweise auf frühere ähnliche Überlegungen der Ingenieure Brisson, J.-M. Dutens, Favier); Legrand, DGPC, A.P. Bd. 95 (1835), S. 421; Vallée, L.L., Des voies de communication, considérées sous le point de vue de l'intérêt public, Paris 1836, S. 22 ff.; ders., De l'aliénation des canaux, Paris o.J., S. 108 f.; Collignon, Ch., Les travaux publics en France depuis la révolution de février, in: RDM, 1849, S. 869 f.

wenig oder gar nicht von heutigen gesamtwirtschaftlichen cost-benefit-Analysen: Grundlage der Bestimmung des sozialen Nutzens eines neuen Kanalprojektes bildete die Messung der Produktionsfaktoren bzw. Kosten, die die Volkswirtschaft zusätzlich hätte aufbringen müssen, wenn man das auf einem Kanal abgewickelte Transportvolumen auf dem billigsten alternativen Verkehrsmittel - in unserem Fall der Landstraße - befördert hätte. Durch die Berücksichtigung von Nebeneffekten - etwa die zu erwartenden Einsparungen bei der Straßeninstandsetzung[1] - bemühte man sich, dieses Konzept realitätsnäher zu gestalten, ja sogar das Problem der Preiselastizität der Nachfrage nach Transportleistung - d.h. die Tatsache, daß bei Zugrundelegung des teuren Straßenverkehrs weniger Ware transportiert worden wäre als bei Vorhandensein des billigen Wasserweges - versuchte man in den Griff zu bekommen[2].

Es würde zu weit führen, die Details sowie die allmähliche Perfektionierung dieser Konzepte hier darlegen zu wollen[3]; dies wird im Rahmen einer Analyse der wirtschaftlichen Effekte des Kanalbaus geschehen. An dieser Stelle sollte lediglich

---

1) Vgl. etwa Huerne de Pommeuse, Des canaux navigables, Bd. 2 S. 308 ff.; ders., M.U. 1822, S. 608; M.I., M.U. 1821, S. 972, 974; Becquey, M.U. 1822, S. 978; Lamé u.a., Vues politiques, S. 244 ff.

2) Vgl. die seiner Zeit weit vorausgreifenden Ausführungen von Dupuit, De la mesure de l'utilité des travaux publics, in: Annales des Ponts et Chaussées 1844 II, S. 332-375 sowie ders. De l'influence des péages sur l'utilité des voies de communication, ebd., 1849 I.

3) Es sei lediglich angemerkt, daß teilweise nicht nur mit zwei, sondern sogar drei Nutzenkategorien gearbeitet wurde. So unterschied Vallée, Voies, S. 22 f., zwischen revenue spécial (Gebühreneinnahmen), revenue fiscal (durch kanalbaubedingte allgemeine Produktionssteigerungen ausgelöste Steuermehreinnahmen) und revenue territorial (gesamtwirtschaftlicher Nutzen) ; ähnlich M.I., M.U. 1821, S. 972 sowie Lamé u.a., Vues politiques, S. 247. Vgl. im übrigen zu den theoretischen Grundlagen des Konzepts des volkswirtschaftlichen Nutzens aus der Sicht der Zeitgenossen sowie zu dessen allmählicher Entwicklung und Verfeinerung neben den oben angeführten praktischen Studien insbesondere Picard, A., Les chemins de fer. Aperçu historique. Résultats généraux de l'ouverture des chemins de fer. Concurrence des voies ferrées entre elles et avec la navigation, Paris 1918, S. 275 ff. Zum heutigen Stand der Diskussion vgl. beispielsweise Weber, H.P., Investitionskriterien für Wasserstraßenbauten, Berlin 1965, mit der dort aufgeführten Literatur;

deutlich gemacht werden, daß bereits in den Kanalbaudebatten der konstitutionellen Monarchie der gesamtwirtschaftlichen durchgehend eine größere Bedeutung zugelegt wurde als der privatwirtschaftlichen Rentabilität, ja insbesondere von den Vertretern der Administration der "soziale Nutzen, der sich nicht an erzielten Gebühreneinnahmen sondern nur an der Masse der beförderten Güter ablesen läßt"[1)] als "alleinige raison d'être eines Verkehrsweges"[2)] angesehen wurde. Zwar wurde den hierbei vorgelegten optimistischen Projektionen - die zitierten Nutzenrechnungen für die Projekte von 1821/22 gingen durchweg von einer gesamtwirtschaftlichen Rendite von 20-40 % jährlich aus - entgegengehalten, sie zögen lediglich die volkswirtschaftlich positiven Effekte, nicht jedoch möglicherweise ähnlich große volkswirtschaftliche Schäden in Rechnung[3)]; grundsätzlich jedoch wurde die Priorität gesamt- gegenüber betriebswirtschaftlichen Kriterien kaum in Zweifel gezogen[4)].

---

die hervorragendsten Beispiele der aktuellen Anwendung dieses Konzeptes auf historische Tatbestände stellen Fogel, R.W., Railroads and American economic growth: essays in econometric history, Baltimore 1964; Fishlow, A., American railroads and the transformation of the ante-bellum economy, Cambridge (Mass.) 1965; Hawke, G.R., Railways and economic growth in England and Wales 1840-1870, Oxford 1970, dar; alle drei Autoren stellen ihren Ausführungen umfangreiche theoretische Überlegungen voran; für ein Anwendungsbeispiel dieses Konzeptes auf den Kanalsektor vgl. Segal, H.H., Canals and economic development, in: C. Goodrich (Hrsg.), Canals and American economic development, New York 1961, S. 216-248.

1) Collignon, Ch., Du concours des canaux et des chemins de fer au point de vue de l'utilité publique..., Paris 1845, S. 46.

2) ebd., S. 21.

3) Vgl. André d'Aubières, M.U. 1822, S. 987; gedacht wurde hier beispielsweise an durch die Veränderung des Grundwasserspiegels bedingte Schäden.

4) Eine der wenigen Ausnahmen stellte der Deputierte Ganilh dar, der als Voraussetzung einer Investition die Gewährleistung der privatwirtschaftlichen Rentabilität forderte (M.U. 1821, S. 979). Die in anderen Ländern oft so heftig geführte Diskussion um die Priorität gesamt- oder einzelwirtschaftlicher Investitionskriterien (vgl. etwa Segal, Canals and economic development, S. 239 f. oder Kurs. V., Schiffahrtsstraßen im Deutschen Reich, in: Jahrbücher für Nationalökonomie und Statistik 3. Folge Bd. 10, 1895, S. 691 ff.) ist in Frankreich zumindest in dieser Zeit nicht zu beobachten.

Selbst die Mehrzahl der - ohnehin wenigen[1] - Gegner der Kanalgesetze von 1821/1822 "wünschte die Durchführung der vorgeschlagenen Projekte"[2], "akzeptierte die zu ihren Gunsten vorgebrachten Motive"[3] und "beschränkte ihre Kritik auf die Finanzierungsseite der gesamten Transaktion"[4].

Im Zentrum der mit dem Kanalbau verknüpften Erwartungen stand jedoch auch nicht die Erzielung einer wie oben definierten gesamtwirtschaftlichen Rendite, sondern vielmehr die Hoffnung, mit seiner Hilfe - ähnlich wie in England - einen Industrialisierungsprozeß, "une véritable révolution industrielle" wie der spätere Minister für öffentliche Bauten Jaubert sagte[5], ingangsetzen zu können. Ohne im einzelnen und präzise die Wirkungsweise der wachstumsinduzierenden Impulse eines neuen Verkehrssystems darlegen zu können - was ja auch heute noch nicht in befriedigender Weise gelungen ist - wurden diese immer wieder ins Zentrum der Überlegungen gerückt: "Der fiskalische, aus Gebühreneinnahmen zu erzielende Nutzen ist das letzte Argument" - so Becquey -, "das eine Regierung zum Bau von Kanälen veranlassen sollte. Die Förderung der Landwirtschaft und Entwicklung der Industrie, die Impulse, die der Produktion jedweder Art gegeben werden, die Steigerung des Konsums..., Erweiterung der Märkte..., Intensivierung des Handels, das Zusammenrücken aller Teile des Königreiches, in einem Wort: die allgemeine Steigerung des Wohlstandes - das sind die Ziele, die die Regierung mit der Schaffung eines Kanalsystems verfolgt; das sind die Resultate, die sich nicht an der Höhe der Gebühreneinnahmen ablesen und die nicht eine fünf-, sondern eine zwanzig-, ja vierzigprozentige Verzinsung des eingesetzten Kapitals erwarten

1) Die Schlußabstimmung über die Gesetze von 1821 beispielsweise erbrachte unter den Deputierten eine Mehrheit von 213 zu 22, unter den Pairs von 114 zu 4 Stimmen, vgl. M.U. 1821, S. 990, 1118.

2) Der spätere Ministerpräsident C. Périer, M.U. 1821, S. 990.

3) Der spätere Ministerpräsident J. Lafitte, M.U. 1821, S. 981.

4) Périer, M.U. 1821, S. 989: entsprechend konnten Siméon und Becquey mit Befriedigung feststellen, daß "während der ganzen Diskussion niemand versucht hat, die Vorteile der Kanalbauten in Zweifel zu ziehen" (MI Siméon, M.U. 1822, S. 986).

5) Rapport Jaubert, M.U. 10.6.1837, zitiert nach MTP, Documents relatifs aux canaux, Paris 1840, S. 37. Es scheint sich hier übrigens um einen der frühesten Fälle der Verwendung des Terminus "Industrielle Revolution" zu handeln.

lassen!"[1)]
In diesem Zusammenhang wurde das englische Beispiel immer wieder als Vorbild angeführt: "England verdankt den hohen Entwicklungsgrad seiner... Industrie zu einem erheblichen Teil seinem leistungsfähigen Binnenschiffahrtsnetz..., will (Frankreich) eine ähnliche Entwicklung einleiten, ist... der Ausbau seines Kanalsystems hierfür eine der wichtigsten Voraussetzungen..."[2)]. Präziser ausgedrückt: "Der Vorsprung der englischen Wirtschaft lag" - so Becquey - "in deren intensiver Nutzung von Kohle begründet; um diese auch in Frankreich durchzusetzen, waren billigere Transportmöglichkeiten erforderlich"[3)]. Am deutlichsten wohl brachte im Jahre 1833 der Minister für Öffentliche Bauten die primär entwicklungspolitische Funktion der französischen Kanäle zum Ausdruck: "Unsere Kanäle", so Thiers, "mußten dem Wohlstand des Landes vorauseilen, ihn begründen helfen, während der englische Wohlstand sich bereits vor dem Bau der Kanäle entwickelt hatte; (der Kanalbau in Frankreich) stellte eine Vorleistung der Regierung gegenüber der Industrie dar, die die Industrie eines Tages mit Zinseszinsen tilgen wird"[4)]. Daß man sich hierbei sehr hochgespannten Erwartungen hingab, sei ebenfalls kurz angemerkt: Das Aussehen der Bretagne beispielsweise hoffte man "durch die Fertigstellung der Kanäle innerhalb von 25 Jahren völlig zu wandeln,... ja aus ihr innerhalb von 40 Jahren eine der reichsten und fruchtbarsten Provinzen" zu machen[5)].

---

1) Becquey, M.U. 1822, S. 978; ähnlich ein Zitat desselben in Beugnot, Vie de Becquey, S. 187 f. Die Betonung dieser dynamischen Effekte findet sich auch bei Lamé u.a., Vues politiques, S. 238, 255 ff. sowie Collignon, Concours, 1. Aufl. S. 31.

2) Pommeuse, H. de, Rapporteur der Gesetze von 1822, M.U. 1822, S. 989; ähnlich Thury, H. de, Rapport sur les quatre projets de loi relatifs à l'achèvement des canaux, 11.6.1821, Paris 1821, S. 9 ff., 18 f.

3) Zitiert nach Beugnot, Vie de Becquey, S. 273; ähnlich später u.a. der Deputierte Mosbourg, A.P. Bd. 95 (1835), S. 446; M.T.P. Martin du Nord, M.U. 1837, S. 506 ff.

4) M.U. 1833, S. 1205.

5) Servier, M.H., Considérations sur la valeur vénale et la valeur réelle des actions de jouissance des quatre canaux..., Paris 1839, angeführt in MTP, Documents relatifs aux canaux, Paris 1840, S. 125.

Oder vom nie realisierten Pyreneen-Kanal - nach den Prüfungsberichten der Deputiertenkammer "eines der großartigsten und nützlichsten Monumente Frankreichs", eine "Quelle des Wohlstands für das gesamte Land und ein Segen für das Universum"[1] - versprach man sich eine neue Verbindung zwischen Ozean und Mittelmeer, "die die Meerenge von Gibraltar in wenigen Jahren unbefahren und von aller Welt vergessen" lassen würde[2]. Nur wenige Stimmen warnten vor derart "überspannten Hoffnungen" und forderten, "Kanäle nur dort zu bauen, wo dies durch bereits bestehende Transportbedürfnisse gerechtfertigt ist..., nicht jedoch darauf zu vertrauen, daß durch die neuen Verkehrswege eine wirtschaftliche Entwicklung erst ausgelöst wird"[3].

Bis zum Ende der Julimonarchie standen die gesamtwirtschaftlichen, auf den sozialen Nutzen der Kanalbauten einerseits und deren wachstumsinduzierende Funktion andererseits abzielenden Begründungen weiterhin im Zentrum der Argumentation, ja die privatwirtschaftliche Rentabilität der neuen Schiffahrtswege wurde durchgehend nicht einmal mehr angesprochen[4]. Es wurde allgemein akzeptiert, daß die Einnahmen aus Kanalgebühren allenfalls noch deren laufenden Unterhalt finanzieren sollten[5], ja auch dieses Ziel wurde im Verlaufe einiger seit Ende der fünfziger Jahre durchgeführter Tarifsenkungen fallengelassen[6] und im Jahre 1880 schließlich auf die Erhebung von Gebühren auf staatlichen Wasserstraßen ganz verzichtet[7].

---

1) Rapport Amilhau, M.U. 1831, S. 2493.

2) ebd.; ähnlich Rapport Bérigny, M.U. 1833, S. 1466 sowie M.T.P., M.U. 1833, S. 1578.

3) Dutens, Histoire Bd. 2, S. 368.

4) Vgl. etwa Rapport Marquis de Dalmatie bezüglich des Loire-Seitenkanals (M.U. 1838, S. 1853 f.), des Marne-Rhein-Kanals (M.U. 1838, S. 1348 ff.), des Aisne-Marne-Kanals (M.U. 1838, S. 1350 ff.), des Kanals der Grandes Landes (M.U. 1838, S. 1853) oder die Begründungen des Ministers für öffentliche Bauten für den Aisne-Seitenkanal (M.U. 1837, S. 1039), den Marne-Seitenkanal (M.U. 1837, S. 508 ff.), die Kanalisierung der oberen Seine (M.U. 1840, S. 652), den Aisne-Marne-Kanal (M.U. 1840, S. 654 ff.) sowie schließlich den Rapport Chaix d'Est-Ange bzgl.der beiden letztgenannten Projekte (M.U. 1840, S. 1118 f.).

5) Rapport Chaix d'Est-Ange, M.U. 1840, S. 1118.

6) Girard, L., La politique des travaux publics du second Empire, Paris 1952, S. 301; vgl. auch M.T.P., Statistique de la navigation intérieure, Dépenses de premier établissement, Paris 1892, S. 56 f.

7) L. 21.12.1879 und L. 19.2.1880; vgl. M.T.P., Dépenses de premier établissement, S. 69 f.

Über viele Jahre hinweg allerdings wurden diese Argumente gar nicht ernsthaft in den Kammern diskutiert, und zwar deshalb, weil es undenkbar schien, neue Projekte in Angriff zu nehmen, ehe nicht die große Zahl der angefangenen Bauten fertiggestellt war: "Nichts Neues beginnen, sondern Angefangenes fertigzustellen erscheint uns als Gebot der Stunde"[1]. Und in der Tat erforderte die Beseitigung der "künstlichen Ruinen"[2], zu der man sich nicht zuletzt durch privatrechtliche Verträge trotz mancher Bedenken und ohne Enthusiasmus gezwungen sah[3], derart viel Zeit und Kapital, daß unter der Julimonarchie trotz der gegenüber der Restauration nahezu verdoppelten öffentlichen Kanalinvestionen nur vier grössere Kanalprojekte vom Staat in Angriff genommen werden konnten. Und sogar für diese wenigen Neubauten wurde - in Verbindung mit der gesamtwirtschaftlichen Begründung - in erster Linie das Motiv der Fertigstellung bereits angefangener Wasserstraßen bzw. der Schließung bestehengebliebener Lücken vorgebracht[4].

Zumindest bei der Begründung eines Projektes jedoch, nämlich in der Diskussion um den Garonne-Seitenkanal, schob sich noch ein weiteres, letztlich auch im gesamtwirtschaftlichen Nutzen der Kanäle begründetes Argument in den Vordergrund: die Forderung der bislang vom Kanalbau wenig profitierenden Departemente, endlich auch in den Genuß verbesserter Verkehrsverbindungen zu gelangen. Zwar hatten deren Vertreter schon seit Jahrzehnten geklagt, daß viele Gebiete "systematisch vergessen, vernachlässigt und geopfert wurden zugunsten von Paris und der für die Versorgung von Paris wichtigen Regionen"[5], daß deren "einziges Recht in der Entrichtung von Steuern" bestünde[6], deren "einziges Privileg in dem Glüc (zu sehen sei), in Ruhe, Zurückgezogenheit und fern des wirtschaftlichen

---

1) Thiers, MCTP, <u>M.U.</u> 1833, S. 1206; genauso MTP Martin du Nord, M.U. 1837, S. 509 sowie Jaubert, MTP, M.U. 1840, S. 652.

2) Humann, MF, M.U. 1833, S. 1599.

3) Vgl. beispielsweise die Kanalbaudebatte von 1833 in M.U. 1833, S. 1205 f., 1462 ff., 1531 ff. sowie weiter unten die Dispositionen der Gesetze von 1821/1822.

4) Vgl. die oben aufgeführten Gesetzesbegründungen und Rapports bzgl. des Ausne-Seitenkanals, des Aisne-Marne-Kanals, der Kanalisierung der oberen Seine.

5) Beslay, M.U. 1821, S. 990.

6) Roul, M.U. 1833, S. 1580.

Fortschritts leben zu dürfen"[1]. Bislang waren diese unter dem Schlagwort der justice distributive vorgebrachten Forderungen jedoch entweder übergangen oder mit leeren Versprechungen beantwortet worden[2]. Erst jetzt wurden sie von Administration und Parlamentsmehrheit übernommen, und erst jetzt setzte sich - aus welchen Motiven auch immer[3] - die Ansicht durch, daß "den bislang vernachlässigten Departementen... eine alte Schuld beglichen" werden müsse[4].

Auch in den letzten Jahren der Julimonarchie wurde somit an der Priorität gesamt- vor privatwirtschaftlichen Kriterien beim Kanalbau festgehalten, ja erstere schoben sich vielleicht noch mehr in den Vordergrund; der Glaube an die wachstumsinduzierende Kraft der Kanäle wurde jedoch, bedingt durch deren häufig enttäuschendes Verkehrsvolumen, zunehmend erschüttert. Diese Ernüchterung breitete sich umso mehr aus, als sich mit der Eisenbahn ein vermutlich noch leistungsfähigeres Verkehrsmittel ankündigte. Zunächst allerdings reagierten Administration und Regierung wenig auf die neue Entwicklung, versuchten deren Auswirkungen zu minimieren und der Eisenbahn bestenfalls eine die Kanäle ergänzende Rolle zuzubilligen: "Die Eisenbahnen sind gewissermaßen ein Luxus der Zivilisation"[5], "eine großartige Erfindung..., die jedoch unter Kostengesichtspunkten den Kanälen unterlegen ist"[6]; "sie lebt lediglich vom Reichtum des Landes..., während der Kanal diesen hervorbringt"[7].

---

1) Beslay, a.a.O.; vgl. ähnlich auch die Deputierten Demarcay Bastide d'Isar und Dumon, in: M.U. 1833, S. 1580 sowie de Failly, A.P. Bd. 95 (1835), S. 317.

2) Vgl. etwa MTP Thiers, M.U. 1833, S. 1580.

3) Laut Girard, Travaux Publics, S. 4 f., "bestand unter der Julimonarchie eine der besten Methoden der Wahlvorbereitung in der Verkündung eines öffentlichen Bauvorhabens".

4) Jaubert, späterer M.T.P., M.U. 1838, S. 1484; vgl. auch Rapport Marquis de Dalmatie, M.U. 1838, S. 1853 ff. sowie Michel Chevalier, M.U. 1846, S. 380 bzgl. des Marne-Rhein-Kanals.

5) Jaubert, M.U. 1838, S. 1484.

6) Rapport Duc de Dalmatie, M.U. 1838, S. 1347 f.

7) Dumon, MTP, M.U. 1846, S. 380.

Die Ausführungen Thiers repräsentierten für lange Zeit den offiziellen Standpunkt: "Der Bau von Eisenbahnen schließt die Vervollständigung des Wasserstraßennetzes durchaus nicht aus... Die Eisenbahnen eignen sich in erster Linie für den Transport von Personen und hochwertigen Gütern, für Massengüter von am Gewicht gemessen geringerem Wert wird weiterhin der Kanal- und Flußtransport vorteilhafter bleiben. Folglich müssen wir zielbewußt den Bau beider Verkehrsmittel vorantreiben, die jeweils andere Vorteile bieten und, weit entfernt einander zu schaden, einander ergänzen und nützen"[1]. Dieses Festhalten an der Vorstellung, daß "Bahn und Kanäle nicht Feinde sind, sondern eine komplementäre Funktion erfüllen"[2], war aus der Sicht der Regierung besonders verständlich, denn "vielleicht keiner Regierung kam eine technische Neuerung ungelegener als der Louis-Philippes, die, als sich die Notwendigkeit zum Bau von Eisenbahnen zeigte, sich mitten in der Realisation des größten bislang je unternommenen Infrastrukturprogramms befand"[3]...

Natürlich wurde die Argumentation der Administration von Seiten der Vertreter der Eisenbahngesellschaften massiv kritisiert, die ihrerseits die beiden Verkehrsmittel ausschließlich als Konkurrenten sahen[4]; sie forderten, wie in England Kanäle zuzuschütten und als Trasse für Bahnlinien zu benutzen[5] und erreichten auch zeitweilig die teilweise Einstellung der Bauarbeiten am Marne-Rhein- sowie am Garonne-Seitenkanal[6].

---

1) Thiers, M.I., M.U. 1835, S. 167.

2) Dumon, MTP, M.U. 1846, S. 380; ähnlich Rapport Chaix d'Est-Ange, M.U. 1840, S. 1118 und Michel Chevalier, M.U. 1846, S. 379 f.

3) Jouffroy, M.L., Cours libre sur la question des transports en France de 1830 à 1870 professé en Sorbonne en 1937/1938, Ms. zitiert nach Girard, Travaux Publics, S. 38.

4) Muret de Bort, M.U. 1846, S. 378 ff.: "Eine Bahnlinie kann kein konkurrierendes Transportmittel neben sich dulden... Durch den Bau von Kanälen und Bahnen mit gleicher Streckenführung schafft man sowohl einen defizitären Kanal als auch eine defizitäre Bahnlinie".

5) Richond de Brus. M.U. 1846, S. 380 f.; vgl. auch Gautthier de Rumilly, ebd., S. 405 f., G. de Beaumont, ebd., S. 408.

6) L. 5.8.1844.

Letztlich jedoch entschloß man sich dennoch zur Fertigstellung praktisch aller angefangenen Bauten[1], und zwar in erster Linie wohl, um die bereits unternommenen Investitionen nicht völlig sinnlos werden zu lassen[2]. Hinzu kam, daß man in den Kanälen die beste Möglichkeit sah, Monopolisierungstendenzen der Bahngesellschaften entgegenzuwirken[3] - ganz abgesehen davon, daß das Zuschütten der Kanäle ebenfalls erhebliche Probleme und Kosten mit sich gebracht hätte[4].

Nachdem der Entschluß, diese beiden großen Projekte fertigzustellen, gefaßt war, wurden jedoch für etwa ein Viertel Jahrhundert kaum neue Initiativen im Kanalbau unternommen[5]. Zwar widmete man sich verstärkt dem Ausbau der Flüsse, denn, so hatte man schon seit langem erkannt, "was nützen die enormen Ausgaben für das Kanalnetz, ... wenn die Flüsse, in die sie einmünden, in einem völlig unzulänglichen, quasi barbarischen Zustand verbleiben und... den größten Teil des Jahres nicht befahrbar sind?"[6] Im übrigen aber wird die während des gesamten Second Empire herrschende offizielle Auffassung am treffendsten durch den langjährigen Minister für

---

1) L. 5.5.1846.

2) Legrand, DGPC, M.U. 1846, S. 407 f.; ähnlich zahlreiche Redner in der Diskussion um das Gesetz vom 5.5.1846, etwa Lherbette (a.a.O., S. 361), Dutilh (a.a.O., S. 412), Galos (a.a.O., S. 414), Collignon (a.a.O., S. 481 ff.).

3) Vgl. in der Debatte vom 13.7.1846 die Äußerungen von Dumon, MTP (M.U. 1846, S. 405 f.), Legrand, DGPC (a.a.O., S. 407 f.), Michel Chevalier (a.a.O., S. 380) sowie Collignon, der als Tiefbauingenieur sowohl den Bau einiger Abschnitte des Rhein-Marne-Kanals als auch der hierzu parallelen Eisenbahn Paris-Strasburg leitete (a.a.O., S. 482).

4) Laut Dumon, MTP, hätten zur Vermeidung von Versumpfung und Fiebergefahr bereits fertiggestellte Teilstücke zugeschüttet werden müssen; daneben wären Rechtsstreitigkeiten wegen der im nachhinein unnötig gewordenen Enteignung von Land zu erwarten gewesen (M.U. 1846, S. 405).

5) In den 26 Jahren von 1848 bis 1873 wurden ganze 213 km neuer Kanäle autorisiert.

6) Rapport Jaubert, A.P. Bd. 95 (1835), S. 216; ähnlich Thiers, MI, ebd., S. 167 ff.; Rapport Duvergier de Hauranne, A.P. Bd. 94 (1835), S. 711.

öffentliche Bauten und späteren Ministerpräsidenten Rouher wiedergegeben: "Heute, angesichts des stetig sich ausdehnenden Eisenbahnnetzes, muß die Schaffung neuer Kanäle als Anachronismus erscheinen"[1].

Wenn dennoch einige neue Bauten begonnen und vor allem angefangene zuendegeführt wurden, so "vor allem, um dem Staat und den Benutzern ein Gegengewicht zum Monopol der Eisenbahnen in die Hand zu geben"[2]. Denn "nicht nur durch die tatsächlich beförderten Güter", so der Conseil Général des Ponts et Chaussées, "sondern ebenso durch die Tarifsenkungen, die sie der Eisenbahn aufzwingt, (könne) die Binnenschiffahrt Handel und Industrie erhebliche Dienste leisten"[3].

Endgültig allerdings war dieses Absinken der Binnenschiffahrt zum reinen Korrekturinstrument gegenüber monopolistischen Praktiken der Eisenbahngesellschaften nicht: In den späten siebziger und achtziger Jahren maß man ihr aufs neue eine wichtige, eigenständige Rolle bei der Bewältigung der Binnentransportprobleme zu, und so erlebte Frankreich im Gefolge der Verabschiedung des Freycinet-Planes eine zweite große Kanalbauperiode, die zwar nur eine geringe Verlängerung des Netzes bewirkte, durch Verbesserungs- und Erweiterungsbauten jedoch zu jährlichen Investitionen führte, die teilweise fast doppelt so hoch lagen wie die unter der konstitutionellen Monarchie erreichten Spitzenwerte.

---

1) Rouher, Rapport à L'Empereur, M.U. 1860, S. 238.

2) Girard, Travaux publics, S. 155.

3) Am 12.7.1855, in: F 14 10912 130, S. 249; auch heute noch übrigens werden ähnliche, vom wohlfahrtstheoretischen Standpunkt aus kaum zu rechtfertigende Argumente für die Durchführung von Infrastrukturinvestitionen vorgebracht, vgl. Renshaw, E.F., A note on the measurement of the benefits from public investment in navigation projects, in: AER Bd.47 (1957), S. 661.

c. Finanzierung

Aus der dem Kanalisierungsprogrammm zugrundeliegenden Zielsetzung mit ihrer Betonung gesamtwirtschaftlicher Argumente geht bereits hervor, daß dem Staat bei dessen Realisierung eine dominierende Rolle zukommen mußte. Dennoch traten - zumindest verbal - praktisch alle an den Kanalbaudebatten der zwanziger Jahre Beteiligten für die Übertragung der Kanalbauten an private Konzessionäre ein, die für ihre Auslagen durch das Recht auf Erhebung von Schiffahrtsgebühren sowie - auch das wurde teilweise praktiziert - auf einen Teil der durch ihre Bauten erreichten Wertsteigerung der angrenzenden Ländereien[1] zu entschädigen sein[2]. Der Staat sollte so wenig wie möglich auf diesem Gebiet eingreifen: "Es liegt in dessen Wesen", so der Ökonom Ganilh, "alles schlecht zu machen, was er in Angriff nimmt... entsprechend muß ihm die Möglichkeit genommen werden, (den Ablauf des ökonomischen Systems) zu stören"[3]. Selbst der Dienstherr Becqueys, Siméon, wagt dem nur bedingt zu widersprechen: "Die Erfahrung der Vergangenheit bestätigt in der Tat, daß die vom Staat unternommenen Bauten fast immer länger dauerten und teurer wurden" als entsprechende Projekte der Privatwirtschaft. Andererseits seien "sie qualitativ höherstehend"[4].

---

[1] Der Konzessionär des Aire-La Bassée-Kanals beispielsweise hatte Anspruch auf 4o %, derjenige des Sensée-Kanals auf 6o % dieser Wertsteigerung (L. 14. 8. 1822 u. Rapport Pommeuse, M.U. 1822, S. 990; L. 13. 5. 1818); einem potentiellen Konzessionär des Loire-Seitenkanals allerdings wurde die entsprechende Forderung abgeschlagen und er zog daraufhin seine Bewerbung zurück (Rapport H. de Pommeuse, M. U. 1822, S. 961).

[2] Vgl. hierzu einerseits die Äußerungen von Administration und Regierung, d. h. von Becquey, Rapport 182o, S. 17-19; ders., M.U. 182o, S. 1214-1216; ders., M.U. 1821, S. 98o; Siméon, M. I., Vorwort Rapport Becquey 182o, S. 3; ders. M.U. 182o, S. 1213; ders., M.U. 1822, S. 558a; ders. M.U., 1821, S. 972; andererseits den Verlauf der Kanalbaudebatten 1821 und 1822, insbesondere die Beiträge von Ganilh (M.U. 1821, S. 979), Basterrèche (M.U. 1821, S. 985), de la Bourdonnaye (M.U. 1822, S. 981f.), Manuel (M.U., 1822, S. 982); schließlich die Publikationen von Brisson, Système, S. 13off; Dutens, Angleterre, S. VII und 367f.

[3] Ganilh, M.U. 1821, S. 979; ähnlich Rapport Thury vom 11. 6. 1821, S. 7 sowie Laffitte, M.U. 1821, S. 981.

[4] M I, M.U. 1822, S. 558a.

Um das Hauptziel, die rasche Fertigstellung der Kanäle, zu erreichen - so die fast einhellige Meinung - müßten der Privatwirtschaft große Anreize gegeben werden. Hierdurch ließen sich nicht nur langfristige,ja zeitlich unbegrenzte Konzessionen[1], sondern auch Subventionen rechtfertigen[2]. Dabei sei es von zweitrangiger Bedeutung, ob der Staat zunächst gewisse Opfer auf sich nähme: "Es wäre zu wünschen, daß die Konzessionäre ein gewaltiges Vermögen erwirtschafteten, denn um so leichter fänden sich dann Nachahmer für andere Projekte[3]". Und dies müsse in der gegenwärtigen Phase das Hauptziel der Regierung sein; denn nur mit Hilfe des esprit d'association, der in England, "das, will man eine natürliche, harmonische Entwicklung erreichen, in jeder Hinsicht Vorbild sein muß"[4], schon so viel geleistet habe, könnten auch in Frankreich die großen Zukunfstaufgaben gemeistert werden[5].

Die Reaktion der Privatwirtschaft auf diese Ermunterungen - die Administration forderte sogar in Zeitungsanzeigen zur Abgabe von Angeboten auf[6] - blieb jedoch schwach: unter der Restauration fanden sich nur für 15 künstliche Wasserstraßen in einer Gesamtlänge von ca. 55o km, unter der Julimonarchie

---

1) Prinzipiell allerdings wünschte man unbefristete Konzessionen nur auf lokale Projekte zu beschränken. Andererseits sah man "die Vorteile der Wasser- gegenüber der Landstraße als so groß an, daß notfalls auch Haupt- und sogar grenznahe Linien unbefristet vergeben" werden könnten (M I, M.U. 1821, S.972; ähnlich Rapport Thury 11. 6. 1821, S. 12f.)

2) Wie aus Anhang B I 1 ersichtlich, vergaben insbesondere interessierte Departements und Kommunen derartige Subventionen in beträchtlicher Höhe.

3) Duvergier de Hauranne, M.U. 1821, S. 987.

4) Dutens, Histoire Bd. 2, S. 385.

5) Beyquey, Rapport 182o, S. 11 f.; Dutens, a.a.O. S. 366, 369.

6) Dies geschah beispielsweise im M. U. vom 4. 9. 1921 und 19. 4. 1822 sowie - laut Becquey, M.U. 1821, S. 98o - in verschiedenen Provinzblättern.

für 9 Kanäle bzw. Kanalteilstrecken mit einer Länge von ca. 25o km private Konzessionäre[1] [2], die für ihre Bauten insgesamt etwa 65 Millionen Franken investierten[3].

Dies sind sicherlich, insbesondere gemessen an den Leistungen früher liegender Epochen,beachtliche Werte. Innerhalb der Kanalbauaktivität der konstitutionellen Monarchie kommt ihnen jedoch nur eine beschränkte Bedeutung zu: Nur ein Fünftel der in dieser Zeit neueröffneten Kanäle wurden durch private Konzessionäre geschaffen, nur ein Achtel der Investitionen durch sie getätigt. Sie allein machte die Jahre 1814-1848 also sicherlich nicht zur fruchtbarsten Kanalbauperiode Frankreichs.

Sowohl von Kritikern der extremen Rechten als auch der Linken wurde in erster Linie die Regierung für diese Zurückhaltung der Privatwirtschaft verantwortlich gemacht. Die Regierung hätte - so in seltener Einmütigkeit der Führer der Ultraroyalisten de la Bourdonnaye[4] und der später als"Königsmörder " aus der Kammer verbannte Manuel - "alles getan, um jegliche Privatinitiative zu ersticken" und "mit jeder ihrer Äußerungen auf die Abwehr privater Konzessionäre abgezielt"[5], um sich selbst bzw. dem öffentlichen Tiefbauamt die Bauausführung zu sichern.

---

[1] Die Abweichungen zu den Salden der Werte von 1814, 183o und 1848 aus den Spalten 2 und 3 der Tabelle 59 (Anhang A) erklären sich dadurch, daß ein Teil der Konzessionen innerhalb des betrachteten Zeitraums erlosch, die Kanäle also in staatlichen Besitz übergingen. Nicht berücksichtigt wurden Kanalprojekte, die vor oder kurz nach Baubeginn aufgegeben wurden.

[2] Von den unter der Restauration konzessionierten Kanalstrecken wurden dreiviertel, von den unter der Julimonarchie konzessionierten über 95 % nur zeitlich begrenzt vergeben.

[3] Hiervon entfielen ca. 41 % auf die Jahre der Restauration, 59 % auf die der Julimonarchie. Vgl. Anhang B.

[4] de la Bourdonnaye, M.U. 1822, S. 981.

[5] Manuel, M.U. 1822, S. 982.

Und in der Tat waren viele der vom Staat gestellten Bedingungen für einen potentiellen Konzessionär nur schwer zu akzeptieren. So gab die Administration, als sie in Vorbereitung der Gesetze von 1822 in einem bereits erwähnten öffentlichen Aufruf um private Konzessionäre warb[1)], diesen ganze zwei Wochen Bedenkzeit zum Überprüfen und Einreichen ihrer Angebote; sie machte zur Bedingung, daß die zu vergebenden Bauten nach den gegenwärtigen und zukünftigen - d. h. noch nicht einmal fertiggestellten! - Plänen des Tiefbauamtes zu erfolgen hätten; drohte im Falle einer (bei staatlichen Bauten nur allzu üblichen) verspäteten Fertigstellung die entschädigungslose Enteignung an; setzte fest, daß alle auftretenden Streitfälle Vertretern der Regierung, nämlich den jeweiligen Präfekten bzw. dem Staatsrat, zu entscheiden seien; machte schließlich deutlich, daß reinen Finanzierungsgesellschaften, die die Bauausführung dem Staate überlassen würden, neben einer festen Verzinsung auch ein Anteil am Nettoprodukt der Kanäle zugestanden werden würde[2)]. Es ist kaum zu bestreiten, daß sich eine Compagnie bei Annahme dieser "machiavellischen Bedingungen[3)]" völlig der Willkür der öffentlichen Verwaltung auslieferte[4)]" und eine echte vorausschauende Rentabilitätsprüfung wegen des Fehlens fertiger Pläne - deren Erstellung sich wegen zu befürchtender Streitigkeiten mit der Militärverwaltung über Jahre hinziehen

---

[1)]Aufruf vom 19. 4. 1822.

[2)]Vgl. <u>M.U.</u> 19. 4. 1822, die Kritik von Forbin des Issarts. de Kergorlay, de la Bourdonnaye, Manuel und de Coupigny, <u>M.U.</u> 1822, S. 963f., 967, 981-984. Siméon und Becquey suchten diese Bestimmungen damit zu begründen, daß Staat und Öffentlichkeit gegen unseriöse Bewerber, denen ja u.a. das Recht zur Enteignung benötigten Landes zugestanden würde, geschützt werden müßten, <u>M.U.</u> 1822, S. 976, 986.

[3)]Laisné de Villevêque, der spätere Konzessionär des (gescheiterten) unteren Loire-Seitenkanals, <u>M.U.</u> 1822, S. 965.

[4)]Manuel, ebda., S. 982.

konnte - absolut verhinderte. Zwar wurden die oben aufgeführten Bedingungen in der Folgezeit zumindest teilweise gemildert - wobei die Drohung der Enteignung aber ebenso wie die Festlegung auf die (allerdings fertigen) Pläne des Tiefbauamtes bestehen blieben[1] -, die wahre Einstellung der öffentlichen Verwaltung gegenüber privaten Konzessionären wird jedoch hinlänglich deutlich. Und so klingen spätere Beteuerungen Becqueys, "die Regierung hätte tausend Anstrengungen unternommen, Konzessionäre zu finden" und er selbst habe " unzählige Unterredungen mit potentiellen Investoren geführt"[2] nicht unbedingt glaubwürdig. Eher scheint die Annahme, die Administration habe sich die Durchführung der sicherlich reizvollen Aufgabe des Kanalbaus nicht entgehen lassen wollen - ähnliches versuchte sie ja auch später beim Eisenbahnbau - gerechtfertigt.

Es bleibt allerdings fraglich, ob der Anteil privater Konzessionäre am Ausbau des Binnenschiffahrtsnetzes bei einer andersgearteten Haltung der Administration wesentlich größer gewesen wäre, ob nicht auch andere objektive Tatbestände die Zurückhaltung der Privaten bedingte. Denn da den Kanälen primär eine Entwicklungsfunktion zugedacht war, war zumindest in den ersten Jahrzehnten ja meist von einem "so erschreckenden Mißverhältnis zwischen Einnahmen... und erforderlichem Kapital auszugehen, (daß sie) für private Gesellschaften kein attraktives Investitonsobjekt darstellten[3]". Nur in den wenigen Fällen, in denen ein bereits vorhandenes Verkehrsaufkommen direkt vom Kanal übernommen werden konnte oder in denen einzelne Unternehmer als zukünftige Nutznießer verbesserter Transportwege ein besonderes Interesse an deren Fertigstellung besaßen, konnte man

---

1) Die letztere Regelung stieß im übrigen sogar innerhalb der Administration selbst auf Kritik; zumindest die Wahl des federführenden Ingenieurs, so der damalige Divisionsinspektor Dutens, sollte frei sein: "Vertrauen läßt sich nicht verordnen" (Dutens, Histoire, Bd. 2, S. 4o8f.).

2) Becquey, Rapport 182o, S. 4; ähnlich M I , M.U., 1822, S.986.

3) Rapport H. de Pommeuse, M.U. 1822 S. 6o8; ähnlich ders. ebda, S. 988. Im allgemeinen übrigens bestätigten sich diese pessimistischen Rentabilitätserwartungen.

auf ein privates Engagement hoffen. Die Art der Finanzierung derartiger Bauten ist eben nicht nur Resultat politischer Entscheidungen, sondern wird, wie insbesondere Goodrich gezeigt hat, in erheblichem Maße von objektiven Gegebenheiten geprägt[1].

Zu diesen objektiven Gegebenheiten zählten im übrigen neben den ungünstigen Rentabilitätserwartungen der Kanäle vermutlich auch Entwicklungsstand und Struktur der französischen Wirtschaft und speziell des Kapitalmarktes. "In Frankreich, das - so Becquey - ohnehin nicht über so viel Kapital verfügt wie England, findet sich Geld nur für rasche Spekulationen. Man strebt danach, seine Gewinne in kürzestmöglicher Frist zu realisieren, für mit einem gewissen Risiko verbundene langfristige Investitionen findet sich niemand bereit" [2]. Hinzu kommt, so der Erklärungsversuch Siméons, die starke Konzentration allen Reichtums in Paris: "Die Einwohner der von einer Wasserstraße betroffenen Region, die nicht nur spezielles Interesse an deren Fertigstellung, sondern auch die notwendigen Detailkenntnisse zur Beurteilung ihrer Rentabilität besitzen, verfügen nicht über die notwendigen Mittel. Für die großen Pariser Kapitalisten und Bankiers ist diese Art von Investitionen dagegen zu ungewohnt... Auch vom Grundbesitz, der in England eine hervorragende Rolle spielte, ist wegen dessen größerer Zersplitterung in Frankreich wenig zu erwarten[3]".

---

[1] Goodrich, C., American development policy: The case of internal improvements, in: JEcH Bd. 16 (1956), S. 452 f.

[2] Becquey an seinen Nachfolger Legrand am 2.1o. 1833, zitiert nach Beugnot, Vie de Becquey, S. 291.

[3] Siméon, M.U. 1822, S. 558a; seine Ansicht, daß "unsere Kapitalisten sich wenig geneigt zeigen, Kanalbauten auf volles eigenes Risiko zu übernehmen" (ebda.), wird durch den Submissionär der Ardennen-, Oise- und Somme-Manicamp -Kanäle bestätigt: "Was mich betrifft, so bleibe ich bei meinem Entschluß, keinerlei derartige Projekte in der alleinigen Aussicht auf Gebühreneinnahmen anzugehen - zumindest nicht, wenn sie Ausgaben von mehr als ein bis zwei Millionen Franken erforderlich machen." (61 AQ 211, Sartoris an Cordier, 27. 11. 1821, ähnlich am 23. 7. 1821).

Der ordnungspolitisch entgegengesetzten Lösung, die beim Kanalbau hätte eingeschlagen werden können, nämlich dessen Durchführung durch den Staat, standen zwar kaum personell-technische Probleme entgegen: Mit dem Ingenieurskorps des Tiefbauamtes verfügte der französische Staat über einen hochqualifizierten, hierfür geeigneten Personalbestand wie wohl kein anderes Land der Erde. Wohl aber wurde ein starkes finanzielles Engagement des Staates im Kanalsektor dadurch erschwert, daß der öffentliche Haushalt nach den Jahrzehnte andauernden politischen Wirren und militärischen Verwicklungen durch andere, unabweisbar scheinende Verpflichtungen bereits extrem angespannt war. Zumindest "eine Beschränkung auf ordentliche Haushaltsmittel hätte bedeutet, die Realisierung der Pläne auf völlig unbestimmte Zeit hinauszuschieben"[1]— eine umso unangenehmere Perspektive, als dadurch nicht nur die erhofften wachstumsinduzierenden Effekte der Investitionen zunächst nicht wirksam werden konnten, sondern auch deren in erheblichem Maße von der Baudauer abhängigen Kosten steil ansteigen würden[2]. Zudem ist, so die Vertreter von Regierung und Administration, "bei staatlicher Finanzierung die termingerechte und regelmäßige Mittelbereitstellung nie sichergestellt: ... unvorhergesehene Umstände können den Einsatz der für die Bauarbeiten vorgesehenen Mittel an anderer Stelle erzwingen..., ja zur völligen Einstellung der Arbeiten führen" - eine Gefahr, die auch bei der Finanzierung der Bauten mit Hilfe einer einfachen Staatsanleihe gegeben sei, über deren Verwendung Regierung und Parlament ja frei verfügen könnten[3]. Denn "durch Verpflichtungen, die sie nur mit sich selbst eingeht, ist keine Regierung wirklich festgelegt"[4]. Um die Vollendung der Bauten tatsächlich sicherzustellen, müsse die öffentliche Hand definitif gebunden werden, und dies wiederum sei nur

---

1) Siméon, M I , M.U. 1821, S. 972.

2) ebda. sowie Becquey, Rapport 1820, S. 13.

3) Siméon, M I , M.U. 1821, S. 972; ähnlich Pasquier, M A E , M.U. 1821, S. 991; Becquey, M.U. 1821, S. 979; Rapport H.de Pommeuse, M.U. 1822, S. 961. Das Beispiel der napoleonischen Kanalbaupolitik zeigt, wie berechtigt derartige Befürchtungen waren.

4) Rapport H. de Pommeuse, M.U. 1822, S. 961.

durch Einschaltung der Privatwirtschaft und das Eingehen privatrechtlicher Verpflichtungen zu gewährleisten.

Zumindest unter der Restauration sah man folglich in der Kooperation von Staat und Privatwirtschaft "den einzigen Weg, Frankreich innerhalb eines überschaubaren Zeitraumes in den Genuß aller Vorteile eines verbesserten und erweiterten Binnenverkehrsnetzes kommen zu lassen"[1]. Die Aktivität des Staates beschränkte sich zunächst auf die Vollendung einiger weit fortgeschrittener Bauten aus ordentlichen Haushaltsmitteln[2]; erst Ende der dreißiger Jahre nahm er wieder neue Projekte in eigener Regie in Angriff[3]. Entsprechend gering war mit knapp 8 % der Anteil der rein staatlichen Bauten an der Länge der unter der konstitutionellen Monarchie neueröffneten Kanäle[4]. Wie ausgeführt, lag der Beitrag der privaten Konzessionäre mit ca. 20 % zwar höher, der Löwenanteil jedoch, nämlich nicht weniger als 72,6 % der unter der konstitutionellen Monarchie fertiggestellten und knapp 50 % der heute in Frankreich befahrenen Kanäle wurden in Zusammenwirken von Staat und Privatwirtschaft geschaffen. Die Details dieser Kooperation wurden, wie bereits erwähnt, in einer Reihe von am 5.8.1821 bzw. 14.8.1822 wirksam gewordenen Gesetzen geregelt, die die Fertigstellung von nicht weniger als 2.236,5 km Kanälen sicherstellten[5] und deren Verabschiedung deshalb neben der Vorlage des Becquey-Planes als zweites dominierendes Ereignis der Kanalbaugeschichte der ersten Hälfte des 19. Jahrhunderts anzusehen ist.

---

1) MI, M.U., S. 972.

2) Sie wurden insbesondere am Centre- und Marans-La Rochelle-Kanal durchgeführt.

3) 1837 wurden der Aisne- sowie der Marne-Seitenkanal (51,4 bzw. 66,8 km), 1838 der Marne-Rhein- und der Garonne-Seitenkanal (317,5 bzw. 210,6 km), 1840 der Aisne-Marne- und Seine-Kanal (58,1 bzw. 43,8 km) autorisiert. Diese Politik des Staates spiegelte sich natürlich in der Höhe seiner Ausgaben für Kanalbauten wider, vgl. Schaubild 4.

4) Eine gewisse Verzerrung des Bildes tritt dadurch ein, daß ein Teil der bereits unter der Julimonarchie begonnenen staatlichen Bauten erst während des Second Empire fertiggestellt wurde.

5) Aus Anhang A, Tab. 60 Spalte 12 ist ersichtlich, um welche Kanäle es sich im einzelnen handelte.

Das System der Gesetze von 1821/1822, das sich zuvor bereits bei der Realisierung einiger Brückenbauten bewährt hatte[1], billigte Staat und Privatwirtschaft zumindest tendenziell gleiches Gewicht innerhalb ihrer Kooperation zu[2]: Die Finanzierung der Bauten sollte durch Private, die Bauplanung und Bauüberwachung durch das staatliche Tiefbauamt erfolgen[3], der Reinerlös aus Kanalgebühren schließlich nach einem bestimmten Schlüssel zwischen den Partnern aufgeteilt werden. Beide Partner waren also am finanziellen Erfolg der Projekte interessiert und beide trugen zumindest ein gewisses Risiko. Allerdings war, wie noch deutlich wird, dieses Risiko sehr ungleich verteilt.

---

[1] Vgl. Becquey, Rapport 182o, S. 21. f. sowie ders., M.U. 182o, S. 1216.

[2] Es wurde eine ganz Palette von Möglichkeiten der konkreten Gestaltung dieser Zusammenarbeit diskutiert, die jeweils dem einen oder anderen Partner eine dominierendere Stellung gesichert hätte. So hätte auf der einen Seite der Staat als Bauträger und Unternehmer auftreten und sich durch Anleihen lediglich festverzinsliches Fremdkapital beschaffen können, auf der anderen Seite die Bauausführung und Finanzierung privaten Gesellschaften überlassen und lediglich deren Rentabilität durch Subventionen gesteigert bzw. deren Risiko durch eine staatliche Zinsgarantie verringert werden können. Während das System der Subventionen, wie erwähnt, praktiziert wurde (vgl. insbes. Anhang B. I. 1.), wurden die beim Bau der Eisenbahnen so verbreiteten Zinsgarantien (vgl. Gille, Banque, S. 218ff.; Girard, Travaux publics, S. 196ff.) zwar ebenfalls teilweise gefordert (vgl. Canal des Pyrénées, o.O., o.J. (ca. 1835), S. 3; J. d. I. 1836 I, S. 268f.; Motifs du projet de loi relatif au canal latéral à la Garonne, M.U. 1837, S. 1o6o; M.U. 1838, S. 148o; F 14.7o3o, Cie du canal de Roubaix an M C, 1o. 1. 1842), jedoch nie gewährt.

[3] Die Bauausführung selbst wurde nur selten en régie von ihm selbst übernommen, sondern wie auch bei rein staatlichen Projekten überwiegend lokalen Unternehmern im Wege der öffentlichen Ausschreibung übertragen.

Folgendes Schema lag den Verträgen zwischen Staat und Finanzierungs- bzw. - um den Terminus der Zeit zu gebrauchen - Submissionsgesellschaften, die für jede der geplanten Wasserstraßen gesondert ausgehandelt wurden und entsprechend im Detail abweichende Bedingungen enthielten[1], zugrunde[2]:

Der Submissionär bzw. die Submissionärsgesellschaft auf der einen Seite verpflichtete sich, dem Staat eine bestimmte Summe, die der vom Tiefbauamt erstellten Kostenschätzung entsprach, für den Bau einer Wasserstraße zur Verfügung zu stellen. Das Geld wurde nicht in einer einzigen, sondern in einer Reihe gleichbleibender Teilzahlungen fällig, die sich über die gesamte voraussichtliche Baudauer hinzogen.[3]

Der Staat auf der anderen Seite verpflichtete sich, die Anleihebeträge ausschließlich für die jeweilige Wassertraße zu verwenden und die Bauten zu einem bestimmten Zeitpunkt fertigzustellen. Sollten die Baukosten unter den Schätzwerten, d. h. auch unter den Anleihebeträgen, bleiben, wäre deren Volumen um den gleichen Betrag zu kürzen, sollten sie die Schätzwerte übersteigen, hätte der Staat die Mehrkosten zu tragen.

Für das bereitgestellte Kapital erhielten die Submissionsgesellschaften einen bestimmten Zinssatz, der sich vom Zeitpunkt der Fertigstellung der Bauten an, zu dem auch die Amortisationszahlungen einsetzten, um eine Zusatzprämie erhöhte. Zins- und Amortisationszahlungen wurden zu Annuitäten gleichbleibender Höhe zusammengefaßt, so daß - wie auch heute bei ähnlichen Kreditgeschaften üblich- die Amortisation sich bei

---

1) Vgl. Tabelle 1.

2) Vgl. neben den Gesetzestexten die Ausführungen von Grangez, Précis, S. 739ff. sowie Courtois, A., Notices historiques et statistiques sur les canaux entrepris ou achevés en vertu des lois de 1821 et 1822, in: Journal des Economistes, Bd. 29 (1851), S. 213ff.

3) Überwiegend wurden die Zahlungen vierteljährlich entrichtet, nur für den Rhone-Rhein-Kanal waren monatliche, in der Höhe leicht variierende Raten vorgesehen.

sinkender Zinsenlast beschleunigte.

Die Nettoeinnahmen aus der jeweiligen Wasserstraße[1] wurden vom Zeitpunkt der vollständigen Amortisation der Anleihe an für eine Dauer von 4o bis 99 Jahren zwischen Staat und Kapitalgebern gleichmäßig aufgeteilt, erst danach fielen sie vollständig dem Staat zu. Während der Amortisationsperiode selbst dienten sie als Garantie für die Ansprüche der Kapitalgeber: reichten sie nicht aus, Zins- und Amortisationszahlungen sicherzustellen, mußte der Staat das Defizit zuschießen, übertrafen sie diese Zahlungen, wurden sie zur Beschleunigung der Amortisation eingesetzt; für drei Wasserstraßen - den Ardennen-, Somme- und Manicamp- sowie Oise-Kanal - hatte der Kapitalgeber sogar eine noch günstigere Regelung durchgesetzt, denn ihm fielen diese gesamten Überschüsse zu, ohne daß dies auf die Amortisationszahlungen angerechnet wurde.

Aus dem Anrecht der Kapitalgeber auf einen Teil der Nettoeinnahmen der Kanäle ergab sich ein weiteres Recht der Submissionäre: Sie durften die Pläne und Kostenvoranschläge der Administration ebenso einsehen und überprüfen wie deren laufende Buchführung und erhielten sogar die Garantie, daß die Kanalgebühren nur mit ihrer Zustimmung geändert werden durften. Als letztes sei erwähnt, daß die Rhone-Rhein-Gesellschaft sich nicht nur die Zahlung einer Verwaltungskostenpauschale von jährlich 15.ooo F, sondern für den Fall, daß der Kanal nicht zum vertraglich festgelegten Zeitpunkt fertig wäre, eine Entschädigung von 1 % des Anleihebetrages für das erste Jahr der Verzögerung und von 2 % für jedes weitere Jahr sicherte.

---

1) Die Nettoeinnahmen ergaben sich als Differenz zwischen Schiffahrtsabgaben und sonstigen Einnahmen aus Fischereirechten, Pflanzungen ect. einerseits sowie den Ausgaben für Gebührenerhebung, Verwaltung, Kanalunterhalt und -pflege andererseits.

Tabelle 1

Kanalgesetze von 1821/1822: Finanzielle Bedingungen

Kanal	Höhe der Anleihe F	Beginn der Zahlungen	vorgesehene Fertigstellung des Kanals	Zinssatz %	Prämie %	Amortisationssatz %	Zusatzprämie bei Bauverzögerung %	Voraussichtliches Ende der Amortisation	Dauer der Einnahmenteilung: Jahre
1	2	3	4	5	6	7	8	9	1o
a) Gesetze vom 5. 8. 1821									
Rhone-Rhein	1o.ooo.ooo	1.o7.1821	1.o7.1827	6	-	2	1 Jahr: 1 danach: 2	1851	99
Ardennen	8.ooo.ooo	1o.1o.1821	1o.o1.1828	6	1,o	1	-	1861	5o
Oise	3.ooo.ooo	1o.o1.1826	1o.o4.1831	6	o,5	1	-	1864	5o
Somme-Manicamp	6.6oo.ooo	1o.1o.1821	1o.o1.1828	6	o,5	1	-	1861	5o
b) Gesetze vom 14. 8. 1822									
Arles-Bouc	5.5oo.ooo	1.1o.1822	4.o7.1828	5,12	o,5	1	-	1865	4o
Bourgogne	25.ooo.ooo	1.1o.1822	4.o7.1832	5,1o	o,5	1	-	1865	4o
Berry	12.ooo.ooo	1.1o.1822	4.o7.183o	5,31	o,5	1	-	1862	4o
Bretagne	36.ooo.ooo	1.1o.1822	4.o7.1832	5,62	o,5	1	-	1863	4o
Loire-Seitenkanal	12.ooo.ooo	1.1o.1822	4.o7.183o	5,17	o,5	1	-	1864	4o
Nivernais	8.ooo.ooo	1.1o.1822	4.o7.1829	5,28	o,5	1	-	1864	4o

Quelle: L 5. 8. 1821, L. 14. 8. 1822; F 14.7o62, Dossier 1.

Zwar gelang es mit Hilfe dieser Regelungen wie erwähnt, das französische Kanalnetz innerhalb von 15 Jahren um mehr als 2.000 km zu erweitern. Dennoch fanden sich nur wenige Beobachter, die sie im Nachhinein positiv, "als außergewöhnlich scharfsinnig und einfallsreich"[1], als "eine der größten konzeptionellen Leistungen der Restauration"[2] einstuften. Überwiegend fielen spätere Beurteilungen negativ aus[3]. Auf drei Bereiche insbesondere konzentrierte sich die Kritik, wobei die Unzufriedenheit mit den eigentlichen Gesetzesbestimmungen durch mangelhafte Vorbereitung und Ausführung der Projekte erheblich verstärkt, ja z.T. erst hervorgerufen wurde.

Bereits bei der Diskussion der Gesetze fiel auf, wie ungleich die Vorteile der gesamten Operation verteilt waren: "Alle Verantwortung und alle Risiken liegen auf Seiten der Regierung"[4], die Submissionsgesellschaften dagegen seien "reine

---

1) Saffroy, Les voies navigables de la France, Paris 1911, S. 17; ähnlich S. 16, 19.

2) Pillet-Will, Cte M.F., De la dépense et du produit des canaux et des chemins de fer, Paris 1837, Bd. 1, S. 54; ähnlich Bartholony, F., Du meilleur système à adopter pour l'exécution des travaux publics en France, Paris 1838, S. 206; Ministère des Travaux Publics, Statistique de la navigation intérieure. Dépenses de premier établissement, Paris 1892, S. 28.

3) Lamé u.a., Vues politiques, S. 267, sprechen von einer "Ausgeburt kleinlicher Interessenklüngelei", Dupérier, De la navigation intérieure, S. 244, von den Regelungen als einem "zweischneidigen Schwert, das sowohl die Interessen des Staates als auch die der Wirtschaft verletzte"; Thiers, A.P. Bd. 95 (1835), S. 372 von "einer zweifelsohne schlecht konzipierten Operation"; ähnlich kritisch äußern sich Fix, Th., Les Canaux de France, in: Annuaire de l'économie politique et de la statistique 1847, S. 130;Lagrené, Les travaux publics Bd. 3, S. 7 sowie in jüngerer Zeit Schumacher, H., Die finanzielle Entwicklung der französischen Wasserstraßen, in: Archiv für Eisenbahnwesen Bd. 22 (1899), S. 438, Jouffroy, Rail, S. 48, Girard, Travaux publics, S. 77.

4) Lafitte, M.U. 1821, S. 981. Die Kritik Lafittes war allerdings nicht selbstlos, denn sein eigenes Angebot, dem Staateeine Gesamtanleihe über 240 Millionen Franken für die Realisierung aller zunächst vorgesehenen Bauten zur Verfügung zu stellen, war abgelehnt worden. In dieser - mit deren ungünstigen finanziellen Bedingungen begründeten (vgl. Villèle, M.U. 1821, S. 974; Becquey, ebda., S. 979;, Humann, später MF, ebda., S. 989) - Ablehnung, die sich vermutlich in gleichem Maße durch die Furcht vor einer einzigen, übermächtigen Finanzierungsgesellschaft erklärt (Roy, MF ebda., S. 995; St. Aulaire, ebda., S. 988) sah Lafitte eine ungerechtfertigte Benachrichtigung (ebda., S. 982). Seine Bedenken an den Gesetzesbestimmungen schwanden, als er im Folgejahr an der Finanzierung der Projekte von 1822 maßgeblich beteiligt wurde. Das

Gewinnabschöpfungsunternehmen"[1]. Die Bedingungen stellten eine "echte Verschleuderung von Staatsgeldern dar"[2], ja kämen in ihrer Einseitigkeit einem "Angriff auf die öffentliche Moral" gleich[3]; sie -eien ein Produkt "vertraulicher und heimlicher Verhandlungen..., die Ministern und Administration freie Hand zur Begünstigung... ihrer Kreaturen ließen sowie Korruption und Intrigen Tor und Tür öffneten..."[4].

Fortsetzung Anm. 4 der Vorseite:
gleiche gilt für C. Perier. Vgl. auch Ponteil, F., Georges Humann et l'achèvement du canal du Rhône au Rhin, in: Navigation du Rhin, Bd. 12 (1934), S. 307 f.; ders., Le financement de la construction du canal du Rhône au Rhin..., in: Revue de la Navigation Intérieure et Rhénane, Bd. 25 (1953), S. 176.

1) de Cassaignoles, M.U. 3.7.1821.

2) Ganilh, ebda., S. 979; ähnlich später Jousselin, M.U. 1833, S. 1577.

3) de Cassaignoles, M.U. 3.7.1821.

4) Ganilh, a.a.O. Der Verdacht der Korruption wurde mehr oder weniger offen auch von anderen Kritikern geäußert, vgl. etwa Forbin des Issarts, M.U. 1822, S. 963. Daß er nicht völlig unbegründet war, wird aus der Korrespondenz des Hauptsubmittenten von 1821, des Bankiers Sartoris, deutlich: Sartoris bot dem späteren Deputierten und Divisionsinspektor des Tiefbauamtes und damaligen für die von Sartoris submittierten Kanäle mitverantwortlichen Chefingenieur J.L.E. Cordier an, ihm Kanalaktien im Nennwert von 50 000 F samt der hierfür während der ersten 3 Jahre fälligen Einzahlungen zu überlassen - ein Ansinnen, dem Cordier durchaus nicht ablehnend gegenüberstand, denn im "Auftrag eines Freundes" suchte er um weitere Aktien nach (61 AQ 211, Sartoris an Cordier am 12.7., 23.7. und 21.8.1821). An anderer Stelle ist sogar von einer Beteiligung Cordiers am Nettogewinn Sartoris' in Höhe von 5 % sowie von Sartoris' Bemühungen um eine Beförderung Cordiers die Rede - wobei Sartoris dem Tiefbaudirektor natürlich "nicht die Details (seiner Abmachungen mit Cordier) darlegte, deren Offenlegung vielleicht nicht angezeigt wäre" (61 AQ 211, Sartoris an Cordier, 11.8.1821). Ähnliche Abmachungen trifft Sartoris mit dem Divisionsinspektor Deschamps ("Die Aktien könnten auf irgendeinen von Ihnen vorgeschlagenen Namen eingetragen werden",61 AQ 211, Sartoris an Deschamps, 25.7.1821). Ähnlich weiß Faber, K.-G., Aristokratie und Finanz. Das Pariser Bankhaus Paravey et Comp. (1819-1828), in: VSWG, Bd. 57 (1970), S. 184, zu berichten, daß der an der Gründung der Rhone-Rhein-Gesellschaft beteiligte Bankier Paravey 50 Aktien "aus Gefälligkeit an verschiedene Personen, deren Hilfe man bei der Bildung einer Gesellschaft zur Finanzierung eines Rhone-Seitenkanals benötigte", abtrat. Auch innerhalb der Legislative ist nicht immer eine gewisse Kollision zwischen öffentlichen und privaten Interessen auszuschließen. Auf die Positionen Laffittes und Periers wurde

Diese Kritik ist sicherlich nicht unberechtigt, denn den Submissionären wurde ja nicht nur eine gemessen am Kurs der Staatsanleihen durchaus befriedigende Verzinsung garantiert[1], sondern zusätzlich noch eine Beteiligung an den Kanal-Nettoeinnahmen zugestanden. Angesichts derartiger Bedingungen wird nur allzu verständlich,daß die am Kanalbau Interessierten den Weg der Submission dem der risikoreichen Konzession vorzogen.

Aus der Beteiligung der Submissionäre an den Kanalgebühren ergab sich der zweite, noch schwerer wiegende Mangel der Gesetzgebung von 1821/1822. Denn zur Absicherung dieser Ansprüche war ihnen, wie erwähnt,das Mitspracherecht bei der Tarifgestaltung eingeräumt worden: "Eine Veränderung der im Submissionsvertrag festgelegten Kanalgebühren ist", so die Vertragstexte, "nur mit Zustimmung beider Vertragspartner möglich". "Im selben Augenblick aber, als die Kanäle dem Verkehr übergeben wurden, erwiesen sich die vorgesehenen Tarife als bei weitem zu hoch, ja entwickelten sich zum echten Hindernis für den Verkehr"[2].

Fortsetzung Anm.4 der Vorseite:

bereits hingewiesen; ähnlich überprüfenswert dürften die Rollen von Bon Durand-Fajon sowie von François Fajon innerhalb der 1821 vom Parlament mit der Prüfung der Konzessionierung des Etangs-Kanals beauftragten Kommission (vgl. M.U. 1821, S. 974) gewesen sein: Sie waren Hauptaktionäre eben dieser Konzessionärsgesellschaft sowie der ebenfalls an der Fertigstellung des Kanals interessierten Cie du Canal de Beaucaire.

1) Die Realverzinsung der Staatsrenten lag z. Z. der Vertragsabschlüsse von 1821 bei 6 %, im Jahresdurchschnitt 1821 bei 6,1 %; die Werte für 1822 lauteten 5,5 bzw. 5,6 % (vgl. die täglichen Notierungen im M.U. sowie Annuaire Statistique Bd. 58, 1951, S. 177). Unter Einschluß der Prämien lag die garantierte Verzinsung der Kanalanleihen also schon über der Realverzinsung der Staatsrente. Allerdings hätte der Staat selbst, da er ja den zu beteiligenden Banken erhebliche Provisionen hätte zugestehen müssen, bei der Ausgabe neuer Rentenwerte vermutlich noch höhere Zinsen gezahlt (Villèle, M.U. 1821, S.974). Im übrigen wurde sogar von der Regierungsseite anerkannt, daß die Verträge für die Gesellschaften günstig waren. Dadurch sollten ja gerade Nachahmer gefunden (Becquey laut Beugnot, Vie, S. 196) und "die Privatindustrie an diese Art von Projekten gewöhnt werden" (H. de Pommeuse, M.U. 1822, S. 988; ähnlich, M I , M. U. 1821, S. 973; Terrier de Sautans, M.U. 1821, S. 984; Rapport Thury 11. 6. 1821, S. 25.

2) Grangez, Précis, S. 742. Eine Diskussion der äußerst komplizierten Tarifgestaltung kann an dieser Stelle nicht erfolgen; vgl. u.a. Grangez, a.a.O., S. 729 ff. sowie ders., Traité de la perception des droits de navigation intérieure, Paris 1840.

Und entgegen der optimistischen Annahme Beyqueys, daß "eine Überhöhung der Tarife nicht von Dauer sein könne: die Gesellschaften werden von sich und aus wohlverstandenem Eigeninteresse heraus die gleichen Maßnahmen wie die Regierung ergreifen"[1] - widersetzten sich die Submissiongesellschaften zumindest weitestgehend den von der Administration vorgeschlagenen Tarifsenkungen. Diese Haltung, die der Staat nur teilweise durch illegale, einseitig festgesetzte Tarifsenkungen zu umgehen wagte[2], führte nach jahrelangen fruchtlosen Diskussionen schließlich in den Jahren 1853 - 1863 zu Enteignung bzw. Rückkauf der Submissionärsansprüche auf die Kanalgebühren[3] - eine Aktion, die den Staat nahezu 46 Millionen Franken kostete und das System von 1821/1822 im Nachhinein als nicht praktikabel auswies.[4]

---

[1] Zitiert nach Beugnot, Vie, S. 188.

[2] Vgl. Grangez, Précis, S. 742f. sowie die rückblickende Darstellung in F 12.6744: Compagnie des Quatre Canaux an M A C , 18. 5. 1847.

[3] Vgl. zur Diskussion um diesen Rückkauf sowie die dabei gewählten Modalitäten insbesondere MTP, Documents relatifs au canaux, Paris 184o, S. 68 ff., 139 ff., 2o3 ff., 247 ff.; ders., Statistique de la navigation intérieure. Dépenses de premier établissement , 2. Aufl., Paris 1892, S. 47 ff., 53 ff; Collot u. a., Observations de la Compagnie des Quatre Canaux sur le projet de loi relatif au rachat des actions de jouissance des canaux, Paris 1843; Grangez, Précis, S. 743ff.; Girard, Travaux Publics, S. 77 ff., 154 ff. Die entscheidenden Gesetze sind datiert vom 29. 11. 1845, 21. 1. 1852, 3. 5. 1853, 28. 7. 186o, 1. 8. 186o und 2o. 5. 1863.

[4] MTP, Statistique de la navigation intérieure,3. Aufl. 1898, S. 1oo f.

Auch der dritte der hier zu diskutierenden Mängel des Systems von 1821/1822 erwies sich als äußerst kostspielig für den Staatshaushalt, nämlich die Bestimmung, daß sämtliche die Kostenvoranschläge übertreffenden Mehrausgaben vom Staat zu tragen seien.

Wiederum wurde von der Administration zunächst ausgeschlossen, daß diese Bestimmungen je Relevanz erlangen könnten: "Wir scheuen uns nicht zu versichern", so Beyquey,"daß die tatsächlichen Ausgaben die Schätzwerte mit Gewißheit nicht überschreiten, ja wahrscheinlich nicht einmal erreichen werden."[1]

Schon damals wurde dies in Zweifel gezogen,[2] aber die tatsächliche Entwicklung übertraf alle Befürchtungen: anstatt wie vorgesehen 127 Millionen Franken investierte man bis zum Ende der Julimonarchie 235 Millionen Franken in die Projekte von 1821/1822, ohne daß damit ein technisch zufriedenstellender Zustand erreicht worden wäre[3].

Diese Kostensteigerungen hatten vermutlich mehrere Ursachen: Zum einen waren die ursprünglichen Schätzwerte durchaus nicht, wie Becquey glauben machen wollte, aufgrund solider und exakter Baupläne gewonnen[4]. Vielmehr wurde eine Gutteil der Submissionsverträge, so der spätere Minister für öffentliche Bauten Jaubert, "noch vor Fertigstellung der Pläne, aufgrund überhastet

---

[1] M.U. 1822, S. 977; ähnlich M I , M.U. 1822, S. 987.

[2] Basterrèche, M.U. 1821, S. 985; Forbin des Issarts, Laisné de Villèvegue, Chabaud-Latour, de la Bourdonnaye, M.U., 1822, S. 964 f., 980.

[3] Im Jahre 1845 schätzte man die zur Schaffung der vorgesehenen Wassertiefe sowie zur regelmäßigen Wasserversorgung noch erforderlichen Investitionen auf ca. 4o Millionen Franken, vgl. u. a. Girard, Travaux Publics, S. 78.

[4] M.U. 1821, S. 977.

erstellter Projektionen und sozusagen aufs Geratewohl" abgeschlossen[1]. Entsprechend häufig mußten in der Folgezeit kostensteigernde Planänderungen vorgenommen werden[2]. Diese Nachlässigkeit bewog im übrigen den Gesetzgeber nicht nur dazu, die formalen Voraussetzungen zur Einleitung derartiger Projekte erheblich zu verschärfen[3], sondern ließ ihn sogar in späteren Gesetzen die Regelung einführen, daß den "beteiligten Architekten kein Honorar und keine Aufwandsentschädigungen gezahlt werden für Arbeiten, deren Kosten die Schätzwerte übersteigen"[4].

Neben mangelnder Planung wird auch das fehlende Kostenbewußtsein der Administration dazu beigetragen haben, daß die ursprünglichen Planwerte bei weitem übertroffen wurden. Denn Becquey etwa, der zwar in einem Rundschreiben an seine

---

[1] M.U. 1o. 6. 1837. Tatsächlich war beispielsweise die Detailplanung des Loire-Seitenkanals noch 1831, d. h. 9 Jahre nach Vertragsabschluß, nicht abgeschlossen, vgl. Annuaire des Ponts et chaussées 1832 I, S. 314 ff. und 1832 II, S. 348 ff., wo die diesbezüglichen Diskussionen des Conseil Général des Ponts et Chaussées vom Juni, August und Steptember 1831 wiedergegeben sind. Entsprechend verzögerte sich natürlich die Fertigstellung der Kanäle; im Falle des Loire-Seitenkanals - der hier keine Ausnahme darstellt - dauerte der Bau doppelt so lange wie vorgesehen.

[2] Jaubert, M.U. 1831, S. 1581, sowie Thiers, M C T P., M.U. 1833, S. 12o6, geben hierzu eine zusammenfassende Darstellung.

[3] Das Gesetz vom 7. 7. 1833, das nach einer sich seit 1830 hinziehenden Diskussion (vgl. MU. 183o, S. 1593-6) verabschiedet und durch das Gesetz vom 3.5.1841 ergänzt wurde, ordnete nicht nur die Vorlage detaillierter Baupläne und endgültiger Kostenschätzungen vor Einleitung der parlamentarischen Prozedur an, sondern verlangte auch eine exaktere Rentabilitäts prüfung. Insbesondere wurde eine entsprechende Enquête bei den Gemeinden, Handelskammern, Unternehmern und Grundeigentümern der betroffenen Region zwingend vorgeschrieben.

[4] L. 28. 6. 1833; M.U. 1833, S. 16o1-16o3.

Ingenieure neben Solidität und Schnelligkeit auch größtmögliche Sparsamkeit bei der Bauausführung forderte[1], erhob zum"Prinzip (seiner Administration), Bauwerke von der größtmöglichen Beständigkeit zu schaffen, deren Menschenhand fähig ist,... Bauwerke, die Jahrhunderte überdauern können"[2]. Eine derartige Einstellung, die im übrigen wenig Verständnis für technisch-wirtschaftliche Veränderungen verrät[3], dürfte sich kaum kostenmindernd ausgewirkt haben.[5]

Als dritter Grund für die Kostensteigerungen wurde allgemein die Unzulänglichkeit des damaligen Enteignungsrechts angesehen: "Sie allein hat uns an zusätzlichen Entschädigungszahlungen 22 Millionen Franken, ... zusammen mit Prozeß- und Verhandlungskosten 32 Millionen Franken gekostet!"[4]. Ein aus diesem Anlaß einberufener Parlamentsausschuß weiß zu berichten, daß einige Grundeigentümer durch ihre "exorbitanten Forderungen" sowie durch die einfache Drohung, sämtliche ihnen zustehenden Rechtsmittel auszuschöpfen und somit den Fortgang der Arbeiten um 2 - 4 Jahre zu verzögern, der Administration Entschädigungszahlungen in Höhe des Vier- ja Fünfzehnfachen des tatsächlichen Grundstücks-

---

1) F 14.7o74, Dossier 4: Rundschreiben vom 19. 8. 1822.

2) M.U. 1821, S. 979.

3) Becquey, so sein Biograph Beugnot, "befand sich nicht mehr in dem Alter, das Gefallen an Veränderungen findet" (Vie de Becquey, S. 264).

4) Thiers, M.U. 1833, S. 12o6.

5) Vgl. dazu die kritischen Äußerungen des späteren inspecteur général des ponts et chaussées M.Minard, Motifs pour préférer dans les travaux publics des ouvrages moins couteux, quoique moins durables, in: Journal des Economistes Bd. 30 (1830), S. 65ff.

preises abpreßten[1]. Auch auf diesem Gebiet zog der Gesetzgeber Konsequenzen aus den beim Kanalbau gewonnenen Erfahrungen: Nach langen Diskussionen wurde mit den Gesetzen vom 7. Juli 1833 und 3. Mai 1841 ein einfacheres und vor allem rascher durchführbares Enteignungsrecht geschaffen, das bis zum Jahre 1935 Gültigkeit behielt.

Im übrigen ist zur Entlastung der Planungsorgane des Tiefbauamtes allerdings anzuführen, daß derartige Irrtümer im Kostenbereich kaum vermeidbar scheinen: in Frankreich traten sie ebenso wie beim staatlichen auch beim privaten Kanalbau auf[2] und wiederholten sich in noch größerem Maße beim Eisenbahnbau[3]. Und selbst die englischen Kanalbauer waren nicht von ihnen verschont geblieben[4].

---

[1] Rapport Hely-d'Oissel vom 1o. 3. 1829, S. 3, 13ff. Laut Debauve, A., Les travaux publics et les ingénieurs des ponts et chaussées depuis le 17e siècle, Paris 1893, S.29, zog sich der Prozeß der Enteignung bis zu 1o Jahre hin. Zum Teil kauften im übrigen Eingeweihte Land auf der geplanten Kanaltrasse, um es mit Spekulationsgewinn weiterzuveräußern, vgl. Hély-d'Oissel, a. a. O., S. 17f. mit zahlreichen Beispielen. Eine Darstellung des Enteigungsrechts sowie seiner historischen Entwicklung findet sich ebda., S. 8ff., bei Debauve, a.a.O., S. 28-31 sowie bei Lhomme, J., La grande bourgeoisie au pouvoir (183o-188o), Paris 196o, S. 91; vgl. auch die Diskussion in der Deputiertenkammer M.U. 1831, S. 1581ff.

[2] Vgl. zu den Kostensteigerungen des Freycinet-Planes in den 188oer Jahren Schumacher, H., Die finanzielle Entwicklung der französischen Wasserstraßen, in: Archiv für Einsenbahnwesen Bd. 22(1899), S. 441; zu Kostensteigerungen im privaten Bereich die in der folgenden Untersuchung erwähnten Givors, Sambre-, Sambre-Oise- und Corrèze-Vézère-Kanäle.

[3] Girard, Travaux Publics, S. 77, 167.

[4] Minard, C.-J., Tableau comparatif de l'estimation et de la dépense de quelques canaux anglais, in: Annuaire des Ponts et Chaussées 1832 I, S. 14of.

Da die Gesetze von 1821/1822 also die Aufbringung der beim Kanalbau anfallenden Mehrkosten dem Staat aufbürdeten, suchte der seit Ende der zwanziger Jahre, als sich immer deutlicher die Unzulänglichkeit der vorhandenen Mittel abzeichnete, nach den Staatshaushalt nicht belastenden Wegen der Restfinanzierung. Über Jahrzehnte hin - besonders zu Zeiten, in denen die Administration "eine letzte Anstrengung", "einen letzten Kredit zur Realisierung des so lange verfolgten Zieles" vom Parlament verlangte - wurden Vorschläge diskutiert, die auf die Abtretung des staatlichen Anteils an den Kanalgebühren an eine private Gesellschaft gegen die Verpflichtung zur Fertigstellung der Bauten abzielten[1]. Realisiert wurden derartige Vorschläge jedoch nie. Und letztlich wurde so der Staat, der mit Hilfe des Systems von 1821/1822 ja die Mittelbereitstellung für den Kanalbau der Privatwirtschaft hatte übertragen wollen, zum bei weitem größten Investor in diesem Sektor. Nicht weniger als 322 Millionen Franken, d. h. 62,7 % der gesamten unter der konstitutionellen Monarchie getätigten Investitionen, wurden von Zentralregierung, Departements und Kommunen bereitgestellt[2].

---

[1] Vgl. zum Verlauf der Diskussion insbes. Molé, Rapports vom 6. 1o. 1828, S. 7f. sowie vom 1. 12. 1828 S. 7 ff.; Rapport de Bérigny, M.U. 1833, S. 1465; Thiers, M.C T P , M.U. 1833, S. 1569; F 14.7o76, Mémoire Legrand vom 27. 4. 1847; Rapport Berryer vom 5. 7. 1851; M T P , Documents relatifs aux canaux, S. 68 ff., 139ff., 2o3ff., 247ff.; Comoy, Observations sur les conditions dans lesquelles on doit mettre les canaux de navigation..., in: Annuaire des Ponts et Chaussées 1847 II, S. 133-217; Bartholony (der sich über Jahrzehnte hin um die Pacht der Kanäle bemühte), Du meilleur système, passim; ders., Appendice à l'écrit du meilleur système à adopter pour l'exécution des travaux publics, Paris 1839; Girard, Travaux publics, S. 77ff., 218; Guillaume, Compagnie des Mines, S. 54f.

[2] Der Anteil der in Form von Subventionen an private Gesellschaften durch Departements und Kommunen bereitgestellten Mittel an den gesamten Staatsausgaben für Kanalneubauten belief sich, wie aus Anhang B, I, 1 ersichtlich, auf 7,8 %. Zum zeitlichen Ablauf der staatlichen Kanalinvestitionen vgl. Schaubild 4 und Tabelle 62. Zu deren budgetrechtlicher Zuordnung zu budget ordinaire, extraordinaire, annexe etc. sowie zu den den einzelnen Bewilligungen zugrundeliegenden Rechtsakten vgl. insbes. MTP Actes législatifs et dépenses, passim, sowie auch Chevalier, M., Statistique des travaux publics sous la monarchie de 1830, in: Journal des Economistes Bd. 21 (1848), S. 281-300.

B. Die Finanzierung der privaten Investitionen

Einerseits kommt somit zweifelsfrei dem Staat die dominierende Rolle beim Ausbau des französischen Kanalnetzes unter der konstitutionellen Monarchie und damit bei der Schaffung des französischen Kanalnetzes insgesamt zu: er stellte mit dem Entwurf Becqueys die Planungsgrundlage bereit, führte durch seine Ingenieure nahezu 8o % der Neubauten aus und brachte mehr als 6o % des benötigten Kapitals auf.

Andererseits wurden der öffentlichen Hand in ihrem Streben, den Ausbau des Kanalnetzes soweit wie möglich selbst durchzuführen, besonders durch die angespannte Lage des Staatshaushaltes Grenzen gesetzt. Sie war zur Verwirklichung ihrer Pläne auf die Mitwirkung Privater angewiesen, die - wie bei den Kanälen von 1821/1822 - entweder nur zur Finanzierung der vom Tiefbauamt durchgeführten Bauten beitrugen oder denen auch Errichtung und Verwaltung künstlicher Wasserstraßen durch eine Konzession übertragen wurden. Derartige Submissions- und Konzessionsgesellschaften stellten wie ausgeführt und im Detail aus den Anhängen A und B ersichtlich im von uns betrachteten Zeitraum 19o.747.ooo Franken, d. h. 37,2 % der insgesamt im Kanalbau investierten Mittel bereit und erlangten damit über nicht weniger als 3.615,9 km, d. h. 87,2 % des Gesamtnetzes, eine mehr oder weniger starke Kontrolle. Auch der private Sektor spielte also im französischen Kanalwesen eine ganz erhebliche Rolle.

Im folgenden nun wollen wir uns einem innerhalb des Gesamtkomplexes "Kanalbau in Frankreich in der ersten Hälfte des 19. Jahrhunderts" sicherlich kleinen Teilaspekt widmen, dessen Untersuchung jedoch erhebliche Rückschlüsse auf die Rolle verschiedener Institutionen und sozialer Gruppen innerhalb des Prozesses der französischen Industrialisierung sowie auf die Struktur und Beschaffenheit des französischen Kapitalmarktes zuläßt - der Frage nämlich nach der Herkunft und Zusammensetzung der an den französischen Kanälen und Kanalgesellschaften beteiligten Privatpersonen und -unternehmen.

Neben der Frage, wer die Schlüsselpositionen, d. h. insbesondere Direktoren- und Aufsichtsratsposten in diesem Wirtschaftsbereich innehatte, wird vorwiegend dem Problem der Besitzverhältnisse an den Kanälen sowie der Finanzierung der Neubauten nachgegangen: Welche Schichten stellten das erforderliche Kapital bereit; stammten sie aus Grundbesitz, Handel oder Industrie, gehörten sie einer kleinen wirtschaftlichen Oberschicht an oder waren auch mittleres oder sogar kleines Bürgertum beteiligt; waren sie direkt als zukünftige Benutzer an den verbesserten Verkehrswegen interessiert oder erhofften sie sich als reine Finanzinvestoren allein aus den Kanalgebühren eine angemessene Verzinsung ihres Kapitals; waren einzelne Regionen in der Lage, aus eigener Kraft für sie wichtige Projekte zu realisieren oder war die Zentralisation des französischen Wirtschaftslebens schon so weit fortgeschritten, daß sie auf unternehmerische und finanzielle Unterstützung aus Paris angewiesen waren?

Bevor hierauf im einzelnen eingegangen wird, bleibt als Vorfrage zu klären, in welcher rechtlichen Form das im Kanalwesen investierte Kapital gesammelt wurde. Differierte der Kanalbau in dieser Hinsicht von den übrigen Bereichen der Wirtschaft oder konnte er sich trotz des für damalige Verhältnisse ungeheuren Kapitalbedarfs auf die üblichen Finanzierungsinstrumente beschränken? Kommt ihm eventuell eine Pionierrolle zu, und bereitete er den zu Beginn des 19. Jahrhunderts noch höchst zerspilitterten Kapitalmarkt Frankreichs auf die Aufgabe vor, die ihm bei der Finanzierung des Eisenbahnnetzes in den zwei letzten Dritteln des Jahrhunderts gestellt sein würde?

Kapitel I

Die institutionelle Form der Kapitalsammlung

Wie jedem Unternehmen standen auch den am Kanalbau beteiligten zwei Arten der Finanzierung offen, nämlich die mit Hilfe von Eigen- oder Fremdkapital. Wenn die folgenden Ausführungen sich auf die Herkunftsanalyse des Eigenkapitals beschränken, so geschieht dies zum einen wegen der dürftigen Quellenlage. Hinweise über Höhe und Herkunft von Fremdmitteln finden sich im überlieferten Material, das sich im wesentlichen auf Gesellschaftsverträge, Geschäftsberichte, Broschüren und Unterlagen der öffentlichen Verwaltung beschränkt, praktisch nicht. Im übrigen geht aus den wenigen vorhandenen Bilanzen und Rechnungsunterlagen von Kanalgesellschaften hervor, daß die Bedeutung der Fremd- weit hinter der der Eigenmittel zurückstand. Obligationen etwa, über die u.a. aus Börsenberichten relativ verläßliche Informationen vorliegen, wurden nur von einer einzigen Kanalgesellschaft an der Pariser Börse angeboten[1]. Die Aufnahme von Fremdmitteln in Form einfacher Darlehen war sicherlich gebräuchlicher, erfolgte aber offensichtlich vorwiegend zur Zwischenfinanzierung unvorhergesehener Mehrausgaben. So weist die Bilanz der Compagnie du canal de Roanne à Digoin etwa im Jahre 1836 Fremdmittel von gut 10 % des Eigenkapitals aus; schon im folgenden Jahr jedoch werden diese Kredite mit Hilfe einer Kapitalerhöhung getilgt[2]. Das Bemühen der Gesellschaften, soweit wie möglich auf Fremdkapital zu verzichten, geht im übrigen auch daraus hervor, daß ihr Eigenkapital durch-

---

1) Es handelt sich um eine fünfprozentige Anleihe über 700.000 F der Compagnie du canal de la Sambre à l'Oise aus dem Jahre 1839; das gleiche Unternehmen gab im Jahre 1850 nochmals eine Anleihe über 400.000 F aus; vgl. Bresson, Annuaire, S. 44; Courtois, Bourse, Nr. 214, 215; Proudhon, Manuel, S. 282 sowie die Geschäftsberichte vom 9.1.1854 und 10.1.1857 in 65AQD39.

2) Vgl. die Bilanzen vom 31.12.1836, 1837, 1838 in F 12.6745; nicht ganz korrekt ist Grangez, Précis, S. 539. Auf Fremdkapital griffen auch die Konzessionäre des Givors-, Arcachon-, Sambre-Oise-Kanals und der kanalisierten Sambre zurück, und zwar die Cie du canal de Givors zur Finanzierung einer Kanalverlängerung, die übrigen zur Deckung unvorhergesehener Mehrkosten. Vgl. die Bilanzen der Cie du canal de Givors von 1846 und 1850-1854 in F 12.6745 sowie Grangez, Précis, S. 258; die Schreiben der Cie du canal d'Arcachon an MTP des Jahres 1842 sowie an Napoléon III. vom 8.10.1852 in F 14.6834; C 1066, SA de la Sambre canalisée 1856, S. 23; ebd., Note canal Sambre à l'Oise 1850, S. 6; F 14.7044, Davillier an MTP vom 21.3.1850, Levy-Leboyer, Banques, S. 603.

gehend den um eine Reserve für unvorhergesehene Ausgaben erhöhten Kostenvoranschlägen entsprach. Da also vermutlich nur ein verschwindend geringer Prozentsatz der Kanalbauinvestitionen durch Fremdkapital finanziert wurde, dürfte die durch die Quellenlage erzwungene Beschränkung auf das Eigenkapital die Aussagekraft der folgenden Analyse kaum beeinträchtigen.

1. Die rechtliche Organisation der französischen Wirtschaft

Die Daten bei der Wahl der rechtlichen Form, innerhalb derer das Eigenkapital gesammelt wurde, wurden durch den zu Beginn des Jahres 1808 in Kraft getretenen Code de Commerce gesetzt. Seine gesellschaftsrechtliche Konzeption besitzt trotz zahlreicher Detailänderungen noch heute Gültigkeit. Vier Gesellschaftstypen sind vorgesehen, die weitgehend der Stillen Gesellschaft, OHG, KG und AG des deutschen Gesellschaftsrechts entsprechen, wobei die KG in zwei Ausprägungen auftrat, nämlich als einfache KG bzw. Personalgesellschaft sowie als KG auf Aktien bzw. Kapitalgesellschaft.[1]

Die Unternehmer bevorzugten einerseits die OHG, nämlich dann, wenn der Umfang des Projektes eine Beschränkung auf Kapital aus Familien- oder Freundeskreis erlaubte, sowie andererseits die KGaA, wenn eine breitere Finanzierungsgrundlage erforderlich schien[2]. Die reinste Form der Kapitalgesellschaft dagegen, die AG, war nahezu bedeutungslos: Ihr zahlenmäßiger Anteil an Gesellschaftsgründungen lag bis zur Mitte des 19. Jahrhunderts bei nur 1 %, während auf Kommanditgesellschaften auf Aktien 9 %, auf

---

1) Vgl. für Detailfragen sowie die frühere und spätere Entwicklung Coquelin, C., Des sociétés commerciales, S. 397 ff.; Lescoeur, C., Essai historique et critique, S. 1-13; Ripert, G., Traité élémentaire, S. 15 f., 312-317, 382-387, 436-447, 675 f.; Ripert, G., Aspects juridiques, S. 16 ff., 51 ff.; Baujouan, G. und Lebée, E., La fondation, S. 5 f.; Fohlen, Monarchie censitaire, S. 65 ff.; Cameron, R.E., Banking in the early stages, S. 111 f. - Die entsprechenden französischen Bezeichnungen lauten association en participation, société en nom collectif, société en commandite simple bzw. par action, société anonyme.

2) Vgl. Lhomme, La grande bourgeoisie, S. 173; quantitative Angaben über die relative Bedeutung der verschiedenen Gesellschaftstypen finden sich bei Lescoeur, Essai, S. 43, 60; Clapham, Economic Development, S. 131; Daumard, A., Bourgeoisie, S. 436, Gille, B., Banque, S. 336; Gille, B., Rothschild, I, S. 60; Levy-Leboyer, Banques, S.632, 704 f.; Ripert, Droit commercial, S. 439; Sée, Französische Wirtschaftsgeschichte, II, S. 207; vgl. auch Croßkreutz, H., Probleme der Kapitalbildung in Frankreich in der ersten Hälfte des 19.Jahrhunderts, Diplom FU Berlin (WiSo) 1967, S. 45 ff.

Personalgesellschaften ca. 90 % entfielen[1]. Selbst wenn man berücksichtigt, daß die AGs im allgemeinen über ein Vielfaches des Kapitals von Personalgesellschaften verfügten, bleiben die von 1815 bis 1847 insgesamt autorisierten 330 AGs - d.h. durchschnittlich 10 pro Jahr - eher Sonderfälle, Kuriositäten: Die Bedeutung, die sie in der kapitalistischen Wirtschaftsentwicklung spielen werden, wird zwar von einigen Publizisten bereits vorausgesagt[2], findet jedoch bis zur Mitte des 19. Jahrhunderts in den Dispositionen der Unternehmer keinen Niederschlag. Die Ursachen hierfür waren vorwiegend formalrechtlicher Natur: Zur Gründung einer AG war die Genehmigung des Staatsrates erforderlich. Dieser prüfte neben der Ordnungsmäßigkeit der Statuten die Verläßlichkeit der Aktienzeichner, die Zweckmäßigkeit der geplanten Unternehmenstätigkeit, die Wahrscheinlichkeit des Erfolges. Da er nach mehrmonatiger Prüfung nur zu oft seine Zustimmung versagte, bestand ein beträchtliches Risiko, daß große Kapitalien lange Zeit erfolglos immobilisiert wurden. Im Falle der Autorisation wurden die Statuten der Gesellschaften sowie die Namen der Teilhaber im Bulletin des Lois veröffentlicht, was ebenso wie der Zwang, alle 6 Monate dem zuständigen Ministerium und verschiedenen anderen Stellen eine Bilanz vorzulegen, dem Bedürfnis der Unternehmer nach Geheimhaltung zuwiderlief. Bedenkt man weiter, daß der Staatsrat jederzeit nach Prüfung der Bilanzen seine Autorisation zurückziehen konnte, ist es nicht erstaunlich, daß wenn irgend möglich die andere Form der Kapitalgesellschaft, die KG a A, für die

---

1) Von 1840-1850 wurden insgesamt 19.285 Gesellschaften gegründet; nur 221 davon, d.h. 1,15 % sind AGs; vgl. Levy-Leboyer, Banques, S. 705; in Archives Statistiques, Paris 1837, S. 290-298 findet sich eine Aufstellung sämtlicher von 1808 bis 1836 autorisierter AGs. Um die Jahrhundertmitte ist die Situation folgendermaßen:

Gesellschaftsgründungen, Frankreich

	OHG	KG	KG a A	AG	Total
1847	1.952	408	239	14	2.599
1848	1.061	289	147	14	1.497
1849	1.463	294	182	20	1.939
1850	1.772	390	157	10	2.419

Quelle: Fohlen, Monarchie censitaire, S. 67; ders., Second Empire, S. 66.

2) Vgl. die Analyse bei Coquelin, RDM 1843, S. 408 f.

keine derartigen Vorschriften bestanden, gewählt wurde[1]. Mit Hilfe eines "Strohmannes", eines wenig kapitalkräftigen Komplementärs, konnte eine "getarnte" AG gegründet werden, gegen die die Regierung vergeblich vorzugehen suchte[2]. Es mußten also außergewöhnliche Umstände vorliegen, wenn trotz ihrer offenkundigen Nachteile die AG als Rechtsform eines Unternehmens gewählt wurde. Das Hauptmotiv lag häufig in dem Streben, breite Gesellschaftsschichten zur Unternehmensfinanzierung heranzuziehen, die nur zögernd zu Industriefinanzierungen bereit waren und durch die "Garantie" einer staatlichen Autorisation wohlwollend gestimmt werden sollten. Dieses Motiv gewann bei den extrem kapitalintensiven Investitionen im Infrastrukturbereich besondere Bedeutung.

2. Die Rechtsform der Kanalgesellschaften

Dies ist vermutlich der Hauptgrund dafür, daß sich die Rechtsform der Unternehmen im Kanalwesen so grundlegend von den Verhältnissen in den übrigen Bereichen der Wirtschaft unterschied, daß nämlich die Kapitalgesellschaften im allgemeinen und die Aktiengesellschaften im besonderen unter den Kanalunternehmen eindeutig dominierten.

Wie im einzelnen aus den Tabellen 2 und 3 hervorgeht, befanden sich nur knapp 17 % der unter Restauration und Julimonarchie konzessionierten bzw. submissionierten Kanäle in der Hand von Einzelunternehmen und Personalgesellschaften, während über 71 % durch Kapitalgesellschaften verwaltet wurden[3]. Hinsichtlich der jeweils

---

1) Über diese bis zum Gesetz vom 23.5.1863 gültigen formalrechtlichen Vorschriften und ihre Konsequenzen vgl. Cocquelin, a.a.O., S. 409, 415; Lescoeur, a.a.O., S. 31; Fohlen, Monarchie censitaire, S. 66; Gille, Banque, S. 133 f.; Gille, Recherches sur la formation, S. 34 f.; Levy-Leboyer, Banques, S. 702.

2) Lescoeur, a.a.O., S. 41, 53 f., 60; über den Mißbrauch der KG a A in teilweise betrügerischer Absicht vgl. Clapham, a.a.O., S. 131; Gille, Recherches, S. 65; Gille, Banque, S. 344; Levy-Leboyer, Banques, S. 626-629, 632; Lescoeur, a.a.O., S. 47.

3) Dabei sind die zwar autorisierten, jedoch nicht realisierten Projekte nicht berücksichtigt; auch für sie waren Kapitalgesellschaften vorgesehen, und zwar für die Garonne- und Pyreneenkanäle jeweils eine AG, für den Corrèze-Vézère-Kanal eine KG a A. Hinsichtlich der geplanten Rechtsform des Essonne- und unteren Loire-Kanals liegen keine Informationen vor.

kontrollierten Streckenlänge sowie der durchgeführten Investitionen waren die Unterschiede noch größer: Der Anteil der Personalgesellschaften schrumpft auf 5,1 bzw. 2,6 % und damit nahezu zur Bedeutungslosigkeit zusammen, da nur kapitalschwache Unternehmen mit relativ unbedeutenden Konzessionen diese Rechtsform wählten. Überschritten die erforderlichen Investitionen die Schwelle von einigen hunderttausend Franken, wurde hierfür durchgehend eine Kapitalgesellschaft ins Leben gerufen. Entsprechend lagen deren durchschnittliche Streckenlängen und Investitionen fünf- bzw. zehnmal höher als die der Personalgesellschaften. Diese Relationen bleiben nahezu unverändert, wenn man aus der Betrachtung die vor 1814 erbauten Kanäle ausschließt, die in dem hier behandelten Zeitraum naturgemäß nur geringe Investitionen erforderlich machten (vgl. Tab. 3).

Nur einmal wurde die Regel, bedeutende Projekte mit Hilfe einer Kapitalgesellschaft zu realisieren, durchbrochen: Für den Bau des Pariser Ourcq- und Saint-Denis-Kanals, der an privaten Mitteln etwa 4,3 und einschließlich der städtischen Subventionen über 27 Millionen Franken verschlang, wurde im Jahre 1819 eine OHG gegründet. Die Wahl dieser Gesellschaftsform für ein Projekt, dessen Investitionsvolumen die Finanzkraft nahezu aller Aktiengesellschaften überstieg, ist umso erstaunlicher, als es vorwiegend von Pariser Bankiers durchgeführt wurde, die im übrigen eine deutliche Vorliebe zur Bildung von Aktiengesellschaften zeigten[1)]. Tatsächlich erwies sich die gewählte Rechtsform als wenig angemessen für das Unternehmen und führte, als einer der Partner in finanzielle Schwierigkeiten geriet, zu jahrzehntelangen Auseinandersetzungen zwischen den Gesellschaftern[2)]. Als denselben Konzessionären 1821 ein weiteres Projekt, nämlich der Bau des Saint-Martin-Kanals,

---

1) Ein Grund hierfür konnte nicht festgestellt werden. Vgl. im übrigen zu Firmengründungen von Bankiers in der Eisenindustrie Gille, Banque, S. 151, 188 f., 200, 305; ders., Les problèmes techniques, S. 27 f.; ders., Analyse de l'industrie sidérurgique de 1830, S. 95, 110; ders., Recherches formation, S. 54 ff.; ders., Les plus grandes sociétés en 1845, passim; Silly, Concentration, S. 36 oder zur Situation im Versicherungswesen, Gille, Banque, S. 191ff.; Fohlen, Monarchie censitaire, S. 68 ff.; ders., Second Empire, S. 68; Cameron, France, S. 110; speziell für den Kanalsektor vgl. Kap. III.2.c.

2) Vgl. 68 AQ 151: Lecudennec, Mémoire, Paris 1835, sowie Circulaire vom 1.5.33, 30.5.35, 31.5.38; siehe auch Kap. III 2c.

übertragen wurde, gründeten sie hierfür im übrigen eine KG a A. Eliminiert man dieses Unternehmen wegen seiner Ausnahmestellung aus der Gruppe der Personalgesellschaften (vgl. Tabelle 4, Zeile I a), sinkt diese vollends zur Bedeutungslosigkeit hinab.

Nicht nur zwischen Personal- und Kapitalgesellschaften ergeben sich jedoch wichtige Unterschiede, auch innerhalb der Kapitalgesellschaften ist zu differenzieren. Insbesondere wenn man (vgl. Spalte B der Tabelle 3) nur die im 19. Jahrhundert vergebenen Konzessionen betrachtet, d.h. die im 17. und frühen 18. Jahrhundert geschaffenen Midi-, Orléans- und Loing-Kanäle ausschließt, die im Jahre 1810 durch staatlichen Hoheitsakt die Rechtsform der KG a A erhielten, ist eine deutliche Steigerung der durchschnittlichen Unternehmensgrößen von den Kommanditgesellschaften auf Aktien über die Konzessionärs- hin zu den Submissions-Aktiengesellschaften festzustellen. Hinsichtlich des wichtigsten Kriteriums, der durchschnittlichen Investitionen, ergibt sich ein Größenunterschied von 1,0:3,0:11,7, hinsichtlich des kontrollierten Streckennetzes ein Verhältnis von 1,0:1,3:12,5. Insbesondere die im Gefolge der Gesetze von 1821 und 1822 geschaffenen Submissionsgesellschaften nehmen also, gleichgültig ob absolute oder Durchschnittswerte, ob kontrolliertes Streckennetz oder bereitgestelltes Kapital betrachtet werden, eine deutliche Ausnahmestellung ein. Auf diese fünf Aktiengesellschaften entfallen - um die Situation weiter zu charakterisieren - 60 % der von Privaten verwalteten Kanalstrecke, sie finanzierten zwei Drittel der Investitionen.

Auch innerhalb der Gesamtwirtschaft sind und bleiben sie Ausnahmeerscheinungen: Unter ihnen finden sich nicht nur die ersten Aktiengesellschaften mit einem Grundkapital von mehr als 10 Millionen Franken, sondern mit der Compagnie des Quatre Canaux ein Gigant, dessen Kapital von nahezu 70 Millionen Franken erst während des Eisenbahnfiebers gegen Ende der Julimonarchie, d.h. nach nahezu 25 Jahren, übertroffen wurde[1].

---

1) Zur Entwicklung des Nominalkapitals der Aktiengesellschaften vgl. Fohlen, Monarchie censitaire, S. 68 ff., zu dem speziell der Eisenbahngesellschaften vgl. Gille, Banque, S. 333, 349 und Girard, Travaux Publics, S. 35, in Verbindung mit James, Sidérurgie, S. 110 f.

Tabelle 2

Kanalgesellschaften 1848

Firma	Sitz	Jahr der Konzessionierung	Jahr der Gründung	Länge (km)	Private Investitionen 1814-48 (1.000 F)	Nominalkapital (1.000F)	Aktiengattung: Stamm-/ Kapital-/ Gewinnaktien (O/K/G)	Aktiengattung: Namens-/ Inhaberaktien (N/I)	Stamm-bzw. Kapitalaktienart: Summen-/ Quotenakt. (S/O)	Stamm-bzw. Kapitalaktienart: Zahl	Stamm-bzw. Kapitalaktienart: Nennwert
1	2	3	4	5	6	7	8	9	1o	11	12
I. Personalgesellschaften und Einzelfirmen											
Dunkerque-Furnes	Dunk./Nord	1828		13,3	122						
Hazebrouck	Lille/Nord	1835		24,7	1oo						
Lez	Montpellier	1666		9,6	6o						
Luçon	Les Sables/Vendée	1824		14,2	25o						
Lunel	Lunel/Herault	1718		8,7	9o						
Paris:Ourcq/St.Denis	Paris	1818		114,5	4.3oo						
Total				185,o	4.922						
II. Kommanditgesellschaften auf Aktien											
Arcachon	Paris	1834	1834	4o,3	1.6oo	4.ooo	O	N+I	S	4.ooo	1.ooo
Coutances/Vire-Taute	Paris	1835/6	1838	38,3	1.915	2.8oo	O		S	2.8oo	1.ooo
Deule	Lille	1825	1826	65,7	1.2oo	2.25o	O		S	45o	5.ooo
Midi	Paris	1666	181o	278,8	5oo	12.92o	O	N	S	1.292	1o.ooo
Orléans	Paris	1679/1719	181o	123,o	3.1oo	14.ooo	O	N	S	1.4oo	1o.ooo
Paris: St. Martin	Paris	1821	1821	4,5	3.6oo	3.6oo	K+G		S	3.6oo	1.ooo
Roubaix	Lille	1825	1837	12,o	1.55o	4.5oo	O		S	4.5oo	1.ooo
Sambre	Paris	1825	1832	54,4	3.ooo	3.ooo	O	N+I	S	3.75o	1oo-2.ooo
Scarpe	Paris	1835	1835	36,1	2.22o	2.2oo	K+G	N+I	S	2.2oo	1.ooo
Total				653,1	18.685	49.27o					
III. Aktiengesellschaften (Konzessionäre)											
Aire-La Bassée	Paris	1822	1832	42,4	3.ooo	/3.ooo/	O	N+I	Q	3.ooo	1.ooo
Beaucaire	Paris	18o1	18o1	77,8	2.ooo	3.285	O	I	S	657	5.ooo
Briare	Paris	1638	1638	59,1	3.ooo	/5.25o/	O	N	Q	3o	175.ooo
Givors	Lyon	176o	1838	18,5	1.1oo	/6.44o/	O	N	Q	6.ooo	1.o7o
Roanne-Digoin	Roanne	183o	1837	55,3	8.78o	/9.5oo/	O	N	Q	13.ooo	73o
Sambre-Oise	Paris	1833	1834	67,o	12.6oo	11.55o	O	I+N	S	11.55o	1.ooo
Sensée		1818	182o	25,o	1.55o	1.75o	O	N	S	175	1o.ooo
Total				345,6	32.o3o						

Kanalgesellschaften 1848

Firma	Sitz	Jahr der Konzessionierung	Jahr der Gründung	Länge (km)	Private Investitionen 1814-48 (1.000 F)	Nominalkapital (1.000F)	Aktiengattung: Stamm-/ Kapital-/ Gewinnaktien (O/K/G)	Aktiengattung: Namens-/ Inhaberaktien (N/I)	Stamm-bzw. Kapitalaktien: art Summen-/ Quotenakt. (S/Q)	Stamm-bzw. Kapitalaktien: Zahl	Stamm-bzw. Kapitalaktien: Nennwert
1	2	3	4	5	6	7	8	9	10	11	12
IV. Aktiengesellschaften (Submissionäre)											
Arles-Bouc	Paris	1822	1827	47,4	5.5oo	6.ooo	K+G	N+I	S	6.ooo	1.ooo
Bourgogne	Paris	1822	1827	242,o	25.ooo	27.2oo	K+G	N+I	S	27.2oo	1.ooo
Quatre canaux	Paris	1822	1823	1.2o2,4	68.ooo	69.12o	K+G	N+I	S	69.12o	1.ooo
Rhône-Rhein	Strasbourg	1821	1821	35o,1	1o.ooo	1o.ooo	K+G	N+I	S	1o.ooo	1.ooo
Trois canaux	Paris	1821/5	1835	394,6	17.6oo	19.6oo	K+G	N+I	S	19.6oo	1.ooo
Total				2.236,5	126.1oo						
V. unbekannte Rechtsform											
Dive	Paris	1825		42,8	2.ooo						
Etangs	Paris	1822		46,9	1.78o						
Mons-Condé	?	1817		5,1	63o						
Plessis	Plessis/Manche	1839		4,6	1oo						
St. Quentin	?	1827		96,3	4.5oo						
Total				195,7	9.o1o						
Zusammenfassung											
I				185,o	4.922						
II				653,1	18.685						
III				345,6	32.o3o						
IV				2.236,5	126.1oo						
V				195,7	9.o1o						
Total				3.615,9	19o.747						

Erläuterungen zu Tabelle 2

1. Die Tabelle gibt den Stand von 1848 bzw. z.Z. des Erlöschens der Konzession wieder; letzteres gilt für die Kanäle von Hazebrouck und Mons-Condé sowie ein Teilstück des Midi-Kanals, die 1846, 1837 und 1842 an den Staat zurückfielen.

2. Da die Firmenbezeichnungen häufig wechselten, wurden im allgemeinen nur die Namen der verwalteten Kanäle angegeben. Überwiegend ist direkt ersichtlich, falls mehrere Kanäle von einer Gesellschaft kontrolliert werden; Ausnahmen sind die Cie du canal des Etangs, deren Konzession ein Teilstück des Lunel-Kanals mitumfaßte, sowie die Cie des Trois Canaux und des Quatre Canaux, die den Ardennen-, Oise-, Somme-Kanal bzw. den Berry-, Blavet-, Ille-Rance-, Loire-, Nantes-Brest- und Nivernais-Kanal finanzierten.

3. Die den Kanalgesellschaften von staatlicher Seite (Staat, Departements, Gemeinden) gezahlten Subventionen wurden nicht berücksichtigt; vgl. im übrigen zur Höhe der Investitionen Anhang B.

4. Bei den in Klammern gesetzten Angaben zum Nominalkapital und Nennwert handelt es sich, da die Statuten keine Fixierung vorsahen, um Annäherungswerte, und zwar um das in der Bilanz ausgewiesene (Givors 1846, Roanne-Digoin 1838), das vor einer Gesellschaftsumgründung festgesetzte (Aire-La Bassée 1822) bzw. nach dem Marktwert der Aktien berechnete (Briare 1860) Eigenkapital sowie die sich hieraus ergebenden Nennwerte.

5. Bei den Gewinnaktien handelt es sich ausnahmslos um Quotenaktien.

6. Bei Teilbarkeit der Aktien in Kupons wurde der Nennwert der Kupons als kleinstmögliche Stückelung angegeben.

7. Zu den Quellen vgl. Anhang B und C.

8. Anmerkungen zu einzelnen Gesellschaften:

   zu II - Arcachon:
   Das Kapital von 4.000.000 F wurde nur zur knappen Hälfte realisiert. Die Aktien hatten einen Nominalwert von 5.000 F, waren jedoch in 5 Kupons teilbar.

   Coutances/Vire-et-Taute:
   hervorgegangen durch Fusion zweier 1835 bzw. 1836 gegründeter KGaAs.

   Midi:
   Das Nominalkapital betrug zunächst 10 MF und wurde 1823 durch Ausgabe weiterer 292 Aktien auf 1,292 MF erhöht.

   Paris St. Martin:
   Das Kapital wurde zwischen 1827 und 1830 vorübergehend auf 6,6 MF erhöht.

Roubaix:
hervorgegangen aus einer 1826 gegründeten KGaA.

Sambre:
1850 umgewandelt in eine AG.
Die Aktien waren folgendermaßen gestückelt:

900	Aktien	à	2.000 F
750	"	"	1.000 F
600	"	"	500 F
1.500	"	"	100 F

zu III - Aire-La Bassée:
hervorgegangen aus einer 1822 gegründeten KGaA, deren Kapital sich auf 3 MF belief (600 Aktien à 5.000 F); im Zuge der Umgründung des Jahres 1832 wurden 600, jeweils durch 5 teilbare Quotenaktien ausgegeben; rechnerisch ergibt sich also ein Kuponwert von 1.000 F, der Marktwert lag zunächst bei ca. 900 F, für 1835 bis 1847 ergibt sich ein Durchschnittswert von 1.125 F.

Beaucaire:
Das Gesellschaftskapital belief sich nach GV 1801 auf 2,5 MF; 1809 wurde die Ausgabe weiterer 200 Aktien à 5.000 F beschlossen, von denen bis 1847 157 abgesetzt wurden. 1849/50 zog die Gesellschaft 15 Aktien ein; das Kapital betrug 1850 damit 3,21 MF. Der Sitz des Unternehmens befand sich bis 1808 in Montpellier.

Briare:
Die Aktien waren offensichtlich beliebig unterteilbar, schon 1789 wurden dreißigstel Anteile gehandelt. Der Wert einer Aktie betrug 1806 ca. 150.000 F, bei der Verstaatlichung 1860 wurde er mit 175.000 F angesetzt.

Givors:
hervorgegangen aus einer 1770 gegründeten AG mit einem Kapital von 1,08 MF (72 Aktien à 15.000 F); 1801 Kapitalerhöhung auf 2,1 MF (60 Aktien à 35.000 F); Kurswert der alten Aktie i.J. 1838 ca. 95.000 F, Kurswert der neuen Aktien ca. 950 F.

Roanne-Digoin:
hervorgegangen aus einer 1831 gegründeten AG mit einem Kapital von 6,5 MF (6.500 Aktien à 1.000 F), unter gleichzeitiger Erhöhung des Eigenkapitals um 3 MF. Der rechnerische Wert der 1837 begebenen Aktien beträgt somit 730 F, ihr Kurswert belief sich 1837-1842 auf durchschnittlich 470 F.

Sambre-Oise:
Nennwert der Aktien 5.000 F, jedoch teilbar in jeweils 5 Kupons.

zu IV - Arles-Bouc:
hervorgegangen aus einer 1822 gegründeten AG mit einem Kapital von 5,5 MF (1.000 Kapitalaktien à 5.500 F, 1000 Gewinnaktien); Zahl der Gewinnaktien ab 1827: 6.000; bis 1828 nur Inhaberaktien.

Bourgogne:
hervorgegangen aus einer 1822 gegründeten AG mit einem Kapital von 25 MF (10.000 Kapitalaktien à 2.500 F; 10.000 Gewinnaktien); Zahl der Gewinnaktien ab 1827: 27.200; bis 1828 nur Inhaberaktien.

Trois Canaux:
hervorgegangen aus drei Einzelgesellschaften:

1. Ardennes, gegr. 1825, Kapital 8 MF; 8.000 Kapitalaktien à 1.000 F, 1.600 Gewinn- und 100 Verwaltungsaktien;
2. Somme, gegr. 1825, Kapital 6,6 MF, 6.600 Kapitalaktien à 1.000 F, 1.320 Gewinn- und 100 Verwaltungsaktien;
3. Oise, gegr. 1826, Kapital 3,0 MF, 3.000 Kapitalaktien à 1.000 F, 3.000 Gewinn- und 30 Verwaltungsaktien.

In den ursprünglichen GV der Ardennen- und Somme-Gesellschaften des Jahres 1823 waren nur 800 bzw. 660 Gewinnaktien vorgesehen; Zahl der Gewinnaktien ab 1835: 19.600; die Kapitalaktien der ursprünglichen Gesellschaften waren Inhaberpapiere, die Gewinn- (bis auf Oise) und Verwaltungsaktien Namenspapiere.

Zu V - Dive:
befand sich ab 1840 im Besitz einer AG (Hypothekenbank).

Etangs:
Der Konzessionär behielt sich im Konzessionsvertrag die Bildung einer AG vor, führte dieses Vorhaben jedoch nicht aus. Vermutlich gründete er eine KGaA.

Mons-Condé:
Vgl. St. Quentin.

Plessis:
Eigentum einer Kohlengrube mit unbekannter Rechtsform.

St. Quentin:
Der Konzessionär bildete für zwei andere Kanäle je eine AG und KGaA. Zwar ist nicht auszuschließen, daß er auch für die Kanäle von Mons-Condé und St. Quentin Kapitalgesellschaften gründete, zumal in der Literatur die beiden Gesellschaften als "Societé" bezeichnet werden, vgl. etwa Macaigne, St.Quentin, S. 152; gegen die Bildung einer KGaA oder gar AG spricht allerdings die Tatsache, daß beide Kanäle weder von Bottin, Bresson, Courtois, Proudhon (vgl. Anhang C) noch in den Pariser Börsenberichten aufgeführt werden.

Tabelle 3

Rechtsform der Kanalgesellschaften
1814 - 1848 1)

Rechtsform	A. Gesamtheit aller Konzessionen und Submissionen										B. 1814-1847 vergebene Konzessionen und Submissionen									
	Zahl d. Gesell-schaften		verwaltete Kanäle					Investitionen			Zahl d. Gesell-schaften		verwaltete Kanäle					Investitionen		
			Zahl		Länge								Zahl		Länge					
	abs.	%	abs.	%	km	%	km pro Gesell-schaft	abs. 1.oooF.	%	1.oooF pro Gesell-schaft	abs.	%	abs.	%	km	%	km pro Gesell-schaft	abs. 1.oooF	%	1.oooF pro Gesell-schaft
1	2	3	4	5	6	7	8	9	1o	11	12	13	14	15	16	17	18	19	2o	21
I. Einzelfirmen, OHG,KG	6	18,8	7	16,7	185,o	5,1	31,o	4.922	2,6	82o	4	16,o	5	14,7	166,7	5,5	41,7	4.772	2,6	1.193
Ia. ohne Ourcq u.St.Denis	5	15,6	5	11,9	7o,5	2,o	14,1	622	o,3	124	3	12,o	3	8,8	52,2	1,7	17,4	472	o,3	157
II. KGaA	9	28,1	11	26,2	653,1	18,1	72,6	18.685	9,8	2.o76	7	28,o	8	23,5	251,3	8,3	35,9	15.o85	8,3	2.155
III. AG (Konzessionäre)	7	21,9	7	16,7	345,6	9,6	49,4	32.o3o	16,8	4.576	4	16,o	4	11,8	19o,2	6,3	47,6	25.93o	14,3	6.483
IV. AG (Submissionäre)	5	15,6	12	28,6	2236,5	61,9	447,3	126.1oo	66,1	25.22o	5	2o,o	12	35,3	2.236,5	73,6	447,3	126.1oo	69,7	25.22o
V. unbekannte Rechtsformen	5	15,6	5	11,9	195,7	5,4	39,1	9.o1o	4,7	1,8o2	5	2o,o	5	14,7	195,7	6,4	39,1	9.o1o	5,o	1.8o2
II + III	16	5o,o	18	42,9	998,7	27,6	62,4	5o.715	26,6	3.17o	11	44,o	12	35,3	441,5	14,5	4o,1	41.o15	22,7	3,729
II + III + IV	21	65,6	3o	71,5	3.235,2	89,5	154,1	176.815	92,7	8.42o	16	64,o	24	7o,6	2.678,8	88,1	167,4	167.115	92,3	1o.445
Total	32	1oo,o	42	1oo,o	3.615,9	1oo,o	113,o	19o.747	1oo,o	5.961	25	1oo,o	34	1oo,o	3.o4o,4	1oo,o	121,6	18o.897	1oo,o	7.236

1) Stand von 1848 bzw. z. Z. des Erlöschens der Konzession (vgl. Erläuterungen Tabelle 2

Quellen: Vgl. bezüglich der Rechtsform Tabelle 2 und Anhang B; bezüglich der Länge und Investitionen vgl. Anhang A und B.

Schaubild 5

Rechtsform der Kanalgesellschaften 1814-1848

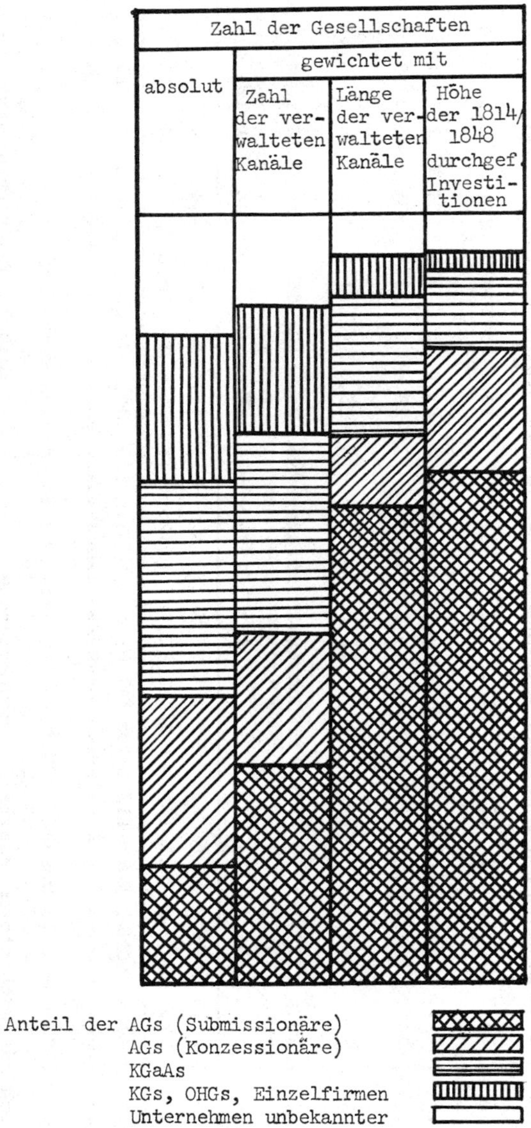

Quelle: Tabelle 3.

Eine Untersuchung der Gründungsdaten der Gesellschaften läßt zunächst darauf schließen, daß sich die ohnehin im Kanalsektor vorhandene Tendenz zur Kapitalgesellschaft im Laufe der ersten Hälfte des 19. Jahrhunderts wesentlich verstärkte: Die Relation von Kapital- zu Personalgesellschaften stieg von 1 zu Beginn des Jahrhunderts über 2,5 zu Ende des Empire, 3,6 zur Zeit der Julirevolution schließlich auf 4,2 im Jahre 1850 (vgl. Tabelle 4 Spalte A). Auch die Verschiebung der auf die beiden Gesellschaftstypen entfallenden Anteile am autorisierten und schiffbaren Kanalnetz ist beträchtlich: Das Übergewicht der Kapitalgesellschaften stieg im Verlaufe der 50 Jahre vom Vier- auf das Zwanzigfache (vgl. Tabelle 4 Spalten B und C). Diese Entwicklung scheint jedoch weniger durch eine steigende Präferenz der Unternehmer für eine bestimmte Rechtsform als durch die Länge und damit Kapitalbedürfnisse der jeweiligen Kanalprojekte bedingt zu sein. Die Ergebnisse der Tabelle 4 Spalte D sind in dieser Beziehung eindeutig: Zu jeder Zeit wurden kleine Projekte durch Personal-, große durch Kapitalgesellschaften finanziert.

Auch innerhalb der Kapitalgesellschaften kann von einem zeitlichen Trend von der Kommanditgesellschaft auf Aktien zur reinen Aktiengesellschaft nicht gesprochen werden: Seit 1815 schwankt deren zahlenmäßiges Verhältnis durchgehend um einen Wert von etwa zwei zu drei. Der Trennungs- und Überschneidungsbereich zwischen den beiden Rechtsformen lag bei einem Investitionsvolumen von etwa 3 Millionen Franken. Dieser Wert wurde - die durch Staatseingriff entstandenen Unternehmen nicht eingerechnet, die die vor 1800 eröffneten Midi-, Orléans- und Loing-Kanäle verwalteten - nur von einer KG a A übertroffen, während nur zwei der 13 im Jahre 1850 vorhandenen AGs darunter blieben[1].

Das Kriterium der Kapitalbedürfnisse erwies sich also zu jedem Zeitpunkt seit 1815 für die Wahl der Unternehmensform als dominierend: Kleine Kanalprojekte wurden durch Personalgesellschaften, große durch Kapitalgesellschaften finanziert, wobei bei außergewöhnlichem Kapitalbedarf durchgehend auf die "reinere" Form der Kapitalgesellschaft, die AG, zurückgegriffen wurde.

---

1) Vgl. Tabellen 2 und 4 . Zwei im Überschneidungsbereich liegende Unternehmen mit einem Grundkapital von jeweils 3 M F wurden 1832 bzw. 1850 von KG a As in AGs umgewandelt.

Tabelle 4

Kanalgesellschaften . Anteil der Rechtsformen

18oo - 185o

Jahr	A. Kanalgesellschaften: Einzel Fa. OHG KG (I)	KGaA (II)	AG Konz (III)	AG Subm. (IV)	unbekan. Rechtsformen (V)	Total (VI)	B. Länge der autorisierten Kanäle in km: OHG KG Einzel-Fa. (I)	KGaA (II)	AG Konz. (III)	AG Subm. (IV)	unbekan. Rechtsformen (V)	Total (VI)
18oo	2	-	2	-	-	4	18,3	-	75,3	-	-	93,6
18o5	2	-	3	-	-	5	18,3	-	153,1	-	-	171,4
181o	2	2	3	-	-	7	18,3	4o1,8	153,1	-	-	573,2
1815	2	2	3	-	-	7	18,3	4o1,8	153,1	-	-	573,2
182o	3	2	4	-	1	1o	132,8	4o1,8	178,1	-	5,1	717,8
1825	4	7	4	7	3	25	147,o	592,2	178,1	2.236,5	94,8	3.248,6
183o	5	7	5	7	4	28	16o,3	594,2	233,9	2.236,5	191,1	3.416,o
1835	6	9	7	5	4	31	185,o	67o,9	348,5	2.236,5	191,1	3.632,o
184o	6	9	7	5	4	31	185,o	67o,8	348,5	2.236,5	19o,6	3.631,4
1845	6	9	7	5	4	31	185,o	669,2	348,5	2.236,5	19o,6	3.629,8
185o	5	8	8	5	3	29	16o,3	614,8	4o2,9	2.236,5	94,3	3.5o8,8

Jahr	C. Länge der autorisierten Kanäle Anteile in %: Einzel Fa. OHG KG (I)	KGaA (II)	AG Konz. (III)	AG Subm. (IV)	unbekan. Rechtsformen (V)	Total (VI)	D. Länge der autorisierten Kanäle pro Kanalgesellschaft in km: Einzel-Fa. OHG KG (I)	KGaA (II)	AG Konz. (III)	AG Subm. (IV)	unbekan. Rechtsformen (V)	Total (VI)
18oo	19,6	-	8o,5	-	-	1oo,o	9,2	-	37,7	-	-	23,4
18o5	1o,7	-	89,3	-	-	1oo,o	9,2	-	51,o	-	-	34,3
181o	3,2	7o,1	26,7	-	-	1oo,o	9,2	2oo,9	51,o	-	-	81,9
1815	3,2	7o,1	26,7	-	-	1oo,o	9,2	2oo,9	51,o	-	-	81,9
182o	18,5	56,o	24,8	-	o,7	1oo,o	9,2	2oo,9	44,5	-	59,8	71,3
1825	4,5	18,2	5,5	68,9	2,9	1oo,o	16,9	84,6	44,5	319,5	52,3	129,9
183o	4,7	17,4	6,9	65,5	5,6	1oo,o	11,5	84,9	46,8	319,5	61,1	122,o
1835	5,1	18,5	9,6	61,6	5,3	1oo,o	14,1	74,5	49,8	447,3	61,1	117,2
184o	5,1	18,5	9,6	61,6	5,3	1oo,o	14,1	74,5	49,8	447,3	61,o	117,1
1845	5,1	18,4	9,6	61,6	5,3	1oo,o	14,1	74,4	49,8	447,3	61,o	117,1
185o	4,6	17,5	11,5	63,7	2,7	1oo,o	11,5	76,9	5o,4	447,3	52,2	121,o

Quellen: vgl. Tabelle 3

Erläuterungen zu Tab. 4

1. Es wurden nur Projekte berücksichtigt, die zumindest teilweise realisiert wurden.

2. Bei der Berechnung der durchschnittlichen Streckenlänge wurde die Ourcq- und St.-Denis-Gesellschaft aus den bereits dargelegten Gründen nicht Gruppe I sondern Gruppe V zugerechnet.

3. Beim Vergleich mit den Tabellen 2 und 3 ist zu berücksichtigen, daß

   a) in Tab. 4 die Lage zu den jeweiligen Stichdaten dargestellt wird, erloschene Konzessionen also nicht berücksichtigt werden;

   b) zwei KGaAs in AGs umgewandelt wurden (Aire-Bassée 1832, kanalisierte Sambre 1850);

   c) die zur Gruppe IV gehörende Cie des Trois Canaux i.J. 1835 durch Fusion dreier 1825/26 gegründeter AGs entstand.

Zu den Quellen vgl. Tab. 2 und 3 sowie bzgl. der sich für einige Kanäle im Zeitablauf ändernden autorisierten Streckenlänge Anhang A.

Schaubild 6

Kanalgesellschaften 1800 - 1850:
Anteil der Rechtsformen im Zeitablauf

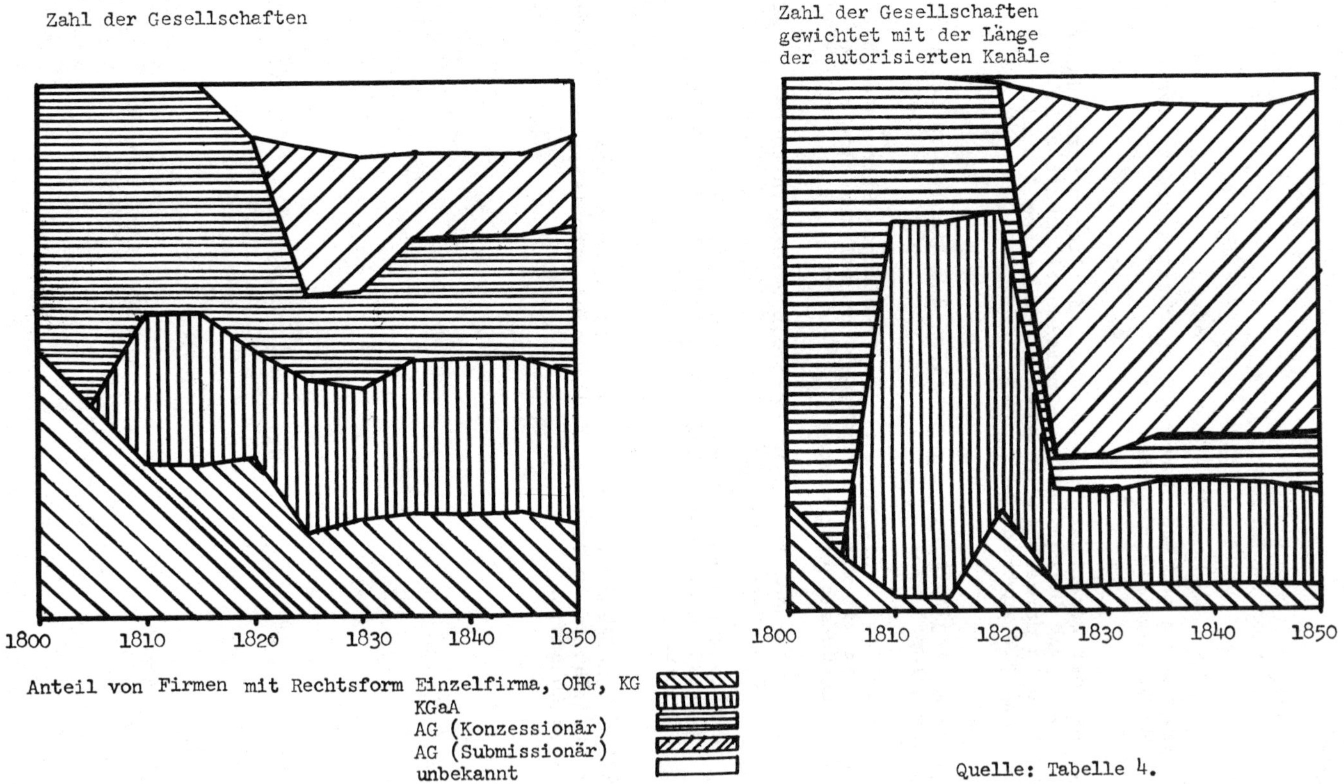

Quelle: Tabelle 4.

3. Die rechtliche Ausgestaltung der Kapitalgesellschaften

Ohne an dieser Stelle auf das Problem einzugehen, ob die im Kanalsektor dominierenden Kapitalgesellschaften tatsächlich einen breiten, anonymen Kapitalmarkt ansprachen oder sich nur an ein eng begrenztes kapitalkräftiges Publikum wandten - dies wird detailliert in Kap. II 3 d behandelt -, soll untersucht werden, inwieweit die im Kanalsektor entwickelten rechtlichen Strukturen und Dispositionen zur Modernisierung des zu Anfang des 19. Jahrhunderts stark zersplitterten Kapitalmarktes beigetragen haben. Dies scheint besonders hinsichtlich der Ausgestaltung der ausgegebenen Aktien der Fall gewesen zu sein; nur diese soll deshalb genauer dargestellt werden, während im übrigen auf die Analyse juristischer Details verzichtet wird[1]. Mehr noch als heute wichen die Aktien hinsichtlich der Rechte, die sie verkörperten, voneinander ab. Die Standardisierung war wenig fortgeschritten, vielmehr wurde in dem Streben, einen möglichst breiten Kreis potentieller und mit Wertpapieren wenig vertrauter Käufer anzusprechen, hinsichtlich der Ausgestaltung der Titel stark experimentiert. So wurden neben den heute allein zulässigen

---

[1] Zum Verständnis der in den folgenden Kapiteln gemachten Ausführungen sei lediglich darauf hingewiesen, daß sich in der AG ähnlich wie heute die in der Hauptversammlung vereinigten Aktionäre einerseits und der Aufsichtsrat (<u>conseil d'administration</u>) sowie die Rechnungsprüfer (<u>censeurs</u>) andererseits als Organe der Gesellschaft gegenüberstanden. Sowohl zur Teilnahme an der Hauptversammlung als auch zur Wahl in den Aufsichtsrat bzw. zum Zensor war i.a. der Besitz von mehr als einer Aktie Voraussetzung. So wurden - um ein Beispiel zu nennen - bei der <u>Cie des Quatre Canaux</u> nur die 200 stärksten Aktionäre zur HV zugelassen und von den Administratoren bzw. Zensoren der Besitz von 20 bzw. 10 Aktien verlangt - eine vergleichsweise niedrige Zahl, wenn man bedenkt, daß sich das Kapital der Gesellschaft auf 69.120 Aktien verteilte. Der Aufsichtsrat wählte im allgemeinen einen Präsidenten aus seiner Mitte, dem er als ausführendes Organ einen Direktor (Generalagenten, Administrationssekretär) beiordnete. Zur Baubeaufsichtigung wurde von einigen Gesellschaften (z.B. Beaucaire, Roanne, Digoin) ein Exekutivrat (<u>conseil d'exécution</u>) eingesetzt. Die Geschäftsführung der KGaA nahmen wie heute die Komplementäre wahr, die durch einen von der Hauptversammlung bestimmten Aufsichtsrat (<u>commission de surveillance</u>) kontrolliert wurden.

Summenaktien mit festem Nennwert auch Quotenaktien begeben[1]; auch waren - wiederum entgegen der heutigen Rechtslage - einige Aktien in eine bestimmte Anzahl von Kupons oder gar beliebig teilbar[2]. Wesentlicher jedoch ist die Tatsache, daß nur 14 der 1847 bestehenden 21 Kapitalgesellschaften ihr Grundkapital ohne weitere Nebenbedingungen in eine bestimmte Anzahl mit gleichen Rechten an Gesellschaftsvermögen und -ertrag ausgestatteter Anteile zerlegten, die als Stammaktien bezeichnet werden können[3]. Sämtliche Submissionsgesellschaften jedoch, eine Konzessionärs-AG[4] sowie zwei der Kommanditgesellschaften auf Aktien gaben jeweils zwei Arten von Titeln aus, nämlich sogenannte Kapital- und Gewinnaktien.

Die Kapitalaktien (<u>actions de capital, financière oder d'emprunt</u>) sind einerseits nach einem weitgehend festgelegten Armortisationsplan rückzahlbar und haben Anspruch auf eine feste Verzinsung, repräsentieren andererseits aber einen Teil des Grundkapitals. Sie vereinigen - wie die häufig verwandte Bezeichnung <u>action d'emprunt</u> andeutet - Elemente von Anleihe und Aktie miteinander und könnten als schuldverschreibungsähnliche Vorzugsaktien eingestuft werden. Die Gewinnaktien (<u>actions de jouissance</u>) dagegen verkörpern keinen Anspruch auf das Gesellschaftsvermögen sondern lediglich auf den nach der Bedienung der Kapitalaktien verbliebenen Gewinnüberschuß; erst nach Rückzahlung einer Kapitalaktie gehen deren Rechte in der Hauptversammlung sowie am Aktiv der

---

1) Dies war bei vier der i.J. 1847 bestehenden einundzwanzig Kapitalgesellschaften der Fall; vgl. Tab. 2; es handelte sich bis auf eine Ausnahme um Umgründungen von Gesellschaften, die ursprünglich Summenaktien ausgegeben hatten.

2) In jeweils fünf Kupons teilbar waren die Aktien der Arcachon-, Aire-Bassée-, Sambre-Oise-Gesellschaften, beliebig teilbar die der Briare- und Givors-Gesellschaften. Bei der Givors-Gesellschaft führte dies beispielsweise dazu, daß die Stückelung der 6.000 Aktien bis auf die dritte Stelle hinter dem Komma bestimmt wurde.

3) Vgl. Tab. 2.

4) Es handelt sich um die Roanne-Digoin-Gesellschaft; 1837 wandelte sie ihre Anteile in Stammaktien um.

Gesellschaft auf die ihr jeweils zugeordnete Gewinnaktie über[1].

Gerade aus dieser Konstruktion - d.h. der Abspaltung einer starken Kursschwankungen unterworfenen Gewinnaktie von der Kapitalaktie, deren feste Verzinsung und Amortisation im Falle der Submissionsgesellschaften aus Zahlungen des Staates sichergestellt wurde - wird deutlich, wie wenig sich das Publikum von der traditionellen festverzinslichen Staatsanleihe gelöst hatte[2]. Denn mit Rücksicht auf die Präferenzen der potentiellen Käufer wurde dieser Titel ja geschaffen[3], der zudem noch die Unterschrift eines den Submissionsgesellschaften beigeordneten staatlichen Kommissars trug und somit tatsächlich "sicher wie eine Staatsrente" war[4]. Es handelt sich hierbei um eine reine Übergangserscheinung, die praktisch nur im Kanalsektor anzutreffen ist[5].

Bei der Finanzierung späterer Infrastrukturprojekte - sei es beim Eisenbahnbau, sei es im städtischen Versorgungswesen - hatte sich das Publikum offensichtlich in ausreichendem Maße an derartige Investitionen gewöhnt und war bereit, deren volles Risiko zu tragen. Die Kapitalaktien leiteten über vom festverzinslichen zum Anteilspapier; insofern sind sie mehr als eine kuriose, das Finanzgebaren zur Zeit der industriellen Revolution kennzeichnende Erscheinung; sie leisteten sicherlich

---

1) Vgl. zur rechtstheoretischen Einordnung der beiden Aktiengattungen Ripert, Traité élémentaire, S. 542 ff., 684.

2) Hierfür spricht auch die Tatsache, daß die Kapitalaktien eine weitere Verbreitung fanden als die Gewinnaktien, die in größerem Maße in Händen von Bankiers verblieben, vgl. Kap. III 2 c.

3) Vgl. hierzu das Schreiben des Bankiers Sartoris an Koymans 1.9.1821, 61 A Q 211.

4) Sartoris an Koymans 15.9.1821, 61 A Q 211.

5) Zwar existieren keine detaillierten Studien über die Ausgestaltung der in anderen Sektoren begebenen Aktien. In den zeitgenössischen Börsenhandbüchern und -berichten sind Kapital- und Gewinnaktien jedenfalls nur für Kanalgesellschaften ausgewiesen; vgl. Proudhon, Manuel; Courtois, Bourse.

einen wichtigen Beitrag zur Erschließung des französischen Kapitalmarktes.

Auch die Kapital- und Gewinnaktien allerdings waren hinsichtlich ihrer Ausstattung zunächst durchaus nicht homogen. Erst im Verlaufe von mehr als einem Jahrzehnt wurden bestehende Unterschiede zugunsten eines sich als überlegen erweisenden Modells abgebaut. Anhand der für den französischen Kanalbau so bedeutenden Submissionsgesellschaften von 1821/1822 sollen einige für die Situation des Kapitalmarktes bezeichnende Varianten sowie die Entwicklung zu größerer Standardisierung und damit besserer Markttransparenz näher untersucht werden. Dabei wird die von der Cie des Quatre Canaux gewählte Konstruktion zugrundegelegt, denn sie erwies sich als am praktikabelsten und ihr paßten sich die übrigen Gesellschaften in einer Reihe von 1827 bis 1835 durchgeführten Satzungsänderungen an[1].

Die Cie des Quatre Canaux, die größte der Submissionsgesellschaften, stellte dem Staat aufgrund von vier separaten Verträgen zu jeweils unterschiedlichen Bedingungen insgesamt 68 Millionen Franken zur Verfügung. Die 1823 von den Zeichnern der Anleihe gegründete AG gab für die Gesamtheit dieser Operationen zwei unabhängig voneinander handelbare Titel aus, nämlich

1. 69.120 Kapitalaktien zum Nennwert von 1.000 Franken[2], die 5 % Zinsen trugen und nach einem festen Tilgungsplan innerhalb von 35 Jahren vom Zeitpunkt der vollständigen Einzahlung der

---

1) Daten und Veröffentlichungsort der im folgenden analysierten GV finden sich wiederum im Anhang C.

2) Obwohl die Gesellschaft dem Staat nur 68 MF zur Verfügung stellte, belief sich ihr Nominalkapital also auf 69,12 MF. Dies wurde möglich, da die Gesellschaft vom Staat höhere Zinsen erhielt als sie ihren Aktionären auszahlte und der entstehende Überschuß kapitalisiert wurde. Die übrigen Submissionsgesellschaften trafen ähnliche Regelungen.

Anleihe im Jahre 1833 an zurückgezahlt wurden[1]. Der Zeitpunkt der Tilgung der jeweiligen Kapitalaktie wurde durch Los bestimmt und erfolgte zusammen mit der Zahlung einer Zusatzprämie (action de prime[2]) im Wert von 250 Franken.

2. 68.000 Gewinnaktien, die den Anspruch der Gesellschaft auf die Hälfte der Nettoeinnahmen der Kanäle repräsentierten. Die Bedienung der Gewinnaktien sollte nach der vollständigen Amortisation der Kapitalaktien, d.h. im Jahre 1867, einsetzen und 40 Jahre andauern.

Die Einzahlung des Nennbetrages von 1.000 F pro Aktie zog sich ebenso wie die Zahlungen der Gesellschaft an den Staat über die gesamte vorgesehene Bauzeit der Kanäle, d.h. bis zum Jahre 1832 hin [3]. Hieraus entstand einerseits für den Staat das Risiko, daß säumige Aktionäre mit der Einzahlung ihres Kapitalanteils in Verzug gerieten - insbesondere solche, die gemäß dem Rat des Bankiers Sartoris zunächst eine große Zahl von Aktien mit der Absicht übernahmen, "diese sukzessive zu verkaufen, aus den Erlösen fällig werdende Raten zu zahlen und so die Operation sich selbst tragen zu lassen"[4]. Der

---

1) Für den nicht eingetretenen Fall, daß die Nettoeinnahmen aus einem der Kanäle die Verpflichtungen des Staates an Zins-, Prämien- und Amortisationszahlungen überschritten hätten (vgl. Teil A III c), wären diese Überschüsse zur beschleunigten Amortisation herangezogen worden.

2) Die actions de prime konnten abgetrennt von den Kapitalaktien auch einzeln gehandelt werden.

3) Vgl. hinsichtlich der Fälligkeit und Höhe der Zahlungen Teil III 2 c.

4) Sartoris am 15.7.1821 an den Londoner Bankier Carey, 61 A Q 211. Übrigens handelte es sich bei den säumigen Aktionären insbesondere um Londoner; vgl. GB HV Cie des Quatre Canaux 1827, S. 6; vgl. auch F 12 6744, Cie des Quatre Canaux an DG PC 15.9.1823.

Staat behielt sich deshalb das Recht der Kaduzierung dieser Aktionäre und des Wiederverkaufs ihrer Aktien vor[1].

Andererseits "machte die Gesellschaft bald die Erfahrung, daß ein Wertpapier, ... das zehn Jahre lang keinerlei effektive Zinsen abwirft, da diese jeweils durch Einzahlungen auf das Kapital überkompensiert werden, ... sich insbesondere in der Provinz und im Ausland nur schwer absetzen läßt"[2]. Um die Absatzchancen und damit die Kurse der Aktien zu stützen, wurde die Möglichkeit geschaffen, eine bestimmte Anzahl teilweise eingezahlter Aktien gegen neue zu tauschen, von denen einige volle 1.000 F, andere dagegen nur einen Bruchteil des Nennbetrages repräsentierten[3].

Bis zur Mitte der dreißiger Jahre hatten die anderen Submissionsgesellschaften abgesehen von einigen Details die Ausgestaltung ihrer Aktien dem beschriebenen Modell weitgehend angepaßt. Die ursprünglich bestehenden Unterschiede wurden zugunsten des dem Publikumsgeschmack am meisten entsprechenden Konzeptes fallengelassen. So war in den Satzungen der Arles-Bouc- sowie der Bourgogne-Gesellschaft zunächst vorgesehen, den Nennwert der Kapitalaktien nicht - wie heute noch üblich - zu einem durch Los bestimmten Zeitpunkt jeweils voll zurückzuzahlen, sondern im Rhythmus der Amortisationszahlungen des Staates stufenweise zu tilgen. Somit

---

1) Vgl. hierzu F 12 6744, insbes. Lefebvre an M Fin 17.10.1822, M I an Becquey 30.11.1822, Becquey an M I 21.12.1822, M I an Lefebvre 3.1.1823.

2) Cie des Quatre Canaux an DG PC 15.9.1823 in F 12 6744; ähnlich das Vorwort zur Satzungsänderung der Cie vom 10. und 11.9.1823 in Annex 16.6.1824.

3) Der komplizierte Prozeß, den die Genehmigung einer derartig geringfügigen Satzungsänderung darstellt, läßt sich verfolgen in F 12 6744, insbes. in der sich von Oktober 1823 bis Juni 1824 hinziehenden Korrespondenz zwischen dem DG PC Becquey, dem Staatsratsmitglied Castelbajac, dem M I Corbière, dem M Fin Villèle sowie der Cie des Quatre Canaux.
Der Vollständigkeit halber sei angemerkt, daß durch eine weitere Satzungsänderung vom 4., 6., 7. Mai 1833 der Modus der Aktienrückzahlung, Transfers und Zinszahlungen geändert wurde (F 12 6744, Cie des Quatre Canaux an MTP 11.5.1833), eine Maßnahme, der sich die Cies des Bourgogne und Arles-Bouc Kanals anschlossen (ebd., Cie Bourgogne an MTP 15.5.1833).

besaßen die Aktien weder während der Einzahlungs- noch während der Amortisationsperiode einen festen Nennwert, was eine korrekte Rentabilitätsrechnung stark erschwerte und ihren Kurswert negativ beeinflußte. Die Mehrzahl der Aktionäre der beiden Gesellschaften schlossen sich deshalb im Jahre 1827 jeweils zu "Untergesellschaften" zusammen, deren Aktien nicht nur in der Ausstattung sondern auch im Nennwert von 1.000 F statt bisher 5.500 bzw.2.500 F denen der Cie des Quatre Canaux entsprachen. Die Konversion der Titel erfolgte, obwohl auf freiwilliger Basis, nahezu vollständig: Bis zum 1.1.1851 wurden 97,9 bzw. 94,8 % der alten in neue Aktien umgetauscht[1].

Entschieden komplizierter waren die Regelungen, die der Pariser Bankier Urbain Sartoris hinsichtlich der von ihm gezeichneten Anleihen zur Finanzierung der Ardennes- und Somme-Kanäle traf. Für jedes dieser Projekte gründete er eine Aktiengesellschaft[2], die jeweils drei Arten von Titeln ausgaben, und zwar neben den bereits bekannten Kapital- und Gewinnaktien eine nur bei Sartoris angetroffene Aktienart, die Verwaltungsaktien (actions administratives).

Die Kapitalaktien im Nennwert von 1.000 F - ihre Auffüllung erfolgte durch Ratenzahlungen der Aktionäre direkt an die Staatskasse - trugen vom Zeitpunkt ihrer vollständigen Einzahlung an 4 % Zinsen, die sich bei verspäteter Fertigstellung der Kanäle auf 6,5 bzw. 6 % erhöhten. Jede Kapitalaktie war mit zwei Zusatztiteln versehen, dem Prämien- und dem Zufallsbillet (billet de prime und billet de chance). Das Prämienbillet im Wert von 750 bzw. 600 F wurde bei der Rückzahlung der dazugehörigen Kapitalaktie fällig, deren Zeitpunkt durch Los bestimmt wurde. Das Zufallsbillet sollte für die entgangenen Zinsen während der Einzahlungsperiode entschädigen und nahm an der Verlosung der in dieser Zeit angesammelten

---

1) Courtois, Notices, S. 237; GB HV Arles-Bouc 1829, S. 2 f.

2) Bereits durch O.20.2.1823 wurde ihm gestattet, für seine Anleihe Aktien zu begeben. Erst durch O.27.4.1825 erhielten diese vagen Konstruktionen die spezifische Rechtsform der AG.

Zinsen teil. Sowohl an dem hohen Wert der Prämien- als auch an der Existenz der Zufallsbillets wird das stark spekulative Moment dieser Konstruktion deutlich, und so ist es nur symptomatisch, daß die unablässig vorgesehenen Verlosungen in der Nationallotterie vorgenommen wurden.

Die Verwaltungsaktien vereinigten Elemente der Kapital- und Gewinnaktien miteinander: Ihnen flossen sowohl nach einem komplizierten Schlüssel berechnete Teile der staatlichen Zins-, Prämien- und Amortisationszahlungen als auch der Kanalgebühren zu[1]. Auf die Gewinnaktien schließlich entfielen 90 % des Gesellschaftsanteils am Nettoprodukt der Kanäle.

Die Regelungen der im folgenden Jahr ebenfalls von Sartoris gegründeten Oise-Gesellschaft unterschieden sich von den vorhergehenden nur insofern, als das spekulative Element verringert wurde: Die bei der Tilgung der Kapitalaktien fällig werdende Prämie wurde auf 250 F gesenkt, die Zufallsbillets zugunsten regelmäßiger Zinszahlungen auch während der Einzahlungsperiode fallengelassen.

Es ist nur zu verständlich, daß diese Arrangements als "extrem kompliziert"[2], "ungeschickt und konfus"[3] empfunden wurden. Als entsprechend schwierig, ja "nahezu unmöglich... erwies sich der

---

1) Die Höhe des von Sartoris in Form der Verwaltungsaktien einbehaltenen Gewinns ist wegen der äußerst komplizierten und von Zufällen abhängigen Vertragsbestimmungen kaum exakt berechenbar. Er wird in etwa ersichtlich aus den Relationen, die beim Umtausch von alten in neue Aktien der Cie des Trois Canaux zugrundegelegt wurden. Danach erhielten die Besitzer der Verwaltungsaktien 5,7 % der Kapital- und 10,0 % der Gewinnaktien der neuen Gesellschaft, ohne selbst Zahlungen geleistet zu haben; vgl. Courtois, Notices, S. 234. Die an den übrigen Anleihen beteiligten Bankiers behielten sich lediglich eine geringe Aufwandsentschädigung vor (z.B. Arles-Bouc 12,28 F pro Aktie à 5.500 F, Bourgogne 5 F pro Aktie à 2.500 F) und hofften im übrigen auf Spekulationsgewinne bei der Ausgabe der Titel; vgl. etwa Faber, Paravey, S. 185.

2) Courtois, Notices, S. 231.

3) Staatsratsmitglied Vicens an MC, Rapport 16.7.1834, in F 12 6746.

Absatz dieser Titel": Der Nominalzins von 4 % erschien wenig attraktiv, das System voneinander abweichender Prämien und Auslosungen kaum durchschaubar, der vom Emittenten "unter dem Vorwand einer völlig unbedeutenden Verwaltungsarbeit" einbehaltene Gewinn zu groß[1]. Unter dem ausdrücklichen Hinweis, an der Schaffung dieser "sonderbaren Bedingungen" unbeteiligt gewesen zu sein, sorgten die Erben des Gründers deshalb unmittelbar nach dessen Tod dafür, "diese Aktien, die verständlicherweise und erwiesenermaßen keinen Anklang unter den Kapitalisten gefunden hatten"[2], durch neue zu ersetzen. Sie vereinigten die drei bisher getrennten Gesellschaften zu einer einzigen, deren Statuten sie weitgehend an die der Cie des Quatre Canaux anlehnten[3]. Auch hier handelte es sich um eine fakultative Konversion, der jedoch wiederum die Mehrzahl der Aktionäre beitrat[4]. Damit hatten sich alle Submissionsgesellschaften dem Muster der erfolgreichsten unter ihnen angepaßt[5]. Das Stadium des Experimentierens in diesem Bereich war überwunden, nicht nur hinsichtlich der Aktiengattungen, auch bezüglich des Einzahlungs-, Verzinsungs- und Amortisationsmodus hatte sich eine relativ einfache, den Aktionären verständliche Regelung herauskristallisiert, die ein ausreichendes Maß von Markttransparenz garantierte.

---

1) Vgl. Rapport 16.7.1834, in F 12 6746; ganz ähnlich - abgesehen von der Einschätzung der Emittentengewinne - urteilen auch die Erben von Sartoris; vgl. F 12 6746, Rapport Koymans HV Cie des Trois Canaux 1837, S. 3; ders. HV der Ardennen-, Somme- und Oise-Gesellschaften 1834; vgl. auch Guillois, Rapport 25.1. 1834 an MC, ebd.

2) Einleitung GV 2.2.1835 Cie des Trois Canaux, Annex O.3.3.1835.

3) Der Nennwert der mit 5 % verzinslichen Kapitalaktien betrug 1.000 F, die Rückzahlung erfolgte mit einer Prämie von 250 F und wurde durch Los bestimmt; die Gewinnaktien verkörpern die gesamten Ansprüche der Gesellschaft auf die Kanalgebühren, Verwaltungsaktien sind nicht mehr vorgesehen.

4) Bis zum 1.2.1851 wurden 94,8 % der Kapitalaktien und 99,2 % der Gewinnaktien in neue Titel umgetauscht; vgl. Courtois, Notices, S. 234.

5) Die von der Rhône-Rhein-Gesellschaft begebenen Titel entsprachen von Beginn an denen der Cie des Quatre Canaux. Auch die von anderen Gesellschaften ausgegebenen Kapitalaktien ähnelten diesem Muster; die der St.-Martin-Gesellschaft trugen 4 % Zinsen, der Zeitpunkt der Rückzahlung wurde durch Los bestimmt und erfolgte mit einer Prämie von 100 F; bei der Roanne-Digoin-Gesellschaft (GV 1831) betrug der Zinssatz 5 %, die Prämie 250 F.

Noch in einem weiteren Punkt übrigens hatte eine Vereinheitlichung stattgefunden, nämlich in der Höhe des Nennwertes der Kapitalaktien: Die Arles-Bouc- sowie die Bourgogne-Gesellschaft hatten ihre Anteile von ursprünglich 5.500 bzw. 2.500 F im Jahre 1827 geteilt und dafür wie alle anderen Submissionsgesellschaften 1.000 F-Aktien begeben. Diese Größenordnung war im übrigen - wie aus Tabelle 2 hervorgeht - im Kanalwesen am verbreitetsten: Bei dreizehn der im Jahre 1847 bestehenden Gesellschaften lag er bei diesem Wert, bei zweien niedriger, bei sechsen höher. Dabei ist eine fallende Tendenz der Nennwerte im Zeitablauf nicht zu übersehen, denn vor 1815 wurde keine Aktie unter 5.000 F, nach 1830 keine über 1.000 F begeben.

Sicherlich kann man Werte von 1.000 F nicht als niedrig bezeichnen; sie können - selbst wenn man bedenkt, daß sich die Einzahlung der Aktien im allgemeinen über etwa ein Jahrzehnt hinzog - von vornherein nur ein eng begrenztes, wohlhabendes Publikum ansprechen. Verglichen mit den sonst üblichen Aktienwerten jedoch stellte die 1.000 F-Aktie einen Fortschritt dar. Insbesondere die Werte von Industrieaktien lagen extrem hoch[1]. Wenn das 1824 gegründete Glas- und Kristallwerk von Baccarat, das 8 Aktien à 125.000 F ausgab, auch einen Extremfall darstellt, so waren doch Werte von nahezu 100.000 F keine Seltenheit und Nennwerte von 10.000 bis 25.000 F die Regel[2]. Selbst die großen Versicherungsgesellschaften, auf die nahezu die Hälfte des in den ersten fünfzig Jahren des Jahrhunderts von AGs vereinigten Kapitals entfiel, gaben selten Stückelungen unter 5.000 F aus[3].

Den hohen Nennwerten entsprachen niedrige Aktienzahlen: "Im allgemeinen wurden einige hundert, selten einige tausend" ausgegeben[4]. Auch in dieser Beziehung fielen die Submissionsgesellschaften aus dem Rahmen des üblichen, allen voran die Cie des Quatre Canaux mit ihren 69.120 Anteilen.

---

1) Vgl. zu den folgenden Ausführungen insbes. Fohlen, Monarchie censitaire, S. 67 f.

2) Vgl. auch Thuillier, Dufaud, S. 54.

3) Vgl. neben Fohlen, a.a.O., u.a. Proudhon, Manuel, S. 431 f.

4) Fohlen, a.a.O., S. 68.

Als letztes sei das hohe Nominalkapital der im Kanalsektor gebildeten AGs hervorgehoben: Die Cie du canal de Bourgogne überschritt als erste AG überhaupt die Grenze von 10 Millionen Franken, und das Kapital der Cie des Quatre Canaux von nahezu 70 Millionen Franken wurde erst während des Eisenbahnfiebers gegen Ende der Julimonarchie, d.h. nach nahezu 25 Jahren, übertroffen.

In mehrfacher Hinsicht also weicht die Art der Finanzierung der privaten Investitionen im Kanalbau von den in den übrigen Bereichen der Wirtschaft anzutreffenden Verhältnissen ab, ja stellt einen Schritt in Richtung auf die Anpassung des Kapitalmarktes an die Erfordernisse einer modernen Industriegesellschaft dar. Während die französische Wirtschaft insgesamt bis weit in die zweite Hälfte des 19. Jahrhunderts hinein von Einzelfirmen und Familienbetrieben geprägt blieb[1], wurde für die Kanalgesellschaften überwiegend die Rechtsform der Kapitalgesellschaft und insbesondere der AG gewählt. Bei der Einführung dieser für die moderne Industriewirtschaft kapitalistischer Prägung typischen und vielleicht unerläßlichen Unternehmensform - zahlreiche Autoren sind der Auffassung, daß "der moderne Kapitalismus sich ohne die Aktiengesellschaft nicht hätte entwickeln können"[2], daß nur sie allein die zur Nutzbarmachung des technischen Fortschrittes erforderliche Kapitalkonzentration ermöglichte[3] - spielte der Kanalbau eine Pionierrolle: Der erste Boom von AG-Gründungen wurde durch das "Kanalbaufieber" der Jahre 1821/1823 ausgelöst, in deren Verlauf etwa 90 % des von AGs vereinigten Kapitals auf Kanalunternehmen entfielen[4].

---

1) Vgl. Gille, Banque, S. 105; Lambert-Dansette, Lille-Armentière, S. 443; Fohlen, Mequillet-Noblot, S. 2; Léon, Dauphiné, S. 430; Landes, French entrepreneurship, S. 50 ff.

2) Lippman, Cité libre, S. 329.

3) Ripert, Aspects juridiques, S. 3; ähnlich ders., Traité élémentaire, S. 109, 447 sowie Lhomme, Capitalisme et économie dirigée, S. 15 und Lévy-Leboyer, Banques, S. 413.

4) Fohlen, Monarchie censitaire, S. 75 ff.

Sicherlich wurde in der rechtlichen Ausgestaltung dieser Kanalgesellschaften zunächst stark experimentiert, ja man schlug Wege ein, die später nicht wieder befolgt wurden: Die zwischen festverzinslichem Renten- und Anteilpapier stehende Kapitalaktie ist praktisch nur im Kanalsektor anzutreffen; die Einzahlungs-, Ausschüttungs- und Amortisationsmodalitäten mußten standardisiert werden, um ein ausreichendes Maß von Markttransparenz zu gewährleisten; die Aktienwerte lagen zwar niedriger als in anderen Branchen, ermöglichten jedoch noch nicht wie die seit Ende der dreißiger Jahre im Bahnbau üblichen 500 F-Aktien, "die mittleren Sparer zu erreichen, ... die Masse der Sparstrümpfe anzuzapfen... und damit eine neue Finanzierungsquelle... zu erschließen"[1]. All dies sind ebenso wie die Bevorzugung der Namens- gegenüber der Inhaberaktie[2] sowie die fast vollständige Beschränkung auf Eigenkapital Indizien für ein wenig entwickeltes Finanzierungsmuster und spiegeln die Unvollkommenheit des Kapitalmarktes wider.Andererseits wird hieraus deutlich, auf welche Erfahrungen man

---

1) Bouvier, Rothschild, S. 110.

2) Von den 17 Gesellschaften, für die Angaben vorliegen, gaben 6 nur Namens-, 1 nur Inhaber- und 10 beide Arten von Aktien aus (vgl. Tab. 2); tatsächlich ist die Präferenz für Namensaktien größer, als hieraus zunächst zu schließen wäre, da diese bei Wahlmöglichkeit deutlich bevorzugt wurden; bei der Arles-Bouc-Gesellschaft ist das Verhältnis von Namens- zu Inhaberpapieren 83:17 (GB HV 1829, S. 2 f.), bei der kanalisierten Sambre 90:10 (D. 20.12.1850, Annex: GV 13.12.1850).

in der Folgezeit, während der die Rechtsform der AG auch in anderen Sektoren zunehmend Anwendung fand[1], zurückgreifen und welche Fehler man insbesondere bei der Finanzierung des ungleich kapitalintensiveren Eisenbahnnetzes vermeiden konnte.

Somit besteht kein Zweifel, daß der Kanalbau nicht nur in technischer Sicht, sondern auch bezüglich der institutionellen Form der Kapitalsammlung als Vorläufer des Bahnbaues anzusehen ist und ihn vorbereitete und erleichterte. Der Versuch allerdings, diese umfassend als Beitrag zur Modernisierung des Kapitalmarktes zu bezeichnende Rolle der Kanäle zu quantifizieren, dürfte ein kaum lösbares Problem darstellen.

---

1) Entsprechend sank der Anteil der Kanalgesellschaften an den AG-Gründungen, der Anfang der zwanziger Jahre ca. 90 % betragen hatte, auf die Gesamtperiode der konstitutionellen Monarchie bezogen,ganz erheblich. Es ergab sich annäherungsweise folgende sektorale Verteilung:

Wirtschaftsbereich	Zahl der AG-Gründungen 1815-1848	Nominalkapital 1809-1849
Versicherungen/Banken	23,7 %	48,9 %
Eisenbahn	8,8 %	38,0 %
traditionelle Transporte	31,6 %	6,6 %
produzierendes Gewerbe	25,7 %	4,2 %
sonstiges	10,2 %	2,2 %
Total (abs.)	342	3.207

(Vgl. Fohlen, Second Empire, S. 68; Lévy-Leboyer, Banques, S. 704). Die relativ geringe Verbreitung der AG im produzierenden Gewerbe erklärt sich, wie oben ausgeführt, nicht nur aus der wenig förderlichen Haltung der Administration sondern auch aus der Zurückhaltung der Unternehmer, die wenn möglich auf andere Organisationsformen auswichen: "Die Aktiengesellschaft, die in so hervorragender Weise den Erfordernissen des Straßen-, Brücken- und Kanalbaues entspricht, eignet sich weniger für Unternehmen, die sich Kauf, Herstellung und Verkauf von Waren widmen, in denen rasche Entschlüsse getroffen werden müssen." (Enquête sur les Fers, déposition Beaumier 1829, zitiert nach Gille, Les problèmes techniques, S. 27.

Kapitel II: Die geographische Herkunft von Kapitalgebern und Führungskräften

1. Problemstellung und methodischer Ansatz

Es gehört zu den Allgemeinplätzen der französischen Innenpolitik, die übermäßige Ballung politischer und wirtschaftlicher Macht in Paris auf Kosten regionaler Selbstbestimmung zu beklagen[4]. Innerhalb des sich über Jahrhunderte erstreckenden Prozesses ökonomischer Machtkonzentration wird der Eisenbahnbau als eine entscheidende Etappe angesehen. So findet Tudesq "frappierend, daß sich unter den Aktionären und Verwaltungsräten der Eisenbahnen... praktisch keine Repräsentanten der anliegenden Städte finden" und führt diesen "Machtverlust der lokalen Notabeln" auf die beim Bahnbau "notwendige Konzentration derartig großer Kapitalien (zurück), daß Paris zum unerläßlichen Mittler zwischen Kapitalgebern aus Ausland und Provinz einerseits und den Compagnien andererseits wird... Die Notabeln verlieren mehr und mehr ihren Einfluß auf die heimische Wirtschaft" und machen "den großen, für das zweite Kaiserreich typischen Industrie- und Finanzkapitänen" Platz[1].

Ohne die Tatsache des "erdrückenden Übergewichtes Pariser Kapitals" bei der Schaffung des Eisenbahnnetzes in Frage stellen zu wollen[2], ist doch zu bezweifeln, ob hierin - wie Tudesq meint - wirklich etwas Neues, "ein Beginn von Konzentration und Integration"[3] zu sehen ist, oder ob der Prozeß der Ballung wirtschaftlicher Macht in Paris nicht bereits früher eingesetzt hat. Anlaß zu dieser Vermutung geben die Kanalbaudebatten der Jahre 1821/1822 vor dem französischen Abgeordnetenhaus, in denen die

---

1) Tudesq, Notables, S. 651 f., 655 f.

2) Ebd., S. 657; vgl. zur Finanzierung des Bahnbaues insbesondere Gille, Banque, S. 206 ff., 210, 217, 242; ders., Recherches formation, S. 96-121; Dunham, Révolution Industrielle, S. 68, 402; Bouviers, Rothschild, S. 111-117, 121; Sée, Wirtschaftsgeschichte Bd. II, S. 215 f.; Lévy-Leboyer, Banques, S. 660, 678.

3) Tudesq, Notables, S. 652.

4) Vgl. etwa Gravier, J.F., Paris et le désert français, Paris 1947.

Vertreter der Provinz beklagen, daß in Frankreich "keine Gemeinde, keine Compagnie einen Kirchturm bauen, eine Verkehrsverbindung schaffen, ein Unternehmen gründen könne, ohne auch für das kleinste Projekt von Paris abhängig zu sein"[1] – und zwar "sowohl von der Pariser Administration als auch von den Pariser Banken"[2] und aufrufen, "diese monströse Zentralisation, die Paris zum Blutsauger Frankreichs macht"[3], zu brechen.

Die geographische Herkunftsanalyse der am Kanalbau beteiligten Personen und Kapitalien kann klären helfen, ob es sich bei diesen Äußerungen um Übertreibungen regionaler Interessenvertreter handelt oder ob sie weitgehend den Tatsachen entsprechen. Anhand der Untersuchung, inwieweit die vom Bau einer Wasserstraße direkt betroffenen Regionen selbst das technische, finanzielle und unternehmerische Potential zu deren Realisierung aufbrachten oder auf die Unterstützung von Paris angewiesen waren, soll der Versuch gemacht werden, den Grad wirtschaftlicher Machtkonzentration in Paris vor Beginn des Eisenbahnzeitalters zu bestimmen und so die Daten - und damit auch Triebkräfte - des Zentralisationsprozesses zu überprüfen.

Bei der Beantwortung der aufgeworfenen Fragen ergaben sich Schwierigkeiten dreifacher Art. Zum einen mußten die an den Kanalgesellschaften beteiligten Personen identifiziert werden. Dies geschah in erster Linie mit Hilfe des schon für das vorangegangene Kapitel ausgewerteten und im Anhang C zusammengefaßten und erläuterten Materials. Wenn es auch durchgehend ausreichende Informationen über Konzessionäre und Unternehmensführungen enthält, so sind doch gerade für einige der wichtigsten Gesellschaften - unter anderem die Cie des Quatre Canaux - lediglich die Aktienzeichner z.Z. der Unternehmensgründung bekannt, die ihre Anteile jedoch zumindest teilweise noch vor

---

1) Basterrêche, Abgeordneter der Basses Pyrénées, vor der Deputiertenkammer am 2.7.1821, vgl. MU 1821, S. 985.

2) André d'Aubières an gleicher Stelle am 9.7.1822, MU 1822, S. 988; ähnlich Manuel am 8.7.1822, MU 1822, S. 982.

3) De St. Aulaire am 3.7.1821, MU 1821, S. 988. Vgl. auch die Untersuchung von Lavergne, L.de, De la réparation des dépenses publiques en France, in: Journal des Economistes Bd. 35 (1853), S. 1-12.

deren voller Einzahlung weiterveräußerten; auf den späteren Verbleib der Aktien und somit die eigentlichen Kapitalgeber konnte hieraus nur indirekt und in Verbindung mit der Zusammensetzung der Geschäftsführung geschlossen werden. Zum zweiten war der Wohnort der erfaßten Personen zu bestimmen, soweit die Quellen hierüber keine Aufschlüsse gaben. Mit Hilfe der ebenfalls im Anhang aufgeführten Hilfsmittel gelang dies zu nahezu 95 %, wie im einzelnen aus der Darstellung der jeweiligen Projekte ersichtlich wird. Die so gewonnenen Daten wurden in ein geographisches Raster übertragen, das aus den vier Wohnort-Kategorien Region, Paris, sonstiges Frankreich und Ausland bestand[1]. Zum dritten - und dies stellt das am schwersten wiegende Problem dar - ist der zum Kriterium der Analyse erhobene Wohnort vermutlich nur beschränkt als Index für die geographische Herkunft und Bindung des erfaßten Personenkreises verwertbar. Denn gerade unter der wirtschaftlichen und sozialen Oberschicht des Landes, d.h. der hier relevanten Gruppe, übt Paris eine große Anziehungskraft aus, und so werden viele etwa aus Prestigegründen ihren Wohnsitz mit Paris angeben, obwohl sie nur einen Teil des Jahres in der Hauptstadt verbringen, andere wohl ihren Wohnsitz - z.T. auch innerhalb des Beobachtungszeitraumes - ganz dorthin verlagert, sich aber dennoch starke wirtschaftliche Interessen in ihrer Heimatregion bewahrt haben[2]. Zwar wurde versucht, dieses Dilemma durch detailliertere Nachforschungen über Geburtsort, Geschäftsverbindungen etc. auszuschalten; das konnte jedoch - und sei es nur aus Gründen der Arbeitsökonomie - lediglich für einen geringen Prozentsatz der nahezu zweitausend erfaßten Personen geschehen, nämlich nur dann, wenn - wie für die Mitglieder des Hochadels, der Pairs- oder Deputiertenkammer sowie bedeutende Industrielle und Bankiers - aufgearbeitete Informationen vorlagen. Da es sich

---

[1] Als "regional" wurden - soweit nicht ausdrücklich erwähnt und begründet - Bewohner der von den Kanälen berührten Departements sowie direkt an deren Grenzen gelegener Orte eingestuft, in der Kategorie "Paris" auch Bewohner der Departments Seine sowie Seine-et-Oise erfaßt. Erbengemeinschaften wurden als eine Person gezählt und dem Wohnsitz des Erblassers zugeordnet.

[2] Vgl. hierzu Tudesq, Notables, S. 334 ff., 430 ff.

hierbei jedoch gerade um die kapitalstärksten Anteilseigner handelte, dürften die verbleibenden Unrichtigkeiten sich in Grenzen halten[1].

2. Einzelstudien

a) Ancien Régime: Dominanz regionaler Initiativen

Die spezifische Problemstellung des Kapitels, nämlich der Versuch, innerhalb eines langfristigen Entwicklungsprozesses eine Tendenzwende festzustellen, läßt eine Beschränkung der Analyse allein auf die Kanalprojekte der ersten Hälfte des 19. Jahrhunderts als wenig sinnvoll erscheinen. Auch die unter dem Ancien Régime privat finanzierten Kanäle wurden deshalb in die Untersuchung einbezogen[2].

---

1) Als entscheidend für die geographische Einordnung eines Individuums wurde in Zweifelsfällen nicht angegebener Wohnort oder Herkunftsregion sondern das Zentrum seiner Berufsausübung und ökonomischen Aktivität angesehen, vgl. auch S. 171.

2) Es sei darauf hingewiesen, daß die folgenden Einzelstudien nicht eine wie immer geartete Auswahl sondern die Gesamtheit der bis zur Mitte des 19. Jahrhunderts durchgeführten Kanalbauten (soweit sich, bei Projekten früherer Jahrhunderte, Spuren erhalten haben) behandeln. Die zwischen 1814 und 1848 konzessionierten bzw. submissionierten Kanäle sind aus Tab. 60, Spalten 10 - 12 ersichtlich, eine Aufstellung der zu ihrer Verwaltung gebildeten Kanalgesellschaften findet sich in Tab. 2. Da einige Gesellschaften mehrere Projekte kontrollierten - vgl. zu den Details Anm. 2 Tab. 2 -, ist die Zahl der im folgenden behandelten Kanalgesellschaften kleiner als die der konzessionierten bzw. submissionierten Kanäle.

Am leichtesten lassen sich die aufgeworfenen Fragen für die in Form von Einzelfirmen bzw. Personalgesellschaften organisierten Kanäle beantworten, da hier die Situation am wenigsten komplex ist. Entsprechend ihrer rein lokalen Bedeutung werden diese kleinen Projekte sowohl vor als auch nach der Revolution von Personen der unmittelbaren Umgebung ins Leben gerufen. Dies gilt einerseits für die beiden um die Wende vom 17. zum 18. Jahrhundert in Südfrankreich erbauten Lez- und Lunel-Kanäle, die die Städte Montpellier bzw. Lunel mit dem System von Lagunen und künstlichen Wasserstraßen zwischen Agde und Rhonemündung verbinden: Der Canal du Lez wurde aufgrund eines Vertrages mit der Kaufmannschaft von Montpellier von einem lokalen Notablen, der Canal de Lunel von einer Gruppe von Kaufleuten der gleichnamigen Stadt erstellt. Beide befanden sich noch in der zweiten Hälfte des 19. Jahrhunderts im Besitz der Erben der ursprünglichen Konzessionäre. Andererseits lagen auch in der ersten Hälfte des 19. Jahrhunderts Initiative, Finanzierung und Bauausführung für derartige Unternehmen, soweit der Kapitalbedarf sich auf einige hunderttausend Franken beschränkte, bei Personen der engeren Umgebung: Die Konzession für den Luçon-Kanal im Departement Vendée fiel 1824 ebenso an einen lokalen Bauunternehmer wie 1828 diejenige für den Dunkerque-Furnes- und 1835 die für den Hazebrouck-Kanal, wobei der Konzessionär des letzten, der selbst in Lille ansässig war, seine Kapitalbasis mit Hilfe eines Kommanditisten aus der Nachbarstadt Tourcoing verbreiterte[1].

---

[1] Bezüglich der Quellen sei nochmals auf den Anhang C verwiesen.

Bis zum Ende des 18. Jahrhunderts ist diese Dominanz lokaler bzw. regionaler Initiative und Finanzierung nicht nur für kleine Projekte, sondern auch für Kanäle überregionaler Bedeutung die Regel.

Als einzige Ausnahme hiervon könnte man den ersten Scheitelkanal Frankreichs ansehen, den 1642 eröffneten Kanal von Briare, der unter Benutzung des Loing eine Verbindung zwischen Loire und Seine herstellte. Ein erster Versuch der Realisierung, mit dem Sully 1604 einen Ingenieur aus Tours beauftragte, scheiterte ebenso an technischen Schwierigkeiten wie die Wiederaufnahme der Bauten durch einen in Briare ansässigen Grundherrn zwanzig Jahre danach. Schließlich gelang es zwei "in der Wasserbaukunst erfahrenen" Unternehmern[2] aus Orléans bzw. der Tourraine, nach nur vierjähriger Bauzeit den Kanal zu vollenden. Während alle bisher erwähnten Personen aus dem Loire-Tal stammten - und somit die These von der Dominanz regionaler Initiativen während des Ancien Régime stützen - scheinen die zuletzt aufgeführten Konzessionäre ihr Kapital weitgehend aus Paris bezogen zu haben. Und obwohl sich die Zusammensetzung der Aktionäre in den gut zweihundert Jahren des Bestehens der Briare-Gesellschaft nicht zuletzt durch politische Umstände bedingt mehrfach wandelte, änderte sich nichts an deren geographischer Herkunft.

Somit scheinen wohl Initiative und technische Kompetenz, nicht jedoch das Kapital zum Bau dieser Wasserstraße von regionaler Herkunft zu sein. Allerdings muß dieser Befund insofern relativiert werden, als der Briare-Kanal in erster Linie der Versorgung von Paris dient und kaum festzustellen ist, ob die Hauptstadt das notwendige Kapital primär in ihrer Eigenschaft als Nutznießer der verbesserten Transportbedingungen oder als zukünftiges nationales Finanzzentrum bereitgestellt hat.

---

2) Grangez, Précis, S. 117; zur Geschichte des Kanals siehe insbesondere Pinsseau, Canal Henri IV, S. 143 ff.

Wie immer man diesen Einzelfall bewerten will, die These von der Dominanz regionaler Initiative und Finanzierung der Kanalbauten unter dem Ancien Régime wird durch die Geschichte aller anderen Wasserstraßen bestätigt. Das bekannteste Beispiel stellt der zweite Scheitelkanal Frankreichs, der 1681 eröffnete Midi-Kanal dar, auf den noch Mitte des 19. Jahrhunderts in nahezu jeder Kanalbaudebatte sowie in den Prüfungsberichten des staatlichen Tiefbauamtes oder der Parlamentskommission als Paradebeispiel eines erfolgreichen, von den direkt Betroffenen inspirierten privaten Kanalbaues hingewiesen wird. Seine Realisierung ist in erster Linie das Werk des in Beziers geborenen Pierre-Paul Riquet, einer Unternehmerpersönlichkeit im Sinne Schumpeters, der sich als Steuerpächter und Armeelieferant ein bedeutendes Vermögen erwirtschaftet hatte[1]. Ihm kam als Initiator, Ingenieur und Organisator das Hauptverdienst am Erfolg des Unternehmens zu. Zu dessen Finanzierung trug er jedoch nur einen geringen Teil, etwa ein Sechstel, bei, während etwa die Hälfte der Baukosten in Höhe von ca. 17 M£ von der Krone, das restliche Drittel von der Provinz Languedoc getragen wurde[2]. Es wäre jedoch falsch, aus der Beteiligung von Krone und Provinz auf eine Finanzierung des Projektes auf nationaler Ebene zu schließen: Die Beiträge beider wurden durch Sondersteuern, Ämterverkauf u.ä. in dem vom Kanalbau direkt betroffenen Gebiet aufgebracht[3]; nicht nur Initiative, auch Finanzierung des Projektes waren also regionalen Ursprungs.

Trotz seiner relativ geringen Kapitalbeteiligung wurde Riquet zum Alleininhaber des Kanals erklärt; die Besitzrechte am Kanal blieben - abgesehen von den Jahren 1683 bis 1724, in denen die Erben einen Teil des Eigentums zunächst veräußerten, dann aber

---

1) Über Herkunft und Werdegang Riquets vgl. insbes. Maistre, a.a.O., S. 40 ff.

2) Über Höhe und Finanzierung der Baukosten liegen unterschiedliche Angaben vor; vgl. Maistre, a.a.O., S. 112 ff., der 13 differierende Berechnungen aufführt und dem eine 14. hinzufügt.

3) Maistre, a.a.O., S. 113 ff.

zurückkauften[1] - bis zum Jahre 1792 geschlossen in der Hand der Nachkommen Riquets, nämlich der beiden Familien Riquet-Bonrepos und Riquet-Caraman. Nachdem die letztere während der Revolution emigriert war, wurden ihre Anteile, die etwa 77 % der Gesamtheit ausmachten, 1792 konfisziert, die Verwaltung des Kanals nacheinander verschiedenen staatlichen Stellen unterstellt und schließlich im Jahre 1810 in die bereits erwähnte Cie du canal du Midi eingebracht[2]. Deren zunächst 1.000 Aktien zu jeweils 10.000 F - die Familie Riquet-Bonrepos, die weiterhin über 23 % der Besitzrechte verfügte, wurde erst 1823 durch Ausgabe weiterer 292 Aktien in die Gesellschaft aufgenommen[3] - verteilte Napoleon für ihm erwiesene Dienste an Gefolgsleute, Staatsbeamte, Offiziere und Soldaten[4].

---

1) Grangez, Précis, S. 404; Maistre, a.a.O., S. 116.

2) Über die Details der Entwicklung von 1792 bis 1810 vgl. Teil A; die Konzession der Cie du canal du Midi umfaßte neben der Hauptverbindungslinie zwischen Toulouse und der Lagune von Thau auch den Kanal von Narbonne - eine Nebenlinie, deren Bau größtenteils auf römische Zeit zurückgeht und die bei Port-la Nouvelle das Mittelmeer erreicht. Vgl. insbes. Grangez, Précis, S. 451 f.

3) O. 25.4.1823; erst jetzt wurden die Riquet-Bonrepos auch wieder an der Verwaltung des Kanals beteiligt, während sie vorher lediglich einen ihrem Anteil entsprechenden Prozentsatz des Gewinns erhielten.

4) Die Verteilung der Aktien wurde geregelt durch D. 16.1.1810 und wird u.a. bei Tassot, Canal du Midi, S. 58 f. aufgeführt. Es erhielten

100	Aktien	Marschall Massena, Dotation Fürstentum von Essling
100		die Prinzessin Borghese, Dotation Herzogtum v. Guastalla
100		die Ehrenlegion
80		der Schatz-, Kriegs-, Innenminister sowie der Intendant der domaine extraordinaire (je 20)
40		4 Staatsräte (Sektionspräsidenten) (je 10)
80		20 Staatsräte (je 4)
400		je 1 die Amputierten von Austerlitz, Wagram, Essling, Jena je 2 Soldaten, die sich besonders ausgezeichnet hatten je 1 die Waisen von Austerlitz
100		sollten verkauft und der Erlös für die Fertigstellung des Louvre verwendet werden.

Tabelle 5

Midi-Kanal: Besitzverhältnisse 1792 - 1897

Gesellschafter	Kapitalanteil %					
	vor 1792	1792	1814	1854	1878	1897
Riquet-Bonrepos	22,6	22,6	22,6	22,6	22,6	22,6
Riquet-Caraman	77,4	-	-	33,1	46,4	54,2
Staat	-	77,4	2,9	-	-	-
Donatare	-	-	69,6	44,4	30,3	23,2
Sonstige	-	-	4,6	-	0,7	
total	100,0	100,0	100,0	100,0	100,0	100,0

Quellen: Grangez, Précis, S. 406; Maistre, Canal des Deux Mers, S. 145 ff.; Tassot, Canal du Midi, S. 58f., 61; Debauve, Manuel, S. 424. Über die Details der Besitzverhältnisse innerhalb der Familie Caraman vgl. Rousset, Tableau sowie ders., Partage d'actions.

Diese neueingesetzte Aktionärsgruppe rekrutierte sich etwa zu gleichen Teilen aus Paris sowie dem übrigen Frankreich[1]. Auch die ursprünglichen Anteilseigner und Erben Riquets - die im Gefolge des Gesetzes vom 5.12.1814 über die Rückgabe der Güter der Emigranten mit Erlöschen der jeweiligen Napoleonischen Stiftungen schrittweise in ihre alten Rechte eingesetzt wurden und zu Ende des 19. Jahrhunderts wieder über gut dreiviertel der Aktien verfügten - sind nur noch bedingt als "regional" einzustufen. Denn im Verlaufe des sozialen Aufstiegs der Riquet-Caraman - die Familie brachte im späten 18. und 19. Jahrhundert zahlreiche hohe Militärs und Staatsbeamte hervor, ihrem Chef wurde 1830 der Herzogstitel verliehen - verlegten diese ihren Wohnsitz überwiegend zum Zentrum der politischen und wirtschaftlichen Macht, d.h. nach Paris. Während des 19. Jahrhunderts ist also nur noch eine Minderheit der Aktionäre des Midi-Kanals im Südwesten ansässig - im wesentlichen die Riquet-Bonrepos[2] -

---

[1] Vgl. Rousset, Tableau sowie ders. Partage d'actions.

[2] Vgl. Arrêt cour royale de Toulouse, le 4 juillet 1843.

während die Mehrheit ihren Wohnsitz in Paris oder im übrigen Frankreich hat.

Die Besitzverhältnisse des Orléans- sowie des Loing-Kanals im 19. Jahrhundert wurden in ähnlicher Weise durch staatliche Eingriffe während Revolution und Empire geprägt. Die beiden Wasserstraßen, die gemeinsam eine Verbindung zwischen Loire und Seine herstellen, befanden sich seit ihrer Fertigstellung in den Jahren 1692 bzw. 1724 bis zur Revolution im Besitz der Herzöge von Orléans, die auch den überwiegenden Teil der Baukosten getragen hatten[1]. Trotz der Beteiligung derart "nationaler" Persönlichkeiten erscheint es gerechtfertigt, auch diese Projekte als vorwiegend regional initiiert und finanziert einzustufen. Denn Ziel dieser Bauten war ursprünglich die Schaffung eines Absatzweges für das Holz aus den Besitzungen des Herzogs von Orléans nördlich der Loire nach Paris hin; die Konzession für den Orléans-Kanal, die zunächst keine Verbindung zur Loire vorsah, wurde an einen Pariser Holzkaufmann vergeben, der erst vom Herzog verdrängt wurde, nachdem der Erfolg des Unternehmens feststand[2]. Es handelt sich auch hier also um einen in der späteren Zeit so seltenen Fall, daß Initiative und Geld für den Bau einer Wasserstraße von an den verbesserten Transportmöglichkeiten unmittelbar Interessierten kamen.

Nach der Verurteilung und Hinrichtung des damaligen Chefs des Hauses Orléans, Philippe Egalité, wurden die beiden Kanäle im Jahre 1794 vom Staat konfisziert. Sie erlebten von nun an ein ähnliches Schicksal wie der Midi-Kanal : Im Jahre 1810 wurde die Cie des canaux d'Orléans et du Loing ins Leben gerufen, deren 1400 Aktien zu je 10.000 F größtenteils an aus ganz Frankreich stammende Offiziere und Soldaten Napoleons in Form

---

1) Vgl. zur Geschichte der Kanäle von den im Anhang aufgeführten Titeln insbesondere Pinsseau, Canal d'Orléans, S. 23 ff., 37 f., 43 f.

2) Ebd., S. 23 ff.

von Stiftungen vergeben wurden[1]. Nach dem Gesetz von 1814 erhielt wie die Riquet-Caraman auch das Haus Orléans zunächst die nicht vergebenen, später die freiwerdenden Aktien zurück, so daß auch hier allmählich die von Napoleon eingesetzten und über ganz Frankreich verteilten durch die ursprünglichen Eigentümer regionaler Herkunft verdrängt wurden (vgl. Tab. 6)[2].

Tabelle 6

Orléans- und Loing-Kanal: Besitzverhältnisse 1794 - 1863

Gesellschafter	Kapitalanteil %				
	vor 1794	1794-1810	1814	1852	1863
Haus Orléans	100,0	-	-	50,0	25,6
Staat	-	100,0	12,9	-	25,6[2]
Donatare	-	-	78,6	41,4	40,2
Sonstige	-	-	8,6	8,6	8,6
total	100,0	100,0	100,0	100,0	100,0

Quellen: Pinsseau, Canal d'Orléans, S. 132, 141; Grangez, Précis, S. 305 f.

Im Gegensatz zu den drei vorhergegangenen wurden die Besitzverhältnisse am letzten privaten Kanal des Ancien Régime, dem im heutigen Departemente Rhône gelegenen Givors-Kanal, durch die

---

1) Das D. 16.3.1810 ordnete folgende Verwendung an:

1000 Aktien für verschiedene Dotationen
100 Aktien für die Ehrenlegion
300 Aktien für den Verkauf zur Finanzierung der Baukosten des Louvre; nur 120 hiervon wurden tatsächlich veräußert; vgl. Bray, Canaux d'Orléans, S. 856; Pinsseau, Canal d'Orléans, S. 121.

2) Die Aktien des Hauses Orléans entfielen jeweils zur Hälfte auf Louis-Philippe und Adélaide; der Anteil Louis-Philippes wurde nach dessen Abdankung zunächst konfisziert (D.14.1.1852), später jedoch seinen Erben zurückerstattet (L. 21.12.1872); vgl. insbesondere Pinsseau, Canal d'Orléans, S. 126 ff.

Revolution kaum verändert[1]. Dieses ursprünglich als Verbindung zwischen Rhône und Loire konzipierte und mit dem anspruchsvollen Namen Canal des Deux-Mers versehene Projekt wurde nie völlig vollendet, stellte aber auch als Stichkanal eine wertvolle Verbindung zwischen dem Kohlebecken von Rive-de-Gier und der Rhône und somit Lyon her[2]. Die Initiative zum Bau des Kanals ging von einem Uhrmacher aus Lyon, François Zacharie, aus, der auch die technische Leitung des Unternehmens übernahm. Als er im Jahr 1768 - infolge unvorhergesehener Kostensteigerungen völlig verschuldet - starb, führte sein Sohn Guillaume den Bau fort und gründete 1770 eine Gesellschaft, deren 72 Aktien er teilweise an die Gläubiger seines Vaters, teilweise an neue Aktionäre abtrat. Während für Zacharie selbst und seine ursprünglichen Kapitalgeber die regionale Herkunft feststeht, ist über die neuaufgenommenen Aktionäre, die über 55,6 % der Anteile verfügten, nichts bekannt[3]. Erst für die Jahre 1837/1838, als die Gesellschaft in eine AG umgewandelt wurde, sind wieder Angaben über die Kapitaleigner vorhanden. Aus der vollständigen Aktionärsliste des Gesellschaftsvertrages geht hervor, daß über 83 % der Aktionäre ihren Wohnsitz in Lyon oder den unmittelbar angrenzenden Departements, knapp 10 % in Paris und 6 % im übrigen Frankreich hatten. Zwar besaßen die Pariser überdurchschnittlich große Aktienpakete, dennoch dominierten auch hinsichtlich ihres Kapitalanteils mit etwa 75 %

---

1) Spurlos ging die Revolution jedoch auch an der Givors-Gesellschaft durchaus nicht vorbei: Der Direktor floh, vier der sechs Administratoren wurden hingerichtet, der Kanal zeitweilig beschlagnahmt, bereits Ende 1794 den alten Besitzern jedoch zurückerstattet; vgl. Grangez, a.a.O., S. 257; Gras, Forez, S. 87.

2) Nachdem bereits 1780 eine Teilstrecke von 16,2 km Länge eröffnet wurde, erhielt die Kanalgesellschaft durch O. 5.12.1831 die Genehmigung, den Kanal um weitere 5,2 km in das Kohlebecken hinein zu verlängern. Die Arbeiten an diesem Teilstück, von dem wegen großer technischer Schwierigkeiten nur 2,3 km tatsächlich vollendet wurden, zogen sich bis 1843 hin; vgl. Grangez, Précis, S. 358 f.; Gras, Forez, S. 77 ff., 114 ff. sowie MTP, Situation de la longeur des canaux au 1er janvier 1870, S. 6 f.

3) Vgl. Gras, Forez, S. 77.

eindeutig die Aktionäre aus Lyon und Umgebung (vgl. Tab. 7). So ist es nicht erstaunlich, daß sie - soweit bekannt - auch den Aufsichtsrat des Unternehmens vollständig beherrschten[1].

Tabelle 7

Givors-Kanal. Geographische Herkunft der Aktionäre
1837

Wohnsitz	Aktionäre %	Kapitalanteil %
Region a)	83,3	74,7
(davon Lyon)	(59,9)	(59,3)
Paris	9,5	17,2
sonst. Frankreich	5,8	3,1
Ausland b)	1,4	5,0
total	100,0	100,0

a) Departements Ain, Ardèche, Drôme, Isère, Loire, Rhône;
b) Schweiz und Savoyen;
Zahl der Aktionäre 137.

Quellen: O. 13.8.1838, Annex: GV 1.9.1837; F12.536: Statuts approuvés..., Lyon 1838

Auch als die Kanalgesellschaft ab 1845 ihre Selbständigkeit weitgehend einbüßte - ihre finanzielle Lage hatte sich durch den Bau konkurrierender Eisenbahnen rapide verschlechtert, der Kanal wurde an die Société des Mines réunies bzw. die Cie des Mines de la Loire verpachtet, die zudem nahezu dreiviertel der Kanalaktien übernahm[2] - blieb sie unter regionaler Kontrolle, da auch ihre neue Muttergesellschaft von Lyoner Kapital beherrscht wurde[3].

---

1) Die Zusammensetzung des Aufsichtsrates für 1818 und 1843 findet sich bei Gras, Forez, S. 97, 116; die Namen der Direktoren ebd. für 1780 bis 1840.

2) Grangez, Précis, S. 258; Levy-Leboyer, Banques, S. 695.

3) Guillaume, Cie des Mines, S. 31, 45-47.

b) Konsulat und Empire: Beginn der räumlichen Konzentration

So dominierend das regionale Element, unabhängig von Umfang oder Lage des Projektes, bei Initiierung und Finanzierung nahezu sämtlicher Kanalbauten unter dem Ancien Régime war, so unbedeutend wurde es nach 1814: Paris wird zum Zentrum nahezu aller Initiativen und Entscheidungen, die Provinz nahezu entmündigt. Eine Illustration dieses Entleerungsprozesses der Provinz zugunsten von Paris bietet die Entwicklung der Beaucaire-Gesellschaft, der ersten privaten Kanalbaugesellschaft des 19. Jahrhunderts. Ihr wurde im Jahre 1801 neben der Modernisierung dreier kleinerer, aus dem 13. bis 16. Jahrhundert stammender Kanäle[1], die Fertigstellung des Kanals von Beaucaire nach Aigues-Mortes übertragen. Damit sollte einerseits eine Alternative zur schwer befahrbaren unteren bzw. kleinen Rhône, andererseits unter Benutzung der Montpellier vorgelagerten Lagunen eine Verbindung zwischen Rhône und Midi-Kanal geschaffen werden[2].

Die Konzession der Kanäle wurde zunächst einem im nordfranzösischen Departement Manche ansässigen Unternehmer zugeteilt, dieser handelte jedoch im Auftrag einer Gesellschaft, zu der sich zu gleichen Teilen Interessenten aus Paris und Montpellier zusammengeschlossen hatten. Zwar waren im vierköpfigen Aufsichtsrat jeweils zwei Mitglieder aus Montpellier und Paris vertreten; die Tatsache, daß Montpellier zum Sitz der Gesellschaft sowie zum Tagungsort der Aktionärsversammlungen bestimmt wurde, läßt jedoch darauf schließen, daß das regionale Element in der Gründungsphase ein gewisses Übergewicht gegenüber den Pariser Aktionären besaß.

---

1) Es handelt sich um die Kanäle von Bourgidou, Silveréal und Radelle, vgl. Teil A und Anhang A.

2) An der Realisierung dieses alten Projektes scheiterten im 17. und 18. Jahrhundert mehrere Konzessionäre, bis im Jahr 1780 die Arbeiten von der Provinz Languedoc übernommen und zum ersten Mal mit ausreichenden finanziellen Mitteln vorangetrieben wurden. Bis zum Ausbruch der Revolution wurden ca. 3 M₤ investiert, danach die Arbeiten wiederum eingestellt. Das Gesetz des 26 ventôse an IX (16.3.1801) ordnete die Fertigstellung durch Private an; Vgl. Grangez, <u>Précis</u>, S. 74 ff.

Ein erster Wandel zugunsten von Paris ist anläßlich einer im übrigen geringfügigen Satzungsänderung festzustellen, die 1808 aus Anlaß des Inkrafttretens des Code de Commerce beschlossen wurde: Zum einen wurde der Sitz der Gesellschaft nach Paris verlegt, wo in der Folgezeit auch in jährlichem Wechsel mit Montpellier die Aktionärsversammlungen abgehalten wurden. Zum anderen wurde die Verwaltungsspitze der Gesellschaft neu gestaltet: Neben dem alten in Montpellier verbleibenden Aufsichtsrat, der nach den Statuten unabsetzbar war, trat ein ausschließlich aus Pariser Aktionären bestehender und auch dort tagender "Zentralrat" (Conseil central) als eigentliches Führungsgremium. Da der Zentralrat Weisungsrecht gegenüber dem zum rein ausführenden Organ gewordenen alten Aufsichtsrat besaß, war es von zweitrangiger Bedeutung, daß im letzteren die Aktionäre aus Montpellier mit 5 : 1 Stimmen die Mehrheit besaßen. Auch an den Zahlenverhältnissen unter den 27 Aktionären zeichnet sich bereits ein Vordringen des Pariser Elementes ab: Etwa 56 % hatten ihren Wohnsitz in Paris, nur noch 41 % in Montpellier. Im Jahre 1829 schließlich hat sich der Schwerpunkt der Gesellschaft eindeutig nach Paris verlagert: Von den identifizierten Aktionären haben - wie aus Tabelle 8 ersichtlich - mehr als zwei Drittel ihren Wohnsitz in Paris, ihr Anteil am Gesellschaftsvermögen ist gut dreimal so groß wie das der Gesellschafter aus Montpellier. So ist es natürlich, daß die Aktio-

Tabelle 8

Beaucaire-Kanal. Geographische Herkunft der Aktionäre 1801 - 1829				
Wohnsitz	Aktionäre %			Kapitalanteil %
	1801	1808	1829	1829
Region[(a)]	40,0	40,7	25,7	21,0
Paris	40,0	55,6	54,3	68,5
sonstiges Frankreich	10,0	3,7	-	-
unklar	10,0	-	20,0	10,5
total	100,0	100,0	100,0	100,0

(a): Montpellier; Zahl der Aktionäre 1801: 20, 1808: 27, 1829: 35.
Quellen: F 14.6844: Entreprise, GV 17 floréal an IX; ebd., GV 30.5. und 22.7.1808; C 1066: Cie du canal de Beaucaire, S.44 f: GB HV 28.2.1829.

närsversammlungen von jetzt an ausschließlich in Paris stattfanden und auch an der Spitze der Gesellschaft mit dem Marschall Soult, Jean-Charles Davillier und Paulin Talabot Pariser Persönlichkeiten mit Industrieinteressen in ganz Frankreich standen[1]. Die Verlagerung des Schwerpunktes der Gesellschaft nach Paris wurde durch zwei Faktoren bewirkt: zum einen durch das Auftreten neuer Pariser Aktionäre, zum anderen durch die Übersiedlung von ursprünglich im Südwesten ansässigen Firmen zur Hauptstadt, etwa der Durand, Davillier, Basterrêche, die zu Ende der Restauration zu den wichtigsten Aktionären des Kanals gehörten. In zweifacher Hinsicht also findet sich hier eine Illustration des Zentralisationsprozesses, d.h. der steigenden Bedeutung, die Paris zu Beginn des 19. Jahrhunderts als Entscheidungs- und Finanzzentrum für die französische Wirtschaft errang.

Auch nach Fertigstellung des Kanals von Beaucaire wies die Verbindung zwischen Rhône und Midi-Kanal erhebliche Mängel auf, da zur Durchquerung der Montpellier vorgelagerten Lagunen nur streckenweise Verbesserungsarbeiten durchgeführt und diese zum Teil zerfallen waren. Nachdem sich die Cie du canal de Beaucaire bereits 1817 vergeblich um die Konzession dieser Wasserstraße bemüht hatte, erhielt im Jahre 1822 ein Pariser Grundeigentümer unter fünf Mitbewerbern den Zuschlag für dies Canal des Etangs genannte Projekt[2]. Über die Kapitaleigner der vom Konzessionär Usquin gegründeten Gesellschaft ist nahezu nichts bekannt; lediglich die Tatsache, daß sowohl Usquin selbst als

---

1) C 1066: Cie du canal de Beaucaire GB HV 28.2.1829, S. 45; F 14.6897: Demande de concession pour le canal des Etangs 1821; Levy-Leboyer, Banques, S. 336, 623. Talabot wird gegen 1830 Direktor des Unternehmens, Soult und Davillier wechseln sich bis Ende der Julimonarchie als Präsidenten des AR ab, über dessen Zusammensetzung folgende Informationen vorliegen: 1817/1821: 3 Pariser; 1840: 9 Pariser, 2 Montpellieraner, 2 nicht identifiziert; Quellen: vgl. Tab. 8.

2) Die Konzessionierung wurde durch L. 5.8.1821 autorisiert, durch O. 30.1.1822 vergeben; sie umfaßte neben einer bereits 1725 gebauten Teilstrecke von 32,8 km den Neubau des 11,6 km langen Seitenkanals zum Etang de Mauguio. Die Arbeiten wurden 1835 abgeschlossen.

auch seine Nachfolger in der Geschäftsführung, Granier bzw. F. Durand, zugleich maßgeblich an der Cie du canal de Beaucaire beteiligt waren, legt die Vermutung nahe, daß die beiden wirtschaftlich eng zusammengehörenden Unternehmen auch von der gleichen Gruppe von Pariser und Montpellieraner Kaufleuten und Bankiers finanziert wurden.

c) Konstitutionelle Monarchie: Pariser Hegemonie

Wenn regionale Initiativen nach 1814 auch selten wurden, so hörten sie doch nicht vollständig auf. Zum einen blieben Projekte rein lokaler Bedeutung zumindest teilweise in der Hand lokaler Unternehmer. In diese Gruppe fallen neben den bereits angesprochenen Kanälen von Luçon, Dunkerque-Furnes und Hazebrouck auch der knapp 5 km lange Kanal von Plessis im Departement Manche, der von einer kleinen Kohlenbergwerksgesellschaft gleichen Namens zum Abtransport ihrer Produkte gebaut wurde[1]. Wie gering der Stellenwert ist, der diesen vier wenig befahrenen Wasserstraßen innerhalb der Gesamtbetrachtung zukommt, ergibt sich aus ihrem niedrigen Kapitalbedarf: Er blieb zusammengenommen unter 0,6 Millionen Franken und machte somit nur 0,3 % der zwischen 1814 und 1847 getätigten privaten Investitionen aus.

Zum anderen wurde die Finanzierung der Rhône-Rhein-Kanalgesellschaft weitgehend von Straßburger, d.h. regionalem Kapital getragen. Sie stellte dem Staat die Summe von 10 Millionen Franken zur Verfügung, ihr kommt demnach weit größere Bedeutung zu.

Völlig verzichteten die Elsässer Finanziers mit dem späteren Finanzminister Humann an der Spitze, auf deren Initiative hin die Submissionsgesellschaft entstand[2], allerdings nicht auf die Unterstützung auswärtiger Partner: Im Gesellschaftsvertrag von 1821 etwa sind neben drei Straßburgern zwei Pariser und ein Frankfurter Bankier als Gründer aufgeführt, die jeweils

---

1) Konzession erteilt durch O.16.8.1839.

2) Vgl. zur Rolle Humanns Barth, Canal du Rhône au Rhin, S. 189; Descombes, Notice historique, S. 20; Leuilliot, Alsace, Bd. II, S. 189; Ponteil, Georges Humann et l'achèvement, S. 302 ff.

55, 35 und 15 % der Aktien übernahmen. Während die Elsässer ihre Anteile weitgehend behielten, sahen die übrigen Erstzeichner die Übernahme der Titel jedoch nicht als langfristige Investition sondern eher als kurzfristiges Spekulationsgeschäft an und veräußerten ihre Anteile lange vor deren voller Einzahlung weiter[1]. Hierdurch änderte sich die geographische Verteilung des Gesellschaftskapitals rasch. Zwar liegen wenig direkte Informationen über den weiteren Verbleib der Aktien vor; in den dreißiger Jahren jedenfalls befanden sie sich mehrheitlich in der Hand Elsässer Aktionäre, zu etwa 40 % im Besitz Baseler und besonders Genfer Häuser, während ein geringer Teil vermutlich in Paris und im Frankfurter Raum abgesetzt wurde[2].

Wenn somit die Finanzierung zwar in erster Linie regional, jedoch mit starker Schweizer Hilfe bewältigt wurde, so liegt die Führung des Unternehmens völlig in der Hand Elsässer Firmen: Im ersten Aufsichtsrat von 1821 sind sie völlig unter sich, und auch 1840 hat sich die Situation nicht gewandelt. Erst im Jahre 1842 erhält mit Auguste Dassier ein Pariser Bankier Genfer Ursprungs einen Sitz in diesem Gremium[3].

Die Rhône-Rhein-Gesellschaft war jedoch die einzige der im Gefolge der Gesetze von 1821/1822 entstandenen Submissionsgesellschaften mit einer nennenswerten regionalen Beteiligung. Dem entspricht, daß sie als einzige ihren Sitz in der betroffenen Region, nämlich in Straßburg, hatte, während alle anderen in der Hauptstadt ansässig waren. Nur dort gab es offensichtlich einen ausreichend leistungsfähigen Markt, um die Finanzie-

---

1) Der Pariser Bankier Paravey etwa hatte den von ihm übernommenen Kapitalanteil von 20 % bereits bis 1824 vollständig abgestoßen; vgl. Faber, Paravey, S. 183, 186.

2) Vgl. Levy-Leboyer, Banques, der S. 674 den GB HV 16.5.1836 auswertet, sowie Dupérier, Navigation intérieure, S. 246; Faber, Paravey, S. 184 f.

3) O. 19.10.1821, Annex: GV 13.10.1821; Bresson, Annuaire 1840, S. 40 f.; Flachat, Barrault, Valeur financière, S. 3; F 12.6744, Cie Rhône-Rhin an MAC 11.10.1842 und 20.3.1843.

rung dieser für die Zeit vor dem Eisenbahnfieber unerhört kapitalstarken Unternehmen zu bewältigen.

Zum dritten könnte man die von dem Bauunternehmer Augustin Honnorez in der flandrischen Tiefebene durchgeführten Bauten nicht ohne Berechtigung als regional initiiert und finanziert einstufen. Honnorez stammte jedoch aus Mons, das zwar der von den Kanalbauten profitierenden Wirtschaftsregion angehörte, jedoch auf belgischem Territorium lag. Erst auf Veranlassung der französischen Administration wählte er einen Nebenwohnsitz in dem zum Departement Nord gehörenden Ort Bouchain, behielt seinen Hauptwohnsitz jedoch weiter in seiner Heimatstadt[1]. Entsprechend stammte das ihm von seinem Vater hinterlassene Vermögen, das er zum großen Teil im französischen Kanalbau investierte, aus der belgischen Schwerindustrie[2]. Aus diesem Grunde wurden - obwohl es sich bei Honnorez um den wohl erfolgreichsten in Frankreich tätigen Kanalbauunternehmer handelt und er als Paradebeispiel privater Kanalbauinitiative gepriesen wurde[3] - die von ihm bereitgestellten Finanzmittel als Beitrag des Auslandes gewertet und an anderer Stelle behandelt.

Hiermit ist die Reihe regionaler Initiativen jedoch erschöpft, es sei denn, man will die ins Stadtgebiet von Paris hineinführenden und selbstverständlich ausschließlich von Pariser Kapital finanzierten Ourcq-, St.-Denis- und St.-Martin-Kanäle noch dieser Gruppe zuschlagen[4]. Alle anderen Projekte werden durch gebietsferne, d.h. Pariser oder ausländische Gruppen kontrolliert.

---

1) Vgl. F 14.6885, Ausschreibungsprotokoll Deule 6.7.1825 sowie ebd., PV de reconnaissance, 13.9.1836; vgl. zur Person von Honnorez und zu dessen verwandtschaftlichen Beziehungen Jacquemyns, Langrand-Dumonceau, Bd. I, S. 86.

2) Jacquemyns, ebd.

3) Vgl. die lobenden Hinweise von Estancelin vor der Deputiertenkammer am 30.4.1835 (Archives Parlementaires Bd. 95, S. 321), bei Aulagnier, Etudes pratiques sowie Grangez, Précis, S. 424.

4) Entwicklung und Struktur dieser Unternehmen werden im folgenden Kapitel detailliert behandelt.

Insbesondere an die Finanzierung der kapitalstarken Submissionsgesellschaften war ohne die Einschaltung des Pariser Marktes nicht zu denken. Neben den erwähnten Straßburgern, die immerhin 55 % der Mittel für den sie speziell interessierenden Rhône-Rhein-Kanal aufbrachten, beteiligte sich überhaupt nur eine einzige Firma aus der französischen Provinz in nennenswertem Maße an einer Submissionsgesellschaft, nämlich das Lyoner Bankhaus Bodin. Selbst eine so hochentwickelte Industrieregion wie Flandern - von rückständigen Gebieten wie der Bretagne gar nicht zu sprechen - leistete keinerlei Beitrag zum Zustandekommen der für ihre Entwicklung so bedeutsamen Kanäle. So wurde der Ausbau von Somme und Oise ausschließlich von Pariser Kapital finanziert, und zwar in erster Linie von dem Bankier Urbain Sartoris, der auch die Anleihe für den Ardennen-Kanal übernahm. Für jedes der drei Projekte gründete er zusammen mit seinem Neffen J.-L. Greffulhe eine Aktiengesellschaft, deren Anteile er jedoch nur zu einem geringen Teil veräußerte und die er bis zu seinem Tode als provisorischer Administrator allein kontrollierte[1]. Erst im Jahre 1834 wurden ordentliche Verwaltungsräte gewählt[2], die sich ebenso wie das Führungsgremium der 1835 durch Verschmelzung der drei Gesellschaften entstandenen Cie des Trois Canaux[3] ausschließlich aus Parisern zusammensetzte. Dies spiegelt im übrigen die Besitzverhältnisse am Aktienkapital korrekt wider: Die Kapitalaktien wurden z.Z. der Firmengründungen zu 90 %, die Gewinnaktien zu 99 %, die Verwaltungsaktien zu 100 % von Parisern übernommen[4]; daneben ist allenfalls eine gewisse ausländische Beteiligung vorwiegend Londoner und Baseler, später auch Genfer Firmen erwähnenswert[5],

---

1) Die Satzungen der Gesellschaften sahen die Wahl ordentlicher Aufsichtsräte nur für den Fall vor, daß mindestens 25 % der Aktien an Dritte abgetreten bzw. 20 Aktionäre die Einberufung einer HV verlangten. Diese Bedingungen traten bis 1834 nicht ein.

2) Sie waren für alle drei Gesellschaften identisch; neben den drei Administratoren waren auch die zwei Zensoren in Paris wohnhaft.

3) Der Aufsichtsrat hatte 9 Mitglieder, daneben wurden 3 Zensoren eingesetzt. Von 1835 bis 1854 gehörten den beiden Gremien 21 Personen an, alle hatten ihren Wohnsitz in Paris.

4) Vgl. Tabelle 9 - 11.

5) F 12.6746, Rapport Vincens an MC, 16.7.1834.

während ein nennenswerter regionaler Beitrag zur Aufbringung des Aktienkapitals nicht festzustellen ist. Bis in die späten dreißiger Jahre hinein hat sich an diesen Verhältnissen nichts geändert[1].

Tabelle 9

Ardennen-Kanal. Geographische Herkunft der Aktionäre 1825

Wohnsitz	Aktionäre %			Kapitalanteil %		
	Kapital-aktien	Gewinn-aktien	Verwaltungs-aktien	Kapital-aktien	Gewinn-aktien	Ver-wal-tungs-aktien
Paris	79,2	92,9	100,0	92,9	99,2	100,0
Region[a]	4,2	7,1	-	0,8	0,8	-
Schweiz	4,2	-	-	1,3	-	-
England	8,3	-	-	5,0	-	-
unbekannt	4,2	-	-	0,1	-	-
total	100,0	100,0	100,0	100,0	100,0	100,0

[a]: Lille

Zahl der Aktionäre: Kapitalaktien 24, Gewinnaktien 14, Verwaltungsaktien 1.

Quellen: 61AQ202, 203, 204, 210; O.3.3.1835, Annex: GV 2. bis 5.2.1835

Tabelle 10

Somme-Kanal. Geographische Herkunft der Aktionäre 1825/1826

Wohnsitz	Aktionäre %			Kapitalanteil %		
	Kapital-aktien	Gewinn-aktien	Verwal-tungs-aktien	Kapital-aktien	Gewinn-aktien	Verwal-tungs-aktien
Paris	58,8	90,0	100,0	89,2	98,7	100,0
Region[a]	2,9	5,0		0,6	0,6	
Schweiz	11,8	5,0		3,5	0,8	
England	5,9	-		5,3	-	-
unbekannt	20,6	-		1,5	-	
total	100,0	100,0	100,0	100,0	100,0	100,0

[a]: Lille

Zahl der Aktionäre: Kapitalaktien 34, Gewinnaktien 20, Verwaltungsaktien 1.

Quellen: 61 AQ 200, 201, 210; O.3.3.1835, Annex: GV 2. bis 5.2.1835.

1) F 12.6746: Entwurf GV 11.7.1833, O.3.3.1835, Annex: GV 2.2.1835.

Tabelle 11

Oise-Kanalisierung. Geographische Herkunft der Aktionäre 1825/1826[a)]						
Wohnsitz	Aktionäre %			Kapitalanteil %		
	Kapital-aktien	Gewinn-aktien	Verwal-tungs-aktien	Kapital-aktien	Gewinn-aktien	Verwal-tungs-aktien
Paris	.	80,0	100,0	89,2	99,0	100,0
unbekannt	.	20,0	–	10,8	1,0	–
total	100,0	100,0	100,0	100,0	100,0	100,0

a): Die Angaben zur Verteilung der Kapitalaktien betreffen den Zeitraum 1835/1837.

Quellen: 61 AQ 205-209; O.3.3.1835, Annex: GV 2. bis 5.2.1835; O.14.1.1838, Annex: Beschluß HV 25.5.1837.

Zahl der Aktionäre: Kapitalaktien (nur Paris): 7; Gewinnaktien: 5; Verwaltungsaktien: 1.

Auch in den drei übrigen Submissionsgesellschaften dominierte das Pariser Element eindeutig. Die wichtigste unter ihnen und bei weitem kapitalstärkste Aktiengesellschaft der Restauration, die Cie des Quatre Canaux, wurde 1823 von einem Konsortium von 13 Unternehmen gegründet, wobei 9 Pariser Banken mit über 80 % den Löwenanteil des für damalige Verhältnisse gewaltigen Kapitals von 69.120.000 F übernahmen. Die restlichen 20 % zeichneten die bereits am Rhône-Rhein-Kanal beteiligten Straßburger Financiers sowie eine Lyoner Bank, die sich - anders als die Elsässer - direkte Vorteile von den neu geschaffenen Verkehrsverbindungen versprechen konnte, da zumindest der Loire-Seitenkanal und in geringerem Maße auch der Nivernais- und Berry-Kanal die wirtschaftlichen Interessen ihrer Heimatstadt an den zentralfranzösischen Kohlevorkommen berührte. Ihr mit 6 % relativ geringer, mit über 4 M F absolut jedoch durchaus nennenswerter Anteil am Nominalkapital wurde deshalb als regionaler Beitrag eingestuft.

Tabelle 12

Cie des Quatre Canaux. Geographische Herkunft der Subskribenten 1822		
Wohnsitz	Subskribenten %	Kapitalanteil %
Region[a)]	7,7	6,0
Paris	69,2	81,3
sonst. Fr.[b)]	23,1	12,7
total	100,0	100,0

[a)]: Lyon; [b)]: Straßburg; Zahl der Subskribenten: 13.

Quellen: O. 12.3.1823, Annex: GV 21./22.2.1823 in Verbindung mit L. 14.8.1822, Art. 3

Wie beim Rhône-Rhein-Kanal muß man jedoch davon ausgehen, daß die Relationen zur Zeit der Firmengründung nur bedingt die tatsächlichen Anteile an der Aufbringung des Gesellschaftskapitals widerspiegeln, dessen Einzahlung sich, wie im vorhergehenden Kapitel ausgeführt, über 10 Jahre hinzog. Denn zwar fanden auch die Aktien der Cie des Quatre Canaux zumindest anfänglich nicht den Absatz, den sich die Submittenten erhofft hatten[1)]; dennoch war ihre Aufnahme an der Börse günstiger als diejenige der von Sartoris begebenen Werte, und nach einigen Jahren entwickelten sie sich sogar zu einem den Staatsschuldverschreibungen oder Aktien der Bank von Frankreich vergleichbaren Standardpapier, einer valeur de père de famille[2)].

Allerdings sind über die tatsächlichen Käufer dieser Aktien keine Angaben erhalten; immerhin liegt nahe - da sowohl die Erstzeichner als auch die Aufsichtsratsmitglieder ganz überwiegend der Pariser Haute Banque angehörten, ja deren Anteil unter den fünfzehn Administratoren und drei Zensoren im Zeitablauf aufkosten der Straßburger und Lyoner stieg - die Erwerber der Aktien vorwiegend in deren Kundenkreis zu suchen. Und diesem

1) Vgl. Gille, Banque, S. 205.
2) So Daumard, Bourgeoisie Parisienne, S. 481 und 493; ähnlich Courtois, Notices, S. 299; vgl. auch Tudesq, Notables, der die Aktienkurse dieser Gesellschaft zur Kennzeichnung der allgemeinen Börsentendenz heranzieht (S. 495, 1018) sowie die nicht von Neid freien Äußerungen der Gründer der anderen Kanalgesellschaften, etwa GB HV Cie des Trois Canaux 1838, S. 3; O. 5.6.1828, Annex: GV Bourgogne 22.5.1828; Cie Arles-Bouc, Mémoire ampliatif, S. 4.

gehörten neben Pariser, britischen und holländischen besonders Schweizer Firmen und Kapitalisten an[1]. Man kann deshalb davon ausgehen, daß neben einem geringen regionalen Beitrag in erster Linie Pariser und ausländisches Kapital die Cie des Quatre Canaux finanziert hat.

Tabelle 13

Cie des Quatre Canaux. Geographische Herkunft der Administratoren und Zensoren 1823 - 1856

1. Administratoren

Wohnsitz	1823-1826	1827-1830	1831-1834	1835-1856	1823 - 1856 ungewichtet %	1823 - 1856 gewichtet mit Zahl der Amtsjahre %
Lyon	1	1	-	-	2,4	1,6
Paris	11	12	14	15	90,5	93,7
Straßburg	3	2	1	-	7,1	4,7
total	15	15	15	15	100,0	100,0

2. Zensoren

Wohnsitz	1823-1834	1835-1836	1837-1856	1823 - 1856 ungewichtet %	1823 - 1856 gewichtet mit Zahl der Amtsjahre %
Paris	3	1	3	90,9	96,1
Rouen	-	1	-	4,6	2,0
unbestimmt	-	1	-	4,6	2,0
total	3	3	3	100,0	100,0

Quellen: F 12.6744, F 14.7014: GB HV 1824-1856; O.12.3.1823, Annex: GV 21./22.3.1823; Bottin, Almanach, 1823-1856. Während der betrachteten 34 Jahre gehörten dem 15-köpfigen Aufsichtsrat insgesamt 42 Personen an, 22 Personen waren als Zensoren tätig.

---

1) Vgl. zu den Geschäftsverbindungen der Haute Banque und insbesondere zu deren Bedeutung für die französischen Kapitalimporte während der ersten Hälfte des 19.Jahrhunderts insbesondere Gille, Banque.
Auf starke Auslandsbeteiligungen an der Cie des Quatre Canaux weisen auch F 12.6744, GB HV 1827, S. 6, sowie Levy-Leboyer, Banques, S. 673 hin.

Die gleiche Vermutung gilt für die zur Finanzierung des Arles-Bouc- sowie des Bourgogne-Kanals gebildeten Submissionsgesellschaften. Die Anleihen für diese Projekte wurden jeweils von einem Pariser Bankier übernommen[1)], die entsprechenden Aktiengesellschaften von zwei achtköpfigen Konsortien gegründet, denen als einzige Nicht-Pariser ein Genueser sowie bei der Arles-Bouc-Gesellschaft der bereits erwähnte Lyoner Bankier Bodin angehörten. Beide Gesellschaften wurden schließlich von Aufsichtsräten geführt, die sich nicht nur von Beginn an in der Zusammensetzung ähnelten, sondern ab 1827 praktisch identisch waren. In ihnen sind - wiederum mit Ausnahme von Bodin, der bis 1827 seinen Einfluß in der Arles-Bouc-Gesellschaft bewahren konnte - nur Pariser vertreten[2)]. Da es sich auch hier vorwiegend um Mitglieder der Haute Banque Schweizer Ursprungs handelt, kann man auch für diese beiden Projekte - zusätzlich zu dem in Tabelle 14 ausgewiesenen italienischen Beitrag - von einer starken ausländischen und insbesondere Schweizer Kapitalbeteiligung ausgehen; der regionale Beitrag dagegen ist nahezu bedeutungslos, lediglich der Anteil Lyons am Arles-Bouc-Kanal könnte als solcher eingestuft werden.

---

1) Es handelte sich um Gabriel Odier im ersten, Jonas Hagerman im zweiten Fall.

2) Die Zusammensetzung der Aufsichtsräte konnte für die Bourgogne-Gesellschaft für 1822 - 1855, für die Arles-Bouc-Gesellschaft für 1822, 1827 - 1830,1837 - 1855 festgestellt werden.

Tabelle 14

Arles-Bouc- und Bourgogne-Kanal. Geographische Herkunft der Subskribenten 1822

Wohnsitz	Kapitalanteil %	
	Arles-Bouc	Bourgogne
Region[a)]	2,3	-
Paris	48,6	45,6
Genua	36,4	12,0
unbekannt	12,7	42,4
total	100,0	100,0

a) Lyon

Zahl der bekannten Subskribenten jeweils 8.

Quellen: O.13.11.1822, Annex: GV Arles-Bouc sowie GV Bourgogne, 2.11.1822.

Neben der Mehrzahl der Submissionsgesellschaften wurden auch sämtliche konzessionierten Kanäle, sobald das Investitionsvolumen einige hunderttausend Franken überstieg, von Gebietsfremden finanziert. Das gilt sogar für mehrere Wasserstraßen rein lokaler Bedeutung, die mit dem übrigen Binnenschiffahrtsnetz nicht in Verbindung stehen, etwa die im Departement Manche gelegenen Coutances- und Vire-Taute-Kanäle. Zwar stand an deren Anfang eine lokale Initiative: die 56 Gründungsaktionäre der Vire-Taute-Gesellschaft hatten mit nur einer Ausnahme ihren Wohnsitz in der unmittelbaren Umgebung des Kanals. Zur Durchführung des Projektes jedoch waren sie nicht fähig, denn die Konzession der Kanäle - sie wechselte mehrmals den Besitzer - befand sich durchgehend in der Hand von Pariser Unternehmern, die nicht nur als persönlich haftende Gesellschafter die Geschäftsführung der KGaAs innehatten, sondern nach kurzer Zeit sogar sämtliche bereits ausgegebenen Aktien noch vor deren voller Einzahlung aufkauften, ihre lokalen Partner somit verdrängten und zu Alleininhabern des Projektes wurden[1].

Tabelle 15

Vire-Taute-Kanal. Geographische Herkunft der Aktionäre 1835 - 1838

Wohnsitz	Aktionäre %		Kapitalanteil %	
	1837	1839	1835	1839
Region[a)]	98,2	—	95,3	—
Paris	—	100,0	—	100,0
sonst.Frankr.	1,8	—	4,7	—
total	100,0	100,0	100,0	100,0

a) Departement Manche 96,4 bzw. 93,4 %, Departement Ille-et-Vilaine 1,8 bzw. 1,9 %;
Zahl der Aktionäre 1837: 56, 1839: 2.

Quellen: F 14.7113, Exposé du projet de navigation de St. Lô à la mer, 1835; Canaux de la Manche, o.O 1849, S. 6-10.

---

1) Die Konzession des 1839 eröffneten canal de Vire-et-Taute fiel an P.-A.-G. Colin aus Paris (Gesetz vom 30.4.1833, Adj. 25.4.1835, O. 1.7.1835); die Cie Seguin Frères, ein in Annonay (Dépt. Ardèche) ansässiges Brücken- und Eisenbahnbauunternehmen von nationaler Bedeutung, scheidet nach wenigen Monaten aus einer Partnerschaft mit Colin aus. Die Konzession des canal de Coutances (O. 19.7.1836, adj. 2.12.1836, Dec.Min. 10.4.1837) teilt Colin zunächst mit dem in Reims gebürtigen A.R. Polonceau, Divisionsinspektor des öffentlichen Tiefbauamtes, der ebenfalls schon 1837 seine Rechte an Colin abtritt. 1838 übernehmen zwei weitere Pariser Unternehmer, Victor Lemaire und M. Mosselman(n) die Konzessionen und kaufen sämtliche bereits ausgegebenen Aktien zurück. 1846 scheidet auch Lemaire aus, so daß Mosselman(n) Alleininhaber wird, vgl. Vp. 3966, Canaux de la Manche, S. 8-10, Grangez, Précis, S. 170, 315 ff.

Auch der 1834 eröffnete Dive-Kanal[1], der bei Saumur in die Loire einmündet, wurde, obwohl er kaum mehr als landwirtschaftliche Produkte und Baumaterial für den örtlichen Bedarf beförderte, im wesentlichen durch Pariser Kapital finanziert. Ein ursprünglich beteiligter lokaler Holzkaufmann verzichtete schon nach zwei Jahren auf seinen Anteil an der Konzession zugunsten seines Partners, eines kleinen Pariser Bankhauses. Zwar verlor auch dieses seine Rechte am Kanal schon wenige Monate nach dessen Fertigstellung durch Zwangsversteigerung. An der Dominanz durch Pariser Kapital änderte sich jedoch nichts, denn auch bei dem neuen Konzessionär, der Caisse hypothécaire, handelte es sich um ein Finanzinstitut der Hauptstadt[2].

In die Reihe rein lokaler Projekte ist als letztes der 1842 eröffnete Arcachon-Kanal, der das Becken von Arcachon mit den südlich gelegenen Seen verbindet und zur Erschließung der bislang kaum genutzten Landes von Bordeaux beitragen sollte, einzuordnen. Von Beginn an waren hieran fast ausschließlich Pariser beteiligt. Sie lieferten nicht nur 86 % des Anfangskapitals, sondern stellten auch nahezu sämtliche Mitglieder des Aufsichtsrates (vgl. Tab. 16 und 17) sowie 3 der 4 Komplementäre der Kanalgesellschaft, einer KGaA. Der Konzessionär und zugleich vierte Komplementär der Gesellschaft, ein in Bordeaux tätiger Advokat, stammte als einziger aller am Kanal Beteiligten aus der Umgebung von Arcachon[3]. Vermutlich sollte er als Garant für erhoffte - und ausbleibende[4] - lokale Aktienzeichner dienen; mit seinem Anteil von 1,8 % am Gesellschaftskapital trug er selbst sicherlich nicht viel zum Gelingen des völlig von Paris abhängigen Unternehmens bei.

---

1) Vgl. zur Entstehung und Bedeutung des bereits Ende des 18. Jahrhunderts begonnenen, danach verfallenen und durch O. 9.10.1825 abermals konzessionierten Kanals Grangez, Précis, S. 178-181.

2) Die Caisse hypothécaire - über die sich bei Gille, Banque, S. 129 f. Informationen finden - wurde zwar erst nach einer zweiten Zwangsversteigerung im Jahre 1840 formell Eigentümer, finanzierte jedoch auch schon die Gesellschaft, die von 1835-1840 den Kanal bewirtschaftete.

3) Auch er schied übrigens schon 1837 aus der Geschäftsführung aus.

4) Die Gesellschaft konnte nur einen Teil ihres Kapitals vereinigen, vgl. Tab. 2.

Tabelle 16

Arcachon-Kanal. Geographische Herkunft der Aktionäre 1834		
Wohnsitz	Aktionäre %	Kapitalanteil %
Region[a)]	1,9	1,4
Paris	78,9	85,7
sonst. Frankreich	19,2	12,9
total	100,0	100,0

a): Bordeaux

Zahl der Aktionäre: 52.

Quellen: F 14.6834, GV April/Juli 1834.

Tabelle 17

Arcachon-Kanal. Geographische Herkunft der Aufsichtsratsmitglieder 1834-1837				
Wohnsitz	Administratoren %			
	1834	1835	1836	1837
Region[a)]	-	-	-	6,7
Paris	100,0	72,7	78,6	66,7
unbekannt	-	27,3	21,4	26,7
total	100,0	100,0	100,0	100,0

a): Departement Gironde

Zahl der AR-Mitglieder 1834:6, 1835: 11, 1836: 14, 1837: 15.

Quellen: F 14.6834, GV April/Juli 1834; Bottin 1835-1837.

Wenn somit, sobald das Investitionsvolumen einige hunderttausend Franken überstieg, sogar die Realisierung lokaler Projekte das unternehmerische und finanzielle Potential der direkt Betroffenen überforderte, so gilt das in noch größerem Maße für Wasserstraßen überregionaler Bedeutung. Insbesondere auf die mangelnde Beteiligung der im Nordosten Frankreichs gelegenen Industrieregion an den zu ihrer Erschließung und Verbindung mit dem

Pariser Markt angelegten Kanälen wurde bereits eingangs der Diskussion der submissionierten Wasserstraßen hingewiesen. Auch zu den konzessionierten Kanälen dieses Gebietes, die vorwiegend dem Transport von Kohle dienten, leistete regionales Kapital praktisch keinen Beitrag.

Bei chronologischem Vorgehen ist als erstes innerhalb dieser Gruppe die Kapitalstruktur des 1825 zwischen den Städten Aire und La Bassée eröffneten Kanals zu diskutieren. Er bildet das Mittelstück einer noch heute stark befahrenen Wasserstraße, die von Mons ausgehend das westliche flandrische Kohlengebiet in seiner ganzen Länge verfolgt und durch mehrere kleine Kanäle mit den Häfen Calais, Gravelines, Dünkirchen und der belgischen Küste verbindet. Die 1822 zum Bau des Kanals erteilte Konzession[1] blieb zunächst im Besitz eines Pariser Ingenieurs[2], bis dieser im Jahre 1828 wegen Unregelmäßigkeiten in der Geschäftsführung aus der von ihm gegründeten und als Komplementär geleiteten KGaA durch Gerichtsbeschluß ausgeschlossen, die alte Gesellschaft aufgelöst[3] und als AG neugegründet wurde[4].

---

1) Eine 7,1 km lange Teilstrecke zwischen Deule und La Bassée wurde bereits im 13. Jahrhundert begonnen und bis zur Revolution von der Stadt Lille, danach vom Staat verwaltet. Die Konzession zu Ausbau und Verlängerung des Kanals wurde durch das Gesetz vom 14.8.1822 zunächst für 99 Jahre erteilt und durch das Gesetz vom 29.7.1829 in eine unbefristete Konzession umgewandelt. Der Kanal wurde am 25.10.1825 der Schiffahrt übergeben.

2) Zunächst waren neben dem Ingenieur A. **Desjardins** zwei weitere Pariser zu je einem Drittel an der Konzession beteiligt, und zwar der Bankier J.C.M. Loque sowie der Theaterdirektor und ehemalige Offizier A.T. Cerfberr. Beide schieden jedoch bereits am 16.12.1822 bzw. 27.2.1823 aus der Gesellschaft aus.

3) Die Auflösung erfolgte am 14.5.1828 durch das Handelsgericht des Dep. Seine, das zugleich eine neue, provisorische Verwaltungsspitze einsetzte.

4) Der neue Gesellschaftsvertrag wurde bereits zwischen dem 25.7. und 9.8.1828 von den Aktionären unterzeichnet, allerdings erst nach verschiedenen Änderungen in der Fassung vom 19.11.1832 durch O. 13.12.1832 genehmigt.

Tabelle 18

Aire-La Bassée-Kanal. Geographische Herkunft der Aktionäre 1822 - 1828

Wohnsitz	Aktionäre %		Kapitalanteil %
	1822	1828	1828
Region[a)]	29,3	21,3	13,0
Paris	63,4	73,2	82,7
sonst. Frankr.	7,3	5,5	4,3
total	100,0	100,0	100,0

a) Departement Nord und Pas-de-Calais.
Zahl der Aktionäre 1822: 41, 1828: 127.

Quellen: F 14.6821, Dossier 2; F 12.6745, GV 26.8.1822 und GV 27.2.1823 und GV 2. bis 9.8.1828.

Wie aus Tabelle 18 hervorgeht, wurde das Unternehmen überwiegend durch Pariser Kapital finanziert: Schon die Aktienzeichner der 1822 gegründeten KGaA waren zu nahezu zwei Dritteln in Paris ansässig, in der Gründungsakte der AG aus dem Jahre 1828 geben sogar fast drei Viertel der Aktionäre die Hauptstadt als Wohnsitz an. Da die Aktienpakete der Pariser wie bei allen Gesellschaften, über die derartige Angaben vorliegen, überdurchschnittlich groß waren, belief sich ihr Anteil am Gesellschaftsvermögen im Jahre 1828 sogar auf ca. 83 %. In keiner Phase übten also einheimische Unternehmer oder Kapitalgeber einen entscheidenden Einfluß auf Bau und Verwaltung des Kanals aus: sowohl die ursprünglichen Konzessionäre - die den Kanal übrigens gegen einen Fixpreis für die Kanalgesellschaft fertigstellten - als auch die große Majorität der Kapitalgeber und Aufsichtsratmitglieder[1)] hatten ihren Wohnsitz in Paris.

Nicht wesentlich anders war die Situation beim Bau des Roubaix-Kanals; dies erstaunt umso mehr, als diese Wasserstraße in

1) Die Zusammensetzung des Aufsichtsrates konnte für 1836 bis 1850 festgestellt werden. Vier Mitglieder dieses fünfköpfigen Gremiums wurden identifiziert, alle waren in Paris ansässig.

ihrer ursprünglich geplanten und 1825 konzessionierten Form[1]- nämlich als Stichkanal von Lille nach Roubaix - ausschließlich den Interessen der schon in dieser Zeit nicht unbedeutenden **Industriestadt** Roubaix dienen konnte: er sollte diese Stadt an das ausgedehnte Wasserstraßennetz der Region anschließen und somit den kostspieligen Landtransport für die Heranschaffung der für die Textilfabriken lebenswichtigen Kohle unnötig machen[2]. Zwar erklärten sich die Stadt Roubaix sowie das Departement Nord bereit, den Konzessionär durch Subventionen zu unterstützen - Roubaix mit 30 Annuitäten à 20.000 F, das Departement mit 25 Annuitäten à 10.000 F, was abgezinst mit 5 % ein Kapital von 323.000 bzw. 148.000 F repräsentiert. In der Konzessionärsgesellschaft, die die überwiegende Last der Finanzierung zu tragen hatte, waren jedoch praktisch keine regionalen Elemente vorhanden: Von den 19 Gesellschaften des Jahres 1826 stammten nur zwei aus Lille, ein weiterer aus dem Dep. Somme und 16, d.h. 84 % aus Paris. Die 17 Gesellschafter des Jahres 1833 hatten

Tabelle 19

Roubaix-Kanal. Geographische Herkunft der Aktionäre 1826 - 1849

Wohnsitz	Aktionäre %		
	1826	1833	1849
Region[a]	10,5	5,8	9,1
Paris	84,2	94,1	77,3
sonst.Frankr.	5,2	-	9,1
Belgien	-	-	4,6
total	100,0	100,0	100,0

a) Departement Nord, Städte Lille und Roubaix.
Zahl der Aktionäre 1826: 19; 1833: 17; **1849: 44.**

Quellen: F 14.7030: Arrêt cour d'appel Douai, 17.8.1849 mit G V 2.4.1826; F 14.7029: Brame, Observations, 1833.

1) Die Adjudikation erfolgte gemäß L. 8.6.1825 am 7.9.1825 und wurde durch O. 30.11.1825 bestätigt. Es handelte sich um eine zeitlich unbegrenzte Konzession.

2) Vgl. insbes. F 14.7029: Honnorez, Mémoire 23.7.1835, S. 6-9.

sogar mit nur einer Ausnahme alle ihren Wohnsitz in Paris. Allein der für die Durchführung der Bauarbeiten verantwortliche L. Brame, der nominell Alleineigentümer der Konzession war und dem Unternehmen seinen Namen gab, stammte aus Lille. Als die - inzwischen veränderte Konzession, die jetzt eine Verbindung zwischen Deule und Schelde vorsah und damit verkehrspolitisch weit größere Bedeutung gewann[1] - im Jahre 1837 in die Hände des Bauunternehmers Messen aus Roubaix überging[2], veränderte sich zwar die Zahl, kaum jedoch die Zusammensetzung der Kapitalgeber: 1849 waren über 77 % der Aktionäre der Cie Messen, einer KGaA, in Paris und lediglich 9 % im direkt betroffenen Departement Nord ansässig. Da die Pariser sicherlich nicht nur zu den Kleinaktionären zählten, kann man davon ausgehen, daß auch diese Gesellschaft weitgehend von

---

1) Hierdurch entstand den Wasserstraßen, über die bislang die Kohlentransporte von Mons in Richtung Lille, St. Omer usw. abgewickelt wurden, eine ernsthafte Konkurrenz. Entsprechend scharf war die Reaktion der betroffenen Kanalgesellschaften auf das neue Projekt, vgl. die zahlreichen im Anhang ausgewiesenen Pamphlete der Jahre 1833 bis 1837. Am informativsten bezüglich der verkehrswirtschaftlichen Implikationen ist Honnorez, Mémoire und ders., Réclamations; Honnorez konnte sich u.a. auf Art. 11 seiner Konzession für den Sensée-Kanal stützen, der den Bau einer konkurrierenden Wasserstraße in weniger als 40 km Entfernung untersagte. Für die Gegenposition vgl. ebd., Mémoire pour la prolongation. Unter dem Eindruck der positiven Voten der Mehrzahl der betroffenen Kommunen und Handelskammern setzten sich Regierung und Parlament über alle Bedenken hinweg und ordneten die Realisierung des erweiterten Projektes an, vgl. Grangez, Précis, S. 542 f., L. 9.7.1836, O. 21.3.1837.

2) Die Konzession wurde durch Décision Ministérielle im Juni 1837 für 99 Jahre erteilt, der alte Konzessionär Brame, der bereits Ende 1831 einen Teil von 6,0 km Länge der Schiffahrt übergeben hatte, für seine Auslagen entschädigt. Am 4.10.1843 konnte der Kanal weitgehend dem Verkehr übergeben werden, nachdem Messen auch den belgischen Teil des Kanals fertiggestellt hatte (vgl. Convention Internationale 27.8.1839 sowie Arrêt des belgischen Königs vom 11.10.1839 und 14.11.1839); allerdings handelte es sich um zwei Teilstücke, deren Verbindung - ein im Stadtgebiet von Roubaix gelegener Tunnel - so große technische Schwierigkeiten aufwies, daß sie erst im Jahre 1880 durch den Staat unter gewaltigen Kosten vollendet werden konnte.

Paris finanziert, der regionale Beitrag dagegen gering war. Daran ändert weder die Tatsache etwas, daß Lille zum Sitz der Gesellschaft bestimmt wurde, noch der Umstand, daß die Konzessionäre Brame und Messen regionaler Herkunft waren. Wie schwach etwa die Position von Messen innerhalb der Gesellschaft war, geht schon daraus hervor, daß er mit 100 Aktien nicht mehr als 2,2 % des Gesellschaftsvermögens besaß[1]. Im Jahre 1851 wurde er denn auch durch einen Pariser Advokaten als Konzessionär abgelöst und gestand in diesem Zusammenhang in einem Schreiben an den Minister für öffentliche Bauten ein, von Beginn an nur im Auftrag und als "Strohmann" der Gesellschafter der Cie Brame - die auch tatsächlich mit nur einer Ausnahme in der Cie Messen vertreten waren - gehandelt zu haben[2]. Die Führung des Unternehmens lag durchgehend nicht beim Komplementär, sondern beim Aufsichtsrat, in dem offensichtlich nur Pariser vertreten waren[3].

Einer der heftigsten Gegner der Verlängerung des Roubaix-Kanals bis zur Schelde war die Cie de la Scarpe inférieure, die fürchtete, einen Großteil der Kohlentransporte von Mons in Richtung Lille, Roubaix und Aire durch das neue Projekt zu verlieren. Bei den Konzessionären der unteren Scarpe handelte es sich ebenso wie beim Roubaix-Kanal um Bauunternehmer, allerdings um eine Pariser Firma nationalen Zuschnitts - C. Bayard de la Vingtrie et frère -, die sich bereits "durch die Ausführung bedeutender Tiefbauten im Verkehrswesen einen guten Ruf erworben hatte"[4].

---

1) F 14.7030, A. 17.8.1849, GV 28.9.1837.

2) F 14.7030, Messen an MTP, 3.8.1851; ähnlich Duc de Montebello an MTP, 31.11.1851 sowie an Prefekt Nord, 31.11.1851.

3) 68 AQ 125, Beugnot an Thuret 1829 bis 1835; 68 AQ 149, St. Aignan an Thuret, 15.11.1835; F 14.7030, Vorvertrag 10.11.1855.

4) L. 11.4.1835, Annex: Ausschreibungsprotokoll vom 10.9.1834.

Über die Kapitaleigner der von den beiden Konzessionären gegründeten Kommanditgesellschaft auf Aktien liegen zwar nur lückenhafte Informationen vor. Immerhin handelte es sich bei allen in den Unterlagen auftauchenden Namen um Pariser, die auch im Aufsichtsrat unter sich waren[1]. Insofern kann man sicher davon ausgehen, daß die Brüder Vingtrie - die selbst genügend Aktien übernahmen, um sich bis in die sechziger Jahre hinein die Geschäftsführung des Unternehmens zu sichern - die Anteile der Gesellschaft nicht auf einem Lokalmarkt, sondern am Sitz ihres Hauptunternehmens und der Kanalgesellschaft absetzten, nämlich in Paris.

d) Der Beitrag des Auslandes

Damit ist die Reihe der im Nordosten Frankreichs gelegenen Kohlenkanäle, an deren Finanzierung Pariser Kapital maßgeblich beteiligt war, zwar nicht erschöpft. Im Gegensatz zu den bisher diskutierten Projekten trat es in den folgenden jedoch eindeutig hinter dem ausländischen, genauer gesagt belgischen Kapitalanteil zurück. Denn anders als die französischen waren die Eigentümer der belgischen Kohlengruben bereit, selbst aktiv für verbesserte Transport- und Absatzwege ihrer Produkte zu sorgen. Zum Teil geschah das in enger Kooperation mit Pariser Unternehmen, wie aus der Entstehungsgeschichte der Verbindung zwischen Sambre und Oise deutlich wird. Diese Wasserstraße, die der belgischen Kohle zusätzlich zum Kanal von St. Quentin einen zweiten Zugang zum Pariser Markt eröffnete, wurde in zwei Teilstrecken, Sambre- und Sambre-Oise-Kanal genannt, konzessioniert[2]. Nachdem ein aus Roubaix stammender und von einer Gesellschaft Pariser Kapitalgeber unterstützter Bauunternehmer den ihm i.J. 1825 übertragenen Auftrag zur Kanalisierung der Sambre noch vor Beginn der

---

1) Die Zusammensetzung dieses Gremiums findet sich in Bresson, Annuaire 1840, S. 207.

2) Die Anfänge der Regulierungsarbeiten an der Sambre gehen ins 17. und 18. Jahrhundert zurück; so wurden anläßlich der Belagerung von Namur i. J. 1692 zahlreiche Wehre und Schleusen zur Verbesserung der Schiffbarkeit des Flusses angelegt. Zu Ende des 18. Jahrhunderts waren diese Bauten jedoch vollständig verfallen, vgl. Grangez, Précis, S. 575.

Bauarbeiten zurückgegeben hatte[1], gelangten beide Konzessionen im Jahre 1832 bzw. 1833 in die Hände zweier Pariser Unternehmer, die ihrerseits die Bauarbeiten gegen Festpreise für zwei von ihnen gegründete Kapitalgesellschaften ausführten[2]. Diese Gesellschaften trugen die eigentliche Last der Finanzierung, ihre Struktur ist zu untersuchen, zumal die beiden erwähnten Unternehmer sich bereits 1838, kurz nach Abschluß der Arbeiten, wegen unvorhergesehener Mehrkosten völlig ruiniert zurückziehen mußten.

Die Zusammensetzung der zwei in verkehrstechnischer Hinsicht völlig voneinander abhängigen Gesellschaften ähnelte sich zwar stark, war jedoch durchaus nicht identisch. Das geht schon daraus hervor, daß im Jahre 1850 nur 25% der Sambre-Aktionäre auch am Sambre-Oise-Kanal beteiligt waren[3]. Zwar hatten beide ihren Sitz in Paris und wurde die Geschäftsführung beider von derselben Gruppe Pariser und belgischer - insbesondere Brüsseler - Bankiers wahrgenommen. Im Aufsichtsrat der kanalisierten Sambre jedoch verfügten die Pariser über eine Mehrheit von 3 : 2, in der viermal kapitalkräftigeren Sambre-Oise-Gesellschaft dagegen mußten sie sich mit einer 2 : 3-Minderheit begnügen[4].

---

1) Auftragsvergabe vom 7.9.1825 nach L.24.3.1825, bestätigt durch O.8.2.1826; 68 AQ 155, Messen an Thuret vom 26.9.1828 u. 25.3.1829. Auch zur Kanalisierung der belgischen Sambre wurde i.J. 1825 eine Konzession erteilt, vgl. Grangez, Précis, S. 579.

2) Kanalisierte Sambre: 68 AQ 155, Messen an Thuret 17.6.1834; schiffbar ab Mai 1835; Sambre-Oise: Auftragsvergabe vom 8.8.1833 nach L.30.4.1833, bestätigt durch O.30.10.1833; schiffbar ab Anfang 1839, vgl. Grangez, Précis, S. 584 f.

3) Quellen wie Tabellen 20 und 21.

4) Die kanalisierte Sambre wurde zunächst von einer KGaA verwaltet; von den zwei Komplementären war einer in Paris, der andere in Brüssel ansässig. Am 26.7.1848 wurde die Umwandlung in eine AG beschlossen, durch D. 20.12.1850 genehmigt; im Aufsichtsrat der AG, dessen Zusammensetzung bis 1856 verfolgt wurde, sind jeweils 3 Pariser und 2 Belgier vertreten. Der Aufsichtsrat der Sambre-Oise-Gesellschaft setzte sich von der Gründung i.J. 1834 an bis 1857 jeweils aus 2 Parisern und 3 Brüsselern zusammen.

Tabelle 20

Kanalisierte Sambre. Geographische Herkunft der Aktionäre 1826 und 1850

Wohnsitz	Aktionäre %		Kapitalanteil %	
	1826	1850	1826	1850
Region[a)]	-	14,4	-	5,5
Paris	90,0	66,4	97,2	52,9
sonst.Frankr.	-	5,8	-	3,1
Belgien	-	13,5	-	38,4
unbekannt	10,0	-	2,8	-
total	100,0	100,0	100,0	100,0

a): Departement Nord

Zahl der Aktionäre 1826:10, 1850: 104.

Quellen: 68 AQ 155, Messen an Thuret, 26.9.1828 und 25.3.1829; D.20.12.1850, Annex: GV 13.12.1850.

Tabelle 21

Sambre-Oise-Kanal. Geographische Herkunft der Aktionäre 1834 und 1850

Wohnsitz	Aktionäre %	Kapitalanteil %
	1850	1834
Region[a)]	4,7	-
Paris	67,2	38,0
sonst.Frankr.[b)]	7,9	-
Belgien	20,3	62,0
total	100,0	100,0

a): Departement Nord; b): einschl. eines Schweizer Aktionärs.

Zahl der Gesellschafter 1850: 64.

Quellen: O.20.10.1834, Annex GV 15.10.1834; C 1066, Note pour le canal de jonction de la Sambre à l'Oise, Paris 1850, S. 13-15.

Wenn dies auch nicht den Mehrheitsverhältnissen unter den Aktionären entsprach, so vermutlich doch den jeweiligen Kapitalanteilen. Für die kanalisierte Sambre ist dies aus der in Tabelle 20 wiedergegebenen Aktienverteilung des Jahres 1850 ersichtlich; für den Sambre-Oise-Kanal läßt es sich, d. h. eine ungefähre Zweidrittel-Mehrheit der belgischen Aktionäre, aus deren Anteil z.Z. der Unternehmungsgründung im Jahre 1834 schließen, zumal einige der ursprünglich von Parisern gezeichneten Aktien in der Folgezeit nach Brüssel veräußert wurden[1].

Noch größer als bei den zuletzt angesprochenen Projekten war vermutlich der belgische Kapitalanteil an den von der Gruppe Honnorez durchgeführten Bauten. Auf die besondere Bedeutung dieses aus Mons stammenden und wohl erfolgreichsten in Frankreich tätigen Kanalbauunternehmers - seine Versuche, auch im belgischen Binnenschiffahrtswesen Fuß zu fassen,schlugen fehl[2] - wurde bereits aus Anlaß der Diskussion regionaler Initiativen hingewiesen. Bereits zur Zeit des ersten Kaiserreiches, nämlich im Jahre 1807, trat er zum ersten Mal in Erscheinung, als ihm zusammen mit einem zweiten Unternehmer die Ausführung des vom Staat finanzierten Kanals zwischen Mons und Condé übertragen wurde. Nach dem Sturz Napoléons wurden die Bauarbeiten zunächst eingestellt, dann auf der französischen Seite von Honnorez vollendet - jedoch nicht mehr gegen eine feste Vergütung, sondern gegen das Recht, an zwei Schleusen des Kanals Gebühren zu erheben[3]. In der Folgezeit wurden ihm neben Schleusen auf der Schelde[4] und der mittleren Scarpe[5] auch die Konzessionen

---

1) Levy-Leboyer, Banques, S. 612 f.; über die Aktienanteile bei Gründung der Sambre-Gesellschaft ist lediglich bekannt, daß die Konzessionäre Piard und Urbain 24,7 % des Kapitals übernahmen, vgl. F 12.6745: GV 18.8.1832.

2) U.a. wurde sein Angebot zum Bau des Kanals von Antoing nach Pommeroeul nicht berücksichtigt, vgl. Levy-Leboyer, Banques, S. 306.

3) Es handelte sich um die Schleusen von Thyvencelles und Goelzin; der Kanal wurde am 19.10.1818 endgültig eröffnet.

4) Schleuse von Fresnes, Konzession durch O.22.10.1817, verlängert durch O.3.9.1823; Schleuse von Iwuy, Konzession durch O.13.5.1818, verlängert durch O.3.9.1823; Schleuse von Rodignies, Konzession durch O.3.9.1823, verlängert durch O. 7.3.1831; vgl. Grangez, Précis, S. 212 f. sowie F 14.6968: Pétition adressée à MM les Membres de la Chambre des Députés par les bateliers du canal de Condé Paris 1832, S. 12.

5) Schleusen von Courchelettes und Lambres, Konzession durch L.13.5.1818.

für Verbesserungsarbeiten auf der Lys[1] sowie die Sensée-[2], Deule[3]- und St.-Quentin[4]-Kanäle zugesprochen, womit er die Absatzwege der belgischen Kohle in das nordfranzösische Industriegebiet sowie die Versorgung von Paris mit Kohle aus Belgien und Nordfrankreich weitgehend beherrschte.

Zwar liegen über die Herkunft des Kapitals, das Honnorez zum Ausbau dieser vielbefahrenen und somit höchst rentablen Wasserstraßen einsetzte - es handelt sich, die Bauten auf Schelde, Scarpe und Lys nicht mitgerechnet, um nahezu 8 Mill. Franken - nur wenige Informationen vor. Beispielsweise konnte nicht einmal festgestellt werden, ob er für den Mons-Condé- sowie den St.-Quentin-Kanal seine Kapitalbasis durch Bildung einer Gesellschaft erweiterte oder die Bauten völlig aus eigenen Mitteln bewältigte. Und wenn für die beiden anderen Kanäle immerhin bekannt ist, daß Honnorez hierfür jeweils eine Kapitalgesellschaft gründete, so sind doch über deren Teilhaber nur sehr verstreute Angaben vorhanden.[5] Gegen eine übermäßig große Pariser Beteiligung spricht jedoch die Tatsache, daß die Unternehmen ihren Sitz in Douai bzw. Lille hatten und auch ihre Führung

---

1) Konzession durch O.16.9.1825; Schelde, Scarpe und Lys werden als Flüsse in dieser Arbeit nicht berücksichtigt.

2) Bereits 1690 wurde auf Veranlassung Vaubans mit dem Bau des Kanals begonnen; zu Ende des 18. Jahrhunderts wurden die Arbeiten wieder aufgenommen, jedoch 1792 wiederum aufgegeben. Honnorez erhielt die Konzession durch L.13.5.1818, der Kanal wurde am 15.11.1820 eröffnet.

3) Konzession nach O.16.9.1825 für 29 Jahre gegen Verbesserungsarbeiten. Der Kanal, dessen Teilstücke im 13., 17. und 18. Jahrhundert eröffnet wurden, befand sich bis zur Revolution im Besitz der Stadt Lille und ging danach in Staatseigentum über.

4) Konzession für 22 Jahre nach L.29.5.1827 gegen Verbesserungsarbeiten.

5) Vgl. u.a. in F 14.6885 die Mitglieder des Komitees,das sich 1837 anläßlich eines Streites zwischen Honnorez und den Deule-Aktionären bildete. Für eine gewisse Beteiligung Pariser Aktionäre spricht im übrigen, daß die Anteile von Deule und Sensée an der Pariser Börse gehandelt wurden.

selbst nach dem Tode von Honnorez in der Hand aus Belgien stammender Unternehmer blieb[1]. Da Honnorez im übrigen auf Finanzhilfe Dritter kaum angewiesen war - sein Vater hatte ihm und seinen Geschwistern "ein gewaltiges Vermögen (hinterlassen), dessen jährlicher Ertrag auf 1,5 bis 1,8 Mill. Franken geschätzt wurde"[2] - kann vermutet werden, daß neben der Bauausführung und Verwaltung auch die Finanzierung der Projekte der Gruppe Honnorez überwiegend in belgischen Händen lag.

Bereits anläßlich der Analyse der Submissionsgesellschaften wurde deutlich, daß nicht nur belgisches, sondern auch anderes Auslandskapital einen z.T. erheblichen Beitrag zur Finanzierung des französischen Binnenschiffahrtsnetzes leistete. Neben der Genueser Beteiligung an der Arles-Bouc- sowie der Bourgogne-Gesellschaft fiel insbesondere das starke Schweizer Engagement auf, wenn es auch nur im Falle des Rhône-Rhein-Kanals genauer bestimmt, auf eine Quantifizierung der über die Pariser Haute Banque eingeströmten Finanzmittel dagegen verzichtet wurde.

Über den Anteil Schweizer Kapitals am Zustandekommen des letzten zu diskutierenden Projektes liegen dagegen wieder präzisere Informationen vor. Es handelt sich um den Bau des Loire-Seitenkanals zwischen Roanne und Digoin[3], der eine direkte Verlängerung der vom Staat mit privater Finanzhilfe zwischen Digoin und Briare erbauten Wasserstraße ist. Die 1830 gegründete Konzessionsgesellschaft ließ sich zwar in ihren Verhandlungen mit dem Staat durch lokale Persönlichkeiten repräsentieren[4] - die auch formal Konzessionäre des Kanals wurden -, war jedoch beherrscht durch Schweizer Bankiers: Etwa drei Viertel der 6.500 Aktien wurden von vier Genfer Bankhäusern übernommen. Über den

---

1) Nach dem Tode von Honnorez übernahm Rousselle, der wie sein Vorgänger einen Nebenwohnsitz im Departement Nord besaß, die Leitung der Unternehmen; vgl. zur Person Rousselles u.a. F 14.6885, Ausschreibungsprotokoll Deule 6.7.1825.

2) Jacquemyns, Langrand-Dumonceau, Bd. I, S. 86.

3) Bauvergabe am 7.8.1830 nach L.29.3.1827, bestätigt durch O.11.10.1830; schiffbar 1.5.1838.

4) Von den sechs Bevollmächtigten, denen nominell die Konzession übertragen wurde, waren fünf in Roanne und einer in Paris ansässig.

Verbleib der letzten 25 Prozent liegen keine systematischen Angaben vor, doch läßt sich aus den Listen der Aktionärsversammlungen[1] und der Zusammensetzung der verschiedenen Organe der Gesellschaft - deren Mitglieder jeweils eine Mindestzahl von Aktien besitzen mußten - sowie anderen verstreuten Hinweisen schließen, daß sie überwiegend in der Umgebung von Roanne sowie zu einem sehr geringen Teil in Paris abgesetzt wurden.

An der Dominanz Schweizer Kapitals änderte sich in der Folgezeit wenig: Bei allen Hauptversammlungen übernahm, soweit feststellbar, ein Schweizer als stärkster Aktionär den Vorsitz[2], und im Jahre 1837 repräsentierten allein die nicht anwesenden Schweizer Anteilseigner 59,7 % des Gesellschaftskapitals[3]. Hinweise auf eine nennenswerte Beteiligung Pariser Kapitals finden sich dagegen in keinem der erwähnten Dokumente, und auch aus der Zusammensetzung der Gesellschaftsorgane des in Roanne ansässigen Unternehmens läßt sich eine Beteiligung der Hauptstadt nicht ableiten: Der Generaldirektor stammte ebenso wie die fünf Mitglieder des für die Bauaufsicht zuständigen Exekutivrates durchgehend aus Roanne und auch im Aufsichtsrat, dem eigentlichen Entscheidungsträger, sind neben einigen lokalen Persönlichkeiten vor allem Genfer vertreten[4]. Im Gegensatz zu den bisher diskutierten Projekten entstand der Roanne-Digoin-Kanal

---

1) Im Jahre 1842 etwa waren neben den Aufsichtsratsmitgliedern und Zensoren 13 Aktionäre anwesend, davon 9 aus Roanne und 4 mit unbekanntem Wohnsitz. Ähnlich waren die Verhältnisse 1849 und 1858.

2) Dies gilt für die Jahre 1831, 1837, 1849, 1855, 1858; die einzige Ausnahme bildet 1842, als sich die Schweizer Großaktionäre durch lokale Bevollmächtigte vertreten ließen.

3) Hiervon entfallen 58,8 % auf Genfer, 0,9 % auf sonstige Schweizer Aktionäre.

4) Die Zusammensetzung des Gremiums lautet:

1831 - 1842:	4 Genfer, 3 Roanner
1849	4 Genfer, 1 Roanner, 1 unbekannt
1855 - 1858:	4 Genfer, 1 Roanner

Quellen: Bresson, Annuaire 1840, S. 39 sowie die im Anhang ausgewiesenen GV und HV-Protokolle.

somit durch Zusammenarbeit ausländischer Kapitalgeber mit örtlichen Unternehmern. Er stellt den äußerst seltenen Fall eines Projektes überregionaler Bedeutung dar, an dem Pariser Kapital praktisch nicht beteiligt war.

3. Versuch der Aggregierung

Während es relativ leichtfiel, die innerhalb jedes der Kanalunternehmen dominierende Personengruppe zu identifizieren, läßt es das vorhandene Quellenmaterial nur bedingt zu, die jeweiligen Anteile der vier geographischen Kategorien Region, Paris, sonstiges Frankreich und Ausland an den insgesamt zwischen 1814 und 1848 im französischen Kanalbau getätigten privaten Investitionen exakt zu bestimmen. Denn zum einen liegen nicht für alle Unternehmen ausreichende Angaben über die jeweiligen Kapitaleigner vor; sie mußten durch Schätzungen anhand von Informationen über Konzessionäre, Firmengründer und Führungsgremien ergänzt werden. Zum anderen spiegeln diese Werte die Besitzverhältnisse zu nur einem einzigen und jeweils unterschiedlichen Zeitpunkt wider - nur selten liegen Informationen für mehrere Jahre vor -, während sich die Zusammensetzung der Gesellschafter laufend veränderte. Von der einmaligen Verteilung der Kapitalanteile mußte somit auf den gesamten Prozeß der Finanzierung geschlossen wurden[1]. Unter diesen Umständen können die in Tabelle 22 und 23 vorgelegten Anteilswerte nur Annäherungscharakter besitzen, wobei besonders die erstere in ihrer Präzision das vorhandene Material überinterpretiert, die zweite, in ihren Aussagen unschärfere, dagegen größere Verläßlichkeit besitzt. Aber wie immer man die Güte der einzelnen Schätzwerte beurteilen will - in die im wesentlichen die in den vorangegangenen Einzeldarstellungen ausgebreiteten Informationen eingingen und die sicherlich nicht immer präzise ableitbar sind -, die erzielten Ergebnisse sind so eindeutig, daß sie auch durch die Annahme einer großen Fehlerbandbreite nicht gefährdet würden.

Insbesondere wird deutlich, daß der Ausbau des französischen Kanalsystems in erster Linie von Paris aus finanziert wurde.

1) Vgl. zur Wahl des jeweils zugrundegelegten Zeitpunktes Tab. 22 Anm. 1.

Tabelle 22

Kanalgesellschaften 1814 - 1848: geographische Verteilung des Gesellschaftskapitals

Firma	Länge (km)	Private Investitionen 1814/1848 (1000 F)	Kapitalanteil der Gesellschafter mit Wohnsitz in			
			Region %	Paris %	sonst.Fr. %	Ausland %
Aire-La Bassée	42,4	3.000	13,0	82,7	4,3	-
Arcachon	40,3	1.600	1,4	85,7	12,9	-
Arles-Bouc	47,4	5.500	2,3	61,3	-	36,4
Beaucaire	77,8	2.000	23,5	76,5	-	-
Bourgogne	242,0	25.000	-	88,0	-	12,0
Briare	59,1	3.000	-	100,0	-	-
Coutances/ Vire-Taute	38,3	1.915	-	100,0	-	-
Deule	65,7	1.200	-	25,0	-	75,0
Dive	42,8	2.000	-	100,0	-	-
Dünkirchen-Furnes	13,3	122	100,0	-	-	-
Etangs	46,9	1.780	23,5	76,5	-	-
Givors	18,5	1.100	74,7	17,2	3,1	5,0
Hazebrouck	24,7	100	100,0	-	-	-
Lez	9,6	60	100,0	-	-	-
Luçon	14,2	250	100,0	-	-	-
Lunel	8,7	90	100,0	-	-	-
Midi	278,8	500	22,9	46,9	30,1	-
Mons-Condé	5,1	630	-	25,0	-	75,0
Orléans/Loing	123,0	3.100	-	63,4	36,7	-
Paris:Ourcq/ St.Denis	114,5	4.300	-	100,0	-	-
Paris:St.Martin	4,5	3.600	-	100,0	-	-
Plessis	4,6	100	100,0	-	-	-
Quatre Canaux	1202,4	68.000	6,0	81,3	12,7	-
Roanne-Digoin	55,8	8.780	20,0	7,0	-	73,0
Roubaix	12,0	1.550	8,2	89,2	2,6	-
Rhône-Rhein	350,1	10.000	55,0	5,0	-	40,0
St.Quentin	96,3	4.500	-	25,0	-	75,0
Sambre	54,4	3.000	5,5	52,9	3,1	38,4
Sambre-Oise	67,0	12.600	-	38,0	-	62,0
Scarpe	36,1	2.220	-	100,0	-	-
Sensée	25,0	1.550	-	25,0	-	75,0
Trois Canaux	394,6	17.600	0,5	95,0	-	4,6
total	3615,9	190,747	7,8	70,5	5,5	16,3

Erläuterungen zu Tabelle 22

1. Die Analyse fragt nach den Personen, die den Bau der Wasserstraßen finanzierten, entsprechend beziehen sich die Angaben in Tabelle 22 auf die Kapitalverteilung zur Zeit der Investitionstätigkeit. Es wurde jeweils der letzte Zeitpunkt der Konstruktionsphase bzw. der frühestmögliche der Folgezeit, für den Informationen vorliegen, zugrundegelegt.
2. Die Gewichtung der letzten Zeile erfolgte mit der Höhe der 1814-1848 getätigten Investitionen.
3. Die Kapitalanteile ergeben sich überwiegend aus Text bzw. Tabellen der Einzeldarstellungen. Schätzungen wurden in folgenden Fällen durchgeführt (Volumen der aufgrund von Schätzungen eingeordneten Investitionen 21,6 MF, d.h. 11,3% der Gesamtheit):
Arles-Bouc und Bourgogne: Kategorie "unbekannt" wurde aufgrund der Zusammensetzung der Firmengründer 1822 und 1828 sowie des Aufsichtsrates ganz der Kategorie "Paris" zugeschlagen.
Beaucaire: Die Regionalverteilung der bekannten wurde als repräsentativ für die Gesamtheit der Anteilseigner angesehen
Deule, Mons-Condé, St.Quentin, Sensée: Für die gesamte Gruppe Honnorez wurde von einem Kapitalanteil Belgiens in Höhe von 75%, einem Anteil von Paris von 25% ausgegangen.
Etangs: Schätzung in Anlehnung an Beaucaire.
Midi, Loing, Orléans: Arithmetisches Mittel der Werte von 1814 und 1854 bzw. 1814 und 1852 unter der Annahme, daß 50% der Donatare und "sonstigen" in Paris, 50% im übrigen Frankreich wohnhaft waren.
Roubaix: Arithmetisches Mittel der Aktionärsanteile 1826 und 1833.
Sambre: Vgl. Beaucaire
Trois Canaux: Gewichtetes arithmetisches Mittel der Kapitalaktien; die Regionalverteilung der bekannten wurde als repräsentativ für die Gesamtheit der Anteilseigner angesehen.

Quellen: vgl. Anhang.

Tabelle 23

Kanalgesellschaften 1814 - 1848: Geographische Verteilung des Gesellschaftskapitals; Zusammenfassung

Anteil der geographischen Einheit am Ges.-Kapital	Kanalgesellschaften											
	Anzahl %				kontrolliertes Streckennetz %				Investitionen 1814-1848 %			
	Region	Paris	sonst. Frankr.	Ausland	Region	Paris	sonst. Frankr.	Ausland	Region	Paris	sonst. Frankr.	Ausland
75% und mehr	18,8	43,8	-	12,5	2,1	65,1	-	5,3	0,4	72,1	-	4,1
50% bis unter 75%	6,3	9,4	-	6,3	10,2	6,2	-	3,4	5,8	6,1	-	11,2
25% bis unter 50%	-	18,8	6,3	9,4	-	14,9	11,1	12,5	-	11,0	1,9	9,7
unter 25%	75,0	28,1	93,8	71,9	87,8	13,8	89,0	78,9	93,8	10,8	98,1	75,0
total	100,0	100,0	100,0	100,0	100,0	100,0	100,0	100,0	100,0	100,0	100,0	100,0

Quellen: vgl. Anhang

Schaubild 7

Kanalgesellschaften 1814-1848: geographische Verteilung des Gesellschaftskapitals

Zahl der Gesellschaften

Zahl der Gesellschaften gewichtet mit der Länge des jeweils kontrollierten Streckennetzes

Zahl der Gesellschaften gewichtet mit der Höhe der 1814-1848 getätigten Investitionen

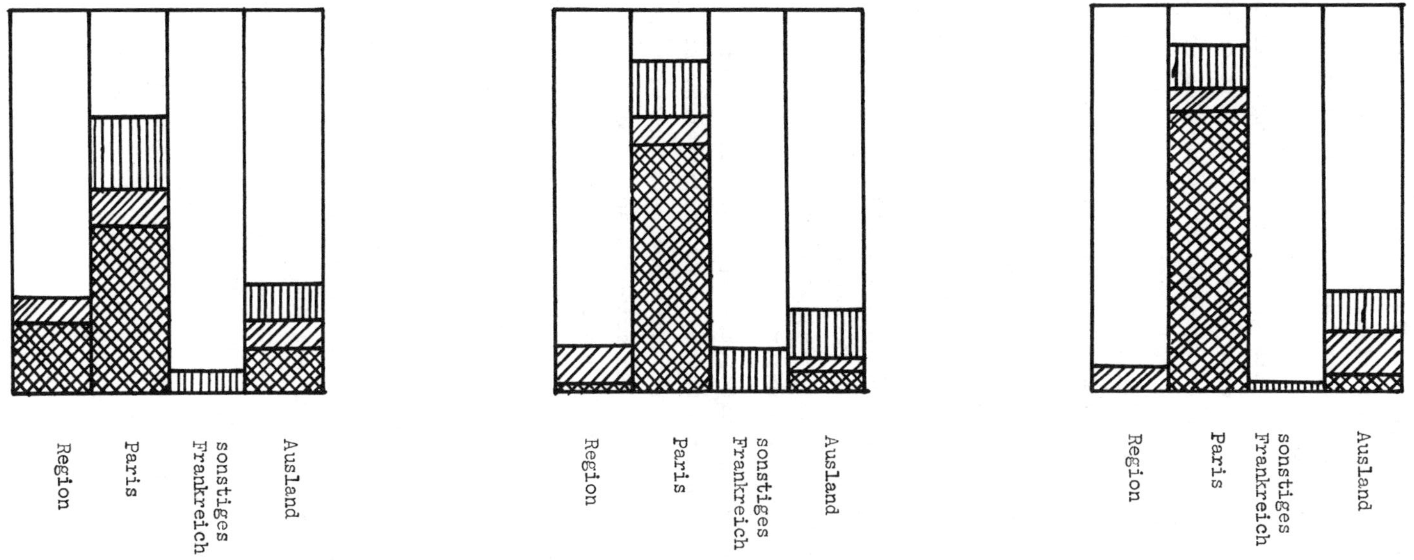

Anteil der geographischen Einheit am Gesellschaftskapital

- 75% und mehr
- 50% bis unter 75%
- 25% bis unter 50%
- unter 25%

Interpretationsbeispiel: Pariser Aktionäre besassen in ca. 44% der Kanalgesellschaften 75% und mehr der Kapitalanteile; diese Gesellschaften kontrollierten ca. 65% des Streckennetzes und führten ca. 72% der 1814-1848 getätigten Investitionen durch.

Quelle: Tabelle 23.

Etwa 70 % der zwischen 1814 und 1848 investierten privaten Mittel stammten von Pariser Kapitalgebern, in mehr als der Hälfte aller Unternehmen besaßen sie die Mehrheit der Anteile. Dabei handelte es sich vorzugsweise um kapitalstarke Gesellschaften, die ihrerseits gut 70 % des französischen Kanalnetzes kontrollierten und knapp 80 % aller Investitionen durchführten. Nicht nur fast alle überregionalen Verbindungen, sondern auch Projekte rein lokaler Bedeutung fallen in diese Gruppe, ja sogar die vor 1800 entstandenen und ursprünglich regional beherrschten Wasserstraßen wie der Midi-Kanal gerieten zunehmend unter den Einfluß der Hauptstadt.

Der dominierenden Stellung von Paris entspricht die Ohnmacht der Provinz. Zwar wurden immerhin ein Viertel aller Unternehmen von regionalen Anteilseignern kontrolliert, doch handelte es sich hierbei fast ausnahmslos um unbedeutende und kapitalschwache Personalgesellschaften, auf die lediglieh ein Achtel des Streckennetzes und ein Sechzehntel der Investitionen entfielen. Insgesamt lag der als "regional" eingestufte Anteil an den Gesamtinvestitionen unter 8 %.

Wenn somit die französische Provinz nahezu unfähig war, Projekte der jeweils engeren Umgebung zu realisieren, so war sie noch weniger bereit, zur Finanzierung weit entfernt gelegener Wasserstraßen beizutragen. Es spiegelt sowohl die Schwäche als auch die geringe Mobilität des in der Provinz vorhandenen Kapitals wider, daß ein Investitionsanteil von nur 5 % auf die Kategorie "sonstiges Frankreich" entfiel. Zudem war deren relativ starke Stellung in der Midi- sowie der Orléans/Loing-Gesellschaft nicht Ergebnis privater Entscheidungen, sondern - wie ausgeführt - direkte Folge napoleonischer Politik.

Immerhin gingen auch von der französischen Provinz gewisse Impulse aus. Sowohl der Straßburger als auch der Lyoner Kapitalmarkt bewahrten sich, was die Finanzierung der Kanalbauten betrifft, eine gewisse Selbständigkeit. Elsässer Finanziers trugen durch ihre Beteiligung am Rhône-Rhein-Kanal nicht unwesentlich zur Erschließung der eigenen Wirtschaftsregion bei, Lyoner Aktionäre kontrollierten den nahegelegenen Givors-Kanal, und

Unternehmern aus beiden Städten gelang es, von der Pariser Haute Banque an der Gründung der Cie des Quatre Canaux beteiligt zu werden. Weiter könnte man auf die Beiträge Roannes, Montpelliers sowie des Departement Nord zu den Kanalbauten der jeweiligen Umgebung verweisen. Zumindest gesamtwirtschaftlich gesehen jedoch waren lediglich die Anteile von Straßburg und Lyon von Bedeutung: Sie beliefen sich auf 7 bzw. 3 % der gesamten privaten Investitionen, während die zuletzt genannten nicht einmal ein Prozent ausmachten.

Von wenigen Ausnahmen abgesehen also beschränkte sich die Provinz darauf, durch ihre Vertreter im Abgeordnetenhaus ihre Forderungen nach besserer verkehrstechnischer Erschließung gegenüber der Zentralregierung anzumelden und verhielt sich im übrigen passiv. Falls dennoch vereinzelt regionale Initiativen aufkamen, waren die Chancen gering, das Projekt erfolgreich zuende zu führen. Es ist in dieser Hinsicht symptomatisch, daß es sich in vier der fünf Fälle, in denen zwischen 1814 und 1848 private Konzessionäre an der Realisierung der ihnen übertragenen Projekte scheiterten, um regionale Gruppen handelte, denen Pariser - oder ausländische - Unterstützung versagt blieb[1]. Selbst einer so bedeutenden Handelsstadt wie Bordeaux gelang es trotz mehrmaliger Versuche nicht, aus eigenen Mitteln die Finanzierung des für sie wichtigen Garonne-Seitenkanals zu bewältigen: Obwohl sich 12 führende Firmen der Stadt zu einer Aktiengesellschaft zusammenschlossen, konnte das notwendige Kapital nicht vereinigt werden. Erst nach jahrelangen vergeblichen Bemühungen wurde der Kanal schließlich aus öffentlichen Mitteln fertiggestellt.

Ein gewisser Ausgleich für die Schwäche regionaler Initiativen wurde durch das Ausland geleistet. Mit etwa 16 % an den Gesamtinvestitionen war sein Anteil zwar nicht

---

1) Es handelt sich um den Pyreneen-, den Essonne-, den Garonne- sowie den unteren Loire-Seitenkanal; Der Corrèze-Vézère-Kanal wurde wegen unvorhergesehener Mehrkosten von seinen Pariser Initiatoren fallengelassen.

einmal halb so groß wie bei der Finanzierung der Eisenbahnen in der zweiten Hälfte der Julimonarchie[1], lag aber dennoch höher als der Beitrag der französischen Provinz. In nicht weniger als einem Fünftel der Kanalgesellschaften befand sich die Mehrheit der Anteile in ausländischem Besitz, diese Unternehmen kontrollierten ein Zehntel des Streckennetzes und führten ein Siebtel der Investitionen durch.

Auch die Rangfolge unter den Geberländern war eine andere als zur Zeit des Eisenbahnfiebers. Lagen dort die britischen Kapitalgeber deutlich an der Spitze - Sée geht soweit zu behaupten, "die Verwirklichung des Eisenbahnprogramms von 1842 (sei) im wesentlichen eine englische Angelegenheit gewesen"[2] - dürfte deren Beitrag an der Finanzierung des Binnenschiffahrtsnetzes kaum mehr als 1 bis 2 Prozent betragen haben. Auch englische Techniker spielten bei der Durchführung der Bauarbeiten im Gegensatz zur Eisenbahn keine Rolle. Sowohl der deutsche als auch der italienische Finanzbeitrag übertrafen den britischen erheblich, wobei insbesondere an das Engagement eines Genueser Adligen an der Arles-Bouc- und der Bourgogne-Gesellschaft zu erinnern ist, das allein etwa 3 % der gesamten privaten Investitionen ausmachte. Den wichtigsten Auslandsbeitrag leisteten jedoch Belgien und die Schweiz, wobei es schwerfällt, zwischen den beiden Ländern eine Rangfolge aufzustellen.

Relativ korrekt dürfte der Anteil belgischen Kapitals mit ca. 8 % wiedergegeben sein, das insbesondere an der verkehrstech-

---

1) Der ausländische und insbesondere englische Kapitalanteil erreichte vermutlich nahezu 50 %; zumindest geben Henderson, Britain, S. 114; Dunham, Révolution industrielle, S. 68, sowie Sée, Wirtschaftsgeschichte Bd. II, S. 216, diesen Schätzwert an, während Cameron, France, S. 64 den Anteil der Engländer auf ca. 33 % beziffert. Für Einzelbeispiele vgl. zusätzlich Levy-Leboyer, Banques, S. 660, Henderson, Industrial Revolution, S. 114, ders., Britain, S. 67 ff., 71 ff. Unter diesen Umständen erstaunt nicht, daß Bedenken gegen den übermäßigen ausländischen Einfluß im Bahnwesen lautwurden. Man fürchtete sogar, die Gesellschaften unter englischer Kontrolle könnten im Kriegsfalle ihren Dienst einstellen, vgl. Gille, Banque, S. 242.

2) Sée, Wirtschaftsgeschichte, Bd. II, S. 215.

Tabelle 24

Kanalgesellschaften 1814 - 1848: Geographische Zusammensetzung der Gesellschaftsorgane c)

	Kanalgesellschaften											
	Anzahl %				Kontrolliertes Streckennetz %				Investitionen 1814 - 1848 %			
	Paris	sonst. Frankr. b)	Ausland	total	Paris	sonst. Frankr. b)	Ausland	total	Paris	sonst. Frankr. b)	Ausland	total
stärkste Aktionärsgruppe	56,3	25,0	18,8	100,0	79,0	12,3	8,7	100,0	78,5	6,2	15,3	100,0
Mehrheit des Führungsgremiums	56,3	25,0	18,8	100,0	79,0	12,3	8,7	100,0	78,5	6,2	15,3	100,0
Konzessionär/ Submissionär	53,1	34,4	12,5	100,0	79,5	15,3	5,3	100,0	83,4	12,5	4,1	100,0
Direktor	56,3	31,3	12,5	100,0	79,8	14,9	5,3	100,0	84,2	11,6	4,1	100,0
Bauunternehmer a)	56,0	28,0	16,0	100,0	88,3	5,4	6,3	100,0	88,7	6,9	4,4	100,0
Firmensitz	56,3	43,8	-	100,0	80,5	19,5	-	100,0	84,3	15,7	-	100,0

a) nur für 1814-1848 erteilte Konzessionen; Ingenieure des staatlichen Tiefbauamtes werden der Kategorie Paris zugeordnet

b) einschließlich Region

c) Wegen der großen Stabilität in der Zusammensetzung der Gesellschaftsorgane können die Angaben als für die gesamte Untersuchungsperiode repräsentativ angesehen werden.

Quellen: vgl. Anhang

Schaubild 8

Kanalgesellschaften 1814-1848
Geographische Zusammensetzung der Gesellschaftsorgane

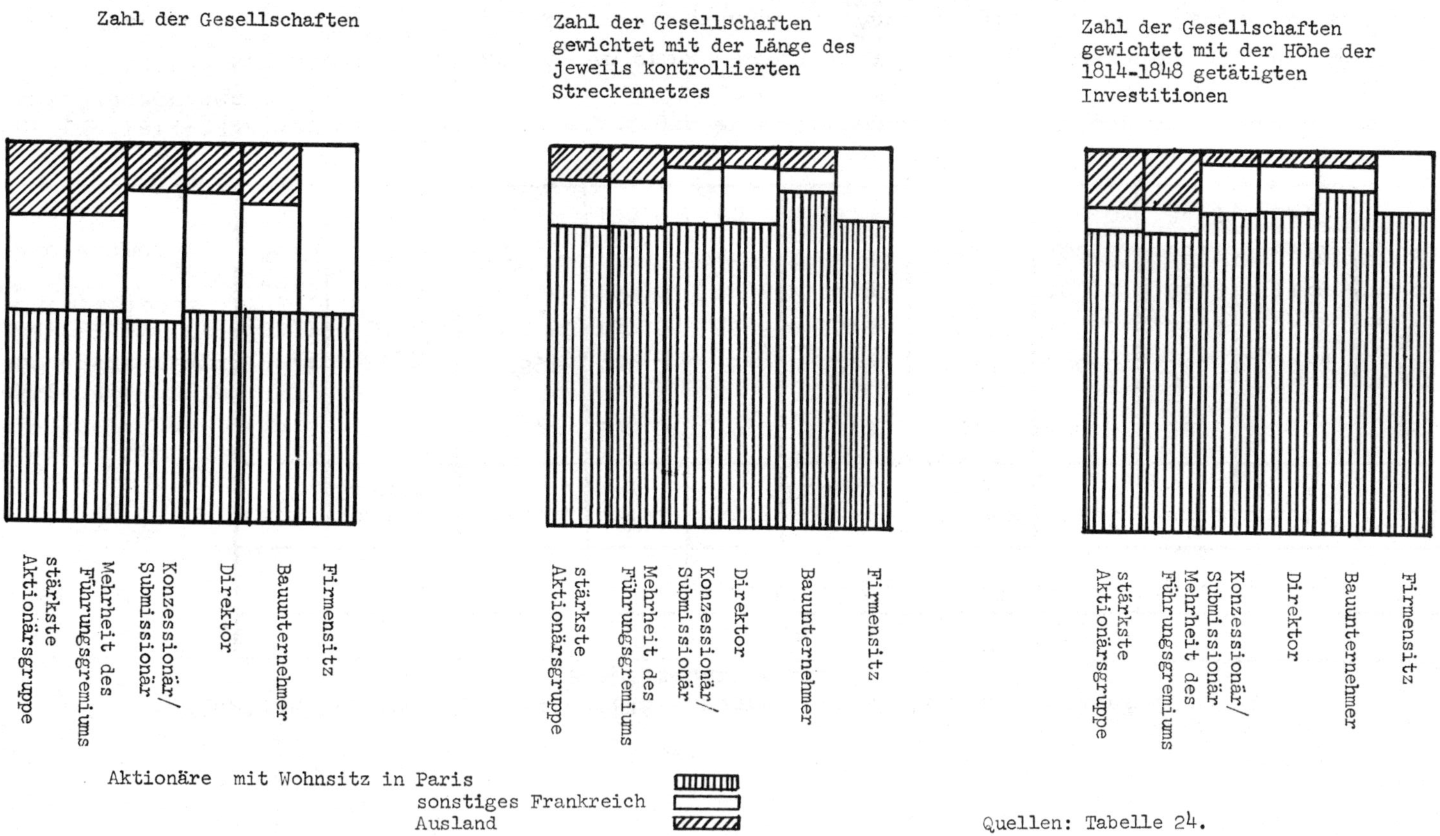

Quellen: Tabelle 24.

nischen Erschließung des flandrischen Industriegebietes mitwirkte; dagegen stellen die 6 %, mit denen der Schweizer Beitrag in die Berechnung einging, nur einen Mindestwert dar, der vermutlich erheblich unterhalb der Realität liegt. In der Tat sind in ihm nur die Schweizer Beteiligungen am Rhône-Rhein- sowie Roanne-Digoin-Kanal berücksichtigt, obwohl über die Pariser Haute Banque Schweizer Ursprungs sicherlich auch zahlreiche Aktien der übrigen Submissionsgesellschaften insbesondere in Genf und Basel abgesetzt wurden. Da einige Kanalanteile auf dem gleichen Wege vermutlich auch in die französische Provinz gelangt sind, dürfte auch deren Beitrag etwas über den in Tabelle 22 und 23 ausgewiesenen Werten liegen. Am Hauptergebnis der Analyse, der dominierenden Rolle Pariser Kapitals bei der Finanzierung des französischen Kanalnetzes, ändern diese Überlegungen jedoch nichts.
Hiervon kann man umso mehr ausgehen, als die Ergebnisse der Regionalanalyse der Kapitalgeber sich nahezu unverändert auf die anderen am Kanalbau beteiligten Personengruppen übertragen lassen. Der engste Zusammenhang bestand zwischen regionaler Herkunft des Kapitals einerseits und der höchsten Entscheidungsträger - d.h. je nach gewählter Rechtsform und Gesellschaftsvertrag der Aufsichtsratsmitglieder, Komplementäre oder Firmeninhaber - andererseits. Ausnahmslos besaß die stärkste Aktionärsgruppe auch die Mehrheit in der Geschäftsführung. Teilweise - z.B. in der Sambre- und der Sambre-Oise-Gesellschaft - waren die jeweiligen Mehrheitsverhältnisse einander direkt proportional, meist jedoch - etwa in allen Submissionsgesellschaften sowie der Cie du canal de Beaucaire - wurden Minderheiten weniger Stimmen in der Unternehmensführung zugestanden, als ihrem Anteil am Gesellschaftskapital entsprochen hätte.

Aber auch mit ausführenden Aufgaben wurden vorzugsweise Personen der gleichen Herkunft wie die Kapitalgeber betraut. Abweichungen ergeben sich bei den Direktoren in 9 %, bei den Konzessionären in 13 %, bei den für die Baudurchführung Verantwortlichen in 20 % der Fälle, wobei eine gewisse Tendenz bestand, regionalen Persönlichkeiten derartige weisungsgebundene Funktionen zu übertragen. Betrachtet man nicht nur die Zahl, sondern auch die an Streckenlänge und Investitionsvolumen gemessene Bedeutung dieser Verschiebungen,kamen sie jedoch per Saldo der französischen Provinz nur geringfügig zugute, trugen vielmehr in erster Linie zu einer weiteren Stärkung der Position von Paris bei. Der Zentralisationsgrad sämtlicher unternehmerischer und technischer Funktionen im französischen Kanalwesen kommt durch Tabelle 24 abermals zum Ausdruck. Danach wurden nicht nur 80 % des französischen Kanalnetzes von Firmen mit Pariser Kapitalmehrheit, Pariser Firmensitz, Pariser Aufsichtsräten, Direktoren und Konzessionären kontrolliert, sondern sogar 90 % der - an der Höhe der Investitionen gemessenen - Bauarbeiten unter Aufsicht und Leitung von der Hauptstadt entsandter Ingenieure und Unternehmer durchgeführt. Nicht einmal die Verantwortung für die praktische Durchführung der in Paris entworfenen Projekte wurde der Provinz also belassen, allein die am Kanalbau beteiligten Arbeitskräfte waren vorwiegend regionalen Ursprungs[1].

Damit dürfte deutlich geworden sein, daß der Zentralisierungsprozeß der französischen Wirtschaft bereits lange vor Beginn des Zeitalters der Eisenbahn weit fortgeschritten war. Wenn der Bau dieses Verkehrsmittels über die Köpfe der Provinzbewohner hinweg von Paris aus konzipiert, finanziert und durchgeführt wurde, stellt dies keine Neuerung, sondern die Wiederholung eines bekannten Vorganges dar. Entsprechend führte der Bahnbau keine grundsätzliche Wandlung der Beziehungen zwischen Paris und dem übrigen Frankreich herbei; auch verloren die lokalen Notabeln nicht erst in seinem Gefolge ihren Einfluß auf die heimische Wirtschaft, wie Tudesq meint, denn schon die Konstruktion und Verwaltung des vor der Eisenbahn leistungsfähigsten Verkehrssystems war weitgehend eine Pariser Angelegenheit gewesen. Wie so oft also wurde die Bedeutung der Eisenbahn auch hinsichtlich des Prozesses wirtschaftlicher Machtkonzentration überschätzt und als auslösendes Moment einer Entwicklung angesehen, die lange vor ihr begonnen hatte und innerhalb derer sie bestenfalls eine Etappe darstellt.

Ein Ansatz für ein neues Erklärungsmodell des Zentralisationsprozesses ergibt sich aus der vorangegangenen Analyse jedoch nicht. Denn natürlich wäre es absurd, die Rolle der Eisenbahn

---

1) Aus F 14.508 - F 14.524[30], Comptabilité du service des canaux, geht hervor, daß mit der eigentlichen Ausführung der unter staatlicher Aufsicht errichteten Bauten hunderte kleiner lokaler Unternehmer und Subkontrahenten beauftragt wurden.

jetzt den Kanälen zuschreiben zu wollen, nur weil die wichtigsten für die Bedeutung des Bahnbaus vorgebrachten Argumente - ungewöhnlich großer Kapitalbedarf und wenn nicht Notwendigkeit, so doch Nützlichkeit zentraler Planung und Koordination - auch für das Kanalwesen zutreffen. Überhaupt kann es nicht darum gehen, nun einen neuen und einzigen "Hauptgrund" für die wirtschaftliche Aushöhlung der Provinz zugunsten von Paris zu identifizieren, beispielsweise - weil der Umbruch von regionaler zu zentraler Initiative im Kanalbau gerade in diese Epoche zu fallen scheint - die im Gefolge der Revolution und besonders unter Napoleon durchgeführten inneren Reformen. Nur eine sowohl politische als auch soziale und wirtschaftliche Aspekte umfassende Analyse - die im Rahmen dieser Arbeit nicht zu bewältigen ist - könnte eine befriedigende Erklärung dieses komplexen Prozesses bieten.

Kapitel III: Die sozioprofessionelle Herkunft von Kapitalgebern und Führungskräften

1. Problemstellung und methodischer Ansatz

Wenn die geographische Herkunftsanalyse des im Kanalbau investierten privaten Kapitals den zeitlichen Ablauf und damit auch die Antriebskräfte des Konzentrationsprozesses wirtschaftlicher Macht in Paris in einem neuen Licht erscheinen läßt und deutlich macht, welch überragende Rolle Pariser Unternehmer und Kapitalisten bereits vor Beginn des Eisenbahnzeitalters aufkosten der lokalen Notabeln erlangt hatten, so kann die sozioprofessionelle Analyse der Kanalinvestoren einen Beitrag zum Verständnis des Industrialisierungsprozesses in Frankreich insofern liefern, als sie zur Frage nach den Trägern der wirtschaftlichen Dynamik innerhalb dieses Prozesses einige neue Informationen beisteuert. Die folgende Untersuchung ist somit in Zusammenhang zu sehen mit der Diskussion um die unterschiedliche Rolle von industriellem Unternehmertum, Banken und staatlichen Institutionen während der französischen Industrialisierung, die wiederum in die generelle Debatte um das Abhängigkeitsverhältnis zwischen wirtschaftlicher Entwicklung und Bankensystem im internationalen und intertemporären Vergleich einzuordnen ist. Auf die hierbei vorgetragenen Thesen, unter denen Gerschenkrons Theorie von den Auswirkungen relativer Rückständigkeit eine zentrale Stellung einnimmt, an die die Beiträge von Hoselitz, Landes, Cameron, Gille, Levy-Leboyer und Bouvier mehr oder weniger direkt anknüpfen, werden unsere Ergebnisse letztlich also zu beziehen sein.[1)] Daneben werden

---

1) Die in unserem Zusammenhang relevanten Aspekte dieser Thesen werden in der Schlußdiskussion genauer angesprochen werden; sie finden sich im wesentlichen in Gerschenkron, Wirtschaftliche Rückständigkeit; Hoselitz, Unternehmertum und Kapitalbildung; Landes, French entrepreneurship; ders., Vieille banque et banque nouvelle; Gille, Banque; ders., Banking and industrialization; Levy-Leboyer, Banques; Cameron, Banking in the early stages: Introduction und Kapitel France; Bouvier, Systèmes bancaires et entreprises industrielles.

noch einige Aufschlüsse über die Rolle sozialer und politischer Eliten im Industrialisierungsprozeß sowie schließlich über den Entwicklungsgrad des französischen Kapitalmarktes während der ersten Hälfte des 19. Jahrhunderts gewonnen werden.

Im Verlauf der Aufarbeitung des Datenmaterials wurde, um eine Basis für die oben angeführten theoretischen Überlegungen zu gewinnen, folgenden Fragen nachgegangen: Erstens, welches waren die Anteilseigner der Kanalgesellschaften, vor allem: welche Gruppen stellten das jeweilige Anfangskapital zur Verfügung? Waren es wie in Großbritannien vorwiegend Großgrundbesitzer, Industrielle und Kaufleute, war es die traditionelle Führungsschicht adliger Beamter und Offiziere oder ging die Initiative zur Modernisierung des Verkehrsnetzes von der aufstrebenden Geldaristokratie der Bankiers und Financiers aus? Hieraus läßt sich zumindest indirekt ableiten, aus welchen Sektoren der Volkswirtschaft dieses Kapital stammte, ob es vorwiegend in der Landwirtschaft, der Industrie oder dem tertiaren Sektor angesammelt wurde.

Die zweite Frage ist die nach den Inhabern der Führungspositionen im Kanalwesen. Welche Personengruppen lenkten und beherrschten die Unternehmen als Konzessionäre, Direktoren, Aufsichtsratsmitglieder u.ä.? Waren es vorwiegend technische Spezialisten wie Ingenieure und Bauunternehmer, Spezialisten der Kapitalbeschaffung wie Bankiers und Finanziers, Spezialisten der Verwaltung wie Wirtschaftsjuristen, Notare, Advokaten? Handelte es sich um die gleiche Gruppe, die auch die Hauptlast der Finanzierung trug, oder kam gesellschaftlichen Eliten wie hohem Adel, Pairs oder Deputierten hier eine besondere Bedeutung zu - mit anderen Worten: entschieden in erster Linie Kapitalanteil, technische Kenntnisse oder Repräsentationsfunktion über die Besetzung dieser Führungspositionen?

Als dritte Frage schließt sich an, ob wie beim Eisenbahnbau bereits breite Schichten zur Finanzierung der Kanalgesellschaften beitrugen oder ob der Kapitalmarkt noch nicht diese Ausweitung erfahren hatte, sich vielmehr nur eine kleine Gruppe extrem kapitalkräftiger Personen beteiligte. War letzteres der Fall, sollten diese für den Kanalbau entscheidenden Individuen im einzelnen vorgestellt werden. Abschließend wird die Frage angesprochen, ob es sich bei den Kapitalgebern der Kanalgesellschaften wie seinerseits in Großbritannien in erster Linie um zukünftige Nutznießer verbesserter Verkehrswege oder eher um reine Finanzinvestoren handelte, die lediglich die zu erwartenden Kanalgebühren in ihre Rentabilitätsrechnung einbezogen. Mit Hilfe dieser Analyse kann versucht werden, die Rolle verschiedener Institutionen und Personengruppen innerhalb des Modernisierungsprozesses der französischen Wirtschaft präziser zu bestimmen und hierdurch dessen Mechanismus im Gegensatz etwa zum britischen Vorbild genauer zu erfassen.

Grundlage der Ausführungen ist die sozioprofessionelle Erfassung der an den Kanalgesellschaften als Kapitalgeber oder in Führungspositionen Beteiligten. Entsprechend ist zunächst ein Raster zu bilden mit dem Ziel, diese Personengruppe "in eine beschränkte Zahl von Kategorien zu gliedern, die jeweils eine gewisse soziale Homogenität aufweisen"[1]. Wichtigstes Einteilungskriterium hierbei ist der Beruf. Zwar mag es mit erheblichen Schwierigkeiten verbunden sein, ein auf die Gesamtheit einer Gesellschaft anwendbares Berufsraster zu entwickeln; unsere Aufgabe bestand jedoch nicht darin, ein derartiges theoretisches Modell zu entwerfen, sondern beschränkte sich darauf, eine konkrete, eng umgrenzte Anzahl von Individuen zu erfassen. Es zeigte sich bald, daß innerhalb dieser Gruppe nur eine geringe Zahl von Berufen effektiv vertreten war, das zu bildende Raster sich also auf eine relativ kleine Zahl von Kategorien beschränken konnte, denen wir die Bezeichnungen Rentiers, Staatsbeamte, Offiziere, Bankiers, Kaufleute, Industrielle, Bauunternehmer, freie Berufe, "sonstige" zuordneten. Diese Begriffe, die sich notwendigerweise eng an die in den Quellen vorgefundenen

---

1) Vgl. INSEE, Code des catégories socio-professionnelles, 1. Teil, 3. Aufl. Paris 1954, S. 1.

anlehnen, entsprechen weitgehend den von Daumard und Tudesq verwendeten,[1] wobei allerdings einige für uns wenig relevante zur Kategorie der "sonstigen" zusammengefaßt, andere hingegen stärker aufgefächert wurden.

Am vagesten und heterogensten ist - natürlich abgesehen von den "sonstigen", zu denen einige meist wirtschaftlich schwächere Personen wie eine am Givors-Kanal beteiligte Wäscherin, drei in der Arcachon-Gesellschaft vertretene Nonnen und ein unter den Aktionären des Aire-La Bassée-Kanals aufgeführter Seifensieder zusammengefaßt wurden - die Gruppe der in den Quellen als propriétaires und rentiers bezeichneten Personen. Im strikten Sinne des Wortes handelt es sich um Haus- und Grundeigentümer im ersten, Besitzer mobilen Vermögens im zweiten Fall. In der Realität jedoch sind diese Abgrenzungen nicht so eindeutig. Schon in den Quellen findet sich häufig die Doppelbezeichnung propriétaire-rentier, nur selten die Spezifizierung propriétaire foncier. Charakteristikum dieser Gruppe ist deshalb in erster Linie die Tatsache, daß die ihr Zugerechneten nicht oder nicht mehr im aktiven Erwerbsleben stehen, sondern vom Ertrag ihres Vermögens leben. Über Art und Herkunft dieses Vermögens jedoch sind kaum Aussagen möglich. So kann - zumal unter der Pariser Bourgeoisie absolute und lebenslängliche Berufslosigkeit äußerst selten war[2] - insbesondere hinter

---

1) Vgl. zu Problematik und Möglichkeiten derartiger sozioprofessioneller Klassifizierungen insbesondere Daumard, Projet de code socio-professionnel, passim; dieselbe, Structures sociales et classement socio-professionnel, S. 152 ff.; dieselbe, Bourgeoisie, S. XIX ff.; Tudesq, Notables, S. 94 ff., 188 ff., 424 ff.; ders., Conseillers généraux, S. 111 ff., 120 ff., 130 ff. Bei der Klassifizierung wurden Witwen übrigens dem Beruf ihres verstorbenen Gatten zugeordnet.

2) Vgl. Daumard, Bourgeoisie, S. 172, 479; Tudesq, Conseillers généraux, S. 120, 122. Vgl. im übrigen zu diesen Begriffen Daumard, ebda., S. XXI, 500 f.; dies., Code socio-professionnel, S. 190; Tudesq, Notables, S. 425.

der mit erheblichem Prestige verbundenen Bezeichnung propriétaire mit gleicher Berechtigung ein Besitzer von Immobilien wie ein ehemaliger Beamter oder Kaufmann vermutet werden.[1] Im Deutschen schien uns der Begriff des "Rentiers" diese Gruppe am treffendsten zu kennzeichnen.

Auch die anderen Begriffe bedürfen trotz ihrer scheinbaren Eindeutigkeit zumindest der Abgrenzung. Der Gruppe der Beamten etwa wurden nicht nur die von ihrer Funktion her den Bankiers sehr nahe stehenden, ihrer Stellung nach aber eindeutig der Finanzverwaltung zugehörenden Generaleinnehmer[2] sowie der damaligen Praxis gemäß die Bürgermeister zugeschlagen[3], sondern auch - was weniger evident ist - die Mitglieder amtierender Königshäuser[4] und sogar die Ehrenlegion[5] als halbstaatliche Institution zugerechnet. Die Freiberuflichen umfassen - wiederum entsprechend der damaligen Praxis - neben Ärzten, Apothekern,

---

1) Sofern die ursprüngliche Tätigkeit festgestellt werden konnte, wurde sie im übrigen der beruflichen Zuordnung zugrundegelegt.

2) Vgl. hierzu Daumard, Bourgeoisie, S. 171; Gille, Banque, S.73 ; Tudesq, Notables, S. 402 f.

3) Vgl. Tudesq, Conseillers généraux, S. 142.

4) Louis-Philippe und Adélaide besaßen Anteil an der Orléans-Loing sowie der Briare-Gesellschaft, Léopold I. an der Sambre-Oise-Gesellschaft.

5) Die Ehrenlegion war an der Midi- sowie der Orléans-Loing Gesellschaft beteiligt.

Advokaten, Notaren, Schriftstellern und Zivilingenieuren auch einige leitende Angestellte wie etwa den Direktor einer Kanalgesellschaft.[1] Der Kategorie der Bankiers schließlich wurden alle Personen zugeordnet, die in wesentlichem Umfang Geld - und Kreditgeschäfte abwickelten, d.h. nicht nur die verschwindend geringe Zahl von Nur-Bankiers sondern auch Financiers wie J.G. Humann sowie die kapitalkräftige Gruppe der Börsenmakler.[2]

Es erscheint wenig sinnvoll, die Charakterisierung der einzelnen Kategorien an dieser Stelle fortzuführen. Im Verlaufe der Einzeldarstellungen wird es leichter fallen, ein anschaulicheres Bild hinsichtlich der jeweils in ihnen Erfaßten zu vermitteln. Es sei lediglich angemerkt, daß die zuletzt aufgeführten Begriffe nur ein Grobraster darstellen, das bei Bedarf untergliedert wurde, um Besonderheiten aufzuzeigen. So wurden die Banken nach dem Schwerpunkt ihrer Aktivität, die Freiberuflichen nach Juristen einerseits und Medizinern andererseits unterschieden, bei zivilen und militärischen Staatsangestellten schließlich nicht nur technische Spezialisten wie Tiefbauingenieure und Genieoffiziere ausgesondert, sondern auch zwischen hohen und niederen Chargen, Angehörigen der Regional- und Zentralverwaltung differenziert.[3] Weiter ergänzt

---

1) Vgl. Daumard, Code socio-professionnel, S. 206 f.

2) Beteiligungen, die ein Bankhaus für einen Kunden verwaltete, wurden in den Quellen offensichtlich durchgehend als solche gekennzeichnet und von uns ausgesondert. Eine Unterscheidung zwischen privaten Engagements eines Bankiers und Operationen für Rechnung seiner Firma ist nicht notwendig, da es sich bei den von uns Erfaßten fast ausschließlich um Privatbankiers handelte.

3) Vgl. zur Hierarchisierung innerhalb der Offiziere und Beamtenschaft Tudesq, Conseillers généraux, S. 130 ff., 143 ff., sowie derselbe, Notables, S. 192.

wurde das Berufsraster zudem durch Erhebung einiger weiterer Merkmale wie Zugehörigkeit zu Adel oder Legislative. Als letztes versuchten wir - und sei es nur mit Hilfe des Wertes der jeweiligen Kanalbeteiligungen - gewisse Anhaltspunkte über die Vermögensverhältnisse der Erfaßten zu gewinnen.

Beim Auffüllen des sozioprofessionellen Rasters traten eine Reihe von Schwierigkeiten auf, die zumindest teilweise den bei der geographischen Analyse begegneten ähnelten. Sie waren erstens durch die Quellen bedingt, die einerseits die Namen und Anteile der Kapitaleigner nicht immer vollständig aufführten und hierdurch teilweise Schätzungen notwendig machten, andererseits hinsichtlich der beruflichen und sonstigen gesuchten Daten mit Hilfe biographischer Hilfsmittel ergänzt werden mußten.[1] Zweitens waren die Schwierigkeiten systematischer Art. Denn nicht immer war es möglich, ein Individuum eindeutig einer einzigen Kategorie zuzuordnen, sei es weil es den Beruf wechselte,[2] sei es weil seine Aktivitäten zu vielfältig und breitgestreut waren - ein Umstand, der um so häufiger auftrat, je höher die soziale und wirtschaftliche Position einer Person war. So war Soult, Herzog von Dalmatien, nicht nur einer der einflußreichsten Militärs und Staatsmänner seiner Zeit, sondern auch ein bedeutender Unternehmer[3] oder Henri de Baillet nicht nur Mitglied des belgischen Hochadels und Großgrundbesitzer, sondern auch an zahlreichen Aktienbanken und Unternehmen der Schwerindustrie maßgeblich beteiligt;[4] oder schließlich die

---

1) Hinsichtlich der Quellen und Hilfsmittel sei wiederum auf Anhang C verwiesen.

2) Ein Beispiel hierfür liefert der am St.-Martin-Kanal beteiligte A.S.L. Bérard, der zeitweilig als Bankier und Industrieller in der Privatwirtschaft tätig war, zeitweilig aber auch hohe Staatsämter bekleidete, ja bis zum Generaldirektor des Tiefbauamtes aufstieg, vgl. Abschnitt III 1c. Als maßgeblich wurde in solchen Fällen die z.Z. der Übernahme eines Engagements in einer Kanalgesellschaft ausgeübte Tätigkeit angesehen.

3) Vgl. Tudesq, Notables, S. 94, 425; Gille, Grande entreprise capitaliste.

4) Henri de Baillet besaß im Jahre 1865 nicht weniger als 14 Aufsichtsratsposten, u.a. in der Société Générale; vgl. Levy-Leboyer, Banques, S. 614f; Jacquemyns, Langrand-Dumonceau, Bd.I, S.231f.

zahlreichen Mitglieder der Familie Davillier nicht nur Kaufleute, sondern auch Industrielle und Bankiers[1]. Insbesondere die Trennung zwischen Bankiers und Kaufleuten ist bekanntlich kaum möglich, da "die Privatbankiers zum größten Teil zugleich Kaufleute waren... Als Kaufleute hatten sie begonnen, daneben allmählich auch Bankgeschäfte übernommen, diese schließlich zu ihrer Hauptaktivität werden lassen, ihr ursprüngliches Tätigkeitsfeld jedoch nie völlig aufgegeben"[2]. Derartige Personen konnten häufig nicht ohne Willkür einer einzigen der Berufskategorien zugeschlagen werden. Zwar wurden Zweifelsfälle weitgehend kenntlich gemacht, dennoch bleibt die Tatsache bestehen, daß die im folgenden ausgewiesenen Ergebnisse eine Eindeutigkeit aufweisen, die sie in der Realität nicht immer besitzen.

Als letztes einige Bemerkungen zum Aufbau der folgenden Untersuchung. Wie bei der geographischen Analyse wurden dem zusammenfassend-quantifizierenden Teil die Einzeldarstellungen sämtlicher privater Kanalgesellschaften vorangestellt. Da sich hinsichtlich der sozio-professionellen Struktur der Kapitaleigner und leitenden Persönlichkeiten keine eindeutige Entwicklung im Zeitablauf feststellen ließ, schied eine chronologische Anordnung dieser Einzeldarstellungen in diesem Kapitel aus. Stattdessen wurde versucht, die Kanalunternehmen danach zu gliedern, welche Gruppen zu ihrer Entstehung jeweils in erster Linie beitrugen. Zwar wird eine derartige Strukturierung dadurch erschwert, daß fast immer mehrere Kategorien von Kapitalgebern an der Finanzierung eines Kanals beteiligt waren und sich zudem die Besitzverhältnisse im Zeitablauf änderten. Da die Hauptlast der Finanzierung aber von einem relativ engen Personenkreis getragen wurde, ergibt sich dennoch ein recht übersichtliches Bild.

---

1) Gille, Banque, S. 54 f.

2) Bouvier, Rothschild, S. 45; vgl. auch Gille, Banque, S. 37, 54 ff., 246; Levy-Leboyer, Banques, S. 434; Cahen, L'enrichissement, S. 199; Tudesq, Notables, S. 94.

2. Einzelstudien

a) Die Rolle technischer Spezialisten

Im Gegensatz zu den meisten wirtschaftlichen Aktivitäten der ersten Hälfte des 19. Jahrhunderts setzte der Kanalbau sowohl den Einsatz großer Kapitalmengen als auch ein hohes Maß technischer Kenntnisse voraus. Entsprechend waren an der Mehrzahl der Projekte sowohl Spezialisten der Kapitalbeschaffung als auch Spezialisten der Technik, d.h. Bankiers und Financiers einerseits, Bauuunternehmer und Ingenieure andererseits, beteiligt. Nur relativ selten wurden beide Funktionen, Kapitalbeschaffung und technische Leitung, von einer einzigen Person wahrgenommen. Wenn die Bankiers hierbei durch andere kapitalkräftige Gruppen vertreten werden konnten - insbesondere hohe, meist adlige Offiziere und Beamte spielten hier eine Rolle, während die übrigen einleitend aufgeführten Berufsgruppen nur einen ergänzenden Beitrag leisteten - war die Mitarbeit technischer Spezialisten dagegen praktisch unerläßlich. Nur in einem einzigen Fall verfügte ein als Financier eingestufter Konzessionär auch über die Fähigkeit, die für seine Zeit gewaltigen technischen Probleme zu bewältigen, die Pläne weitgehend selbständig zu erstellen und die Bauarbeiten zu leiten. Es handelte sich um Pierre-Paul Riquet, der sein Vermögen in erster Linie in der stark spekulativen Tätigkeit eines Armeelieferanten und Steuerpächters erworben hatte[1] und, obwohl ohne systematische technische Ausbildung, mit dem Canal du Midi die bedeutendste künstliche Wasserstraße des Ancien Régime schuf.

Zahlenmäßig häufiger war der umgekehrte Fall, daß Bauunternehmer und Ingenieure auch die Finanzierung eines Kanals ganz oder doch soweit übernahmen, daß sie die Kontrolle über die neuge-

---

1) Maistre, Canal des Deux Mers, S. 41 ff., 49 ff., 86 ff. Riquet bewies seine Kompetenz als Finanzfachmann übrigens auch mit seinen von Colbert akzeptierten Vorschlägen zur Teil-Finanzierung des Kanals aus öffentlichen Mitteln - eine bei dem chronischen Geldmangel des Staatshaushalts nicht unerhebliche Leistung. Zu den Details der Vorschläge Riquets vgl. Maistre, a.a.O., S. 95 ff.

schaffene Wasserstraße behielten. Zur guten Hälfte handelte es sich hierbei jedoch sowohl verkehrspolitisch als auch hinsichtlich des Investitionsvolumens um zweitrangige Projekte. So kosteten die Arbeiten an den 1824, 1828 und 1835 an Bauunternehmer vergebenen Kanälen von Luçon, Dünkirchen - Furnes und Hazebrouck - an letzterem war übrigens auch ein Rentier als Kommanditist wesentlich beteiligt - jeweils nur einige hunderttausend Franken. Die 1839 bzw. 1842 eröffneten Kanäle zwischen Vire und Taute sowie von Coutances, deren Bau zunächst von der lokalen Beamtenschaft betrieben[1], letztlich jedoch von zwei Baufirmen durchgeführt und finanziert wurde, machten zwar Investitionen von nahezu zwei Millionen Franken notwendig; da sie jedoch an das übrige Wasserstraßennetz nicht angeschlossen waren, konnten sie nur rein lokalen Interessen dienen[2].

Doch auch größere und vor allem für den Kohlentransport wichtigere Projekte wurden von entsprechend kapitalkräftigeren Tiefbauunternehmen realisiert. Zu diesen Firmen von überregionaler, ja nationaler Bedeutung gehörten zum einen Bayard de la Vingtrie frères, die den überwiegenden Teil der Metallbrücken im Südwesten Frankreichs errichtet hatten und später im in- und ausländischen Eisenbahnbau eine wichtige Rolle spielten[3]. Bei den Firmeninhabern handelte es sich um zwei ehemalige Ingenieure des öffentlichen Tiefbauamtes, von denen einer in dieser Stellung in den zwanziger Jahren den Bau des Aire-La Bassée-Kanals geleitet hatte[4]. Ihnen wurde 1835 die Konzession für die untere Scarpe zugesprochen, und obwohl sie zu deren Finanzierung eine KGaA gründeten, deren Aktien lebhaft an der Pariser Börse gehandelt wurden[5], konnten sie zusammen mit einem dritten Tief-

---

1) Vgl. zu Struktur und Motivation der ursprünglichen Gesellschafter Abschnitt b dieses Kapitels.

2) Bezüglich der Entwicklung der einzelnen Projekte wird auf das vorhergehende Kapitel, bezüglich der Quellen nochmals auf den Anhang verwiesen.

3) Levy-Leboyer, Banques, S. 622, Anm. 126.

4) F 14.6821, Rapport Bayard de la Vingtrie an Desjardin, 25.6.1824.

5) Vgl. die im Anhang aufgeführten Börsenberichte; über die Käufer der Aktien sind nur verstreute Angaben vorhanden, die keine generellen Schlußfolgerungen zulassen.

bauingenieur als Kommanditisten und Geschäftsführer die Kontrolle über die Gesellschaft noch weit über die Jahrhundertmitte hinaus behaupten.

Ganz auf den Wasserbau beschränkt, erlangte ein anderes Bauunternehmen eine wesentlich größere Bedeutung für die französische Binnenschiffahrt, nämlich die Firma A. und F. Honnorez. Wie erwähnt, erhielt sie unter der Restauration nicht nur die Konzessionen des Mons-Condé-, Sensée-, Deule-und St. Quentin-Kanals, sondern auch das Recht, auf verschiedenen Flüssen Gebühren zu erheben. Sie wurde hierdurch, trotz der räumlich engen Begrenzung ihrer Aktivität auf das nordöstliche Industrie- und Kohlengebiet, zur bedeutendsten Wasserstraßenbaufirma Frankreichs. Zwar finanzierte sie die von ihr durchgeführten Investitionen in Höhe von ca. acht Millionen Franken nicht völlig aus eigenen Mitteln, sondern gründete für den Sensée- und Deule-Kanal jeweils eine Kapitalgesellschaft[1]. Aber auch die Gebrüder Honnorez waren aufgrund des von ihrem Vater, einem belgischen Bauunternehmer und Eisenhüttenbesitzer, ererbten "gewaltigen Vermögens"[2] kapitalstark genug, sich ihre wirtschaftliche Unabhängigkeit sowie die Geschäftsführung sämtlicher von ihnen errichteter Wasserstraßen bis zu ihrem Tode zu bewahren.

Hiermit ist die Reihe der Kanäle, die überwiegend von Bauunternehmern und Ingenieuren finanziert wurden, praktisch erschöpft. Zwar wurden noch einige andere Konzessionen an technische Spezialisten vergeben, angefangen mit dem Briare-Kanal im 17. Jahrhundert bis hin zum Aire-La Bassée-, Roubaix-, Sambre-, Sambre-Oise- sowie Corrèze-Vézère-Kanal unter Restauration und Julimonarchie. In all diesen Fällen gingen die beteiligten Tech-

---

1) Über die Aktionäre der Gesellschaften ist praktisch nichts bekannt. Bankiers waren vermutlich nicht wesentlich beteiligt, zumindest ließen sich die Aktionäre der Deule-Gesellschaft, als es 1836 zu Auseinandersetzungen mit Honnorez kam, durch zwei Rentiers vertreten.

2) Jacquemyns, Langrand-Dumonceau, Bd. I, S. 86; die Familie hatte weitere Verbindungen zur Schwerindustrie, etwa zu Michel Licot de Nismes, einem der reichsten Hüttenbesitzer Belgiens; ebd.

niker jedoch Allianzen mit anderen Gruppen ein, die den größten Teil der Finanzlast übernahmen. Ihr Einfluß in diesen Unternehmen war entsprechend gering, überwiegend wurden sie zu rein ausführenden Organen der Kanalgesellschaften und blieben nur formell Konzessionäre der Wasserstraßen.

Allein der Givors-Kanal noch könnte mit einiger Berechtigung in die Reihe der überwiegend von technischen Spezialisten geschaffenen Kanäle eingeordnet werden. Denn Initiator und treibende Kraft dieses Projekts war der "Uhrmacher" François Zacharie, der im Jahre 1760 eine entsprechende Konzession erlangte. Allerdings überstiegen die anfallenden Kosten bei weitem seine Finanzkraft; er sowie sein Sohn und Erbe mußten in zunehmendem Maße Fremdmittel aufnehmen, so daß ihr Anteil an der Kanalgesellschaft bis 1770 auf 28%,bis 1780 sogar auf 7 % zurückging[1]. Letztlich war der Beitrag der Techniker Zacharie zur Finanzierung des Givors-Kanals somit gering.

Über die Herkunft des übrigen Kapitals können leider keine Angaben gemacht werden, denn detaillierte und vollständige Informationen über die Gesellschafter liegen erst für das Jahr 1838, d.h. ein Dreivierteljahrhundert nach Gründung des Unternehmens vor. Zwar sprechen verschiedene Indizien dafür, daß die Anteile seit langem innerhalb der gleichen Familien vererbt wurden, daß ein Großteil der Aktionäre des Jahres 1838 also mit den ursprünglichen Anteilseignern verwandt waren ; das häufige Auftreten derselben Familiennamen – 7 Bethenod, 4 Zacharie, 4 Chambost werden beispielsweise aufgeführt-,die große Zahl von Erbengemeinschaften sowie schließlich die starke Zersplitterung der Aktien, die eine Präzisierung der Besitzrechte auf ein Tausendstel eines Anteils notwendig machten, sprechen für diese Tatsache. Dennoch sind hieraus natürlich keinerlei Rückschlüsse auf die Struktur der ursprünglichen Kapitalgeber möglich. Insbesondere der - wie aus Tab. 25 hervorgeht - mit 75 % extrem hohe Anteil von Rentiers ist eher typisch für ein etabliertes als für ein risikoreiches, im Projektstadium befindliches Unternehmen. Eine Verflechtung

---

[1] Gras, <u>Forez</u>, S. 77.

Tabelle 25

Givors-Kanal. Berufsstruktur der Aktionäre 1838

Beruf	Aktionäre %	Kapitalanteil %
Rentier	76,6	74,1
Staatsbeamter	6,6	16,0
Offizier	2,2	1,5
Kaufmann	5,1	2,8
Industrieller	0,7	0,1
freier Beruf[a)]	6,6	5,0
sonstige[b)]	2,1	0,5
total	100,0	100,0

a) darunter Juristen 2,2 % mit 1,4 % der Anteile, Mediziner 1,5% mit 0,7 % der Anteile, technische Berufe 2,2 % mit 1,2 % der Anteile sowie der Physiker André Ampère mit 1,7% der Anteile.

b) darunter je ein Schiffskapitän, eine wohltätige Gesellschaft sowie eine Wäscherin mit jeweils ca. 0,1 % der Anteile.

Zahl der Aktionäre 137

Quellen wie Tab. 7.

der Gesellschafter mit anderen Bereichen der Wirtschaft, insbesondere mit den Kohlebergwerken der Region, bestand zu diesem Zeitpunkt übrigens kaum[1)]. Nur ein einziger - und zwar der mit einem Anteil von 8,3 % zugleich wichtigste - der Aktionäre scheint übergreifende ökonomische Interessen gehabt zu haben, in die sich seine Beteiligung und Rolle als Administrator der Kanalgesellschaft sinnvoll einordnete. Es handelte sich um den Generaleinnehmer des Departements Rhône Adrien Delahante, der zugleich "der wichtigste Bankier von Lyon"[2)] und eine der bedeutendsten Gestalten der französischen Wirtschaft seiner Zeit war[3)]. Er war es auch, der zum

1) Vgl. hinsichtlich der am Kohlebergbau des Loire-Beckens Beteiligten Guillaume, Mines de la Loire, S. 25 f., 30 f., 36 f., 45 ff., 232 f.

2) Guillaume, a.a.O., S. 63.

3) Vgl. zu den Aktivitäten von Delahante, der u.a. an der Spitze des von Villèle im Jahre 1825 ins Leben gerufenen Syndicat des Receveurs Généraux stand, neben Guillaume insbes. Gille, Entreprise capitaliste, S. 113 ff.; Gille, Banque, S. 73, 75.

Ende der Julimonarchie die Verpachtung und schließlich fast vollständige Übernahme des infolge der neuen Eisenbahnkonkurrenz in seiner Rentabilität geschwächten Kanals durch die Compagnie des Mines de la Loire betrieb[1]. Hiermit trat einer der seltenen Fälle ein, daß ein Kanal unter die Kontrolle eines als Benutzer direkt interessierten Industrieunternehmens geriet. Daneben war dies nur bei einem einzigen, winzigen Projekt der Fall, dem Kanal von Plessis, der um 1840 auf Kosten einer Kohlengrube gleichen Namens fertiggestellt wurde. Auch reine, nicht zugleich im Kreditgeschäft tätige Kaufleute waren an der Finanzierung von Kanalbauten praktisch nicht beteiligt. Die einzige Ausnahme bildete der ebenfalls völlig unbedeutende, im 17. Jahrhundert durch lokale Kaufleute gebaute Lunel-Kanal. Daneben trugen sowohl Industrielle als auch Kaufleute nur noch ergänzend - und auch dies wesentlich vereinzelter als etwa Rentiers, die an den meisten Projekten zumindest geringfügig beteiligt waren - zur Finanzierung eines Kanals bei.

b) Der Beitrag der traditionellen Führungsschicht: Adel, Militär, Beamtenschaft

Von nur zwei Gruppen gingen also, abgesehen von den technischen Spezialisten, wesentliche Initiativen zur Gründung von Kanalgesellschaften bzw. zur Schaffung neuer Binnenwasserstraßen aus, und zwar von meist adligen Inhabern hoher und höchster Positionen in Verwaltung und Militärwesen einerseits, von Bankiers andererseits. Ohne an dieser Stelle die aus Grundadel, Staatsbeamten und Militärs gebildete Gruppe genauer abzugrenzen und

---

1) Vgl.Grangez, Précis, S. 258; Levy-Leboyer, Banques, S. 695; Guillaume, Mines de la Loire, S. 63.

die Zweckmäßigkeit dieser Zusammenfassung zu rechtfertigen[1] - dies wird im Verlauf der Einzeldarstellungen sowie im Anschluß daran leichter fallen - sollen zunächst die wichtigsten von ihr finanzierten Projekte erörtert werden.

Bereits das Kapital zum Bau des ersten Scheitelkanals von Frankreich, des Kanals von Briare, wurde in erster Linie von Vertretern dieser zugegebenermaßen heterogenen Schicht zur Verfügung gestellt. Pinsseau zufolge[2] dominierten unter den Anteilseignern der von den beiden Ingenieuren Bouterou und Guyon gegründeten Compagnie du Canal de Briare zunächst neben bürgerlichen Hofbeamten und Vertretern der Rechtspflege insbesondere Mitglieder des Pariser Amtsadels. Als sich nach einigen Jahren die Rentabilität des Unternehmens zeigte, ersetzten Mitglieder der vornehmsten französischen Familien wie die Herzöge von Orléans, Biron, Luxembourg, Ancenis und Clermont-Tonnerre die ursprünglichen Aktionäre; sie beherrschten die Gesellschaft vom frühen 18. Jahrhundert bis zur Verstaatlichung des Kanals im Jahre 1860 und ließen sich auch durch die Revolution von 1789 nur vorübergehend von Bürgerlichen zurückdrängen[3].

---

1) Es sei lediglich angemerkt, daß auch die Adligen ausnahmslos nach ihrer beruflichen Tätigkeit eingeordnet bzw., wenn diese nicht feststellbar war, der Kategorie "unbekannt" zugeschlagen wurden. Faktisch ergibt sich jedoch eine enge Überschneidung, ja praktisch eine Identität der Gruppen Adel einerseits, hohes Beamtentum und Militär andererseits.

2) Pinsseau, Canal Henry IV, S. 143 ff.

3) Die Behauptung von Grangez, Précis, S. 119, die Aktien hätten sich um 1789 weitgehend in der Hand des Herzogs von Orléans befunden, ist mit den im Anhang ausgewiesenen Quellen nicht in Einklang zu bringen. Vielmehr besaß Philippe-Egalité zur Zeit seiner Verurteilung nicht mehr als 3,3 % der Anteile. Sie wurden konfisziert und später Louis-Philippe bzw. Adelaïde zurückerstattet.

Drei weitere Projekte des Ancien Régime wurden von Mitgliedern des Adels finanziert, wobei ebenso große Unterschiede in der Bedeutung der Kanäle wie der sozialen Stellung der Beteiligten festzustellen sind.

Der 1695 eröffnete Lez-Kanal besaß lediglich lokale Funktionen. Er wurde auf Kosten einer Familie des Montpellieraner Amtsadels im Range von Marquis erbaut, die in der Folgezeit zahlreiche hohe Militärs und Staatsbeamten hervorbrachte und bis ins 20. Jahrhundert hinein im Besitz des Kanals blieb.

Die 1692 bzw. 1724 eröffneten Orléans- und Loing-Kanäle waren nicht nur verkehrspolitisch - insbesondere für die Versorgung von Paris - ungleich wichtiger, sie wurden auch von einer entsprechend bedeutenderen Familie finanziert. Denn es waren der Bruder Ludwigs XIV., Philippe von Orléans, sowie dessen Sohn, der Regent Philippe II., die - nach wesentlichen Vorarbeiten eines Holzkaufmannes - die Bauten auf ihre Kosten fertigstellen ließen.

Die weitere Entwicklung der Besitzverhältnisse an diesen Kanälen, insbesondere nach ihrer Konfiskation im Jahre 1794, wurde bereits geschildert, es genügt deshalb, auf die sozio-professionelle Stellung der jeweiligen Anteilseigner einzugehen. Während der ersten Hälfte des 19. Jahrhunderts standen sich drei Gruppen gegenüber: Die herzogliche Familie einerseits, die von Napoleon belehnten hohen Militärs und Beamten bzw. deren Erben andererseits sowie schließlich einige hundert einfacher Soldaten, die sich bei militärischen Aktionen ausgezeichnet hatten und die hinsichtlich ihres niedrigen sozialen Status - abgesehen von den ebenfalls von Napoleon eingesetzten Aktionären der Compagnie du Canal du Midi - eine absolute Ausnahme unter den Eigentümern von Kanalaktien darstellten. Um die Jahrhundertmitte, d.h. kurz vor der Verstaatlichung der Kanäle, verfügte das Haus Orléans wieder über die Hälfte der Anteile und unter den Donataren standen 243 "Kleinaktionäre" mit jeweils nur einer Aktie 17 größeren Aktionären mit durchschnittlich 20 Anteilen gegenüber, bei denen es sich um die Ehrenlegion - deren Kanzler zugleich Präsident der Gesellschaft war - sowie Angehörige des hohen, meist napoleonischen Adels handelte,

Nachkommen etwa der Marschälle Massena, Macdonald, Kellermann und Bertrand bzw. der Minister Clarke, Daru, Lacépède, Regnier[1].

Ein ähnliches Schicksal und ähnliche Eigentümer hatte der 1681 fertiggestellte Midi-Kanal. Dies gilt zwar nicht für die Gründungsphase- der, wie erwähnt, als Financier eingestufte Riquet wurde erst während der Fertigstellung des Kanals geadelt und erwarb den Grafentitel für seinen Sohn durch Kauf[2] - wohl aber für die Zeit nach der Revolution von 1789, in deren Verlauf auch der Midi-Kanal weitgehend verstaatlicht wurde. Allerdings standen sich in der 1810 geschaffenen Compagnie du Canal du Midi nicht drei, sondern vier Gruppen gegenüber: Erstens die Mitglieder der Familie Riquet-Bonrepos, die während des 18. und 19. Jahrhunderts durchgehend über ein knappes Viertel, genauer 22,6 % der Besitzrechte verfügten; unter ihnen dominierten in der Umgebung von Toulouse wohnhafte Grundeigentümer, Rentiers und mittlere Beamte. Zweitens die Mitglieder und Erben der Familie Riquet-Caraman, die bis zum Ende des Ancien Régime die restlichen 77,4 % der Anteile besaßen, diese während der Revolution verloren, in der Folgezeit schrittweise zurückgewannen und zu Ende des 19. Jahrhunderts wieder über 54,2 % der Aktien verfügten[3]. Dieser Zweig der Familie Riquet stieg im Verlaufe des 18. Jahrhunderts zu nationaler Bedeutung auf und stellte zahlreiche hohe Militärs, Beamten und Diplomaten. Der Chef des Hauses Caraman zu Anfang des 19. Jahrhunderts, Herzog Charles Riquet de Caraman, war als Marschall, Pair und einer der reichsten Männer Frankreichs[4] ebenso eine Persönlichkeit von nationaler Bedeutung wie die Repräsentanten der zahlreichen Nebenlinien der Familie, die durch Erbschaften in den Besitz von Aktien des Midi-Kanals kamen - die Prinzessin von Chimay etwa, die Vicomtesse von Vaudreuil oder der Graf von Mac-Mahon.

---

1) Vgl. Pinsseau, Orléans, S. 132, 245 f; der Vollständigkeit halber sei angemerkt, daß sich 9 % der Aktien im Besitz verschiedener unbekannter Käufer befanden.

2) Maistre, Canal du Midi, S. 126 ff.

3) Vgl. Tab. 5.

4) Letztere Behauptung findet sich im Dictionnaire des Parlementaires français, S. 576.

Der dritten und vierten Gruppe von Anteilseignern ist gemeinsam, daß sie als Gefolgsleute Napoleons und aufgrund der diesem erwiesenen Dienste ihre Besitzrechte von zunächst jeweils 31 % übertragen erhielten - zur gleichen Zeit wie die Ehrenlegion, deren Kanzler kraft Amtes auch Präsident der Compagnie du Canal du Midi war. Wie die Orléans- und Loing-Aktionäre gehörten sie jedoch zwei völlig verschiedenen sozialen Schichten an, denn zum einen handelte es sich wiederum um einige hundert einfache Soldaten, zum anderen um ein kleine Zahl hoher Militärs, Staatsdiener und Würdenträger des Empire, die - etwa der Marschall Massena, Graf Mollien oder Pauline Bonaparte, Prinzessin von Borghese - der Familie Riquet-Caraman hinsichtlich ihres Vermögens und Einflusses weitgehend ähnelten[1].

Aber nicht nur die wichtigsten Kanäle des Ancien Régime wurden in der ersten Hälfte des 19. Jahrhunderts von adligen Militärs und Staatsbeamten beherrscht, auch einige neue Projekte wurden von Angehörigen dieser tradtionellen sozialen und politischen Führungsschicht finanziert. Ein besonders ausgeprägtes Beispiel bietet der 1825 begonnene Roubaix-Kanal. Die eigentlichen Konzessionäre, der Bauunternehmer Brame sowie sein Nachfolger Messen, übernahmen nur einen Bruchteil der Aktien - Messen ganze 2,2 % -, die Hauptlast der Kapitalaufbringung wurde von Mitgliedern des hohen Adels getragen: Von den 19 Gesellschaftern des Jahres 1826 erhoben nur sechs keinen Anspruch auf Adelstitel, wogegen drei Barone und Vicomtes sowie sieben Grafen und Herzöge aufgeführt wurden. Bis zum Jahre 1833 traten zwei weitere Herzöge der Gesellschaft bei. Erst in der Folgezeit erwarben auch zahlreiche Bürgerliche Anteile des Unternehmens, überflügelten zahlenmäßig die Adligen und stellten im Jahre 1849 schließlich knapp zwei Drittel der jetzt 44 Aktionäre[2]. Aus der starken Beteiligung des hohen Adels läßt sich auf einen bedeutenden Beitrag des Grund-

---

1) Zu den Details der Besitzverhältnisse innerhalb der Familie Riquet-Caraman sowie innerhalb der Donatare vgl. die beiden Veröffentlichungen von Rousset.

2) Es bleibt allerdings zu berücksichtigen, daß viele Aktionäre aufgrund der veränderten politischen Verhältnisse im Jahre 1849 auf die Angabe von Titeln verzichteten und nicht immer als Adlige identifiziert werden konnten.

besitzes zur Finanzierung des Roubaix- Kanals schließen, ohne daß sich dies jedoch unmittelbar in der Berufsstruktur der Aktionäre niederschlägt. Denn viele der Adligen bekleideten hohe Funktionen im militärischen und zivilen Staatsdienst, und so sind es die Kategorien der Offiziere und Beamten, die die höchste Besetzung aufwiesen: In den zwanziger und dreißiger Jahren belief sich ihr Anteil auf nahezu 60 %, erst um die Jahrhundertmitte ging er leicht zugunsten bürgerlicher Rentiers zurück, ohne daß sie jedoch von der Spitzenposition verdrängt wurden. Auch der Aufsichtsrat wurde durchgehend von Staatsbediensteten beherrscht: 1855 etwa gehörten diesem Gremium neben einem Advokaten zwei Militärs und vier hohe Beamte an. Und dies wiederum legt die Vermutung nahe, daß ihr Kapitalanteil zumindest ebenso groß wie ihre zahlenmäßige Bedeutung unter den Aktionären war, wahrscheinlich aber noch darüber lag[1].

Tabelle 26

Roubaix-Kanal. Berufsstruktur der Aktionäre 1826-1849 (%)

Beruf	1826	1833	1849
Rentier	26,3	17,7	36,4
Staatsbeamter[a)]	31,6	35,3	29,5
Offizier[b)]	26,3	23,5	15,9
Bankier	10,5	17,7	6,8
Bauunternehmer	5,3	5,9	4,6
freier Beruf[c)]	-	-	6,8
total	100,0	100,0	100,0
davon Adel	68,4	64,7	36,4

a) darunter Ingenieure des Tiefbauamtes, 1849: 4,6 %
b) darunter Genieoffiziere, 1826: 10,5 %; 1833: 5,9 %; 1849: 4,6 %
c) darunter Advokaten: 4,6 %; Journalisten: 2,3 %

Zahl der Aktionäre 1826: 19, 1833: 17, 1849: 44

Quellen wie Tab. 19.

1) Die Kapitalanteile konnten leider nur für die beteiligten Bankiers bestimmt werden. Diese blieben im Jahre 1849 mit 3,9 % noch unter der zahlenmäßiger Bedeutung der Bankiers, vgl. 68 AQ 2, Grand Livre H. No. 475.

Ein weiteres im wesentlichen von adligen Militärs und Funktionären initiiertes Projekt zielte nicht nur auf den Bau einer neuen Wasserstraße, des Kanals von Arcachon, ab, sondern ebenfalls "auf die Ausbeutung der bislang wegen mangelnder Transportmöglichkeiten ungenutzten Pinien- und Eichenwälder entlang des Kanals, auf die Entwässerung der Sümpfe sowie die Urbarmachung des nahegelegenen Brachlandes"[1]. Wie schon der Firmenname Compagnie d'exploitation et de colonisation des Landes de Bordeaux besagt, handelte es sich also zugleich um eine Gesellschaft zur Förderung der Landwirtschaft, die laut Tudesq "allgemein das besondere Interesse adliger Grundbesitzer fanden"[2]. Bereits aus Tabelle 27 geht hervor, daß - vorwiegend adlige[3] - hohe Beamte und Militärs die wichtigste Gruppe unter den Aktionären der Gesellschaft bildeten; nur die - bürgerlichen - Rentiers leisteten daneben einen nennenswerten Beitrag. Noch deutlicher jedoch wird die Führungsrolle des Adels, wenn man die Reihenfolge der Aktienzeichnungen berücksichtigt. Denn zu den ersten Zeichnern der Gesellschaft gehörten die Herzöge von Caraman, Doudeauville, Fezensac sowie Mitglieder der Familien Montmorency, Montesquiou und La Rochefoucauld. Erst in der Folgezeit und vermutlich ermutigt durch die Teilnahme so illustrer Persönlichkeiten schlossen sich bürgerliche Rentiers an, so daß der Anteil des Adels an den gezeichneten Aktien von April bis Juli 1834 von 60 auf 48 % fiel. Entsprechend entwickelte sich die Zusammensetzung des Aufsichtsrates: während im Jahre 1834 ausschließlich Adlige vertreten waren - die Hälfte davon führte den Herzogstitel -, nahmen im darauffolgenden Jahr Bürgerliche ein Fünftel, ein weiteres Jahr danach schon ein Drittel der auf vierzehn angewachsenen Sitze ein.

---

1) Anzeigentext der Gesellschaft im Bottin 1837, S. 364.

2) Tudesq, Notables, S. 427.

3) Unter den 20 Beamten und Offizieren befanden sich 13 Adlige, die zusammen 48,0 % des Kapitals übernahmen.

Tabelle 27

Arcachon-Kanal. Berufsstruktur der Aktionäre 1834

Beruf	Aktionäre %	Kapitalanteil %
Rentier	46,2	32,6
Staatsbeamter[a)]	17,3	22,2
Offizier	21,2	36,9
Kaufmann	3,8	2,5
freier Beruf[b)]	7,7	3,9
sonstige[c)]	3,8	1,8
total	100,0	100,0
davon Adel	38,5	48,0

a) darunter Ingenieure: 1,9 % mit 0,4 % der Aktien
b) darunter Juristen: 1,9 % mit 1,8 % der Aktien
Mediziner: 5,8 % mit 2,2,% der Aktien
c) darunter drei Nonnen mit 0,7 % der Aktien, ein Kutscher mit 1,1 % der Aktien

Zahl der Aktionäre: 52; sie übernahmen 87 % des insgesamt gezeichneten Kapitals

Quellen wie Tab. 16.

Auch unter den Aktionären des 1825 eröffneten Aire-La Bassée-Kanals, dessen Konzession und Geschäftsführung bis 1828 in Händen eines Ingenieurs lag, bildeten Beamte zusammen mit Militärs in der Gründungsphase die stärkste Gruppe. Sowohl hinsichtlich ihrer beruflichen als auch ihrer sozialen Stellung rangierten sie allerdings deutlich unter den Gesellschaftern der zuletzt besprochenen Projekte, denn während dort jeweils mehrere Marschälle, Staatsratsmitglieder, Pairs und Herzöge vertreten waren, prägten in dieser Offiziere im Kapitänsrang, mittlere Steuerbeamte sowie einfache Adlige das Bild[1)]. Schon nach wenigen Jahren wurden sie im übrigen aus ihrer Führungsrolle innerhalb der Gesellschaft verdrängt. Denn als der Er-

---

1) 1822 befanden sich unter den 41 Aktionären drei Fürsten, ein Baron, acht einfache Adlige, bis 1828 erhöhte sich die Zahl der Aktionäre auf 127, die der Adligen um nur zwei Vicomtes.

folg des Unternehmens gesichert war, nahm auch hier der Anteil der offensichtlich weniger risikobereiten Rentiers zu. Bereits drei Jahre nach Eröffnung des Kanals stellten diese sowohl zahlen- als auch kapitalmäßig die stärkste Gruppe unter den Aktionären dar. Wenn ihre Stellung in der Unternehmensleitung auch nicht voll ihrem Kapitalanteil entsprach, so war sie doch stärker als in der Roubaix-Gesellschaft, denn neben je einem Notar, Offizier, Beamten gehörten dem Aufsichtsrat jeweils auch zwei Rentiers an.

Tabelle 28

Aire-La Bassée-Kanal. Berufsstruktur der Aktionäre 1822 und 1828

Beruf	Aktionäre % 1822	Aktionäre % 1828	Kapitalanteil % 1828
Rentier	36,6	56,7	52,0
Staatsbeamter[a)]	14,6	11,0	9,5
Offizier[b)]	29,3	11,0	12,0
Bankier	9,8	3,2	11,2
Kaufmann	-	3,2	2,5
freier Beruf[c)]	7,3	5,5	6,5
sonstige[d)]	2,4	0,8	0,2
unklar	-	8,7	6,2
total	100,0	100,0	100,0
davon Adel	24,4	9,5	11,2

a) darunter Ingenieure des Tiefbauamtes, 1828: 3,9 % mit 3,7 % der Aktien

b) darunter Genieoffiziere, 1822: 12,2 %, 1828: 3,2 % mit 2,5 % der Aktien

c) darunter Juristen, 1822: 2,4 %, 1828: 3,2 % mit 5,3 % d.Aktien
Mediziner, 1822: 4,9 %, 1828: 2,4 % mit 1,2 % d.Aktien

d) 1823 ein Seifensieder, 1828 ein Stallmeister mit 0,2 % der Aktien

Zahl der Aktionäre 1822: 41, 1828: 127

Quellen wie Tab. 18.

Drei weitere Kanalgesellschaften wurden ebenfalls im wesentlichen von Staatsbediensteten initiiert, jedoch noch vor Vollendung der Bauarbeiten fallengelassen. Völlig aufgegeben blieb das Projekt einer Corrèze-Vézère-Kanalisierung, für die ein Absolvent des Pariser Polytechnikums 1825 die Konzession erhalten hatte. Offensichtlich zogen es die Kapitalgeber vor, die bereits investierten 1,3 Millionen Franken ganz abzuschreiben, als die ständig steigenden Kosten für eine Wasserstraße zu tragen, die durch ein wenig entwickeltes Gebiet führte und nur ein sehr beschränktes Verkehrsaufkommen erwarten ließ. Neben einigen Bankiers und Rentiers waren vor allem hohe Beamte, Militärs und Adlige an diesem gescheiterten Projekt beteiligt, dessen Aufsichtsrat kein geringerer als der Staatsminister Graf Alexis de Noailles vorstand. Sogar der Kronprinz sowie der zukünftige König Louis-Philippe sicherten die Übernahme von Aktien zu, waren allerdings klug genug, diese Versprechen nicht einzulösen.

Lediglich aufgeschoben, nicht jedoch aufgegeben wurde das Projekt der Sambre-Kanalisierung, als dessen adlige Initiatoren im Jahre 1832 auf ihre Konzession zugunsten einer von Bankiers geführten Gesellschaft verzichteten, ohne ernsthaft mit den Bauarbeiten begonnen zu haben. Wenn sie diesen Schritt damit begründeten, sie seien "entmutigt worden durch einen fünf Jahre anhaltenden Kampf gegen Widerstände und Störversuche aller Art"[1], so erstaunt das angesichts ihrer Zusammensetzung allerdings nicht wenig. Denn sie waren nahezu identisch mit den Gründern der Roubaix-Gesellschaft - die sechs stärksten Sambre-Aktionäre, die 89 % des Kapitals zeichneten, waren auch am Roubaix-Kanal beteiligt - und entsprechend hoch war ihre soziale und berufliche Stellung. Unter den zehn Gesellschaftern befanden sich drei Herzöge, zwei Grafen, drei Barone; drei besaßen die Pairswürde, ebenso viele waren im Staatsrat vertreten. Angesichts derart einflußreicher Persönlichkeiten hätte man auch gegenüber der Militärverwaltung, die das Bauvorhaben durch ihre Einwände am stärksten behinderte, größeres Durchstehvermögen erwarten können, wenn echtes Interesse an der Fertigstellung des Projektes bestanden hätte.

---

1) 68 AQ 155, Messen an Thuret 17.6.1834.

Tabelle 29

Sambre-Kanalisierung. Berufsstruktur der Aktionäre 1825

Beruf	Aktionäre %	Kapitalanteil %
Rentier	10,0	22,2
Staatsbeamter	40,0	25,0
Offizier	10,0	38,9
Bankier	10,0	5,6
unklar	30,0	8,3
total	100,0	100,0
davon Adel	70,0	88,8

Zahl der Aktionäre: 10

Quellen: 68 AQ 155, Messen an Thuret 26.9.1828, 25.3.1829, 17.6.1834.

Als letzte der von Staatsangestellten initiierten Wasserstraßen sind die 1839 und 1842 fertiggestellten Coutances- und Vire-Taute-Kanäle anzuführen. Bevor diese wie erwähnt von Bauunternehmern übernommen und zuendegeführt wurden, hatte eine Gesellschaft ortsansässiger Beamter und Rentiers - unter ihnen zahlreiche Notable der Region wie fünf aktive und ehemalige Deputierte, fünf Departements- und zwei Arrondissementsräte - deren Fertigstellung betrieben, letztlich jedoch nicht genügend Aktien absetzen können und deshalb das Vorhaben aufgegeben. Bemerkenswert an dieser Gesellschaft ist, daß es sich bei den beteiligten Staatsangestellten zwar überwiegend um hohe - und was damit fast gleichbedeutendist, adlige[1] - Funktionäre der Zentral- und Regionalverwaltung handelte, daß zugleich aber - bürgerliche - mittlere und kleine Kommunalbeamte zumindest zahlenmäßig stark vertreten waren. So fanden sich unter den Aktionären nicht nur der Präfekt, drei Unterpräfekte, der Generaleinnehmer sowie der Domänenverwalter des Departements, sondern auch verschiedene Präfekturangestellte, ein Gendarmeriekapitän, ein lokaler Steuerbeamter, ein Friedensrichter sowie ein Dorfbürgermeister. Dies stellt einen absoluten Sonderfall dar.

---

1) Unter den elf hohen Beamten fanden sich neun Fürsten, Marquis oder Herzöge.

Tabelle 30

Vire-Taute-Kanal. Berufsstruktur der Aktionäre 1835 und 1837

Beruf	Aktionäre % 1835	Aktionäre % 1837	Kapitalanteil % 1835
Rentier	33,3	42,9	41,4
Staatsbeamter[a)]	47,6	41,1	45,7
Offizier	2,4	3,6	0,4
Kaufmann	9,5	7,1	8,1
freier Beruf[b)]	7,2	5,4	4,3
total	100,0	100,0	100,0
davon Adel	54,8	57,1	70,0

a) darunter niedere Lokalbeamte unterhalb eines Präfektursekretärs, 1835: 21,4 % mit 8,6 % der Aktien, 1837: 19,6 %

b) zwei Juristen mit 3,9, ein Schriftsteller mit 0,4 % der Aktien

Zahl der Aktionäre: 1835: 42, 1837: 56

Quellen wie Tab. 15.

Es ist auffallend, daß dieser in Frankreich so seltene Versuch, die unbefriedigende Verkehrssituation einer Region aus Mitteln der Anlieger zu verbessern, gerade von Staatsangestellten ausging, ja sogar von der unteren Beamtenschaft mitgetragen wurde, von der doch kaum ein direktes materielles Interesse an den verbesserten Transportbedingungen zu erwarten ist. Tatsächlich könnte dehalb ein Motiv, welches von einer anonymen Schrift des Jahres 1849 in den Mittelpunkt der Firmengründung gestellt wurde, eine gewisse Rolle gespielt haben: "Nicht das Streben nach Spekulationsgewinn leitete diese ehrbare Gesellschaft, sondern der nationale und selbstlose Wunsch, die Entwicklung der Region durch den Bau langentbehrter Transportwege zu fördern"[1]. Es finden sich hier also offensichtlich die gleichen entwicklungspolitisch-patriotischen Vorstellungen wieder, die auch von den Initiatoren des Becquey-Planes vorgebracht wurden und typisch nicht nur für die französiche Beamtenschaft waren.

---

1) Vp 3966: Canaux de la Manche, S. 8.

Allerdings ist zumindest zweifelhaft, ob derartige Motive für die Gesamtheit der zivilen und militärischen Staatsangestellten galten. Denn die zuletzt erwähnten Lokalbeamten waren für diese - zumindest was die am Kanalbau beteiligten betrifft - ja keineswegs typisch. Vielmehr handelte es sich überwiegend um Persönlichkeiten nationaler Bedeutung - eine Gruppe, innerhalb derer die Elemente Adel sowie hohe Positionen in Staat, Verwaltung und Militär eng verflochten waren. Denn noch unter der Julimonarchie "bekleidete der Adel einen Großteil der hohen Staatsämter", und insbesondere der junge "Adel des Empire und der Restauration sah in der Ausübung staatlicher und repräsentativer Funktionen eine Möglichkeit, seine neuerrungene soziale Stellung zu festigen"[1]. So brachten die Familien des hohen Adels - die Noailles etwa, die Montesquiou, Caraman, Massa und Montebello, um nur einige der am Kanalbau beteiligten zu nennen - sowohl höchste Militärs als auch Beamten und Staatsmänner hervor. Da sich insbesondere hinsichtlich des Ursprungs der Vermögen zahlreiche Überschneidungen ergaben, scheint eine Aufsplitterung dieser Gruppe artifiziell und wenig sinnvoll. Nur am Rande sei deshalb vermerkt, daß der Anteil der militärischen den der zivilen Staatsangestellten vermutlich leicht übertraf.

Andererseits ist die Gruppe der Militärs und Funktionäre durchaus nicht homogener Herkunft: Adlige der verschiedensten Epochen waren anzutreffen, deren Vermögen aus ebenso unterschiedlichen Quellen stammte - der dem ältesten Grundadel angehörende Herzog von Larochefoucauld-Doudeauville ebenso wie Soult, Herzog von Dalmatien, der Aufstieg und Reichtum seinen militärischen Erfolgen in der Armee Napoleons verdankte[2]. Da es in diesem Rahmen

---

1) Tudesq, Conseillers généraux, S. 167 f., 170; ähnlich auch ders., Notables, S. 430 sowie Higonnet, Class, corruption, S. 133.

2) Vorrevolutionärer und napoleonischer Adel waren im allgemeinen nicht an denselben Projekten beteiligt. Während der erstere die Briare-, Lez-, Arcachon-, Corrèze-Vézère-Kanäle beherrschte, dominierte der letztere in den Sambre- und Roubaix-Gesellschaften. An den Midi-, Orléans- und Loing-Kanälen waren aus den angeführten Gründen beide Gruppen beteiligt.

unmöglich war, Herkunft und Vermögensstruktur der Beteiligten im einzelnen aufzuklären - etwa dahingehend, ob eine von einem bestimmten Aktionär mitfinanzierte Wasserstraße ausgedehnte Ländereien derselben Person berührte - muß auch die oben aufgeworfene Frage nach den Motiven der jeweiligen Beteiligungen unbeantwortet bleiben. Sie ist im übrigen ohnehin nur von zweitrangiger Bedeutung, da der Beitrag der adligen Beamten und Militärs zumindest zur Realisierung der Projekte der ersten Hälfte des 19. Jahrhunderts letztlich gering war. Nur eine einzige der von ihnen initiierten Wasserstraßen - den Aire-La Bassée-Kanal - führten sie ganz, zwei weitere - den Roubaix- sowie den Arcachon-Kanal - zumindest teilweise zu Ende, während sie die übrigen aufgaben bzw. an andere Gruppen abtraten. Entsprechend klein war ihr Anteil an der Aufbringung der investierten Mittel: die Verbesserungsarbeiten an den von ihnen kontrollierten alten Kanälen mitgerechnet, dürfte sich der Beitrag der traditionellen Führungsschicht des Landes zur Finanzierung des Kanalbaus unter der konstitutionellen Monarchie auf kaum mehr als 6 % belaufen haben.

c) Die neue Aristokratie: die Pariser Haute Banque

Die entscheidende Rolle hierbei kam vielmehr einer Gruppe zu, die ihren Einfluß im Verlaufe der industriellen Revolution in Frankreich auf immer weitere Bereiche der Wirtschaft ausdehnte: den Bankiers und Financiers. Wenn diese an den zuletzt diskutierten Projekten praktisch nicht beteiligt waren, so vermutlich deshalb, weil sowohl adlige Militärs und Beamte als auch Bankiers willens und fähig waren, die Führung der von ihnen geförderten Gesellschaften zu übernehmen und zudem beide anderen, weniger risikobereiten und unternehmenden Gruppen - insbesondere Rentiers - als kapitalkräftige Garanten dienten. Die traditionelle Führungsschicht und die "neue Aristokratie" der Bankiers ergänzten sich nicht, sondern übten die gleichen Funktionen aus; entsprechend kam nur in Sonderfällen eine Kooperation zwischen ihnen zustande[1].

Wie die Gruppe der Adligen, Militärs und Beamten ist auch die der Bankiers weder homogen noch eindeutig abgrenzbar. In ihrer Vielfalt spiegelt sie die rasche Entwicklung und fortschreitende Differenzierung des Kreditsektors, die Herausbildung moderner Finanzinstitutionen wider. So reicht die Skala der erfaßten Personen und Institute vom vergleichsweise bescheidenen Provinzbankier, der sich kaum von seinen kaufmännischen Aktivitäten gelöst hat, bis hin zu James de Rothschild, dem wichtigsten Vertreter der fanzösischen Finanzoligarchie; vom Privatbankier bis zur Société Générale, der wohl ersten großen Universalbank auf Aktienbasis moderner Prägung[2]; vom Börsenmakler bis zur Société

---

1) Diese Tatsache gilt nicht nur für den Kanalsektor, sondern besitzt, wie Gille, Banque, insbes. S. 276, ausführt, allgemeine Gültigkeit.

2) Vgl. zur Aktivität und Bedeutung der Société Générale insbesondere Chlepner, Banque, S. 33 ff., 55 ff., 86 ff. sowie auch die umfangreiche neuere Literatur, etwa Bouvier, Rapports entre systèmes bancaires, S. 125; ders. Systèmes bancaires et croissance, S. 55; Cameron, Banking in the early stages, S. 131 ff.

des Capitalistes, einer der frühesten Investment-Gesellschaften[1] sowie schließlich der Caisse Hypothécaire, die seit Mitte der vierziger Jahre den Dive-Kanal zu ihrem Eigentum zählte[2].

Abgrenzungsschwierigkeiten traten besonders in zwei Richtungen auf. Zum einen ist der Übergang zum öffentlichen Dienst hin fließend. So hätte der Schöpfer des Midi-Kanals, Pierre-Paul Riquet,mit gewisser Berechtigung auch als Beamter und nicht als Financier oder Techniker eingestuft[3] oder umgekehrt die Generalsteuereinnehmer - "zwar in erster Linie Beamte der Finanzverwaltung, jedoch zugleich aufgrund der geforderten Kaution extrem kapitalkräftig ... und von ihrer Funktion her echte Bankiers"[4] - nicht dem Staatsdienst sondern dem Kreditsektor

---

1) Zur 1836 in Brüssel als Tochtergesellschaft der Société Générale gegründeten Société des Capitalistes vgl. Levy-Leboyer, Banques, S. 614 ff. sowie insbesondere Chlepner, Banque, S. 71 f. Bei Chlepner finden sich auch die Statuten der Gesellschaft, aus denen deren Zielsetzung deutlich hervorging. Sie machte sich zur Aufgabe, "durch Verteilung des Gesellschaftskapitals auf eine große Zahl von Unternehmen ihre Anteilseigner gegen kurzfristige ungünstige Entwicklungen, die einzelne Firmen treffen könnten, abzusichern, d.h. eine Streuung des Risikos zu erreichen." Auf gleiche Weise wollte die im Folgejahr von der Banque de Belgique gegründete Société des Actions réunies laut Statut "den kleinen Rentiers die Möglichkeit geben, sich an den großen Industrieprojekten der Zeit zu beteiligen." (Chlepner, a.a.O., S. 72).

2) Zur Entwicklung der Hypothekenbanken vgl. Gille, Banque, S. 127 ff.

3) Vgl. zum Herkommen Riquets die Einleitung zu Abschnitt 1 dieses Kapitels.

4) Gille, Banque, S. 73; ähnlich Daumard, Bourgeoisie, S. 171 sowie Tudesq, Notables, S. 402 f. "In der Tat rekrutierten sie sich häufig aus den regimefreundlichen Bankiers und Financiers" (Gille, ebd.); so leitete der am Beaucaire-Kanal beteiligte Generaleinnehmer Basterrêche zusammen mit seinem Bruder zwei Bankhäuser in Paris und Bayonne bzw. war der stärkste Aktionär des Givors-Kanals, der Generaleinnehmer Adrien Delahante, zugleich der wichtigste Bankier von Lyon (vgl. Guillaume, Mines de la Loire, S. 63; Gille, ebd.).

zugerechnet werden können[1]. Zum anderen - und dies ist in diesem Zusammenhang wesentlich relevanter - ist eine korrekte Abgrenzung zwischen Bank- und Handelsunternehmen wegen deren enger Verflechtung häufig kaum möglich. Denn nicht immer hatte eine der beiden Aktivitäten eine so deutliche Priorität wie etwa bei den lokalen Kaufleuten, die im 17. Jahrhundert den Lunel-Kanal finanzierten einerseits oder dem am Sambre-Oise-Kanal beteiligten James de Rothschild andererseits - obwohl auch dieser als Quasi-Monopolist im Tee-, Tabak-, Kupfer- und Quecksilberimport durchaus auch als Großkaufmann tätig war[2]. Ernsthaftere Zuordnungsprobleme traten bei der beruflichen Analyse der Kapitalgeber der Beaucaire-Gesellschaft auf, deren Entstehen im Jahre 1801 gerade in die Phase zunehmender Spezialisierung im Kreditwesen und dementsprechender Gründung von Tochter-Banken durch Handelsunternehmen fiel. An der Finanzierung des Kanals waren mehrere derartig kombinierte, aus der Textilbranche stammende Handels- und Bankhäuser beteiligt, bei denen das Zentrum der Handelsgeschäfte Montpellier blieb und die Bankgeschäfte in der Regel von einem in Paris ansässigen Zweig der Familie abgewickelt wurden. Die wichtigsten unter ihnen waren die Mitglieder der weitverzweigten Gruppe Davillier, die bereits im 18. Jahrhundert als Kaufleute in Montpellier eine bedeutende Rolle erlangten;

---

1) Weitere Zuordnungsprobleme entstanden naturgemäß bei einem Wechsel des beruflichen Schwerpunkts zwischen öffentlichem Dienst und privatem Kreditwesen. Ein extremes Beispiel bietet der am St. Martin-Kanal beteiligte A.-S.-L. Bérard. Nach Abschluß des Polytechnikums begann er seine Karriere im Staatsdienst, verlor unter der Restauration seine Stellung im Staatsrat, gründete eine auf Infrastrukturprojekte spezialisierte Bank, kehrte 1830 in den Staatsrat zurück, wurde für vier Jahre Generaldirektor des Tiefbauamtes, widmete sich danach wiederum seinen Bankgeschäften und Industrieunternehmen und wurde schließlich im Jahre 1839 Generaleinnehmer des Departements Cher; vgl. Dictionnaire des Parlementaires; Dictionnaire de Biographie française; Gille, Sidérurgie française, S. 49; ders., Esquisse d'une histoire du syndicalisme, S. 216. In derartigen Fällen wurde die Tätigkeit zur Zeit der Übernahme einer Kapitalbeteiligung als maßgeblich angesehen, entsprechend wurde Bérard als Bankier eingestuft.

2) Gille, Banque, S. 246, 290.

Tabelle 31

Beaucaire-Kanal. Berufsstruktur der Aktionäre 1801-1829

Beruf	Aktionäre %			Kapitalanteil %
	1801	1808	1829	1829
Rentier	10,0	11,1	2,9	4,5
Staatsbeamter	10,0	7,4	14,3	11,6
Offizier	-	3,7	5,7	16,5
Bankier	15,0	25,9	8,6	12,5
Kaufmann	30,0	29,6	14,3	12,0
Bankier-Kaufmann	15,0	18,5	25,7	29,7
sonstige[a]	5,0	3,7	-	-
unklar	15,0	-	28,6	13,2
total	100,0	100,0	100,0	100,0

a) Joseph Bonaparte, König von Neapel bzw. Spanien
Zahl der Aktionäre, 1801: 20, 1808: 27, 1829: 35

Quellen wie Tab. 8.

seit Beginn des Empire widmeten sie sich zunehmend Bankgeschäften - u.a. stellten sie von 1801 bis 1864 durchgehend einen Regenten der Bank von Frankreich, ja 1836 sogar deren Gouverneur[1]-, gaben jedoch ihre Handelstätigkeit nicht auf und dehnten ihre Interessen auch noch auf den industriellen Bereich, insbesondere die Baumwollverarbeitung, aus. "Während des gesamten 19. Jahrhunderts gibt es so eine Vielzahl von Industrie-, Bank- und Handelsunternehmen unter der Firma Davillier"[2].

Aber auch andere Aktionäre, etwa die zahlreich vertretenen Graniers oder Durands, konnten nicht immer einer einzigen Kategorie zugeordnet werden, ja die Mehrzahl der Gesellschafter,

---

1) Lhomme, Grande Bourgeoisie, S. 107.

2) Gille, Banque, S. 55; vgl. auch Levy-Leboyer, Banques, S. 427 f., 436.

nämlich 50 bis 70 %, gehörte durchgehend der personell und geschäftlich eng verflochtenen Gruppe von Kaufleuten und Bankiers an. Auch den Aufsichtsrat beherrschten diese zunächst völlig, erst unter der Julimonarchie ging, ebenso wie ihr Anteil unter den Aktionären, auch ihr Gewicht in der Unternehmensführung zugunsten von Militärs und Staatsbeamten zurück[1].

Nur schwer von Großhandel und Industrie abzugrenzende Bankiers spielten noch in einer Reihe weiterer Kanalprojekte eine erhebliche Rolle. Zum ersten ist der 1822 konzessionierte Etangs-Kanal zu nennen, der offensichtlich von nahezu den gleichen Kapitalgebern wie der Beaucaire-Kanal finanziert wurde[2], was insofern nicht erstaunt, als er dessen direkte Verlängerung darstellt. Zum zweiten handelte es sich bei den Initiatoren der Rhone-Rhein-Gesellschaft Saglio und Humann, die auch Aktien der Cie des Quatre Canaux im Werte von über sieben Millionen Franken übernahmen, um "große Kaufleute, die ihr unter Napoleon rasch erwirtschaftetes Vermögen"[3] in erster Linie dem "revolutionären

---

1) Im einzelnen setzten sich die Führungsgremien, deren Kompetenzen in Kapitel BI3. abgegrenzt wurden, folgendermaßen zusammen:

Beruf	Aufsichtsrat			Zentralrat	Exekutionsrat
	1801/ 1808	1817/ 1821	1840	1808	1808
Grundbesitzer					1
Staatsbeamter			2		
Offizier			2		
Bankier	1	1	1	2	
Kaufmann					5
Bankier-Kaufmann	3	2	4	3	
unklar			4		
total	4	3	13	5	6

Präsident der Gesellschaft war zumindest 1817-1829 sowie nach 1843 Jean-Charles Davilliers, in der Zwischenzeit Marschall Soult, Herzog von Dalmatien.

2) Hierbei handelt es sich jedoch lediglich um eine Vermutung, da nur wenig Material über die Etangs-Gesellschafter vorliegt. Immerhin war der eigentliche Konzessionär, der Pariser Rentier P.F.D. Usquin, ebenso einer der wichtigen Beaucaire-Aktionäre wie die Bankiers, die ihn in Montpellier sowie gegenüber den zuständigen Ministerien in Paris vertraten.

3) Gille, Grande entreprise capitaliste, S. 127.

Handel"[1] - d.h. Schmuggel - verdankten und dieses in finanziellen und industriellen Projekten aller Art anlegten[2]. Zum dritten waren am Ausbau der für die Kohlenversorgung von Paris bedeutsamen Verbindung zwischen Sambre und Oise neben den bereits erwähnten Davillier einige belgische Unternehmer beteiligt - Henri de Baillet etwa, Frédéric Basse und Hyacinthe Doffegnies-, die in diesem Zusammenhang vermutlich eher als Vorstandsmitglieder der Brüsseler Société Générale handelten, aber bereits vor Gründung dieser Bank eine erhebliche Bedeutung in der belgischen Schwer- und Textilindustrie errungen hatten[3]. In ihrem sowie im Auftrag Rothschilds handelte die Pariser Baufirma Urbain und Piard, die in den Jahren 1832 bzw. 1833 sowohl die Konzession zur Sambre-Kanalisierung von der an diesem Projekt gescheiterten, durch hohe Adlige beherrschten Gesellschaft, als auch die Rechte an dem neuausgeschriebenen Sambre-Oise-Scheitelkanal erwarb. Eigenes Kapital scheinen die Konzessionäre kaum zu den Projekten beigesteuert zu haben, vielmehr beschränkte sich ihre Rolle auf die Ausführung der Bauarbeiten. Denn zwar übernahmen sie formell 25 bzw. 17 % der Aktien der beiden von ihnen gegründeten Kapitalgesellschaften[4], konnten ihren Verpflichtungen jedoch nur mit Hilfe von Krediten der Société Générale nachkommen[5] und schieden im übrigen direkt nach Fertigstellung der Arbeiten wegen unvorhergesehener Mehrkosten völlig ruiniert aus. So wurde die Anfangsfinanzierung letztlich allein von Banken sichergestellt - von den Sambre-Oise-Aktien etwa übernahm Rothschild 21 die Société Générale zunächst 62 %, und es waren wiederum Banken, die bei der Börseneinführung der Gesellschaft in Paris und Brüssel für

---

1) Leuilliot, Alsace, Bd. 2, S. 309 und 335; vgl. auch Gille, Banque, S. 64 f. sowie Dictionnaire des Parlementaires, Artikel J.G. Humann.

2) Vgl. zu den zahlreichen Industriebeteiligungen der beiden unter den zuletzt aufgeführten Veröffentlichungen insbesondere Gille, Grande entreprise, S. 127; daneben auch Tudesq, Grands Notables, S. 428.

3) Levy-Leboyer, Banques, S. 606-615, Jacquemyns, Langrand-Dumonceau, Bd. I, S. 231.

4) Hierin ist der Anteil des Autors der Baupläne, des Tiefbauamts-Inspektors Cordier, enthalten.

5) Levy-Leboyer, Banques, S. 603.

Tabelle 32

Kanalisierte Sambre. Berufsstruktur der Aktionäre 1850

Beruf	Aktionäre %	Kapitalanteil %
Rentier	9,6	10,3
Staatsbeamter[a)]	11,6	11,9
Offizier	5,8	2,4
Bankier	16,4	44,2
Kaufmann	2,9	1,0
Bauunternehmer	2,9	3,1
freier Beruf[b)]	3,8	8,2
sonstige[c)]	1,9	2,1
unklar	45,2	16,9
total	100,0	100,0

a) einschließlich des belgischen Königs Léopold I. mit 4,0 % der Anteile; darunter auch ein Ingenieur (1,0 %) mit 0,1 % der Anteile
b) darunter 2 Mediziner (1,9 %) mit 8,0 %,
2 Juristen (1,9 %) mit 0,2 % der Anteile
c) darunter 1 Goldschmied (1,0 %) mit 1,5 % sowie der Direktor der Sambre-Oise-Gesellschaft mit 0,6 % der Anteile.

Zahl der Aktionäre: 104

Quellen wie Tab. 20.

Tabelle 33

Sambre-Oise-Kanal. Berufsstruktur der Aktionäre 1850

Beruf	Aktionäre %
Rentier	7,8
Staatsbeamter	7,8
Offizier	7,8
Bankier	26,6
Kaufmann	3,1
freier Beruf[a)]	6,3
sonstige[b)]	1,6
unklar	39,1
total	100,0

a) darunter zwei Zivilingenieure sowie je ein Jurist und Mediziner
b) Direktor der Sambre-Oise-Gesellschaft

Zahl der Aktionäre: 64

Quellen wie Tab. 21.

eine mehr als tausendfache (!) Überzeichnung der Aktien sorgten[1]. Daß es sich hierbei nicht um kurzfristige Engagements handelte, wird einerseits aus den Tabellen 32 und 33 deutlich - hiernach stellen Bankiers noch 1850 die zahlen- und anteilsmäßig stärkste Aktionärsgruppe - und geht andererseits aus der Zusammensetzung der Führungsgremien hervor: in beiden waren bis über die Mitte des Jahrhunderts hinaus, besonders nach dem Ausscheiden von James de Rothschild im Jahre 1851, Vertreter der Gruppe Davillier einerseits, der Société Générale andererseits praktisch unter sich[2].

Ein weiterer Typ des Bankiers wird durch den wichtigsten Teilhaber der in das Stadtgebiet von Paris hineinführenden Ourcq-, St. Denis- und St. Martin-Kanäle repräsentiert. Es handelt sich um Pierre-Laurent Hainguerlot, der sein als Armeelieferant unter dem Direktorium erworbenes Vermögen nur in zweiter Linie zur Durchführung regulärer Bankgeschäfte, vor allem jedoch zur Finanzierung von Immobilientransaktionen einsetzte und den die Berufsbezeichnung "Spekulateur", die ihm ein Präfekt zulegte, vermutlich am treffendsten beschreibt[3].

An der Gründung der Ourcq- und St. Denis-Gesellschaft im Jahre 1819 in Form einer OHG waren neben Hainguerlot und dem Bankier Vassal zunächst auch zwei Rentiers in gleichem Maße beteiligt. Sie schieden jedoch, als die Kapitalerfordernisse stiegen, in den zwanziger Jahren zugunsten Hainguerlots aus, der seit Ende der Restauration sieben Achtel der Anteile besaß und somit die Gesellschaft völlig kontrollierte[4].

---

1) ebd., S. 613; Chlepner, Banque, S. 89 f., berichtet von einem Spekulanten, der unter verschiedenen Namen Aktien für eine Milliarde Franken zeichnete, obwohl das Eigenkapital der Gesellschaft sich auf nur drei Millionen Franken belief.

2) Lediglich im fünfköpfigen Aufsichtsrat der Sambre-Gesellschaft war daneben ein Arzt aufgrund seines großen Kapitalanteils vertreten.

3) Vgl. zur Person Hainguerlots insbesondere Tudesq, Notables, S. 434. Gille, Grande entreprise, S. 81, bezeichnet ihn als Bankier.

4) Vassal konnte sich auch über den Konkurs seines Bankhauses im Jahre 1830 hinaus einen Anteil von 12,5 % bewahren und blieb bis zu seinem Tode 1834 auch Administrator der Gesellschaft.

Tabelle 34

Ourcq- und Saint-Denis-Kanäle. Berufsstruktur der Gesellschafter 1819 - 1830

Beruf	Gesellschafter %			Kapitalanteil %		
	1819	1824	1830	1819	1824	1830
Rentier	50,0	33,3	-	50,0	21,9	-
Bankier	50,0	66,7	100,0	50,0	78,1	100,0
total	100,0	100,0	100,0	100,0	100,0	100,0

Zahl der Gesellschafter 1819: 4, 1824: 3, 1830: 2

Quellen: 68 AQ 136: Sitzungsprotokoll Cie Canal de St. Martin, 21.6.1826; 68 AQ 151: Lecudennec, Mémoire, 1835, S. 1 f.; ebd., Circulaire, 31.5.1838, S. 1.

Nicht ganz so stark war die Position Hainguerlots in der 1821 gegründeten St.-Martin-Gesellschaft. Denn die Konzessionäre der Ourcq- und St.-Denis-Kanäle, denen auch dieses Projekt übertragen wurde, erweiterten ihre Kapitalbasis durch Aufnahme weiterer Gesellschafter, unter denen ebenfalls Bankiers in der Mehrzahl waren. Diese übernahmen etwa zwei Drittel des Gesellschaftskapitals und bildeten auch im Aufsichtsrat, dessen Zusammensetzung durchgehend genau den Kapitalanteilen entsprach, die stärkste Gruppe. Bemerkenswert ist wiederum, daß - wie aus den Tabellen 34 und 35 hervorgeht und durch verstreute Angaben aus den vierziger Jahren bestätigt wird[1] - die Anteile der Bankiers im Zeitablauf nicht ab- sondern zunahmen, diese sich also nicht auf die Anfangsfinanzierung beschränkten, sondern ihre Beteiligungen als langfristiges Engagement betrachteten.

Eine Gruppe von Banken ist bislang unerwähnt geblieben, obwohl sie das französische Kreditwesen entscheidend prägten, nämlich die in Frankreich tätigen Bankhäuser Schweizer Herkunft[2].

---

1) Vgl. insbes. die Beschreibung der Nachlässe Hainguerlots aus dem Jahre 1841 sowie Destors aus dem Jahre 1842 bei Tudesq, Notables, S. 434 und 347; siehe auch 68 AQ 136: Dupin an Thuret, 20.3.1839, über den Anteil Thurets zu diesem Zeitpunkt.

2) Vgl. zur Bedeutung Schweizer Banken in Frankreich Gille, Banque, S. 52 ff., 58 ff., 274 ff.; Levy-Leboyer, Banques, S. 418, 423ff.; Cameron, France and the Economic Development, S. 108.

Tabelle 35

Saint-Martin-Kanal. Berufsstruktur der Aktionäre 1822-1832

Beruf	Aktionäre %			Kapitalanteil %		
	1822/ 1825	1826/ 1827	1832	1822/ 1825	1826/ 1827	1832
Rentier	12,5	10,0	8,3	8,3	8,3	2,5
Staatsbeamter[a)]	12,5	10,0	8,3	10,0	10,0	10,0
Bankier	62,5	70,0	66,7	67,6	67,6	72,4
Kaufmann	12,5	10,0	8,3	14,2	14,2	13,3
freier Beruf[b)]	-	-	8,3	-	-	1,8
total	100,0	100,0	100,0	100,0	100,0	100,0

a) Tiefbauingenieur
b) Architekt

Zahl der Aktionäre, 1822/1825: 8, 1826/1827: 10, 1832: 12

Quellen: 68 AQ 127: Guibout an Thuret, 4.2.1822; ebd., Sitzungsprotokoll Cie Canaux de Paris 7.6.1826; 68 AQ 136: Sitzungsprotokolle Cie Canaux de Paris 29.6.1825 und 19.7.1826; ebd., Dupin an Thuret, 4.6.1832 und 14.6.1832; Lecudennec, Mémoire, 1835, S. 57; V 33.839: GV 20.6.1827.

Insbesondere der Loire-Seitenkanal zwischen Roanne und Digoin, als dessen Konzessionäre formell einige lokale Notabeln und Geschäftsleute mit dem Bürgermeister und Deputierten von Roanne, dem Marquis de Tardy, sowie den Bankiers Merle und Devillaine an der Spitze auftraten, wurde weitgehend von ihnen finanziert. Vier Genfer Banken - J.-L. Viollier, H. Hentsch und Cie , de Candolle-Turettini sowie Jaquet und Richard - übernahmen knapp dreiviertel des Anfangskapitals. Über die Zeichnung der restlichen Aktien liegen zwar keine systematischen Angaben vor; da sich die erwähnten lokalen Bankiers mit Sicherheit daran beteiligten - und zwar durchaus nicht nur nominell, denn sie sind bis in die vierziger Jahre hinein im Aufsichtsrat vertreten - kann der Beitrag von Nicht-Bankiers nur äußerst gering gewesen sein. Bei diesen Nicht-Bankiers scheint es sich in erster Linie um die mit der Bauausführung beauftragten Techniker und Bauunternehmer[1] sowie um Funktionäre der örtlichen Verwaltung[2] gehandelt zu haben. Auch die Stadt Roanne trug mit einem Betrag von 120.000 Franken zur Aufbringung des Gesellschaftskapitals bei.

Daß es sich auch hier für die beteiligten Banken um ein langfristiges Engagement handelt, geht aus einem Dokument mit den Prokura der nicht bei der Aktionärsversammlung des Jahres 1837 anwesenden Schweizer Anteilseigner hervor. Hiernach verfügten drei der vier ursprünglich beteiligten Genfer Bankiers weiterhin über gut 50 % des Gesellschaftskapitals; berücksichtigt man den Besitz des vierten, der als stärkster Aktionär den Vorsitz der Hauptversammlung führte, so kann man davon ausgehen, daß die Banken nur einen geringfügigen Teil der ursprünglich gezeichneten Aktien weiterveräußert haben. Auch aus der Führung des Unternehmens ließen sich die Bankiers nicht verdrängen: im Aufsichtsrat verfügten sie durchgehend zumindest über eine Zweidrittelmehrheit, nur ein ehemaliger Unterpräfekt von Roanne sowie ein Schweizer Jurist waren zeitweilig neben ihnen vertreten.

Auch zur Finanzierung der Submissionsgesellschaften von 1821/1822 trugen Bankiers Schweizer Herkunkt entscheidend bei; im Unterschied zu den zuletzt erwähnten handelte es sich hierbei jedoch um in Frankreich ansässige Häuser. Sie gehörten zur Gruppe der etwa 20 Privatbanken, die unter dem Begriff der Pariser _Haute Banque_ zusammengefaßt werden[3]. Einige ihrer Mitglieder waren bereits unter den Anteilseignern der Konzessionärs-

---

1) Laut Satzung mußten die Mitglieder des aus Angehörigen technischer Berufe bestehenden Bauausschusses (_conseil d'exécution_) eine bestimmte Anzahl von Aktien übernehmen.

2) Unter den Teilnehmern der Hauptversammlungen, die allerdings nicht repräsentativ für die Gesamtheit der Aktionäre waren, sind derartige Funktionäre stark vertreten; 1842 etwa gehören fünf der dreizehn Teilnehmer dieser Gruppe an. Vgl. im übrigen die im Anhang unter F 12 6745 und F 14 7028 aufgeführten Dokumente.

3) Zur Zusammensetzung dieser Gruppe vergleiche insbes. Gille, _Banque_, S. 52 ff. und Levy-Leboyer, _Banques_, S. 417 ff.

Tabelle 36

Roanne-Digoin-Kanal. Berufsstruktur der Aktionäre 1837

Beruf	bekannte Aktionäre %	Anteil am Gesamtkapital %
Rentier	75,4	9,6
Staatsbeamter	3,1	0,3
Offizier	1,5	0,2
Bankier	7,7	50,8
Kaufmann	4,6	0,2
freier Beruf[a)]	6,2	0,3
sonstiger[b)]	1,5	0,1
total	100,0	61,5

a) darunter zwei Ärzte (3,1 %) mit 0,2 % der Anteile, sowie je ein Privatlehrer und ein Jurist
b) Pastor

Zahl der bekannten Aktionäre: 65

Quelle: F12.6745, Dépôt de procurations par M. Fer devant M. Julliéron, Notaire à Roanne, 31.3.1837 und 8.4.1837.

gesellschaften aufgetaucht, die Davillier etwa oder der alle anderen an Bedeutung überragende James de Rothschild; ihre eigentliche Leistung lag jedoch, was den Kanalbau betrifft, in der Finanzierung der Submissionsgesellschaften. Nur diese "Finanzaristokratie Frankreichs", wie Cameron sie nennt[1)], war in der Lage, die hierfür erforderlichen Kapitalien, die nicht weniger als zwei Drittel der 1815 bis 1848 im Kanalbau investierten privaten Mittel ausmachten, bereitzustellen. Die zumindest teilweise Realisierung des Becquey-Planes wurde so in erster Linie durch die Pariser Haute Banque ermöglicht.

Lediglich in einem Falle, nämlich bei der Finanzierung der Rhône-Rhein-Gesellschaft, spielte die Pariser Haute Banque eine nur ergänzende Rolle. Wie erwähnt, wurde dieses Projekt hauptsächlich von den beiden "großen elsässer Kapitalisten"[2)] und Deputierten

---

1) Cameron, France and the Economic Development, S. 108.
2) Gille, Grande entreprise capitaliste, S. 54.

Florent Saglio und Jean-Georges Humann - zukünftiger Finanzminister und "an allen großen Projekten der Zeit von den Salines de l'Est bis zum Eisenwerk von Decazeville beteiligt"[1] - initiiert und geführt. Diese beiden Financiers übernahmen für sich selbst, Verwandte und Geschäftspartner bereits 47 % der Aktien, weitere 10 bzw. 8 % zeichneten eine Frankfurter und eine Straßburger Bank[2], so daß auf die zwei Pariser Firmen Paravey und Thuret lediglich 35 % entfielen. Nur die Elsässer scheinen sich langfristig engagiert zu haben[3], während die übrigen Beteiligten ihre Anteile offenbar nach kurzer Zeit weiterveräußerten. Hierfür spricht zum einen, daß im Aufsichtsrat des Unternehmens die Nicht-Elsässer überhaupt nicht vertreten waren, dieser vielmehr über mehrere Jahrzehnte ganz von Mitgliedern der Gruppe Humann / Saglio beherrscht wurde[4]; zum anderen läßt sich konkret nachweisen, daß es sich zumindest für Paravey um ein "reines kurzfristiges Spekulationsgeschäft" handelte[5]: von den ursprünglich übernommenen 2.000 Aktien trat dieser sofort nach Gründung der Gesellschaft im Juli 1821 700, in den folgenden zwei Jahren weitere 800, bis 1825 schließlich auch die letzten 500 bis auf

---

1) Leuilliot, Alsace, Bd. 2, S. 229.

2) Es handelt sich um die Gebrüder Bethmann einerseits, A.-P. Renouard de Bussière andererseits. Die Details der Aktienverteilung ergeben sich aus Art. 11 L. 5.8.1821 in Verbindung mit Art. 4 GV 21. und 24.7.1821, a.a.O.

3) Vgl. Duperier, Navigation intérieure, S. 246; Barth, Canal du Rhône au Rhin, S. 189; Descombes, Le Canal du Rhône au Rhin. Notice historique, S. 20; Leuilliot, Alsace, Bd. 2, S. 228.

4) Wie bei den übrigen Submissionsgesellschaften ist die Zusammensetzung des Aufsichtsrats äußerst stabil, ja 1823 und 1840 nahezu identisch. Bis auf Théodore Humann, der für seinen Vater nachgerückt ist, waren alle Administratoren des Jahres 1840 bereits an der Gesellschaftsgründung beteiligt. Übrigens wurde der Dichter der Marseillaise, Rouget de l'Isle - will man dessen Biographen M. de la Faye und E. Gueret glauben - nur durch den Einfluß von Saint-Simon davon abgehalten, auf Humanns Angebot hin einen Aufsichtsratsposten in der Gesellschaft anzunehmen, vgl. Leuilliot, Alsace, Bd. 2, S. 230.

5) Faber, Paravey, S. 186, ähnlich auch S. 183.

einen Rest von 20 Anteilen ab[1]. Auch bei den Zweiterwerbern handelte es sich im übrigen - von einigen Ausnahmen, z.B. dem Herzog von Dalberg, der ca. 500 Aktien von Paravey übernahm, abgesehen [2] - überwiegend um Bankiers, und zwar - urteilt man nach den Mitgliedern einer 1836 in Genf gegründeten Interessengemeinschaft von Aktionären, die sich um Entschädigungszahlungen vom Staat wegen der Bauverzögerungen bemühte[3] - um weitgehend dieselbe Gruppe, die auch den Roanne-Digoin-Kanal kontrollierte.

Wesentlich stärker war die Stellung der Pariser Haute Banque in den übrigen Submissionsgesellschaften. In allen Fällen gelang es den beteiligten Kreditinstituten, sich bis über die Mitte des Jahrhunderts hinaus die Unternehmensführung zu sichern. Auch sonst scheint sich ihre Rolle nicht auf ein einfaches Emissionsgeschäft, auf eine Vermittlung zwischen kreditsuchendem Staat und anlagewilligem Publikum beschränkt zu haben. Vielmehr behielten die Kreditinstitute einen beträchtlichen Teil der Wertpapiere - wenn auch nicht völlig freiwillig - im eigenen Portefeuille. Am deutlichsten läßt sich dies für die Firma Urbain Sartoris nachweisen, die die Anleihen für die Ardennen-, Somme- und Oise-Kanäle übernommen hatte. Anfänglich verzichtete Sartoris bewußt auf den Verkauf der von ihm geschaffenen Titel, denn wie er selbst schrieb, "zielte (sein) Engagement in diesen Projekten ebenso wie das (seiner) Freunde nicht auf eine kurzfristige Spekulation, sondern auf eine dauerhafte Kapitalanlage ab". Entsprechend war er "nicht bereit, in absehbarer Zeit Anteile von den Unternehmen abzutreten"[4]. Bestärkt durch die sich frühzeitig ab-

---

1) ebd., S. 184 ff., 220.

2) Dalberg war übrigens an Paraveys Bankhaus nicht unerheblich beteiligt; vgl. Faber, Paravey, S. 145 ff., 184 ff., wo einige weitere Käufer aufgeführt werden.

3) Schweizer Firmen verfügten laut GB H V 16.5.1836 über ca. 40 % der Aktien; die Mitglieder der genannten Interessengemeinschaft werden bei Levy-Leboyer, Banques, S. 674, Anm. 41, aufgeführt.

4) 61 AQ 211: Sartoris an Balguerie-Stuttenberg, Bankier in Bordeaux, am 27.8.1821; auch in F12.6746: Rapport Vincens an MC, 16.7.1834, werden die Absichten von Sartoris in diesem Sinne charakterisiert; vgl. auch das abschlägige Schreiben an den Tiefbauingenieur Cordier, der um eine größere Anzahl von Aktien bittet (61 AQ 211, Sartoris an Cordier, 21.8.1821).

zeichnende hohe und weit über derjenigen der anderen Projekte von 1821/1822 liegende Rentabilität der von ihm finanzierten Wasserstraßen, nahm er nur wenige Personen - wie aus den Tabellen 37 bis 39 ersichtlich, vor allem Bankiers und hohe Staatsbeamte, die ihm verwandtschaftlich oder geschäftlich eng verbunden waren - in die von ihm gegründeten Finanzierungsgesellschaften auf.

Als er jedoch Ende der zwanziger Jahre seine Geschäftspolitik umkehren und sich von diesen Titeln lösen wollte, fand er diesmal - nicht zuletzt wegen der bereits ausführlich geschilderten sonderbaren Ausstattung der Aktien, die ihm zudem einen übermäßig großen Gewinnanteil sicherte - auf seiten des Publikums kein Interesse. Obwohl er auf vielfältigste Weise versuchte, seine Aktien abzusetzen - unter anderem bedrängte er die Minister der Finanzen sowie für öffentliche Bauten vergeblich, einer Konversion seiner Titel in Staatsrenten zuzustimmen[1] - verfügten seine Erben zusammen mit seinem Teilhaber und Cousin Greffulhe noch im Jahre 1835 über 52 bis 75 % der Aktien der drei Gesellschaften[2]. Ob es durch die im gleichen Jahr vorgenommene Zusammenlegung und Umgestaltung der Gesellschaften gelang, neue Käuferschichten anzusprechen, ist unbekannt. Zumindest aus der Struktur des Aufsichtsrates ergeben sich keine Hinweise auf eine abnehmende Bedeutung der Bankiers. Sie verfügten in diesem Gremium, dessen Zusammensetzung sich in den folgenden zwanzig Jahren kaum veränderte[3] und im wesentlichen die Besitzverhältnisse zur Zeit der Gesellschaftsgründung widerspiegelte, durchgehend über eine Zweidrittelmehrheit (vgl. Tabelle 40).

1) 61 AQ 199, Briefe an MFinance 27.3.1828 und 19.4.1828, an MFin 30.5.1831, an MTP 15.6.1831, Kopie Brief DGPC an MFin 7.3.1831.

2) Im einzelnen besaßen Greffulhe und Sartoris bzw. dessen Erben folgende Anteile:

Gesellschaft	Anteile 1825/1826 %			Anteile 1835/1837 %		
	Kapital-aktien	Gewinn-aktien	Verwaltungs-aktien	Kapital-aktien	Gewinn-aktien	Verwaltungs-aktien
Ardennen-Kanal	76,9	80,1	100,0	66,6	71,6	100,0
Somme-Kanal	57,2	80,8	100,0	59,7	74,6	100,0
Oise-Kanalisierung	?	59,8	100,0	60,7	52,3	100,0

Quellen wie Tab. 9 bis 11.

3) Von 1836 bis 1854 gehörten der aus jeweils neun Administratoren und drei Zensoren bestehenden Unternehmensführung insgesamt lediglich 21 Personen an. Ein Wechsel erfolgte offensichtlich nur aufgrund eines Todesfalls oder einer schweren Erkrankung.

Tabelle 37

Ardennen-Kanal. Berufsstruktur der Aktionäre 1825

Beruf	Aktionäre %			Aktienanteil %		
	Kapital-aktien	Gewinn-aktien	Verwaltungs-aktien	Kapital-aktien	Gewinn-aktien	Verwaltungs-aktien
Rentier	4,2	7,1	-	2,0	0,4	-
Staatsbeamter[a)]	25,0	35,7	-	4,8	11,6	-
Offizier	20,8	21,4	-	2,0	1,2	-
Bankier	41,7	35,7	100,0	89,9	86,9	100,0
unklar	8,3	-	-	1,3	-	-
total	100,0	100,0	100,0	100,0	100,0	100,0

a) darunter ein Tiefbauingenieur mit 0,1 % der Kapitalaktien

Zahl der Aktionäre: Kapitalaktien 24, Gewinnaktien 14, Verwaltungsaktien 1

Quellen wie Tab. 9.

Tabelle 38

Somme-Kanal. Berufsstruktur der Aktionäre 1825/1826

Beruf	Aktionäre %			Aktienanteil %		
	Kapital-aktien	Gewinn-aktien	Verwaltungs-aktien	Kapital-aktien	Gewinn-aktien	Verwaltungs-aktien
Rentier	5,9	10,0	-	1,5	0,7	-
Staatsbeamter[a)]	20,5	30,0	-	23,0	11,7	-
Offizier	11,8	15,0	-	1,1	0,5	-
Bankier	38,2	40,0	100,0	71,6	86,4	100,0
unklar	23,5	5,0	-	2,8	0,8	-
total	100,0	100,0	100,0	100,0	100,0	100,0

a) darunter ein Tiefbauingenieur mit jeweils 0,2 % der Kapital- und Gewinnaktien

Zahl der Aktionäre: Kapitalaktien 34, Gewinnaktien 20, Verwaltungsaktien 1

Quellen wie Tab. 10.

Tabelle 39

Oise-Kanalisierung. Berufsstruktur der Aktionäre 1825/1826[a)]

Beruf	bekannte Aktionäre %			Anteil an d. Gesamtheit d. Aktien %		
	Kapital-aktien	Gewinn-aktien	Verwaltungs-aktien	Kapital-aktien	Gewinn-aktien	Verwaltungs-aktien
Staatsbeamter[b)]	42,9	40,0	-	5,2	25,8	-
Bankier	57,1	40,0	100,0	84,0	73,2	100,0
unklar	-	20,0	-	10,8	1,0	-
total	100,0	100,0	100,0	100,0	100,0	100,0

a) Die Angaben zur Verteilung der Kapitalaktien betreffen den Zeitraum 1835/1837

b) darunter ein Tiefbauingenieur mit 1,8 % der Kapitalaktien

Zahl der Aktionäre: Kapitalaktien 7, Gewinnaktien 5, Verwaltungsaktien 1

Quellen wie Tab. 11.

Tabelle 40

Compagnie des Trois Canaux. Berufsstruktur der Administratoren und Zensoren 1836 bis 1854[a)]

Beruf	Administratoren %		Zensoren	
	ungewichtet	gewichtet mit Zahl der Amtsjahre	ungewichtet	gewichtet mit Zahl der Amtsjahre
Rentier	12,5	5,3	20,0	3,5
Staatsbeamter	12,5	15,1	40,0	56,1
Offizier	6,3	11,1	-	-
Bankier	68,8	68,4	20,0	33,3
Jurist	-	-	20,0	7,0
total	100,0	100,0	100,0	100,0

a) Auf die Darstellung der zeitlichen Entwicklung wurde verzichtet, da sich nur unbedeutende Verschiebungen ergeben.

Zahl der Administratoren- und Zensorenposten 9 bzw. 3;

Quellen: F 12.6746, GB HV 1836-1854.

Die Submittenten der anderen Anleihen verfolgten mehrheitlich offensichtlich von Anfang an eine andere Politik und waren bemüht, ihre Beteiligungen soweit wie möglich auf die Anfangsfinanzierung zu beschränken, d.h. die übernommenen Aktien bereits zu einem Zeitpunkt abzustoßen, zu dem nur ein geringer Prozentsatz des Nennwertes eingezahlt worden war.

Zunächst zu den an der Finanzierung des Arles-Bouc- sowie des Bourgogne-Kanals Beteiligten. Auch sie setzten sich überwiegend aus Vertretern der Pariser Haute Banque zusammen: die Anleihen wurden von Banken - Gabriel Odier bzw. Jonas Hagerman - übernommen, das Kapital der 1822 gegründeten Aktiengesellschaften überwiegend von Banken gezeichnet[1], deren ab 1827 nahezu identischen Aufsichtsräte völlig von Bankiers beherrscht[2]. Zwar konnten auch sie, will man Gille glauben, "erst nach extrem langer Zeit neue Interessenten für ihre Aktien finden"[3], mußten sich also wohl oder übel für längere Zeit engagieren und die Hauptlast der Kapitalbereitstellung tragen. Dennoch gelang es ihnen wesentlich rascher als Sartoris, sich von einem beträchtlichen Teil der Titel zu lösen. Der Anteil des Submittenten Odier an der Arles-Bouc-Gesellschaft etwa ging von 36,4 % im Jahre 1822 auf 6,9 % im Jahre 1827 zurück, der des Submittenten Hagerman an der Bourgogne-Gesellschaft fiel im gleichen Zeitraum von 22,0 auf 4,0 %.

Leider liegen über den Verbleib der Aktien praktisch keine Angaben vor. Lediglich die Besitzer von jeweils 26 % der Anteile, von denen 1827 die Initiative zur Umgründung der Gesellschaften nach dem Vorbild der Compagnie des Quatre Canaux ausging - eine Umgründung, die sich ja ebenfalls aus der mangelnden Marktgängigkeit der Aktien erklärt - sind bekannt. Es handelte sich, von

---

1) Selbst der in Tab. 41 ausgewiesene Genueser Rentier de Ferrari war als Kommanditist an einer Pariser Bank wesentlich beteiligt, vgl. Gille, Banque, S. 63

2) Unter den Administratoren der Bourgogne-Gesellschaft waren zwischen 1822-1855 ausschließlich Bankiers, unter denen der Arles-Bouc-Gesellschaft daneben jeweils für kurze Zeiträume zwei Advokaten und ein Industrieller vertreten.

3) Gille, Banque, S. 205.

Tabelle 41

Arles-Bouc- und Bourgogne-Kanal. Berufsstruktur der Subskribenten 1822

Beruf	Subskribenten		Kapitalanteil %	
	Arles-Bouc	Bourgogne	Arles-Bouc	Bourgogne
Rentier	1	1	36,4	12,0
Bankier	5	7	48,7	45,6
Industrieller	1	-	2,2	-
unbekannt	?	?	12,7	42,4
total	?	?	100,0	100,0

Quellen wie Tab. 14.

zwei Kaufleuten abgesehen, um jeweils 14 Bankiers, die über durchschnittlich nicht mehr als 1,8 % des Aktienkapitals verfügten. Vermutlich kann man davon ausgehen, daß sich die übrigen Anteile in Händen institutioneller Anleger, die ihre Geschäfte über Bankiers abwickelten oder ganz von diesen beherrscht wurden - insbesondere religiöser Einrichtungen und Versicherungen, wie Gille meint[1] - sowie einer Vielzahl kleiner Aktionäre befanden. Denn andere Großaktionäre, bei denen ja zugleich eine gewisse eigenständige soziale und wirtschaftliche Potenz vermutet werden kann, wären - nach den Verhältnissen bei den Konzessionärsgesellschaften zu urteilen - sicherlich in den Aufsichtsräten aufgetaucht[2]. Tatsächlich jedoch wurden die Mitglieder dieser Gremien bis 1846, d.h. zwanzig Jahre lang, von nur fünf Bankhäusern gestellt, die zur Zeit der Gesellschaftsgründungen im Jahre 1827 zusammen über nicht mehr als 12,0 bzw. 15,9 % der Aktien verfügten.

Auch im Aufsichtsrat der Compagnie des Quatre Canaux verdankten die Bankiers ihre bis über die Jahrhundertmitte hinaus dominierende Stellung vermutlich weniger ihrem durchgehend hohen Kapitalanteil

---

1) Gille, Banque, S. 205.

2) Eine Ausnahme könnte der bereits erwähnte Marquis André de Ferrari aus Genua darstellen, der sich trotz seiner Beteiligungen von 36,4 bzw. 12,0 % an den beiden Gesellschaften durch die Bankiers Hagerman bzw. Odier vertreten ließ.

Tabelle 42

Compagnie des Quatre Canaux. Berufsstruktur der Administratoren und Zensoren 1823-1856[a)]

Beruf	Administratoren %		Zensoren %	
	ungewichtet	gewichtet mit Zahl der Amtsjahre	ungewichtet	gewichtet mit Zahl der Amtsjahre
Staatsbeamter[b)]	14,3	15,5	13,6	15,7
Bankier[c)]	73,8	76,8	63,6	64,7
Kaufmann	2,4	1,4	-	-
Industrieller	-	-	4,6	2,0
Jurist	9,5	6,3	13,6	15,7
unklar	-	-	4,6	2,0
total	100,0	100,0	100,0	100,0

a) Auf die Darstellung der zeitlichen Entwicklung wurde verzichtet, da sich nur geringe zeitliche Verschiebungen ergeben.

b) Darunter Generalsteuereinnehmer: Administratoren 4,8 bzw. 2,5 %, Zensoren 4,6 bzw. 1,9 %.

c) darunter die stark zum Handel tendierenden G. Humann und F. Saglio: Administratoren 4,8 bzw. 3,1 %.

Von 1823 bis 1856 gehörten dem 15köpfigen Aufsichtsrat insgesamt 42 Administratoren an; die jeweils drei Zensoren-Posten waren mit insgesamt 22 Personen besetzt.

Quellen wie Tab. 13.

als vielmehr ihrer Zusammenarbeit mit den erwähnten institutionellen Anlegern sowie - wie heute auf dem Kapitalmarkt üblich - ihrer Funktion als Vertreter einer Vielzahl kleiner Aktionäre. Unter den Administratoren stellten sie, wie auch aus Tab. 42 hervorgeht, durchgehend eine Dreiviertel- unter den Zensoren eine Zweidrittelmehrheit. Neben ihnen spielten nur hohe Staatsbeamte sowie unter den Zensoren auch Juristen eine gewisse Rolle.

Der Stellung der Kreditinstitute im Aufsichtsrat entspricht ihre Bedeutung bei der Anfangsfinanzierung der Gesellschaft allerdings voll und ganz. In dem Konsortium, das sich zur Übernahme der Anleihen und Gründung einer Aktiengesellschaft bildete, sind neben den beiden bereits erwähnten Elsässer Kapitalisten Florent Saglio und Jean-George Humann zwei Provinzbanken sowie neun der wichtigsten Mitglieder der Pariser Haute Banque vertreten[1].

Da die Anteile der Compagnie, wie erwähnt, eine vergleichsweise günstige Aufnahme beim Publikum fanden, kann man davon ausgehen, daß die Submittenten mindestens ebenso rasch wie die der Arles-Bouc- und Bourgogne-Gesellschaften ihre Titel realisieren konnten. Auch in der sozioprofessionellen Struktur der Kapitalanleger dürften sich kaum größere Abweichungen ergeben haben. Zweifellos schwebte den Initiatoren der Gesellschaft vor, nicht nur eine kapitalstarke Minderheit anzusprechen. Sie priesen ihre Aktien als "auch für schwache Geldbörsen erschwinglich", ja als "regelrechte Sparkassen" an[2], und in der Tat überschritten die einzelnen Teilzahlungsleistungen - bedingt durch den sich über ein Jahrzehnt hinziehenden Einzahlungsmodus und abgesehen von der ersten Anzahlung über 200 Franken - niemals einen Jahresbetrag

---

1) Wegen der außergewöhnlichen Bedeutung der Compagnie des Quatre Canaux wird die komplette Liste der Submittenten bzw. Gesellschaftsgründer nach Artikel 3, 5, 6 und 7 des Gesetzes vom 14.8.1822 aufgeführt:

Anleihezeichner	Kapitalanteil 1000 F	%
J. Laffitte et Cie , Pariser Bank	11.736	17,26
H. Hentsch, Blanc et Cie , Pariser Bank	11.736	17,26
M.-F.Pillet-Will et Cie , Pariser Bank	10.976	16,14
André et Cottier, Pariser Bank	7.870	11,57
J.-G. Humann, Straßburger Financier	5.039	7,41
Bodin Frères et Cie, Lyoner Bank	4.074	5,99
A.-C. de Lapanouze, Pariser Bankier	3.590	5,28
P.-F. Paravey et Cie , Pariser Bank	3.107	4,57
Ardoin, Hubbard et Cie , Pariser Bank	3.037	4,47
J. Lefebvre et Cie , Pariser Bank	2.555	3,76
F. Saglio, Straßburger Financier	2.071	3,05
A.-P. Renouard de Bussières, Straßb.Bankier	1.519	2,23
Périer Frères et Cie , Pariser Bank	690	1,01
total	68.000	100,00

2) So der Präsident des Aufsichtsrates C. de Lapanouze auf der ersten Hauptversammlung, vgl. F12.6744, GB HV 17.1.1824, S. 3.

von 100 Franken[1]. Präzisere Informationen darüber, inwieweit es dadurch tatsächlich gelang, auch die breitere Masse der mittleren, ja kleinen Bourgeoisie anzusprechen, liegen leider nicht vor. Sie könnten vermutlich - ebenso wie Gewißheit über die soziale, professionelle und geographische Verbreitung der Bahnaktien, zu deren bedeutendsten Wegbereitern die Submissionsgesellschaften allgemein und die Cie des Quatre Canaux im besonderen zählten - nur durch systematisches Aufarbeiten von Erbschaftserklärungen gewonnen werden[2]. Dies jedoch überschreitet die Möglichkeiten eines einzelnen Forschers. Insofern kann zwar davon ausgegangen werden, daß die Anfangsfinanzierung ebenso wie die Geschäftsführung der Submissionsgesellschaften in Händen der Pariser Haute Banque lag; dagegen muß offen bleiben, ob und vor allem wie schnell es gelang, die Last der Kapitalbereitstellung auf andere, zahlenmäßig größere Gruppen überzuwälzen.

---

1) Das für alle Submissions- und einen Teil der Konzessionsgesellschaften typische Einzahlungsschema der Compagnie des Quatre Canaux findet sich ebenfalls in GB HV 17.1.1824; es lautet:

Fälligkeits-datum	rechnerischer Teilzahlungs-betrag F	rechnerische Zinsgut-schrift F	effektiv zu leistende Zahlung F	effektiv aus-zuzahlende Zinsen F
1.10.1822	200,00	-	200,00	-
1. 4.1823	-	5,00	-	5,00
1.10.1823	-	5,00	-	5,00
1. 4.1824	31,88	5,00	26,88	-
1.10.1824	56,71	5,80	50,91	-
1. 4.1825	56,61	7,21	49,40	-
1.10.1825	56,50	8,63	47,87	-
1. 4.1826	56,40	10,04	46,36	-
1.10.1826	56,29	11,45	44,84	-
1. 4.1827	56,18	12,86	43,32	-
1.10.1827	56,06	14,26	41,80	-
1. 4.1828	55,95	15,67	40,28	-
1.10.1828	55,83	17,06	38,77	-
1. 4.1829	55,70	18,46	37,24	-
1.10.1829	51,45	19,85	31,60	-
1. 4.1830	46,32	21,14	25,18	-
1.10.1830	35,33	22,18	13,03	-
1. 4.1831	21,74	23,18	-	1,44
1.10.1831	21,55	23,72	-	2,17
1. 4.1832	21,35	24,26	-	2,91
1.10.1832	8,15	24,80	-	16,65
total	1.000,00	295,69	737,48	33,17

2) Vgl. Tudesq, Notables, S. 665.

3. Versuch der Aggregierung

a) Kapitalaufbringung

Abschließend soll wiederum der Versuch unternommen werden, die Anteile der verschiedenen Gruppen an der Aufbringung des von Privaten im Kanalbau investierten Kapitals zu quantifizieren. Die Mängel der Untersuchung, die deren Aussagekraft in gewissem Maße einschränken, traten in analoger Form bei der regionalen Herkunftsanalyse auf und wurden bereits dort angesprochen.

Zum einen sind nicht in jedem Fall Angaben über die Kapitaleigner der Kanalunternehmen vorhanden. Hier mußten anhand von Informationen über die jeweiligen Konzessionäre und Mitglieder der Führungsgremien Schätzungen angestellt werden, was insofern zulässig scheint, als - wie bereits an mehreren Beispielen gezeigt und im folgenden detailliert nachgewiesen - Kapitaleigner und Führungsgremien sich in ihrer Zusammensetzung weitgehend entsprachen und die wichtigsten Anteilseigner fast ausnahmslos in den Unternehmensleitungen vertreten waren. Derartige Schätzungen werden in Tabelle 43 gesondert ausgewiesen und beziehen sich im übrigen überwiegend auf kleinere Projekte bzw. auf ein Investitionsvolumen von nur 11,6 % der Gesamtheit.

Zum anderen fragt die Analyse in erster Linie nach den Personen, die den Bau der Wasserstraßen eingeleitet und finanziert haben, erst in zweiter Linie nach den späteren Eigentümern. Es interessiert also vor allem die Zusammensetzung der Kapitalgeber während der Gründungs- und Konstruktionsphase. Obwohl diese Phase sich häufig über mehrere Jahre, ja über mehr als ein Jahrzehnt hinzog, liegen Angaben über die Kapitalgeber teilweise für nur einen einzigen Zeitpunkt, manchmal sogar für ein späteres Datum vor. Von diesen Einzelinformationen mußte also auf die Verhältnisse während einer längeren Periode geschlossen werden. Auch hierdurch dürften sich jedoch wegen der festgestellten Stabilität der Besitzstruktur im Zeitablauf nur geringe Verschiebungen ergeben. Am bedeutendsten sind sie vermutlich bei einigen der Submissionsgesellschaften, für die nur die Anteile der Subskribenten bekannt sind und als repräsentativ für die spätere Entwicklung angesehen wurden.

Wie das Beispiel einiger besser bekannter Unternehmen - der Roanne-Digoin-, Saint-Martin-, Ourcq- und Saint-Denis-, Rhone-Rhein-, Sambre-Oise-, Sambre- und Beaucaire-Gesellschaft sowie der Compagnie des Trois Canaux - zeigt, pflegten sich die erstzeichnenden Banken jedoch durchaus langfristig zu engagieren - ein Umstand, der für die hier in Rede stehenden Firmen durch die Zusammensetzung der Aufsichtsräte sowie einige verbale Angaben bestätigt wird. Somit dürfte der Anteil der Banken an der Gesamtfinanzierung von uns wohl zu hoch eingestuft worden sein, dieser Irrtum sich jedoch in engen Grenzen halten.

Auf das dritte unserer Probleme, nämlich die Tatsache, daß der Einordnung der Beteiligten in das zugrundegelegte sozioprofessionelle Raster sicherlich ein erhebliches Maß von Willkür anhaftet, wurde bereits in Einleitung und Einzeldarstellungen ausführlich eingegangen.

Hinsichtlich der Frage, inwieweit sich die folgenden Angaben auf Schätzungen oder völlig gesicherte Werte stützen, sei wiederum auf die Einzeldarstellungen verwiesen. Wenn die Ergebnisse ebenso wie die regionalen Herkunftsangaben auch wiederum das vorhandene Material teilweise überinterpretieren, nicht in jedem Fall exakt herleitbar sind und die Bedeutung einer Komponente - des Bankenkapitals - vermutlich überschätzen, so sind sie doch wiederum so eindeutig, daß selbst die Annahme einer großen Fehlerbandbreite sie nicht in Frage stellen würde.

Als Hauptergebnis der Untersuchung ist, wie aus Tabelle 43 ersichtlich, die dominierende Stellung von Bankiers bei der Finanzierung der privaten Kanalbauinvestitionen hervorzuheben. Sie stellten mit gut zwei Dritteln den Löwenanteil des Kapitals bereit. Zwar verfügten sie (vgl. Tab. 44) in nur einem Viertel der Unternehmen über die absolute Kapitalmehrheit. Hierbei handelte es sich jedoch um die bedeutendsten und kapitalstärksten Firmen, die zusammen gut 60 % des Kanalnetzes kontrollierten und etwa zwei Drittel der Investitionen durchführten. Umgekehrt ist der Anteil der Unternehmen, in denen Bankiers nicht die stärkste Aktionärsgruppe bildeten, zahlenmäßig mit 60 % zwar recht groß; diese Unternehmen kontrollierten jedoch nur ein

Tabelle 43

Kanalgesellschaften 1814 - 1848: Berufsstruktur der Anteilseigner

Firma	Länge (km)	Private Investitionen (1814/1847) (1000 F)	Anteile am Gesellschaftskapital %								
			Rentiers	Beamte u. Offiziere	Bankiers	Kaufleute	Industrielle	Bauunternehmer	freie Berufe	sonst.	unklar
Aire-La Bassée	42,4	3.000	52,0	21,5	11,2	2,5	-	-	6,5	0,2	6,2
Arcachon	40,3	1.600	28,4	51,5	-	2,2	-	-	3,5	1,6	12,8
Arles-Bouc	47,4	5.500	36,4	-	48,7	-	2,2	-	-	-	12,7
Beaucaire	77,8	2.000	4,5	28,1	42,2	12,0	-	-	-	-	13,2
Bourgogne	242,0	25.000	12,0	-	45,6	-	-	-	-	-	42,4
Briare	59,1	3.000	33,3	33,4	-	-	-	-	-	-	33,3
Coutances/ Vire-Taute	38,3	1.915	-	-	-	-	-	100,0	-	-	-
Deule	65,7	1.200	-	-	-	-	-	50,0	-	-	50,0
Dive	42,8	2.000			100,0	-	-	-	-	-	-
Dünkirchen-Furnes	13,3	122	-	-	-	-	-	100,0	-	-	-
Etangs	46,9	1.780	4,5	28,1	42,2	12,0	-	-	-	-	13,2
Givors	18,5	1.100	74,1	17,5	-	2,8	0,1	-	5,0	0,5	-
Hazebrouck	24,7	100	63,6	-	-	-	-	36,4	-	-	-
Lez	9,6	60	-	100,0	-	-	-	-	-	-	-
Luçon	14,2	250	-	-	-	-	-	100,0	-	-	-
Lunel	8,7	90	-	-	-	100,0	-	-	-	-	-
Midi	278,8	500	11,3	88,7	-	-	-	-	-	-	-
Mons-Condé	5,1	630	-	-	-	-	-	50,0	-	-	50,0
Orléans/Loing	123,0	3.100	-	100,0	-	-	-	-	-	-	-
Paris:Ourcq/ St.Denis	114,5	4.300	-	-	100,0	-	-	-	-	-	-
Paris:St.Martin	4,5	3.600	8,3	10,0	67,6	14,2	-	-	-	-	-
Plessis	4,6	100	-	-	-	-	100,0	-	-	-	-
Quatre Canaux	1.202,4	68.000	-	-	100,0	-	-	-	-	-	-
Roanne-Digoin	55,8	8.780	-	-	85,0	-	-	-	-	-	15,0
Roubaix	12,0	1.550	30,5	63,7	3,1	-	-	2,8	-	-	-
Rhône-Rhein	350,1	10.000	-	-	100,0	-	-	-	-	-	-
St.Quentin	96,3	4.500	-	-	-	-	-	50,0	-	-	50,0
Sambre	54,4	3.000	10,3	14,3	44,2	1,0	-	3,1	8,2	2,1	16,9
Sambre-Oise	67,0	12.600	7,5	10,0	64,0	1,0	-	-	3,0	1,6	13,0
Scarpe	36,1	2.220	-	-	-	-	-	50,0	-	-	50,0
Sensée	25,0	1.550	-	-	-	-	-	50,0	-	-	50,0
Trois Canaux	394,6	17.600	1,5	13,0	82,0	-	-	-	-	-	3,5
total	3.615,9	190.747	6,0	6,5	70,4	0,7	0,1	3,9	0,5	0,1	11,7
total onne Schätzung	3.615,9	190.747	4,6	4,7	65,2	0,5	0,1	1,3	0,3	0,1	23,3

Erläuterungen zu Tabelle 43:

1. Die Angaben beziehen sich soweit möglich auf die Anfangsfinanzierung der Unternehmen, d.h. auf die Kapitalverteilung z.Z. der Investitionstätigkeit. Es wurde jeweils der letzte Zeitpunkt der Konstruktionsphase bzw. der frühestmögliche der Folgezeit, für den Informationen vorliegen, zugrundegelegt.

2. Die Gewichtung der letzten zwei Zeilen erfolgte mit der Höhe der 1814-1847 getätigten Investitionen.

3. Die Kapitalanteile ergeben sich überwiegend aus Text bzw. Tabellen der Einzeldarstellungen. Schätzungen wurden in folgenden Fällen durchgeführt (Volumen der aufgrund von Schätzungen eingeordneten Investitionen 22,7 Millionen Franken, d.h. 11,6 % der Gesamtheit):

   Briare: aufgrund der Aktionärsstruktur wurden jeweils ein Drittel der Kapitalanteile den Kategorien "Rentiers", "Beamte und Offiziere", "unklar" zugeordnet;

   Deule, Mons-Condé, St.Quentin, Sensée, Scarpe: für die Investitionen der Gruppen Honnorez und Bayard de la Vingtrie wurde davon ausgegangen, daß jeweils 50 % aus Eigenmitteln der Konzessionäre, 50 % aus Fremdmitteln unbekannter Herkunft finanziert wurden;

   Etangs: Schätzung in Anlehnung an Beaucaire;

   Midi: Annahme, daß sich die Anteile der Familie Bonrepos (22,6 % der Gesamtheit) jeweils zur Hälfte im Besitz von Rentiers bzw. Beamten und Offizieren befanden; dies entspräche der Berufsstruktur der Bonrepos;

   Roanne-Digoin: Anteil der lokalen Bankiers geschätz auf 10 % (Mindestwert);

   Roubaix: Bekannt sind lediglich die Zahlenverhältnisse unter den Aktionären, nicht deren Kapitalanteile. Die Gewichtung der zahlenmäßigen Anteile erfolgte mit dem Faktor, der bei der nahezu gleichzeitig gegründeten und personell fast identischen ersten Sambre-Gesellschaft von 1825 festgestellt wurde. Der Anteil des Bauunternehmers ist bekannt. Das Ergebnis entspricht der Struktur des Aufsichtsrats;

   Sambre-Oise: wie Roubaix; Gewichtung erfolgte in Anlehnung an die eng verbundene Sambre-Gesellschaft;

   Trois Canaux: gewichtetes arithmetisches Mittel der Verteilung der Kapitalaktien.

   Im übrigen wurde bei mangelnder Information die Kategorie "unklar" belastet.

4. Es sei nochmals darauf hingewiesen, daß einige Kanalgesellschaften mehrere Kanäle verwalteten (vgl. Tab.2 Anm. 2); die Anzahl der Kanalgesellschaften ist somit kleiner als die der Kanäle selbst.

Viertel des Streckennetzes und führten weniger als ein Siebentel der Investitionen durch. Hierbei handelte es sich in erster Linie um vor 1815 gegründete Gesellschaften. Die unter der konstitutionellen Monarchie entstandenen Unternehmen, in denen Bankiers nicht die stärkste Aktionärsgruppe stellten, kontrollierten nur knapp 12 % des Streckennetzes und führten weniger als 10 % der Investitionen durch. Seit Ende des Ancien Régime wurden somit nahezu alle wichtigen Projekte in erster Linie von Bankiers finanziert.

Tabelle 44

Kanalgesellschaften 1814-1848. Die Kapitalbeteiligung von Bankiers.

Anteil von Bankiers am Gesellschaftskapital	Kanalgesellschaften		
	Anzahl %	kontrolliertes Streckennetz %	Investitionen 1814-1848 %
1 0 0 %	12,5	47,3	44,2
75 bis unter 100 %	6,3	12,5	13,8
50 " " 75 %	6,3	2,0	8,5
25 " " 50 %	15,6	13,0	19,5
über 0 " " 25 %	6,3	1,5	2,4
0 %	53,1	23,8	11,6
total	100,0	100,0	100,0
Bankiers stärkste Aktionärsgruppe	40,6	74,7	86,1

Quellen: vgl. Anhang C

Alle anderen Gruppen spielten daneben nur eine ergänzende, fast unbedeutende Rolle; keine erreichte auch nur annähernd einen Anteil von 10 % der Gesamtinvestitionen.

Unter den zweitrangigen Gruppen standen mit einem Beitrag von 6,5 % die - wie ausgeführt meist adligen - Offiziere und Beamten an der Spitze. Sie bildeten in nahezu einem Fünftel der Unter-

Tabelle 45

Kanalgesellschaften 1814-1848. Die Kapitalbeteiligung von Offizieren und Beamten

Anteil von Offizieren und Beamten am Gesellschaftskapital	Kanalgesellschaften Anzahl %	kontrolliertes Streckennetz %	Investitionen 1814-1848 %
100 %	6,3	3,7	1,7
75 bis unter 100 %	3,1	7,7	0,3
50 " " 75 %	6,3	1,4	1,7
25 " " 50 %	9,4	5,1	3,6
über 0 " " 25 %	18,8	16,1	21,4
0 %	56,3	66,0	71,4
total	100,0	100,0	100,0
Offiziere u. Beamte stärkste Aktionärsgruppe	18,8	14,5	5,1

Quellen: vgl. Anhang C

nehmen die stärkste Gruppe (vgl. Tab. 45). Hierbei handelte es sich überwiegend um Projekte des Ancien Régime, die zwar über eine nicht unbedeutende Streckenlänge - nämlich etwa ein Viertel des Gesamtnetzes - verfügten, im 19. Jahrhundert jedoch nur noch geringe Investitionen - etwa ein Zwanzigstel der Gesamtaufwendungen - durchführten. Nur zwei der von Beamten und Offizieren beherrschten Kanäle mit einem Investitionsvolumen von etwa drei Millionen Franken entstanden im 19. Jahrhundert. Die bis zur großen Revolution wichtigsten Träger des Kanalbaues trugen im 19. Jahrhundert also nur noch geringfügig zu dessen Fortführung bei.

Eine Aufgliederung dieser Gruppe in Offiziere einerseits, Beamten andererseits stößt , wie ausgeführt, auf erhebliche Schwierigkeiten. Nur am Rande sei deshalb vermerkt, daß nach dem uns vorliegenden Material die Bedeutung militärischer diejenige zivi-

Schaubild 9

Kanalgesellschaften 1814-1848: Berufsstruktur der Anteilseigner

Zahl der Gesellschaften

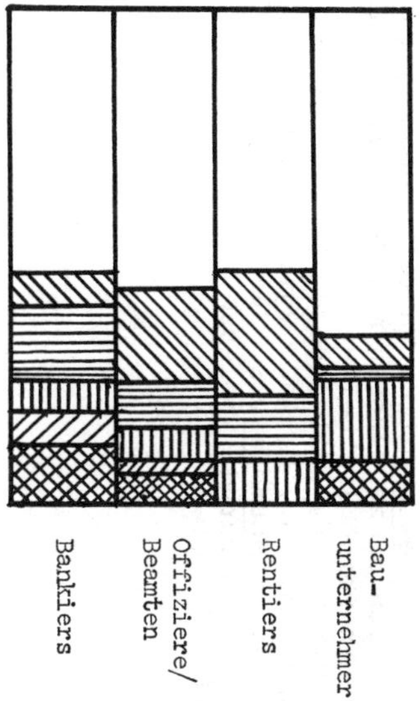

Zahl der Gesellschaften gewichtet mit der Länge des jeweils kontrollierten Streckennetzes

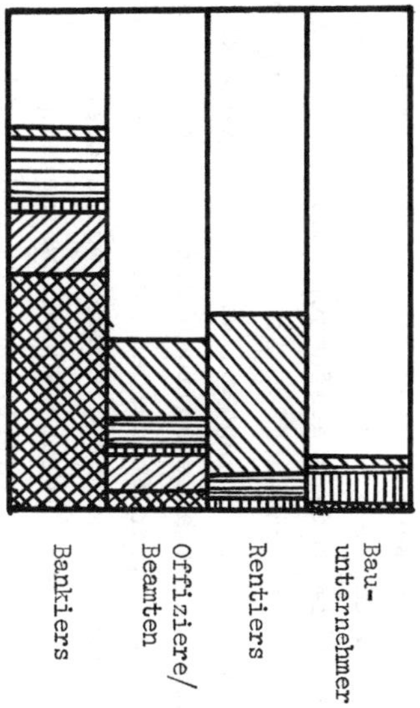

Zahl der Gesellschaften gewichtet mit der Höhe der 1814-1848 getätigten Investitionen

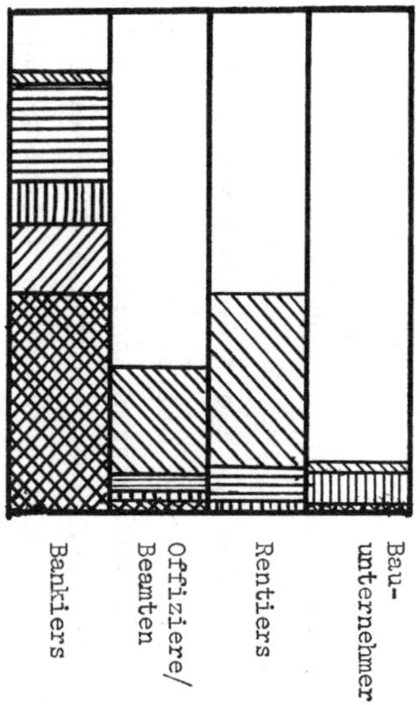

Anteil der Berufsgruppe am Gesellschaftskapital:

100%
75 bis unter 100%
50 bis unter 75%
25 bis unter 50%
über 0 bis unter 25%
0%

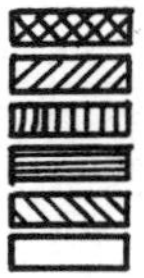

Quellen: Tabellen 44-47.

ler Staatsbediensteter leicht zu übertreffen scheint. Technische Spezialisten beider Untergruppen, d.h. Genieoffiziere bzw. Tiefbauingenieure, sind im übrigen jeweils leicht überrepräsentiert, ohne daß dies jedoch ins Gewicht fiele: auf erstere entfallen 0,2, auf letztere 0,3 % der Gesamtinvestitionen.

Der Kapitalanteil der Offiziere und Beamten vermittelt im übrigen einen brauchbaren Anhaltspunkt für die Beteiligung des Adels an der Kanalfinanzierung. Denn einerseits handelte es sich bei den größtenteils hohen Offizieren und Beamten überwiegend um Adlige, andererseits wurden in den übrigen sozioprofessionellen Gruppen fast nur Bürgerliche festgestellt. Nur unter den Rentiers nahmen Adlige noch einen nennenswerten Platz ein, unter Bankiers und Freiberuflichen spielten sie - zumindest was die uns vorliegende Auswahl betrifft - praktisch keine Rolle.

Allerdings muß darauf hingewiesen werden, daß die Isolierung des Adels unter den Anteilseignern durchaus nicht unproblematisch ist. Denn, wie Tudesq ausführt, "verschwimmt ihre Abgrenzung zu Bürgerlichen zunehmend"[1]. So wurden, da man in den Quellen nicht selten auf die Angabe von Titeln verzichtete, einerseits sicherlich nicht alle Adligen erfaßt; andererseits konnte nicht in jedem Fall geprüft werden, ob ein Titel usurpiert, ein "de" vor dem Namen zu Recht getragen wurde oder ob es sich lediglich um eine verfälschte Schreibweise eines mit diesen Buchstaben beginnenden Familiennamens handelte[2]. Entsprechend sind

---

[1] Tudesq, Notables, S. 368.

[2] Viele Namen traten in unterschiedlicher Schreibweise auf, etwa Delabarre - de la Barre, Delamarche- de Lamarche, Delannoy - de Lannoy, um nur einige zu nennen. Die Schwierigkeiten bei der Feststellung und Prüfung von Adelstiteln werden deutlich aus einem Vergleich der Untersuchungen von Bécarud, Noblesse mit denen von Higonnet, Class, corruption; obwohl sich diese Autoren mit Deputierten, d.h. relativ gut bekannten Persönlichkeiten befassen, weichen ihre quantitativen Ergebnisse teilweise um 50 % voneinander ab, vgl. Higonnet, a.a.O., S. 142. Vgl. zu diesem Problem im übrigen auch Tudesq, Notables, S. 368, ders., Conseillers généraux, S. 161 f.; Bécarud, Noblesse, S. 189.

die den Adel betreffenden Ergebnisse mit einem erheblichen Unsicherheitsfaktor belastet.

Die von uns erfaßten Adligen jedenfalls spielten fast nur in den wenigen von Beamten und Offizieren beherrschten Kanälen eine entscheidende Rolle. Dabei zeichnete sich eine deutliche Trennung von vorrevolutionärem gegenüber dem napoleonischen Adel ab, eine Trennung, die sich nur bei der Midi- sowie der Orléans-Loing-Gesellschaft aus den dargelegten politisch-administrativen Gründen verwischte. Aber auch zusammengenommen war die Rolle des Adels im Kanalbau des 19. Jahrhunderts klein: Während sein Anteil an den vor 1800 entstandenen Kanälen weiterhin über 50 % lag, trug er zu den Investitionen unter der konstitutionellen Monarchie sicherlich weniger als 10 % bei.

Jedoch zurück zu den in unserem sozioprofessionellen Raster direkt erfaßten Gruppen. An dritter Stelle der Hierarchie der Kapitalgeber folgen hier nach Bankiers und Staatsbediensteten die keiner aktiven Erwerbstätigkeit nachgehenden, von ihrem mobilen oder Grundvermögen lebenden Rentiers mit einem Beitrag von 6 % zu den Gesamtinvestitionen. Zwar sind sie in zahlreichen Unternehmen vertreten, meist jedoch mit nur geringem Anteil, wobei ihre Bedeutung tendenziell mit zunehmendem Alter eines Unternehmens steigt. Erst nachdem die Realisierbarkeit eines Projektes außer Zweifel steht, findet sich diese relativ risikoscheue Gruppe zu einem Engagement bereit, unter den Initiatoren dagegen findet sie sich selten. In nur drei Unternehmen werden Rentiers so zur stärksten Gruppe, diese Unternehmen kontrollieren ganze 2,4 % des Streckennetzes und führen nicht mehr als 2,2 % der Investitionen durch (vgl. Tabelle 46). Allerdings ist nicht auszuschließen, daß der Anteil von Rentiers an Kanalgesellschaften zumindest um die Mitte des Jahrhunderts nicht unerheblich über diesen Werten lag. Denn ein Teil der Aktien der Submissionsgesellschaften, die, wie ausgeführt, ja eine der Staatsrente vergleichbare Sicherheit boten und entsprechend als <u>valeur de père de famille</u> eingestuft wurden, dürften über kurz oder lang von Rentiers übernommen worden sein.

Tabelle 46

Kanalgesellschaften 1814-1848. Die Kapitalbeteiligung von Rentiers

Anteil von Rentiers am Gesellschaftskapital	Kanalgesellschaften		
	Anzahl %	kontrolliertes Streckennetz %	Investitionen 1814-1848 %
50 bis unter 75 %	9,4	2,4	2,2
25 " " 50 %	12,5	4,4	6,1
über 0" " 25 %	25,0	32,2	34,6
0 %	53,1	61,0	57,0
total	100,0	100,0	100,0
Rentiers stärkste Aktionärsgruppe	9,4	2,4	2,2

Quellen: Vgl. Anhang C

Als letzte Gruppe von - wenn auch geringer - Bedeutung ist die der Bauunternehmer zu nennen. Diese steuerte knapp 4 % der beim Ausbau des Kanalnetzes von Privaten getragenen Kosten bei. Zwar beherrschten sie als stärkste Anteilseigner nicht weniger als 25 % der Kanalgesellschaften. Hierbei handelte es sich jedoch überwiegend um lokale Projekte, die nur 8 % der Streckenlänge ausmachten und 6,5 % der Investitionen auf sich vereinigten (vgl. Tabelle 47). An größeren Projekten nahmen Bauunternehmer - abgesehen von der Gruppe Honnorez und in gewissem Maße auch Bayard de la Vingtrie - lediglich als ausführende Organe teil, trugen zu deren Finanzierung jedoch nicht bei.

Der Beitrag aller anderen Gruppen kann, sogar zusammengenommen, vernachlässigt werden. Das erstaunt weniger bei den freiberuflich Tätigen - hier kommt Juristen und Ärzten in etwa die gleiche untergeordnete Bedeutung zu - oder den ja gerade wegen ihrer

Tabelle 47

Kanalgesellschaften 1814-1848. Die Kapitalbeteiligung von Bauunternehmern

Anteil von Bauunternehmern am Gesellschaftskapital	Kanalgesellschaften Anzahl %	kontrolliertes Streckennetz %	Investitionen 1814-1848 %
100 %	9,4	1,8	1,2
75 bis unter 100 %	-	-	-
50 bis unter 75 %	15,6	6,3	5,3
25 bis unter 50 %	3,1	0,7	0,1
über 0 bis unter 25 %	6,3	1,8	2,4
0 %	65,6	89,3	91,1
total	100,0	100,0	100,0
Bauunternehmer stärkste Aktionärsgruppe	25,0	8,1	6,5

Quellen: Vgl. Anhang C.

Unwichtigkeit als "sonstige" zusammengefaßten Angehörigen der verschiedensten Berufe und Schichten - der Wäscherin und dem Schiffskapitän a.D. der Givors-Gesellschaft etwa, dem Seifensieder und dem Stallmeister vom Aire-La Bassée-Kanal, dem Kutscher und den drei Nonnen der Arcachon- oder schließlich dem Pastor der Roanne-Gesellschaft[1]. Auch das geringe Engagement von Kaufleuten ist zumindest teilweise insofern erklärlich, als viele gerade der bedeutenden Firmen zugleich im Geldgeschäft tätig waren und entsprechend dem Bankensektor zugerechnet wurden. Insofern ist der Beitrag des Handels an der Kanalfinanzierung sicherlich höher als in Tabelle 43 zum Ausdruck kommt. Dennoch bleibt die Tatsache bestehen, daß kaum eines der zahlreichen großen Eisen-, Kohlen-, Getreide-, Wein- und Textilhandelsunternehmen am Kanalbau Interesse zeigte, daß in nur einem einzigen, unbedeutenden Kanal nicht zugleich im Bankwesen tätige Kaufleute die stärkste Gruppe bildeten[2].

Am frappierendsten aber ist das völlige Ausbleiben eines Beitrages des Wirtschaftszweiges, der doch - neben der Landwirtschaft - in erster Linie an der Verbesserung der Transportwege hätte Interesse zeigen sollen, der Industrie und insbesondere der Schwerindustrie. Der Beitrag dieses Sektors erscheint mit ganzen 0,1 % in der sozioprofessionellen Herkunftsanalyse des Kapitals. Ein einziger, winziger Kanal wurde voll von der Schwerindustrie finanziert, bei nur zwei weiteren Projekten wurden überhaupt Beteiligungen von Industriellen nachgewiesen. Ein bezeichnendes Beispiel für die mangelnde Bereitschaft von

---

1) Als weitere Kuriosität innerhalb dieser Reihe sei erwähnt, daß der Physiker André Ampère Aktien der Givors-Gesellschaft besaß.

2) Für die geringe Rolle des Handels ist symptomatisch, daß zwei der gescheiterten Projekte von Kaufleuten initiiert wurden, wobei besonders der Fehlschlag der 12 führenden Handelshäuser in Bordeaux, die den Bau des Garonne-Seitenkanals betrieben, auffällt.

Industrieunternehmen, sich an sie unmittelbar betreffenden Kanalbauten finanziell zu beteiligen, zeigt die Geschichte des Canal des Salines de l'Est. Die Vollendung dieser bereits unter dem Empire mit einem Aufwand von 1,2 Millionen Franken begonnenen und zu einem erheblichen Teil fertiggestellten Wasserstraße, die den Salinen des Departements Mosel sowohl neue Absatzwege eröffnen als auch die Beschaffung der Saarkohle erleichtern sollte, scheiterte laut Grangez an der Weigerung der Salinen, sich wie ursprünglich zugesagt an den Baukosten zu beteiligen. "Wie nur zu häufig der Fall, sah auch diese Compagnie die Verpflichtung, sich an der Schaffung eines Transportweges zu beteiligen, dessen erste Nutznießerin sie war, als unzumutbare Belastung an..."[1].

Wie bereits die regionale legt also auch die sozioprofessionelle Herkunftsanalyse den Schluß nahe, daß die als zukünftige Benutzer eigentlichen Nutznießer der verbesserten Wasserwege nichts oder nur wenig zu deren Ausbau beitrugen. Zur endgültigen Entscheidung dieses Problems müssen jedoch die Motive für die Beteiligung der bedeutendsten Gruppe, der Bankiers, genauer durchleuchtet werden. Die Frage, ob es sich bei ihnen um reine Finanzinvestoren handelte oder ob sich ihr Engagement in ein breiter angelegtes System wirtschaftlicher Interessen einordnete, wird in Abschnitt C aufgegriffen werden.

Gewissermaßen als Nebenprodukt der sozioprofessionellen Analyse der Kapitaleigner lassen sich auch einige Aussagen über die sektorale Herkunft des im Kanalbau investierten privaten Kapitals treffen. Wenn der Beruf eines Individuums auch nur beschränkt Schlußfolgerungen über die Herkunft seines Vermögens erlaubt, besteht doch über die Rangfolge der Sektoren kein Zweifel.

Am geringsten dürfte der Beitrag des sekundären Sektors gewesen sein. Nur die wenigen Industriellen und Bauunternehmer sind ihm zuzurechnen, deren wichtigster, Honnorez, sein Vermögen wie erwähnt aus der Schwerindustrie bezog. Geringfügig größer war vermutlich die Rolle des aus dem primären Sektor, d.h. insbesondere der Landwirtschaft bzw. dem Grundvermögen, stammenden

---

[1] Grangez, Précis, S. 572 f.

Kapitals. Allerdings ist dessen Volumen nur schwer direkt abschätzbar. Denn wie einleitend festgestellt, wäre es sicherlich falsch, als Schätzwert den Anteil der Personen zu wählen, die in den Quellen als propriétaires auftauchen. Charakteristisch für diese Gruppe ist nicht die Art ihres Vermögens, sondern die Tatsache, daß sie nicht oder nicht mehr im aktiven Erwerbsleben steht, d.h. von den Erträgen ihres Eigentums lebt. Man kann hinter dieser Bezeichnung mit gleicher Berechtigung einen Besitzer mobilen oder immobilen Vermögens, einen ehemaligen Kaufmann bzw. Beamten oder Großgrundbesitzer vermuten.

Ein trotz aller Unsicherheit treffenderes Bild von der Rolle des Grundbesitzers als Kapitallieferanten wird man erhalten, wenn man als Maßstab hierfür den Anteil des Adels unter den Aktionären heranzieht. Wenn auch nicht in jedem, so "verfügt ein Adliger (doch) in der Mehrzahl der Fälle über Grundbesitz"[1], und umgekehrt "befand sich (noch) im Frankreich des Jahres 1840 ein Großteil des Bodens in Händen des Adels"[2]. Berücksichtigt man andererseits, daß ein in unserem Zusammenhang nicht unwesentlicher Teil des Adels, nämlich insbesondere der napoleonischen Ursprungs, sein Vermögen im Staatsdienst und insbesondere auf dem Schlachtfeld erworben hat, sein Beitrag also - bei etwas großzügiger Auslegung des Begriffes - dem Dienstleistungssektor zuzurechnen ist, so dürfte der Anteil des primären Sektors an der Kapitalaufbringung sicherlich deutlich unter 10 % gelegen haben. Wie wenig förderlich die Rolle des Landbesitzes für den Kanalbau war, wurde im übrigen bereits bei der Diskussion der staatlichen Kanalbaupolitik deutlich: Einer der wesentlichsten Hinderungsgründe für die rasche Fertigstellung

---

1) Bécarud, Noblesse, S. 191; vgl. auch Tudesq, Notables, S. 364 sowie Higonnet, Class, Corruption, S. 132; selbst ein usurpierter Adelstitel kann, so Chalmin, L'Officier, als Indiz für Streben nach adliger Lebensweise und Besitzstruktur, d.h. u.a. Landbesitz, angesehen werden.

2) Tudesq, Conseillers généraux, S. 167.

der Kanäle lag im Widerstand der betroffenen Grundeigentümer, das benötigte Terrain zu marktgerechten Bedingungen zur Verfügung zu stellen. Der anliegende Grundbesitz zeigte also nur wenig Interesse am Bau der neuen Transportwege und entsprechend selten war er bereit, ihn durch die Bereitstellung von Kapital zu fördern.
Die wichtigste Kapitalquelle stellte dagegen der Dienstleistungsbereich dar. Unter den als relevant im sozioprofessionellen Raster berücksichtigten Berufsgruppen sind ihm ja nicht nur die gerade hinsichtlich des Ursprungs ihres Vermögens kaum zu trennenden Kaufleute und Bankiers zuzuordnen, sondern auch die Freiberuflichen sowie ein Teil der Rentiers, Beamten und Offiziere. Somit wurde die überwiegende Mehrheit, ja die Quasi-Totalität des im Kanalbau investierten privaten Kapitals im Tertiären Sektor angesammelt.

b) Unternehmensführung

Nach der Analyse der Kapitaleigner soll im folgenden die sozioprofessionelle Zusammensetzung der Führungsspitzen der Kanalgesellschaften untersucht werden. Findet sich die hinsichtlich des Finanzierungsanteils festgestellte Hierachie der Berufsgruppen unverändert in den Unternehmensspitzen wieder oder werden durch Ausbildung bzw. sozialen Status besonders qualifizierte Personengruppen bevorzugt mit Führungsaufgaben betraut?
Drei Positionen innerhalb der Geschäftsführung werden im folgenden unterschieden: die des Direktors als des ausführenden Organs der Firma, die des Konsessionärs als dem der staatlich Verwaltung gegenüber Verantwortlichen sowie schließlich die des eigentlichen Entscheidungsträgers, d.h. je nach gewählter Rechtsform und Gesellschaftsvertrag des Aufsichtsratsmitgliedes, Komplementärs oder Firmeninhabers.[1)]
Während bei Kapitalgesellschaften diese Positionen überwiegend mit verschiedenen Personen besetzt wurden, ist eine derartige Differenzierung bei kleinen Einzelfirmen und Personalgesellschaften i.a. nicht festzustellen. Insbesondere die Funktion des

---

1) Vgl. hinsichtlich der Funktionen dieser Personen innerhalb der Unternehmen Abschnitt BI3 und BII3.

ausführenden Organs wurde häufig vom Konzessionär bzw. eigentlichen Entscheidungsträger mit wahrgenommen; so konnten bei insgesamt 12 von 32 Unternehmen, darunter auch drei Kapitalgesellschaften, keine speziell mit der Abwicklung der laufenden Geschäfte beauftragten Personen festgestellt werden. Auf diese überwiegend kleinen Firmen entfielen allerdings lediglich 6,6 % der Investitionen und 9,6 % des Streckennetzes.

Alle größeren Unternehmen jedoch entlasteten ihr eigentliches Entscheidungsgremium von Routineaufgaben durch die Einstellung einer als Direktor, Generalagent, Administrationssekretär oder ähnlich bezeichneten Person, die die Gesellschaft auch nach außen hin weitgehend vertrat. In 14 der 20 Fälle konnte die berufliche Herkunft dieser Direktoren, die übrigens ausnahmslos nur einen geringen Garantieanteil des Aktienkapitals besaßen, festgestellt werden. Sie stammten offensichtlich aus den verschiedensten Sparten: Bei fünf unter ihnen handelte es sich um ehemalige Offiziere - darunter zwei Genieoffiziere -, bei dreien um Ingenieure, je zwei Posten wurden von Bankiers und Rentiers, je einer schließlich von einem Beamten und Juristen bekleidet.

Ein Zusammenhang mit der unter den Kapitaleignern dominierenden Berufsgruppe ist nicht festzustellen, vielmehr gaben bei der Besetzung des Direktorenpostens offensichtlich die zu erwartenden Tätigkeitsschwerpunkte den Ausschlag: Für im Bau befindliche Kanäle wurden mit nur einer Ausnahme Personen mit technischer Kompetenz, d.h. Ingenieure und Genieoffiziere, gewählt; für bereits dem Verkehr übergebene sowohl Bankiers als auch Offiziere und Rentiers. Bezeichnend hierfür ist ferner, daß der einzige unter den Direktoren angetroffene Jurist von den Aktionären des Roubaix-Kanals mit dieser Aufgabe betraut wurde, einer Gesellschaft, die in einen langwierigen Rechtsstreit mit den anliegenden Gebietskörperschaften wegen einiger von ihr übernommener, technisch jedoch nicht erfüllbarer Verpflichtungen verwickelt war.

Auffallend ist im übrigen, daß sich die Submissionsgesellschaften,von der in Straßburg ansässigen Rhone-Rhein-Gesellschaft abgesehen, alle von einer einzigen Person vertreten ließen und ihre Verwaltung an derselben Pariser Adresse hatten. Leider konnte die Ausbildungsart dieses Direktors nicht festgestellt werden, doch dürfte es sich, da er in erster Linie den Zahlungsverkehr zwischen Staat, Compagnien und Aktionären abwickelte, kaum um einen Techniker als vielmehr um einen Bankangestellten gehandelt haben.

Während zwischen Beruf der Kapitaleigner und Ausbildung des Unternehmensdirektors also kein Zusammenhang feststellbar ist, dieser vielmehr in erster Linie nach den von ihm zu bewältigenden Aufgaben ausgewählt wurde, besteht eine weitgehende Übereinstimmung zwischen Beruf der Mehrheit der Kapitaleigner einerseits und Beruf des Konzessionärs andererseits (vgl. Tabelle 48). Abweichungen ergeben sich praktisch nur bei den von Offizieren und Beamten beherrschten Kanälen, die die Funktion des Konzessionärs überwiegend Bauunternehmern, in einem Fall auch einem Juristen, übertrugen. Die Bauunternehmer verpflichteten sich dabei zugleich, gegen eine feste Vergütung die Kanalisierungsarbeiten im Auftrage der Finanzierungsgesellschaft durchzuführen, nahmen dieser also einen erheblichen Teil des unternehmerischen Risikos ab[1].

Eine nahezu vollständige Übereinstimmung ergibt sich schließlich jeweils zwischen der beruflichen Struktur der Kapitaleigner und der eigentlichen Unternehmensführung[2]. Nicht nur besaß die stärkste Aktionärsgruppe fast immer auch die Mehrheit im Entscheidungsgremium, auch die Minderheiten sind - mit Ausnahme der generell unterrepräsentierten Rentiers - weitgehend proportional zu ihrem jeweiligen Kapitalanteil vertreten. Anders als bei den Konzessionären, die überwiegend nicht zu den stärksten Anteilseignern zählten, scheint das entscheidende Kriterium

---

1) Dies war beispielsweise der Fall beim Aire-La Bassée-, Roubaix-, Sambre-Oise- und Sambre-Kanal.

2) Dies steht in direktem Widerspruch zu Tudesq, Notables, S. 429, der - allerdings aufgrund einer schmalen, kaum repräsentativen Quellenbasis - "die Differenz zwischen sozialer Struktur von Aktionären einerseits, Aufsichtsräten der ersten großen Kapitalgesellschaften andererseits" betont.

Tabelle 48

Kanalgesellschaften 1814 - 1848: Berufliche Zusammensetzung der Gesellschaftsorgane [a)]

	Kanalgesellschaften														
	Anzahl %					Kontrolliertes Streckennetz %					Investitionen 1814-1848 %				
	Bankiers	Bauunter-nehmer	Offiziere u. Beamte	Rentiers	sonstige [b)]	Bankiers	Bauunter-nehmer	Offiziere u. Beamte	Rentiers	sonstige [b)]	Bankiers	Bauunter-nehmer	Offiziere u. Beamte	Rentiers	sonstige [b)]
stärkste Aktionärsgruppe	40,6	25,0	18,8	9,4	6,2	74,7	8,1	14,5	2,4	0,3	86,1	6,5	5,1	2,2	0,1
Mehrheit des Führungsgremiums	40,6	28,1	21,9	3,1	6,2	74,7	8,8	15,6	0,5	0,3	86,1	6,5	6,7	0,6	0,1
Konzessionär [c)]	36,0	52,0	-	4,0	8,0	80,7	16,3	-	1,5	1,5	80,0	18,0	-	1,0	1,0

a) Wegen der großen Stabilität in der Zusammensetzung von Kapitaleignern und Führungsgremien können die Angaben als für die gesamte Untersuchungsperiode repräsentativ angesehen werden.

b) Industrielle sowie ein Jurist unter den Konzessionären, ansonsten Industrielle und Kaufleute.

c) Nur für zwischen 1814 und 1848 erteilte Konzessionen.

Quellen: vgl. Anhang C.

Schaubild 10

Kanalgesellschaften 1814-1848
Berufliche Zusammensetzung der Gesellschaftsorgane

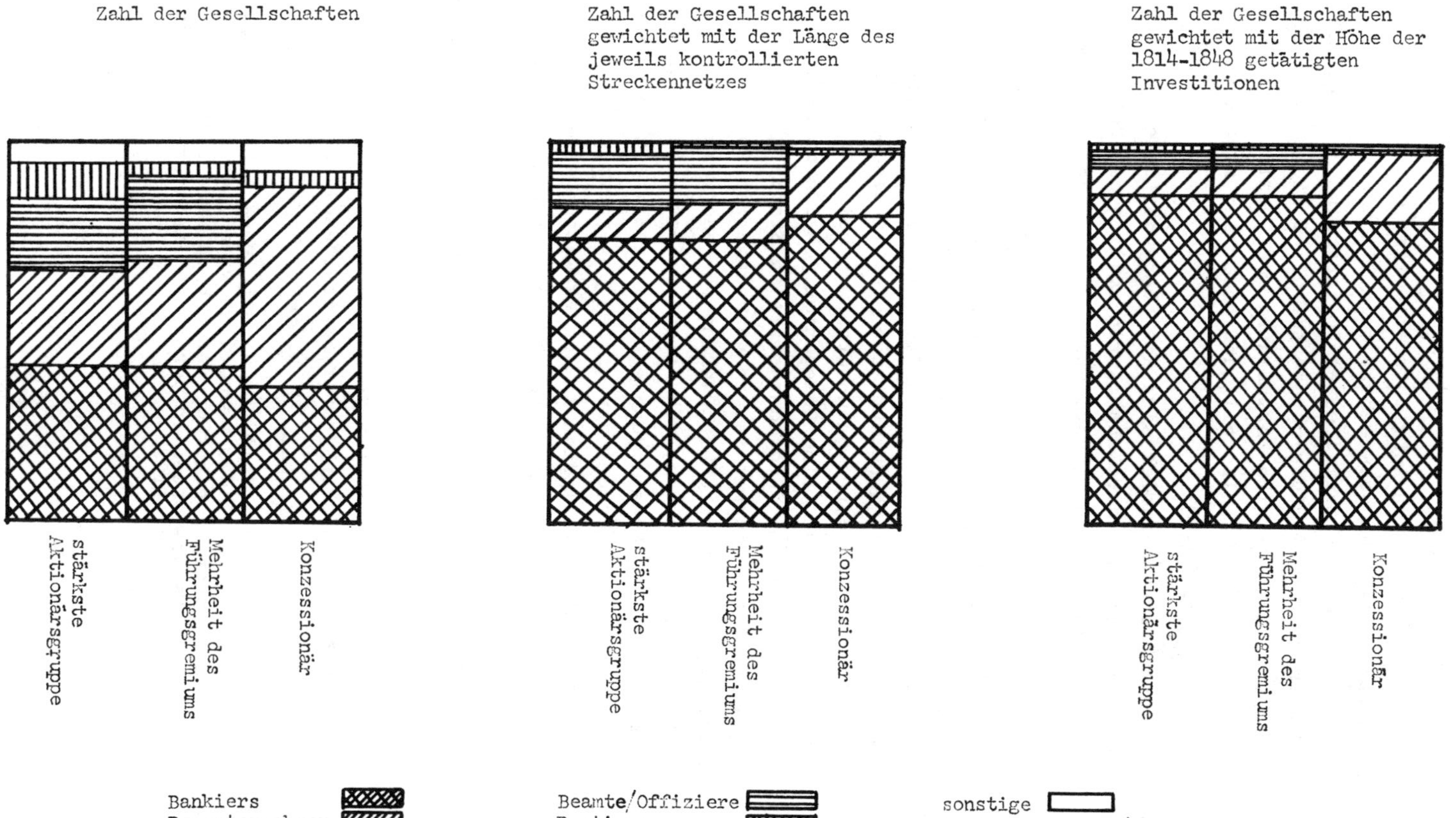

Quelle: Tabelle 48.

bei der Vergabe von Aufsichtsratsposten die Höhe der jeweiligen Kapitalbeteiligung gewesen zu sein. In nur wenigen Fällen gehörte - wie am Beispiel einer Sondergruppe detailliert erläutert werden wird - ein Aufsichtsratsmitglied nicht zugleich zu den Hauptaktionären. Nicht Ausbildung oder soziale Stellung, sondern die Höhe der Kapitalbeteiligung entschied also über einen Sitz im Führungsgremium.

Dementsprechend findet sich die führende Rolle der Bankiers bei der Finanzierung der Kanalbauten voll in den Führungsgremien der Gesellschaften wieder. Bankiers bildeten zwar, wie Tabelle 48 zeigt, die Mehrheit in den Unternehmensspitzen von nur zwei Fünfteln der Kanalgesellschaften, kontrollierten hierdurch jedoch etwa drei Viertel des Kanalnetzes und entschieden über den Einsatz von sechs Siebteln der Kanalinvestitionen. Andere Gruppen spielten dagegen wiederum nur eine ergänzende Rolle, wobei Offiziere und Beamte auch hier insbesondere bei alten, vor 1800 entstandenen,Bauunternehmer bei eher lokalen Projekten anzutreffen waren. Eine Delegation von Führungsaufgaben an aufgrund ihrer Ausbildung oder sozialen Stellung speziell dafür qualifizierte Gruppen ist in nennenswertem Umfang nicht festzustellen[1]. Entsprechend gering war auch die Tendenz, Spezialisten der Verwaltung, d.h. insbesondere Notaren und Advokaten, trotz geringer Beteiligung einen Platz im Führungsgremium einzuräumen. Die Mehrzahl der großen Unternehmen verzichtete auf einen Rechtsspezialisten in der Verwaltungsspitze, die große Zeit der Wirtschaftsjuristen hatte noch nicht begonnen.

c) Die Rolle gesellschaftlicher und politischer Eliten: Adel, Pairs, Deputierte

Auch eine andere Gruppe, der man gemeinhin eine erhebliche Rolle in den Aufsichtsräten großer Kapitalgesellschaften zuschreibt,

---

1) Als kuriose Ausnahme von dieser Regel könnte Rouget de l'Isle genannt werden, dem vermutlich wegen seiner Popularität und nicht aufgrund einer großen Kapitalbeteiligung von Humann ein Aufsichtsratsposten in der Rhone-Rhein-Gesellschaft angeboten wurde; vgl. B III 2c.

nämlich die Träger großer Namen der Aristokratie[1], sind in den Kanalgesellschaften nur relativ wenig vertreten. Insgesamt entfallen auf sie kaum mehr als 10 % der Führungspositionen - ein Viertel davon auf im Bankwesen tätige und insofern atypische Adlige neueren Datums wie Baron James de Rothschild oder Baron Jean-Charles Davillier -, und in fast 90 % der Fälle handelte es sich bei deren Inhabern um einen der stärksten Anteilseigner des betreffenden Unternehmens.

Eine andere Sondergruppe jedoch, die als soziale Elite in zahlreichen Wirtschaftszweigen und, wie Tudesq ausführt, besonders in den frühen Eisenbahngesellschaften Spitzenpositionen innehatte[2], war auch in den Aufsichtsräten der Kanalgesellschaften auffallend stark vertreten. Es handelt sich um Mitglieder der Legislative, d.h. Pairs de France und Deputierte.

Tatsächlich waren bereits die Zeitgenossen während der Kanalbaudebatten darauf aufmerksam geworden, daß nicht selten Abgeordnete über Projekte mitentschieden, an denen sie selbst erhebliches Interesse besaßen. "Viele, ja zu viele Abgeordnete sind selbst an Kanalunternehmen beteiligt", monierte ein Deputierter im Jahre 1822, "wodurch Konflikte zwischen Eigennutz dieser Deputierten und wohlverstandenem Staatsinteresse nicht in jedem Fall auszuschließen" seien[3]. Und auch bei der Darstellung der staatlichen Kanalbaupolitik wurde ja bereits deutlich, daß es sich bei den Diskussionen zwischen Befürwortern und Gegnern der Gesetze von 1821/1822 nicht zuletzt um Auseinandersetzungen verschiedener Finanzgruppen handelte, die sich jeweils einen maximalen Anteil am lukrativen Finanzierungsgeschäft sichern wollten.

---

1) Vgl. etwa Tudesq, Notables, S. 423, 426 f.

2) Vgl. Tudesq, Notables, S. 360; ders., Pairs au temps de Guizot, S. 272; ders., L'attraction parisienne, S. 277 f.

3) Forbin des Issars am 5.7.1822 vor der Deputiertenkammer, MU 1822, S. 963; vgl. auch Ganilh am gleichen Ort am 2.7.1821, MU 1821, S. 979.

In der Tat war die Präsenz von Pairs und Deputierten sowohl unter den Anteilseignern als auch in den Führungsgremien der Kanalgesellschaften erstaunlich hoch[1]: Nicht nur befand sich jedes 9. Aktienpaket in ihren Händen und wurde ihre Beteiligung in 90 % aller Unternehmen, über die entsprechendes Material vorliegt, nachgewiesen; wichtiger noch ist, daß jede 4. Aufsichtsratsposition von ihnen besetzt wurde, womit Mitglieder der Legislative in zwei Dritteln aller Unternehmen eine leitende Stellung innehatten.

Im folgenden soll einerseits geklärt werden, ob es sich bei den Engagements der Pairs und Deputierten überwiegend um kleinere Beteiligungen handelte, um Konzessionen an ihre Umgebung zur Erfüllung einer aus ihrer Stellung erwachsenden sozialen Verpflichtung bzw. um Gesten im Bemühen um Wählerstimmen, oder ob die Parlamentarier tatsächlich aus eigenen Mitteln entscheidend zur Finanzierung der Infrastrukturbauten beitrugen. Andererseits ist zu fragen, worauf sich die auffallend starke, überproportionale Repräsentation von Pairs und Deputierten in den Führungsgremien stützt. Trat die Höhe der Kapitalbeteiligung hier zugunsten anderer Kriterien bei der Besetzung von Spitzenpositionen zurück? "Suchte man sich einen Pair oder Deputierten", wie Tudesq meint, als Garanten in dem Bemühen um das Vertrauen der kleinen Sparer[2], erfüllten diese also in erster Linie Repräsentationsfunktionen? Oder erhofften sich die hinter den Firmen stehenden Kapitalisten, wie einer der Korrespondenten Rothschilds schrieb, "Unterstützung bei Regierungs- und Verwaltungsstellen", indem sie Pairs und Deputierten, "nach Möglichkeit sogar großen Rednern", attraktive Posten zukommen ließen[3]? Anders ausgedrückt: Nutzten die Parlamentarier ihre

---

1) In die folgende Analyse der Führungsgremien werden sowohl die bislang als "eigentliche Entscheidungsträger" bezeichneten Personen als auch die Konzessionäre, nicht jedoch die ausführenden Organe wie Direktoren u.ä. einbezogen.

2) Tudesq, Notables, S. 426, sowie ders., L'attraction parisienne, S. 277 f., ders., Pairs de France, S. 272.

3) Roux de Fraissinet an Rothschild, 13.1.1844, zitiert nach Tudesq, Notables, ebd.

Stellung im politischen Entscheidungsprozeß dazu aus, sich materielle Vorteile zu verschaffen - ein nicht abwegiger Verdacht, wie die im ersten Teil dargestellten, an Bestechung grenzenden Fälle zeigen? Eine Fülle von Vermutungen stellt sich ein, wenn sich die Stellung der Pairs und Deputierten nicht einfach und undramatisch ebenfalls aus ihren großen Kapitalbeteiligungen und somit letztlich daraus erklären ließe , daß sie nicht nur der politischen, sondern auch wirtschaftlichen und unternehmerischen Oberschicht des Landes angehörten, ja in gewisser Hinsicht deren Elite bildeten.

Da die Beantwortung dieser Fragen ein bezeichnendes Licht auf Einfluß und Stellung der Mitglieder der politischen Führungsschicht im Wirtschaftsleben der Zeit wirft, scheint eine etwas detailliertere Darstellung der zugrundeliegenden Fakten gerechtfertigt. Zunächst sollen einige Globalzahlen die Bedeutung der Pairs und Deputierten im Kanalwesen weiter verdeutlichen.

Unter den 1.423 namentlich erfaßten Personen, die zwischen 1800 und 1850 als einfache Anteilseigner oder Mitglieder der Unternehmensführung an Kanälen beteiligt waren, gehörten 140, d.h. 9,8 %, zu irgendeinem Zeitpunkt einer der beiden Kammern des französischen Abgeordnetenhauses an[1]. Während in der Gesamtheit der Erfaßten nur jeder dreizehnte an mehr als einem Unternehmen Anteile besaß, war dies unter den Mitgliedern der Legislative bei jedem vierten der Fall. Hierdurch befand sich jedes 9. Aktienpaket in Händen eines Pairs oder Deputierten[2].

---

1) Es handelt sich hierbei um eine Mindestgröße, da auch unter den nur ihrem Beruf, nicht aber ihrem Namen nach Bekannten 488 Personen Pairs und Deputierte zu vermuten sind und zudem einige Zweifelsfälle, bei denen die Identität mit Abgeordneten nicht eindeutig feststand, nicht berücksichtigt wurden.

2) Im einzelnen sind folgende Mehrfachbeteiligungen festzustellen

Zahl der Beteiligungen	Gesamtheit der Kapitaleigner %	Pairs und Deputierte %
1	92,4	75,7
2	6,1	18,5
3	1,2	5,7
4	0,2	-
5	0,1	-
6	0,1	-
total	100,0	100,0

Diese waren damit in nahezu allen Kanalprojekten von gewissem Interesse vertreten: Von den 26 erfolgreichen und 4 gescheiterten Unternehmen, für die hinreichende Informationen über die personelle Zusammensetzung der Kapitaleigner vorliegen, wurden sie in 27, d.h. 90 %, nachgewiesen. Nur in drei winzigen lokalen Projekten mit einer Gesamtlänge von 52,2 km waren keine Mitglieder der Legislative beteiligt.

Dabei sind Mitglieder des Ober- schwächer als die des Unterhauses vertreten: Nur 42 % der insgesamt festgestellten 182 Kapitalbeteiligungen entfallen auf Pairs, 58 % dagegen auf Deputierte[1]; erstere werden in 15, letztere dagegen in 22 Unternehmen nachgewiesen. Dabei konzentriert sich das Interesse der Pairs auf dieselben Kanäle, die als vorwiegend von adligen Beamten und Offizieren getragen eingestuft wurden, d.h. in erster Linie auf die vor 1800 geschaffenen Kanäle von Lez, Briare, Midi, Orléans und Loing sowie auf die jüngeren Roubaix-, Arcachon- und Corrèze-Vezère-Projekte[2]. Dies ist insofern nicht verwunderlich, als in der Pairskammer aktive und ehemalige Offiziere und Beamte die bei

---

1) Hierbei wurden drei Mitglieder der Oberhäuser des zweiten Reiches bzw. der Dritten Republik zur Gruppe der Pairs, vier Mitglieder der Unterhäuser der Zweiten Republik bzw. des zweiten Reiches zur Gruppe der Deputierten gezählt. Daneben traten gewisse Abgrenzungsschwierigkeiten auf,da in 11 Fällen ein Wechsel von der Deputierten- zur Pairskammer erfolgte - letztere setzte sich zu einem erheblichen Teil aus "ehemaligen, erschöpften und ausgelaugten Deputierten" zusammen, wie ein zeitgenössischer Beobachter schrieb (vgl. Tudesq, Notables, S. 356) - sowie in einem Fall ein abgesetzter napoleonischer Pair, General Graf Bertrand, in der Folgezeit in die Deputiertenkammer gewählt wurde. In diesen zwölf Fällen erfolgte die Zuordnung primär nach Art des Mandats z.Z. des Aktienkaufes bzw. der Übernahme einer Funktion in einer Kanalgesellschaft, in zweiter Linie nach dem letzten vorhergehenden, in dritter Linie nach dem als nächstes folgenden Mandat. Ein z.Z. des Aktienkaufes mandatsloser ehemaliger Deputierter, der in der Folgezeit zum Pair ernannt wurde, wurde also als Deputierter a.D. eingestuft.

2) Nur am Vire-Taute-Kanal waren Pairs kaum vertreten; die dieses Projekt finanzierenden Beamten gehörten überwiegend einer niedrigen Berufs- uns Sozialschicht an, die Pairs dagegen dem meist adligen hohen Beamtentum.

weitem stärkste Gruppe bildeten[1]. Auch unter den im Kanalwesen engagierten Pairs dominierten sie eindeutig: Nicht weniger als 88 % von deren Beteiligungen entfielen auf Offiziere und Beamte, etwa 8 % auf Bankiers, 3 % auf Rentiers, 1 % schließlich auf Juristen.

Insgesamt war die Stellung der Pairs unter den Anteilseignern somit nicht schwach, denn in 7 der 32 Kanalunternehmen, die immerhin ein Viertel des Streckennetzes kontrollierten, lag ihr Kapitalanteil über 25 %. Diese Kanäle aber führten, da überwiegend vor 1800 vollendet, nur relativ geringe Investitionen durch, und entsprechend war der Anteil der Pairs an der Finanzierung des Ausbaues des Kanalnetzes im 19. Jahrhundert, ebenso wie der Anteil der Offiziere und Beamten, deren Elite sie in gewisser Weise darstellen, gering. Er dürfte kaum über 5 % gelegen haben, wovon nahezu die Hälfte auf die wenigen, im Grunde atypischen Pairs-Bankiers - Graf Greffulhe von der Compagnie des Trois Canaux etwa oder Baron Davillier vom Kanal von Baucaire - entfielen.

Wesentlich wichtiger war die Rolle der Deputierten. Sie wurden als Teilhaber in nahezu Dreiviertel der Unternehmen festgestellt, über die ein Minimum an Informationen vorliegt. Wie unter den Deputierten insgesamt[2], bildeten auch unter den im Kanalbau Engagierten die Beamten und Offiziere mit ca. 45 % die stärkste Gruppe. Sie wurden gefolgt von Bankiers und Kaufleuten mit gut 30 % sowie schließlich Rentiers, Freiberuflichen und Industriellen mit Anteilen von 13,8 und 2 %. Die wirtschaftlichen Berufe, insbesondere die Bankiers und Kaufleute, sind somit - wie nicht anders zu erwarten - gegenüber der Gesamtheit der Deputierten stark überrepräsentiert. Da sie zudem, wie noch erläutert wird, über extrem hohe Kapital-

---

1) Vgl. zur Zusammensetzung der Pairskammer Tudesq, Notables, S. 355 ff., insb. S. 357, sowie ders., Les Pairs de France, S. 267 und Labès, Les Pairs de France, passim.

2) Vgl. zur sozio-professionellen Zusammensetzung der Deputiertenkammer in der ersten Hälfte des 19. Jahrhunderts Tudesq, Notables, S. 365 f., ders., L'attraction parisienne, S. 274 f., 282; Higonnet, Class, Corruption, S. 132, 143.

beteiligungen verfügten, sind es neben den von Staatsbediensteten finanzierten Roubaix- und Arcachon-Kanälen in erster Linie die von Bankiers getragenen Projekte, in denen auch Deputierte besonders starken Einfluß besaßen, d.h. der Beaucaire-, Ourcq- und St.Martin-Kanal sowie vor allem zwei Submissionsgesellschaften, nämlich die Compagnie du canal du Rhône au Rhin sowie die Compagnie des Quatre Canaux. Diese Gesellschaften waren extrem kapitalstark und entsprechend lag der Anteil der Deputierten an der Kanalfinanzierung insgesamt wesentlich höher als derjenige der Pairs. Er ist mit Sicherheit über 26 %, vermutlich mit nahezu 3o % anzusetzen. Die jeweilige Rolle von Pairs und Deputierten spiegelt somit den unterschiedlichen Beitrag von adligen Beamten und Offizieren einerseits, Bankiers andererseits zur Finanzierung der Kanalbauten des 19. Jahrhunderts wider.

Die regionale Herkunftsanalyse der Parlamentarier entspricht weitgehend den Verhältnissen unter der Gesamtheit der Aktionäre. Wie aus Tabelle 49 ersichtlich, dominierten auch hier die in Paris ansässigen mit einem Anteil von 70 % eindeutig, und wiederum sind Beteiligungen aus dem "sonstigen Frankreich" nahezu bedeutungslos. Auffallend ist jedoch, daß regionale Elemente mit knapp einem Viertel wesentlich stärker unter den Parlamentariern als in der Gesamtheit der Anteilseigner vertreten sind, und zwar weniger unter den Pairs als vielmehr unter den Deputierten. Letztere engagierten sich also bei der verkehrstechnischen Erschließung ihrer Heimatregionen wesentlich stärker als die Masse ihrer Mitbürger. Dennoch mag erstaunen, daß immerhin 63 % der Beteiligungen von in

Tabelle 49

Anteilseigner der Kanalgesellschaften 1814 - 1848: geographische Herkunft der Pairs und Deputierten

	Wohnsitz der Pairs %	Wohnsitz der Deputierten %	Wohnsitz der Parlamentarier insges. %	durch Deputierte vertretenes Departement %
Paris	80,5	62,9	70,3	15,2
Region	10,4	31,4	22,5	44,8
sonstiges Frankreich	9,1	5,7	7,1	40,0
total	100,0	100,0	100,0	100,0

Quellen: vgl. Anhang C.

Paris ansässigen Deputierten getätigt worden sein sollen, obwohl Paris selbst nur eine verschwindend geringe Zahl von Sitzen, nämlich ganze 4 %, in der Unteren Kammer besetzte[1]. Es wäre jedoch voreilig, hieraus auf Mängel bei der regionalen Klassifizierung der Deputierten im besonderen und der Aktionäre im allgemeinen zu schließen. Denn diese scheinbare Diskrepanz spiegelt lediglich ein Phänomen wider, auf das besonders Tudesq hingewiesen hat: Trotz des geringen Anteils von Paris bei der Sitzverteilung bildeten Pariser in der Deputiertenkammer - wie übrigens auch unter den Pairs - die bei weitem stärkste Gruppe, da sich zahlreiche Wahlkreise der Provinz durch Pariser vertreten ließen[2]. Denn da in Paris die großen Entwicklungspläne aufgestellt, "die Konzessionen und Adjudikationen vergeben sowie die Zugeständnisse der Planungsbehörden ausgehandelt wurden, lag es im Interesse abgelegener Wahlkreise, ... sich durch Notable mit guten Verbindungen zu den Schaltstellen der Pariser Zentralverwaltung und Hochfinanz vertreten zu lassen"[3].

Die Tatsache, daß nicht weniger als 45 % der Kanalbeteiligungen in Händen der Vertreter eines direkt betroffenen Departments lagen, zeigt, daß sich die Überlegung der Wähler, durch die Wahl von Parisern ihre Interessen am besten vertreten zu können, als richtig erwies: In der Tat trugen die Deputierten zu einem erheblichen Teil finanziell dazu bei, die verkehrstechnische Situation der von ihnen vertretenen Departemente zu verbessern.

---

1) Tudesq, L'attraction parisienne, S. 272.

2) Ebda, S. 272, 274, 280 f. sowie ders., Notables, S. 373 und ders., Pairs de France, S. 282. Daß es sich bei der regionalen Einordnung nicht zuletzt um eine Definitionsfrage handelt, zeigt ein Vergleich der Ergebnisse von Tudesq mit denen Higonnets, Class, corruption, S. 136, 143; während Higonnet als "regional" auch Personen einordnet, "die zwar normalerweise in Paris lebten, deren Familien jedoch regionale Bindungen hatten, die sie nicht aufgaben", ist für Tudesq das tatsächliche Zentrum der Berufsausübung und ökonomischen Aktivität ausschlaggebend. So erklärt sich, daß Tudesq 41 %, Higonnet dagegen nur 30 % der Deputierten des Jahres 1846 als in Paris wohnhaft einstuft; unsere eigene Definition entspricht der von Tudesq.

3) Tudesq, L'attraction parisienne, S. 274.

Doch zurück zum Anteil der Parlamentarier an der Finanzierung der Kanalbauten insgesamt. Aus der Tatsache, daß sie nicht weniger als ein Drittel des investierten Kapitals bereitstellten, wird einerseits deutlich, daß es sich bei ihren Engagements keinesfalls um Gefälligkeitsbeteiligungen handelte, die sie ihrer sozialen Stellung schuldig zu sein glaubten, sondern daß sie aus eigenen Mitteln einen wesentlichen Beitrag zum Ausbau der Infrastruktur und damit zur Sicherung regionaler Selbständigkeit leisteten. Andererseits zeichnet sich ab, daß sich die Stellung der Parlamentarier in den Führungsgremien der Gesellschaften eventuell doch allein aus ihren Kapitalbeteiligungen erklären läßt.

Zunächst wieder einige Fakten zur Charakterisierung des Einflusses der Pairs und Deputierten. Sie waren in zwei Dritteln aller Unternehmensspitzen vertreten, verfügten in einem Drittel durchgehend über die Mehrheit und besetzten jeden vierten aller Führungsposten. Damit waren sie, gemessen an ihrem Anteil unter den Aktionären, deutlich überrepräsentiert. Während in deren Gesamtheit nur jede 7. Kapitalbeteiligung zu einem Aufsichtsratsposten führte, lautete die entsprechende Verhältniszahl für die Mandatsträger insgesamt 2,3 : 1, für die Pairs alleine 4,3 : 1, für die Deputierten sogar 1,7 : 1.

Deputierte sind also wesentlich stärker an der Führung der Unternehmen beteiligt als Pairs. Sie sind in 19 Firmenspitzen vertreten, Pairs in nur 10; auf erstere entfallen 77 %, auf letztere 23 % der Aufsichtsratsposten von Mandatsträgern, wobei sich hinsichtlich der betroffenen Kanäle jeweils die gleichen Schwerpunkte herausbilden wie bei der Kapitalverteilung.

Beide Fakten - die überproportional starke Stellung der Mandatsträger im allgemeinen und der Deputierten im besonderen - sind direkt ableitbar aus der Höhe der Kapitalbeteiligungen der jeweiligen Gruppen. Denn die Parlamentarier verfügten, wie sich schon aus der Größe ihres Beitrages zu den Gesamtinvestitionen folgern ließ, über überdurchschnittlich große Aktienpakete. Während unter der Gesamtheit der Beteiligten nur 12 % Aktien im Werte von mehr als 50.000 Franken und nur 6 % im Werte von mehr als 100.000 Franken besaßen, lauteten die jeweiligen Anteile unter den Pairs 48% bzw. 36 %, unter den

Deputierten sogar 58% bzw. 55 %[1]. Beide gehörten also in der Mehrzahl zu den Großaktionären, wobei sich eine deutliche Steigerung von den Pairs zu den Deputierten abzeichnet. Diese Steigerung der Kapitalanteile findet sich im übrigen wieder, wenn man unter den Parlamentariern nach Bankiers einerseits, Offizieren und Beamten andererseits differenziert: Die Engagements der ersten Untergruppe sind im Durchschnitt gut elfmal größer als die der zweiten, und entsprechend ist von ersteren praktisch jeder, von letzteren dagegen nur jeder dritte in einem Aufsichtsrat vertreten[2].

Aber nicht nur global gesehen, d.h. im Vergleich der jeweiligen Gruppen untereinander, ergibt sich eine enge Korrelation zwischen Kapitalanteilen und Zahl der Führungspositionen, auch in fast jedem Einzelfall läßt sich die Übernahme eines Aufsichtsratspostens direkt aus der Höhe der Beteiligung erklären. Zu diesem Zweck wurde jedem Aufsichtsratsmitglied entsprechend seiner Stellung unter den nach ihrer Kapitalbeteiligung geordneten Anteilseignern eine Rangzahl zugeordnet. War die Rangzahl kleiner oder gleich der Zahl der Aufsichtsratsmitglieder, wurde die Führungsposition m.E. hinreichend durch die Kapitalbeteiligung

1) Diese Zahlen beziehen sich naturgemäß lediglich auf die Kapitalbeteiligungen, deren Höhe festgestellt werden konnte; dies waren bei den Anteilen der Pairs 65 %, bei den Deputierten 60 %. Zur Gesamtheit der Beteiligten vgl. den folgenden Abschnitt.

2) Die Führungsposten der Parlamentarier verteilten sich folgendermaßen auf die Berufsgruppen:

Anteil der Berufsgruppen an den Führungsposten %

	Offiziere u. Beamte	Bankiers u. Kaufleute	Freiberufliche	Rentiers	Industrielle
Pairs	77,8	22,2	-	-	-
Deputierte	29,5	54,1	8,2	4,9	3,3
total	40,5	46,8	6,3	3,8	2,5

erklärt, war sie größer, mußten andere Kriterien als vorrangig angesehen werden. Das Ergebnis dieser Analyse ist eindeutig: In 88 % aller Fälle, für die hinreichende Informationen vorliegen[1], erwies sich die Kapitalbeteiligung, in nur 12 % ein anderes Merkmal als ausschlaggebend bei der Besetzung einer Führungsposition[2]. Daß insbesondere die Mitgliedschaft in der Legislative hierbei nur eine untergeordnete Rolle spielte, geht schließlich auch daraus hervor, daß in nur 44 % aller Fälle die Übernahme einer Führungsposition zu einer Zeit erfolgte, in der der Betroffene auch tatsächlich in einer der beiden Kammern vertreten war. Dagegen fiel bei einem Drittel der Pairs, ja bei zwei Dritteln der Deputierten die Wahl in einen Aufsichtsrat nicht in die aktive Mandatszeit[3]. Anders ausgedrückt: Es bestand eine geringe Korrelation zwischen Zeitpunkt der Mitgliedschaft in einer der beiden Kammern und Zeitpunkt der Wahl in eine Unternehmensleitung. Auch dieser Umstand legt nahe, daß die Führungspositionen nicht aufgrund eines politischen Mandats vergeben wurden.

---

1) Dies war bei 75 % aller Inhaber von Führungspositionen der Fall.

2) Will man diesen Tatbestand mit Hilfe eines Korrelationskoeffizienten ausdrücken, bietet sich, da eines der Merkmale qualitativ ist, eine analoge Anwendung des Fechnerschen Koeffizienten i an. Der sich hierbei ergebende Wert von + 0,76 läßt ebenfalls auf eine hohe positive Verbundenheit zwischen Kapitalbeteiligung und Vergabe von Führungspositionen schließen.

3) Im einzelnen wurde folgendes zeitliche Verhältnis zwischen Engagement der Parlamentarier in einer Kanalgesellschaft und ihrem politischen Mandat festgestellt:

Zeitpunkt des Engagements	Erwerb der Kapitalbeteiligung			Übernahme einer Führungsposition		
	Pairs %	Deputierte %	total %	Pairs %	Deputierte %	total %
vor Mandatsübernahme	37,7	49,5	44,5	33,3	41,0	39,2
z.Z.d.Mandats	62,3	37,1	47,8	66,7	37,7	44,3
nach Erlöschen des Mandats	-	13,3	7,7	-	21,3	16,5
total	100,0	100,0	100,0	100,0	100,0	100,0

Zwei Schlußfolgerungen lassen sich aus diesen Darlegungen ziehen. Zum einen dürfte, was die Kriterien bei der Besetzung von Entscheidungspositionen zumindest innerhalb der Kanalgesellschaften betrifft, die Priorität der Kapitalbeteiligung gegenüber anderen Merkmalen wie fachlicher Qualifikation, sozialer Stellung oder Einfluß im politischen Entscheidungsprozeß, hinreichend belegt sein. Dies schlägt sich einerseits in der relativ geringen Bedeutung von hohen Adligen und "Verwaltungsspezialisten" wie beispielsweise Notaren und Advokaten nieder und läßt sich andererseits durchaus mit der ausgesprochen starken Repräsentanz von Pairs und besonders Deputierten in den Aufsichtsräten vereinbaren.

Zum zweiten ist weniger überraschend, daß die Mitglieder der Legislative über die wirtschaftliche Potenz verfügten, eine derartig entscheidende Rolle bei der Finanzierung der Kanalbauten zu spielen. Von wenigen Ausnahmen abgesehen, besaßen nur Personen mit erheblichem Steueraufkommen - d.h. Vermögen - das passive Wahlrecht für die untere Kammer[1], und auch die Sitze im Oberhaus, das "mehr einer Vereinigung der oberen Zehntausend als einem Parlament glich", waren vorwiegend den reichsten Familien des Landes vorbehalten[2]. Auffallend ist dagegen, daß Pairs und Deputierte ihre ökonomische Potenz in so starkem Maße zur Finanzierung des bis zum Bau der Eisenbahn leistungsfähigsten Binnenverkehrssystems einsetzten. Denn bis weit in die Juli-Monarchie hinein zog es der überwiegende Teil der wirtschaftlichen Oberschicht vor, seine disponiblen Mittel in Form von Grundbesitz anzulegen. Unter den mobilen Vermögenswerten dominierten eindeutig Staatsrenten und Hypothekenbriefe, erst im Gefolge des Eisenbahnfiebers verminderte sich die Scheu vor Investitionen im sekundären und tertiären Bereich - der im übrigen eine Abneigung der Unternehmer gegenüber Fremdkapital entsprach - und fand sich ein breiterer Interessentenkreis für Aktien und Industrieobligationen. Durch diese sozialen Verhaltensmuster

---

1) Vgl. zu den Voraussetzungen des aktiven und passiven Wahlrechts u.a. Dictionnaire des Parlementaires, S. X ff.; Lhomme, Grande bourgeoisie, S. 15 f., Tudesq, Listes éléctorales, S. 278 f.; Bécarud, La noblesse, S. 191 ff.

2) Tudesq, Notables, S. 359 f.

sowie durch das Fehlen geeigneter Institutionen der Kapitalsammlung, nicht durch eine reale Knappheit investierbarer Mittel, wurden der Modernisierung der französischen Wirtschaft von der Finanzierungsseite her Grenzen gesetzt[1]. Ein erheblicher Teil der Mitglieder der Legislative folgte diesem Verhaltensmuster der Mehrheit der Kapitaleigner jedoch nicht, sondern wagte es, sich in großem Maße auch außerhalb der traditionellen Bereiche finanziell zu engagieren, Risiko auf sich zu nehmen und eine aktive Rolle in den Führungsgremien der Wirtschaft zu spielen[2]. Bedingt vermutlich durch ihre andersgeartete sozioprofessionelle Herkunft sowie auch durch ihr wesentlich niedrigeres Durchschnittsalter und ihrem stärkeren politischen Einfluß entsprechend[3] - allerdings nicht direkt

---

1) Dies ist die übereinstimmende Meinung fast aller Beobachter, vgl. etwa Cameron, Profit, croissance, S. 409 ff., 417; ders., France and the economic development, S. 17, 106; ders., Financial institutions, S. 572; Clapham, France and Germany, S. 132; Daumard, Bourgeoisie parisienne, S. 59 ff.; Dunham, Industrial Revolution, S, 3, 68, 225; Gille, Banque, S. 226, 336 f., 370; Henderson, Industrial Revolution, S. 93; Hoselitz, Capital Formation, S. 304, 336; Kindleberger, Economic Growth, S. 39; Léon, Industrialisation, S. 180; Papy, Fortunes bordelaises, S. 194, 200, 203; Sée, Wirtschaftsgeschichte II, S. 570 ff.

2) Wenn nach dem Wahlrecht die Deputierten auch einerseits zu den Wohlhabenden zählten, bildeten sie doch andererseits eine kleine Minderheit unter der wirtschaftlichen Oberschicht. Ein Anhaltspunkt für die gegebenen Relationen findet sich bei Lhomme, Grande bourgeoisie, S. 20 f.; danach besaßen zuende der Restauration ca. 16 000 Personen das passive Wahlrecht für die Deputiertenkammer, eine Zahl, die sich unter der Julimonarchie durch Wahlrechtsänderungen vervielfachte. Auf jeden Fall also waren die Deputierten unter den Kanalinvestoren gemessen an ihrem Anteil unter den "Wohlhabenden" insgesamt um ein Vielfaches überrepräsentiert.

3) Die Literatur zur sozioprofessionellen Struktur der Parlamentarier wurde bereits zu Anfang des Abschnitts angegeben; Angaben zur Altersstruktur finden sich bei Tudesq, Notables, S. 363; zur unterschiedlichen Rolle von Pairs und Deputierten im politischen Entscheidungsprozeß ebd., S. 355 ff., 360 f.; ders., Les Pairs de France, S. 262, 275; Higonnet, Class, corruption, S. 129 f. Vgl. zur Rolle der Pairskammer auch G. Weill, La France, S. 65, der sie als "Versammlung folgsamer Greise", oder Haussez, Revue de Paris vom 1.5.1896, der sie als "Art von Friedhof" bezeichnet, "auf dem man gleichermaßen inkompetente Günstlinge und gefürchtete Gegner verbannte, um nie wieder von ihnen zu hören."

kausal damit verbunden - kam den Deputierten eine wesentlich größere Bedeutung zu als den Pairs. Somit zeichnet sich - soweit die Verhältnisse eines einzelnen Wirtschaftssektors derartige Aussagen erlauben - als zweite Schlußfolgerung unserer Analyse der Rolle der Parlamentarier bei der Finanzierung des französischen Kanalnetzes ab, daß die politische Führungsschicht der konstitutionellen Monarchie nicht nur aufgrund ihres Vermögens zur wirtschaftlichen Oberschicht, sondern auch aufgrund ihrer Aufgeschlossenheit gegenüber nichttraditionellen Investitionsformen sowie ihrer Risikobereitschaft zur unternehmerischen Elite des Landes gehörte. Politisches und unternehmerisches Engagement waren also weitgehend miteinander verkoppelt.

d) Die soziale Schichtung der Kapitaleigner

Wenn, wie eben dargelegt, die Führungspositionen im Kanalwesen in erster Linie entsprechend den jeweiligen Kapitalbeteiligungen vergeben und die Aufsichtsratsmitglieder offensichtlich nicht primär aufgrund ihrer sozialen Stellung als Garanten gegenüber der Masse kleiner Sparer ausgewählt wurden, so hat dies einen einfachen Grund: Anders als Staatsschuldverschreibungen, Bahnaktien und auch einige Industriewerte, die nicht nur in die Schicht der mittleren Sparer vordrangen[1], sondern auch "Bauern"[2], "ja Frauen und Ausländer"[3] in den Sog des Spekulationsfiebers rissen, wurde die Masse der mittleren oder gar kleinen Sparer von der Kanalaktie effektiv kaum angesprochen und trug praktisch nichts zur Finanzierung der Kanalbauten bei. Die Anteilseigner der Kanalgesellschaften gehörten durchweg einer sozial und wirtschaftlich privilegierten Schicht an.

---

1) Bouvier, Rothschild, S. 110.

2) Michelet, Le Peuple, S. 108.

3) Chambre de Commerce Paris, rapport 24.7.1834, zitiert nach Levy-Leboyer, Banques, S. 618; vgl. ebda., S. 616 ff., 632 sowie auch Sée, Wirtschaftsgeschichte Bd. II, S. 206; Lescoeur, Essai historique, S. 47; Clapham, France and Germany, S. 131; Gille, Grande entreprise, S. 65; ders., Banque, S. 344 zu Verlauf, Ausmaß und Objekten der verschiedenen Spekulationswellen z.Z. der Julimonarchie.

Diese Behauptung bedarf sicherlich einer eingehenden Begründung und Präzisierung. Bevor dies geschieht, können jedoch schon einige Ausführungen über die absoluten Zahlen der an den einzelnen Projekten Beteiligten zeigen, wie verfehlt es wäre, anzunehmen, eine wie immer geartete "große Masse" von Sparern hätte wesentlich zu deren Finanzierung beigetragen. Von der Konzeption her freilich hätten die Kanalgesellschaften durchaus ein breitgefächertes Publikum erreichen können. Denn während die Kapitalgesellschaften in den übrigen Bereichen der Wirtschaft überwiegend nur jeweils einige hundert und selten über 1.000 Aktien ausgaben, war letzteres bei über 80 % der Kanalgesellschaften der Fall, ja ein knappes Drittel unter ihnen verteilte ihr Grundkapital auf 10.000 und mehr Aktien[1]. Insgesamt waren so nahezu 200.000 Kanalstamm- sowie etwa 140.000 Gewinnaktien im Umlauf, eine Zahl also, die durchaus eine breite Streuung erlaubt hätte.

Dies vorhandene Potential wurde jedoch bei weitem nicht ausgeschöpft. Bei den Einzelfirmen und Personalgesellschaften ist eine Beschränkung auf wenige Teilhaber bereits durch die rechtliche Konstruktion bedingt, und so hatte selbst die kapitalstärkste unter ihnen, die Compagnie du Canal de l'Ourcq, nie mehr als vier Gesellschafter. Aber auch bei den Kapitalgesellschaften hielten sich die Zahlen in bescheidenem Rahmen, wie aus Tabelle 50 hervorgeht. Nicht nur waren an deren Gründung jeweils nur wenige Dutzend Personen beteiligt, auch nach langjährigem Bestehen der Gesellschaften wurde die Zahl 100 selten erreicht und praktisch nie wesentlich überschritten. Die beiden einzigen Ausnahmen, für die Aktionärszahlen von annähernd 400 effektiv nachgewiesen werden konnten, die Midi- sowie die Orléans-Loing-Gesellschaft, verdanken dies lediglich dem Eingriff Napoleons. Selbst die Anteile eines mit 11.600.000 F doch sehr kapitalstarken Unternehmens wie der Sambre-Oise-Gesellschaft befanden sich noch 16 Jahre nach seiner Gründung in Händen von kaum mehr als 50 Personen.

---

[1] Vgl. Kap. BI. 2., insbes. Tabelle 2.

Tabelle 50

Kanalgesellschaften 1814-1850: Zahl der Anteilseigner

Firma	Jahr der Konzessionierung	Bezugsjahr	Zahl der Anteilseigner[a)]
I. Personalgesellschaften und Einzelfirmen			
Dünkirchen-Furnes	1828	1828 ff.	1
Hazebrouck	1835	1835 ff.	2
Lez	1666	1814 ff.	1
Luçon	1824	1824 ff.	1
Lunel	1718		.
Paris:Ourcq/St.Denis	1818	1819	4
		1830	2
II. Kommanditgesellschaften auf Aktien			
Arcachon	1834	1834	52
Coutances, Vire-Taute	1835/6	1835	42
		1838	2
		1846	1
Corrèze-Vezère	1825	1827	71
Deule	1825		maximal 450[b)]
Midi	1666	1814	ca. 440
		1850	ca. 382
Orléans-Loing	1679/	1814	ca. 350
	1719	1850	ca. 262
Paris:St.Martin	1821	1822	8
		1832	12
Roubaix	1825	1849	44
Sambre, 1. Cie.	1825	1826	10
2. Cie.		1850	104
Scarpe	1835		.
III. Aktiengesellschaften (Konzessionäre)			
Aire-La Bassée	1822	1822	41
		1828	127
Beaucaire	1801	1801	20
		1829	35
		1843	92
Briare	1638	1825	ca. 30
Givors	1760	1838	137
Roanne-Digoin	1830	1837	ca. 106[c)]
Sambre-Oise	1833	1850	64
Sensée	1818		maximal 175[b)]
IV. Aktiengesellschaften (Submissionäre)			
Ardennen	1821	1825	24
Arles-Bouc	1822		.
Bourgogne	1822		.
Oise	1825	1835	13[c)]
Quatre Canaux	1822		.
Rhône-Rhein	1821		.
Somme	1821	1825/6	34
V. unbekannte Rechtsform			
Dive	1825	1840	1
Etangs	1822		.
Mons-Condé	1817		.
Plessis	1839		.
St.Quentin	1827		.

Erläuterungen:

a) Berücksichtigt wurden bei mehreren Aktienarten die Anteilseigner der Kapitalaktien;

b) Zahl der ausgegebenen Aktien;

c) bekannt sind nur die Eigentümer von 61,5 bzw. 89,1 % des Kapitals; es wurde angenommen, daß das Restkapital sich entsprechend verteilte.

Bei dieser Analyse der Aktionärszahlen darf allerdings nicht übersehen werden, daß hinsichtlich der an den Submissionsgesellschaften Beteiligten wiederum nur ungenügende Informationen vorliegen. Denn die Ardennen-, Somme- und Oise-Gesellschaften bzw. die aus ihnen hervorgegangene Compagnie des Trois Canaux, deren Aktien im Nominalwert von 19,6 Millionen Franken sich noch 14 Jahre nach ihrer Begebung in Händen von kaum mehr als drei Dutzend Anteilseignern befanden - "die geringe Zahl der Aktionäre machte... (teilweise) die Besetzung der satzungsmäßigen Gesellschaftsorgane unmöglich"[1] - dürfte hierfür kaum als repräsentativ angesehen werden können. Zwar scheinen auch die Anteile der Rhône-Rhein-, Arles-Bouc- und Bourgogne-Gesellschaften zumindest während der ersten ein, zwei Jahrzehnte ihres Bestehens nicht sonderlich breit gestreut gewesen zu sein; ob dies auch für die größte der Submissionsgesellschaften, die Compagnie des Quatre Canaux, gilt, ist jedoch zumindest zweifelhaft, denn wenn Gille auch in institutionellen Großanlegern wie Versicherungen und religiösen Institutionen deren Hauptaktionäre sieht[2], so bezeichnet Daumard andererseits die Anteile dieser Compagnie aufgrund des mehrfachen Auftauchens in den von ihr untersuchten Nachlässen ähnlich wie Staatsrenten und Aktien der Bank von Frankreich als valeurs de père de famille mit großem Abnehmerkreis[3].

Angesichts der Lücken in der Dokumentation ist es nicht möglich, eine verläßliche Schätzung der Gesamtzahl der an Kanalunternehmen finanziell Beteiligten abzugeben. Dennoch bestehen kaum Zweifel, daß es sich - gemessen an der Verbreitung anderer Wertpapiere - nur um eine kleine Gruppe gehandelt haben kann. Denn verglichen etwa mit den knapp 6.000 Aktionären der Bank von Frankreich des Jahres 1850[4], den ca. 20.000 Anteilseignern der Compagnie des

1) O. 14.1.1838 betreffend der Oise-Gesellschaft.

2) Gille, Banque, S. 205.

3) Daumard, Bourgeoisie, S. 481.

4) Nach Lhomme, Grande Bourgeoisie, S. 105, verteilte sich das Kapital der Bank von Frankreich bei Gründung i.J. 1800 auf 303, 1823 auf 3.000, 1840 auf 4.500, 1850 auf 5.900 Aktionäre.

chemins de fer du Nord zum gleichen Zeitpunkt[1] oder gar mit den 130.000 Besitzern staatlicher Rentenwerte zu Ende der Restauration[2] nimmt sich die Zahl der von uns erfaßten zweitausend Teilhaber von Kanalunternehmen, die praktisch das gesamte private Kanalwesen beherrschten und in deren Besitz sich zu Ende der Julimonarchie mit Sicherheit zwei Drittel, vermutlich sogar ein höherer Prozentsatz aller Kanalbeteiligungen befanden, äußerst bescheiden aus.

Doch zurück zu dem Versuch, die gesellschaftliche Stellung der im Kanalwesen finanziell Engagierten zu präzisieren. Natürlich kann dies nur unter beträchtlichen Vorbehalten geschehen. Denn zum einen ist es aufgrund der Quellenlage kaum möglich, alle von uns als Teilhaber von Kanalgesellschaften Erfaßten präzise in ein soziales Schichtungsmodell einzuordnen. Dazu wäre ein ganzes Netz von Informationen notwendig, nämlich - wie etwa Daumard ausführt[3] - nicht nur über die jeweilige Herkunft, über Beruf, Vermögen, Einkommen, öffentliche Ämter, sondern auch über so schwer greifbare Fakten wie Prestige, Verbindungen, Einfluß, Lebensweise, kulturellen Hintergrund. Die von uns systematisch gesammelten Angaben über Beruf, Adelstitel und Mitgliedschaft in der Legislative stellen hiervon nur einen winzigen Ausschnitt dar. Da jedoch über zahlreiche Individuen Zusatzinformationen aus der Sekundärliteratur sowie - aus der Höhe ihrer Beteiligungen an den Kanalgesellschaften - Anhaltspunkte zumindest für die untere Grenze ihres Vermögens gewonnen werden konnten, sind über die zwei wichtigsten Schichtungskriterien - Beruf und Vermögen - dennoch recht präzise Vorstellungen vorhanden, die zumindest eine ungefähre Einstufung der Erfaßten innerhalb der sozialen Hierarchie zulassen.

Zum anderen wirkt sich bei einer Schichtungsanalyse erschwerend aus, daß die für die französische Gesellschaft der ersten Hälfte des 19. Jahrhunderts entwickelten Modelle und Kategorien durch-

---

1) Nach Bouvier, Rothschild, S. 121.

2) Nach Palmade, Capitalisme, S. 85.

3) Daumard, Bourgeoisie parisienne, S. 148 ff., 178, 290, 644.

aus nicht eindeutig sind[1]. Wenig Probleme stellen lediglich die nicht-bürgerlichen Gruppen: Der jeweils an der Spitze der Gesellschaftspyramide angesiedelte hohe (Grund-)Adel einerseits ist bei allen Detailschwierigkeiten insgesamt doch leicht zu isolieren; die unterbürgerlichen Schichten andererseits spielen in unserem Zusammenhang keine Rolle. Problematisch bleibt also lediglich die Hierarchisierung innerhalb des Blocks der Bourgeoisie. Denn während Lhomme hier lediglich zwischen "großer" Bourgeoisie und "mittlerer" bzw. "kleiner" Bourgeoisie unterscheidet, glaubt Daumard aufgrund ihrer Untersuchung der Pariser Verhältnisse - die wegen der Dominanz von Paris bei der Kanalfinanzierung für uns von besonderer Bedeutung sind - unterhalb der "großen bzw. "hohen" Bourgeoisie eine Zwischengruppe ansiedeln zu müssen, die sie als "gute" Bourgeoisie bezeichnet[2]. Während Grundadel und große Bourgeoisie im Sinne Daumards gemeinsam das Gros der großen Notablen von nationaler Bedeutung bilden, denen Tudesq seine Untersuchung gewidmet hat[3], spricht Daumard ihrer "guten" Bourgeoisie, deren Mitglieder ähnlichen Berufen nachgingen, jedoch nicht in gleichem Maße Vermögen, Charakter, Intelligenz oder Ehrgeiz besaßen, lediglich regionale bzw. lokale Bedeutung zu und bezeichnet sie

---

1) Da es in unserem Zusammenhang nicht darum gehen kann, die zum Thema der sozialen Schichtung vorhandene Literatur in breiterem Rahmen abzuhandeln, werden im folgenden lediglich die Ansätze dreier, in jüngster Zeit durch bedeutende Beiträge zur Analyse der uns speziell interessierenden sozialen Gruppen im Frankreich der zensitären Monarchie hervorgetretener Autoren berücksichtigt, nämlich die von A. Daumard, La bourgeoisie parisienne de 1815 à 1848, Paris 1963; von J. Lhomme, La grande bourgeoisie au pouvoir (1830-1880), Paris 1960 sowie von A.-J. Tudesq, Les grand notables en France (1840-1849), 2 Bde. Paris 1964.

2) Das Schichtungsmodell Lhommes wird insbesondere deutlich in Grande bourgeoisie, S. 3, 29 f., 51; das von Daumard in Bourgeoisie parisienne, S. 214 f., 257 ff., 272 ff. und vor allem 643 f.

3) Die Abgrenzung des von Tudesq zugrundegelegten Begriffs der großen Notablen findet sich insbesondere in Grands notables, S. 7 ff.

als "notables du quartier" oder "notables parisiens". Wie subjektiv gerade die Unterscheidung zwischen "guter" Bourgeoisie bzw. Pariser Notablen einerseits, "großer" Bourgeoisie und nationalen Notablen andererseits ist, sei am Beispiel des Bankiers und Fabrikanten Benjamin Delessert gezeigt: Während Lhomme ihn zusammen mit Perier und Lafitte zur Illustration seines Begriffs des grand bourgeois, gewissermaßen als dessen Prototyp nennt, demonstriert Daumard an seinem Beispiel gerade die Eigenschaften des Notablen von nicht nationalem, sondern lediglich Pariser Zuschnitt[1].

Es ist nicht möglich, die Abgrenzung der bislang aufgetauchten Begriffe an dieser Stelle weiterzuführen. Da im wesentlichen nur die unter den Kapitaleignern vorgefundenen Berufe sowie die Höhe der Kapitalbeteiligungen als Zuordnungskriterien zur Verfügung stehen, können sie ja ohnehin nicht voll ausgefüllt werden und lediglich der ungefähren Orientierung dienen.

Zunächst zur schichtungsmäßigen Einordnung der Berufe. Unter Verwendung dieses Kriteriums ergibt sich eine deutliche Differenz zwischen der Mehrzahl der Anteilseigner der "alten" Kanäle einerseits, der Projekte des 19. Jahrhunderts andererseits. Unter ersteren dominierten zumindest zahlenmäßig sozial tieferstehende Gruppen, die allerdings bis auf wenige Ausnahmen nicht durch eigene Initiative, sondern durch politische Entscheidungen bzw. Erbschaft in den Besitz ihrer Titel gelangt waren. Auf die

---

1) Lhomme, Grande Bourgeoisie, S. 51; Daumard, Bourgeoisie parisienne, S. 644. Die Einordnungsweise Daumards erstaunt angesichts der weitverzweigten ökonomischen Aktivität Delesserts, seiner kaum zu bezweifelnden Zugehörigkeit zur Pariser Finanzaristokratie, der Haute Banque (vgl. Gille, Banque, S. 52, Levy-Leboyer, Banques, S. 419, 421), seiner Position als Regent der Bank von Frankreich über nahezu 50 Jahre hinweg (Lhomme, Grande Bourgeoisie, S. 107) sowie auch seiner gesellschaftlichen Bedeutung (vgl. Gille, Banque, S. 276 f.). Auch Tudesq nimmt Delessert übrigens in seine Analyse der großen Notablen auf, vgl. Grands Notables, S. 414, 445, 661. In unserer Studie ist er als Aktionär der Compagnie des Quatre Canaux vertreten (vgl. Daumard, Bourgeoisie parisienne, S. 499).

wichtigste unter ihnen, die gut 600 von Napoleon zu Aktionären der Orléans-Loing- sowie Midi-Gesellschaft gemachten Unteroffiziere und Soldaten, wurde bereits hingewiesen. Daneben sind noch die als Erben Riquets ebenfalls am Midi-Kanal beteiligten mittleren Beamten sowie schließlich einige in den Quellen als rentier bezeichnete Aktionäre des Givors-Kanals zu nennen, die - geht man davon aus, daß "in der Sprache des 19. Jahrhunderts die Ausdrücke rentier, propriétaire, capitaliste (die von uns im Deutschen unter der Kategorie Rentier zusammengefaßt wurden) eine Hierarchie widerspiegelten", in der "das Wort rentier... den bescheidensten unter den von ihrem Kapital Lebenden kennzeichnete"[1] - vermutlich ebenfalls nur der mittleren bzw. kleinen Bourgeoisie zuzurechnen sind. Gesellschaftlich höher stehende Gruppen, in unserem Fall in erster Linie hohe adlige Beamte und Offiziere, traten zahlenmäßig hinter den zuvor genannten eindeutig zurück.

Ganz anders sind die Relationen unter den Teilhabern der im 19. Jahrhundert entstandenen Kanäle. Hier befinden sich Angehörige gehobener Berufe eindeutig in der Mehrzahl. Dies wurde bereits aus der Besetzung der von uns als relevant ausgewählten Berufskategorien deutlich, dieser Eindruck wird verstärkt durch die Bildung von Untergruppen innerhalb der Hauptkategorien. So ist unter den Freiberuflichen praktisch nur die höchste, aus Notaren, Anwälten und Ärzten bestehende der drei von Daumard unterschiedenen Untergruppen anzutreffen[2]; unter den Beamten finden sich vorzugsweise Inhaber hoher Positionen in Zentral- und Präfektoralverwaltung, Staatsrat und Magistratur; unter den Offizieren höhere Chargen vom Oberst aufwärts; unter den Kaufleuten praktisch nur négociants, die sich aufgrund ihres Geschäftsumfanges deutlich von der Welt der boutiquiers abhoben[3].

---

1) Daumard, Bourgeoisie, S. 501; dies., Code socio-professionnel, S. 207.

2) Daumard, Code socio-professionnel, S. 206.

3) Zum Problem der Strukturierung und Hierarchisierung innerhalb der Berufsgruppen vgl. neben Daumard, Code socio-professionnel, S. 204 ff. dies., Structures sociales et classement socio-professionnel, passim; dies., Bourgeoisie, S. XX f; Tudesq, Notables, S. 96, 188, 192 f.; ders., Conseillers généraux, S. 111 ff., 120 ff., 130 ff., 138 ff.

An der Spitze dieses Blocks jedoch standen unbestritten die Bankiers, die Finanzaristokratie der Pariser Haute Banque, die zusammen mit dem Hochadel"durch ihren Reichtum und Einfluß (das Frankreich der Julimonarchie) wirtschaftlich, sozial und politisch beherrschten"[1] und auch den Löwenanteil zur Finanzierung der Kanalinvestitionen beisteuerten.

Natürlich wurden in jedem Fall auch Ausnahmen festgestellt: einige niedere Beamte in der Vire-Taute-Gesellschaft etwa; einige rentiers; einige Hauptleute a.D., die vermutlich früh den Dienst quittiert hatten, um sich lukrativeren Beschäftigungen zuzuwenden; einige lokale Bauunternehmer, Kaufleute, Provinzbankiers; einige unter "sonstige" eingestufte Personen wie die Wäscherin der Givors-, der Kutscher und die drei Nonnen der Arcachon- oder der Seifensieder der Aire-La Bassée-Gesellschaft. Insgesamt jedoch legen die vorgefundenen Berufsangaben a priori die Vermutung nahe, daß der überwiegende Teil der auf eigene Initiative an Kanalunternehmen Beteiligten - oder, was weitgehend gleichbedeutend ist, der Anteilseigner der im 19. Jahrhundert entstandenen Kanäle - der Elite der Freiberuflichen, Staatsbediensteten und kaufmännischen Berufe angehörte und somit der großen oder zumindest guten Bourgeoisie zuzurechnen ist[2].

Es kann allerdings nicht geleugnet werden, daß diese Berufsanalyse einen gewissen Unsicherheitsfaktor zurückläßt. Schließlich gab es Ärzte und Advokaten ohne Klienten ebenso wie zahlreiche propriétaires, die in äußerst bescheidenen Verhältnissen lebten[3]

---

1) Tudesq, Notables, S. 8 f.; daß die Zuordnung der Börsenmakler zu den Bankiers und somit zur Finanzaristokratie auch schichtungsanalytisch gerechtfertigt ist, ergibt sich aus der Tatsache, daß ein derartiger Posten an der Pariser Börse zu Ende der Restauration mit der enormen Summe von 950.000 Franken gehandelt wurde, vgl. Levy-Leboyer, Banques, S. 616, oder auch Daumard, Bourgeoisie, S. 174.

2) Vgl. zur berufsspezifischen Abgrenzung der guten und großen Bourgeoisie Daumard, Code socio-professionnel, S. 207; dies., Bourgeoisie, S. 257 ff., 280 ff.; Lhomme, Grande bourgeoisie, S. 48 ff.

3) Vgl. Daumard, Bourgeoisie, S. 43 f.

und ihrem materiellen Status nach bestenfalls der mittleren Bourgeoisie zuzurechnen waren. Die Untersuchung der Größe der Aktienpakete bekräftigt jedoch, daß das kleine und mittlere Bürgertum vielleicht vereinzelt an Kanalgesellschaften beteiligt war, insgesamt gesehen jedoch nur einen geringen Teil zu deren Finanzierung beitrug. Denn wenn natürlich aus dem Wert der Kanalbeteiligungen auch keine exakten Schätzwerte über die Höhe der Vermögen der jeweiligen Besitzer ableitbar sind, so können doch gewisse Vorstellungen zumindest über deren Untergrenze gewonnen werden. Und da "letztlich das Vermögen über die soziale Stellung eines Individuums entschied und dessen Position im Verhältnis zur ebenso wie innerhalb der Bourgeoisie bestimmte"[1), wäre hiermit ein Indikator für das letztlich ausschlaggebende Schichtungskriterium gewonnen.

Allerdings wird man einerseits die Schwellenwerte zur Abgrenzung mittelständischer Vermögen von solchen der guten und großen Bourgeoisie nicht exakt bestimmen können, andererseits von einer extrem großen Schwankungsbreite in den Relationen zwischen Wert der Kapitalbeteiligungen und jeweiligem Gesamtvermögen ausgehen müssen. In beiden Fällen liefern die Untersuchungen Daumards jedoch durchaus brauchbare Anhaltspunkte. Denn erstens versucht sie die von ihr analysierte Pariser Bourgeoisie der zensitären Monarchie auch nach den jeweiligen Vermögensverhältnissen zu hierarchisieren und kommt dabei zu dem Ergebnis, daß man bei der in Abstimmung mit zahlreichen anderen, von uns einleitend aufgeführten Indikatoren definierten kleinen Bourgeoisie von Vermögenswerten von etwa 2 bis 20.000 Franken, dem mittleren Bürgertum von 20 bis 500.000 Franken ausgehen kann, während Vermögenswerte von über 500.000 Franken bereits auf "eine ausgesprochen privilegierte und außergewöhnliche Situation hinweisen", auf die Zugehörigkeit zur "Aristokratie des Reichtums" und somit meist auch zur Großbourgeoisie.[2)] Die gute Bourgeoisie nimmt auch innerhalb dieser Hierarchie eine weniger eindeutig abgrenzbare Position

1) Schnerb, Le 19e siècle, S. 50.

2) Daumard stellt a.a.O., S. 64 fest, daß 1820 ca. 0,3 %, 1847 ca. 0,8 % der Pariser z.Z. ihres Todes Vermögenswerte von mehr als 500.000 Franken besaßen.

ein, sie siedelt sich an im Grenzbereich zwischen den beiden zuletzt genannten Vermögensgruppen.

Zweitens geht aus Daumards anhand von Nachlässen durchgeführten Analyse der Vermögensstruktur der verschiedenen bürgerlichen Gruppen hervor, daß selbst Personen, die einen erheblichen oder gar den überwiegenden Teil ihres Vermögens in mobilen Werten anlegten, hierbei Hypothekenwerte, Staatsrenten sowie Aktien der Bank von Frankreich bevorzugten. Andere Wertpapiere, d.h. insbesondere Aktien von Industrie- und Handelsunternehmen, stellten dagegen ganz überwiegend "nur einen verschwindend geringen Teil ihrer Vermögenswerte dar"[1]. Es würde zu weit führen, hier die Details dieser Analyse darzustellen[2]. Es sei lediglich erwähnt, daß der Anteil dieser Aktien an den Gesamtvermögen der Individuen noch zu Ende der Julimonarchie überwiegend weit unter 3 % lag. Da diese Aussage sich auf die Gesamtheit der Aktien im Besitz einer Person bezieht, also in weit stärkerem Maße für dessen Beteiligung an einem einzigen Unternehmen gilt - aus Gründen der Risikostreuung legte man sein Vermögen nur ungern konzentriert in einem einzigen Unternehmen an[3] - kann man vermutlich davon ausgehen, daß nur in sehr wenigen Ausnahmefällen das Vermögen eines Kanalaktionärs weniger als zehnmal so groß wie der Wert seiner Kanalbeteiligung, meist jedoch erheblich größer war[4]. Bereits bei Kanalbeteiligungen im Werte von ca. 50.000 Franken wird man nach diesen Überlegungen also mit einiger Wahrscheinlichkeit auf das Vorhandensein eines sehr erheblichen Vermögens, ja auf die Zugehörigkeit zur "Aristokratie des Reichstums" schließen können.

Nach diesen Vorbemerkungen, die zwar keine exakten Aussagen ermöglichen, wohl aber gewisse Anhaltspunkte für die folgende Betrachtung

---

1) Daumard, Bourgeoisie, S. 496.

2) Vgl. ebda., S. 480 ff.

3) Ebda., S. 493.

4) Eine offenkundige Ausnahme stellt der Bankier Sartoris dar, der fast sein gesamtes Vermögen in Aktien der von ihm gegründeten Submissionsgesellschaften angelegt hatte (z.Z. seines Todes i.J. 1834 besaß er für ca. 6 Millionen Franken Kanalaktien). Die obigen Überlegungen gelten also vermutlich weniger für die Initiatoren von Kanalprojekten als für die Mehrzahl mittlerer und kleiner Aktionäre.

liefern, kommen wir jetzt zur Analyse der Grösse der Aktienpakete. Wegen der mangelhaften Quellenlage kann sie sich nicht auf die Gesamtheit sondern lediglich auf eine Auswahl von Kanalgesellschaften stützen. Da es sich hierbei zudem um keine im statistischen Sinne zufällige Auswahl handelt, sind präzise Aussagen über die Repräsentativität der Ergebnisse nicht möglich. Andererseits geht aus der Tatsache, daß immerhin 58 % aller Kapitalgesellschaften bzw. die Besitzer von 35 % des gesamten Nominalkapitals erfaßt wurden[1] hervor, daß die Ergebnisse sicherlich nicht völlig irrelevant sind.

Wie aus Schaubild 11 und Tabellen 51, 52 hervorgeht, läßt sich für die Mehrheit der Aktionäre dieser quellenbedingten Auswahl mit Hilfe der oben entwickelten Kriterien die Zugehörigkeit zur "Aristokratie des Reichtums" nicht nachweisen. Kaum mehr als 12 % von ihnen besitzen die hierzu erforderlichen Aktienpakete im Wert von mehr als 50.000 Franken[2]. Noch seltener allerdings sind ausgesprochene Kleinaktionäre. Will man unter diesem Begriff Besitzer von Aktienpaketen im Wert bis einschließlich 1.000 Franken zusammenfassen, beträgt ihr Anteil an der Gesamtheit gerade 1 %, in nur jeder fünften Gesellschaft sind sie überhaupt vertreten. Damit sind sie kaum häufiger als - um ein anderes Extrem zum Vergleich heranzuziehen - Großaktionäre mit Beteiligungen von mehr als 1 Millionen Franken, die sich in immerhin zwei Fünfteln der Unternehmen finden. Selbst wenn man in die Gruppe der Kleinaktionäre solche mit Werten bis 2.000 Franken einbezieht, bleibt ihre Bedeutung gering: Weniger als 3 % der Anteilseigner fallen unter diese Definition, während etwa Besitzer von Nominalwerten über 100.000 Franken gut 6 % der Gesamtheit ausmachen. Abgesehen davon, daß schon die Stückelung der Aktien - ihr Nennwert lag nur in Ausnahmefällen unter 1.000 Franken, während staatliche Rentenwerte seit 1822 schon

---

1) Es handelt sich um 11 der 17 Konzessionärs- und 3 der 7 Submissionärsgesellschaften. Ihre Zusammensetzung ist aus Tabellen 51 - 54 ersichtlich.

2) Hier wie auch in den folgenden Ausführungen ist jeweils von den Nominal- und nicht von den großen Schwankungen unterworfenen Handelswerten der Aktien die Rede.

Tabelle 51

Aktionäre ausgewählter Kanalgesellschaften 1814 - 1850 gegliedert nach dem Nennwert ihrer Aktienpakete

Zahl der Aktionäre der Kanalgesellschaften (absolut)

Nennwert der Aktienpakete F	K a n a l g e s e l l s c h a f t														
	Aire-La Bassée 1828	Arcachon 1834	Ardennen 1825	Beaucaire 1829	Corrèze 1825	Givors 1838	Midi 1850	Oise 1835	Orléans 1850	Roanne 1837	Saint Martin 1832	Sambre 1850	Somme 1826	Vire-Taute 1835	total	total ohne Konzessionen vor 1800
bis 1.000	-	-	-	-	-	-	-	-	-	3	-	3	1	5	12	12
über 1.000 bis 2.000	-	-	-	-	-	-	-	-	-	8	-	8	2	7	25	25
über 2.000 bis 5.000	30	10	3	-	9	3	-	-	-	16	-	18	4	13	106	103
über 5.000 bis 10.000	27	18	2	3	15	14	207	-	243	19	-	32	3	11	594	130
über 10.000 bis 20.000	33	7	1	4	15	23	39	-	2	12	-	17	2	5	160	96
über 20.000 bis 30.000	16	9	1	5	7	39	-	3	1	-	-	8	3	-	92	52
über 30.000 bis 40.000	5	-	2	1	5	17	107	-	2	-	-	2	3	1	145	19
über 40.000 bis 50.000	7	2	2	4	10	16	4	2	-	1	-	6	5	-	59	39
über 50.000 bis 75.000	2	2	4	4	1	8	-	3	-	2	1	1	2	-	30	22
über 75.000 bis 100.000	4	2	1	6	7	9	9	2	3	-	2	3	3	-	51	30
über 100.000 bis 150.000	2	1	1	5	1	3	2	-	1	1	-	4	2	-	23	17
über 150.000 bis 200.000	1	-	2	1	-	3	7	-	5	-	2	-	-	-	21	6
über 200.000 bis 300.000	-	1	3	1	1	-	2	-	1	-	4	1	1	-	15	12
über 300.000 bis 500.000	-	-	-	1	-	2	3	2	1	-	2	-	-	-	11	5
über 500.000 bis 1.000.000	-	-	-	-	-	-	2	-	1	2	-	1	-	-	6	3
über 1.000.000	-	-	2	-	-	-	-	1	2	1	1	-	3	-	10	8
total	127	52	24	35	71	137	382	13	262	65	12	104	34	42	1.360	579

Tabelle 52

Aktionäre ausgewählter Kanalgesellschaften 1814-1850 gegliedert nach dem Nennwert ihrer Aktienpakete

Zahl der Aktionäre der Kanalgesellschaften (%)

Nennwert der Aktienpakete F	Kanalgesellschaft															
	Aire-La Bassée 1828	Arcachon 1834	Ardennen 1825	Beaucaire 1829	Corrèze 1825	Givors 1838	Midi 1850	Oise 1835	Orléans 1850	Roanne 1837	Saint Martin 1832	Sambre 1850	Somme 1826	Vire-Taute 1835	total	total ohne Konzessionen vor 1800
bis 1.000	-	-	-	-	-	-	-	-	-	4,6	-	2,9	2,9	11,9	0,9	2,1
über 1.000 bis 2.000	-	-	-	-	-	-	-	-	-	12,3	-	7,7	5,9	16,7	1,8	4,3
über 2.000 bis 5.000	23,6	19,2	12,5	-	12,7	2,2	-	-	—	24,6	-	17,3	11,8	31,0	7,8	17,8
über 5.000 bis 10.000	21,3	34,6	8,3	8,6	21,1	10,2	54,2	-	92,7	29,2	-	30,8	8,8	26,2	43,7	22,5
über 10.000 bis 20.000	26,0	13,5	4,2	11,4	21,1	16,8	10,2	-	0,8	18,5	-	16,3	5,9	11,9	11,8	16,6
über 20.000 bis 30.000	12,6	17,3	4,2	14,3	9,9	28,5	-	23,1	0,4	-	-	7,7	8,8	-	6,8	9,0
über 30.000 bis 40.000	3,9	-	8,3	2,9	7,0	12,4	28,0	-	0,8	-	-	1,9	8,8	2,4	10,7	3,3
über 40.000 bis 50.000	5,5	3,8	8,3	11,4	14,0	11,7	1,0	15,4	-	1,5	-	5,8	14,7	-	4,3	6,7
über 50.000 bis 75.000	1,6	3,8	16,7	11,4	1,4	5,8	-	23,1	-	3,1	8,3	1,0	5,9	-	2,2	3,8
über 75.000 bis 100.000	3,1	3,8	4,2	17,1	9,9	6,6	2,4	15,4	1,1	-	16,7	2,9	8,8	-	3,8	5,2
über 100.000 bis 150.000	1,6	1,9	4,2	14,3	1,4	2,2	0,5	-	0,4	1,5	-	3,8	5,9	-	1,7	2,9
über 150.000 bis 200.000	0,8	-	8,3	2,9	-	2,2	1,8	-	1,9	-	16,7	-	-	-	1,5	1,0
über 200.000 bis 300.000	-	1,9	12,5	2,9	1,4	-	0,5	-	0,4	-	33,3	1,0	2,9	-	1,1	2,1
über 300.000 bis 500.000	-	-	-	2,9	-	1,5	0,8	15,4	0,4	-	16,7	-	-	-	0,8	0,9
über 500.000 bis 1.000.000	-	-	-	-	-	-	0,5	-	0,4	3,1	-	1,0	-	-	0,4	0,5
über 1.000.000	-	-	8,3	-	-	-	-	7,7	0,8	1,5	8,3	-	8,8	-	0,7	1,4
total	100,0	100,0	100,0	100,0	100,0	100,0	100,0	100,0	100,0	100,0	100,0	100,0	100,0	100,0	100,0	100,0

Schaubild 11:
Aktionäre ausgewählter Kanalgesellschaften 1814-1850
gegliedert nach dem Nennwert ihrer Aktienpakete a)

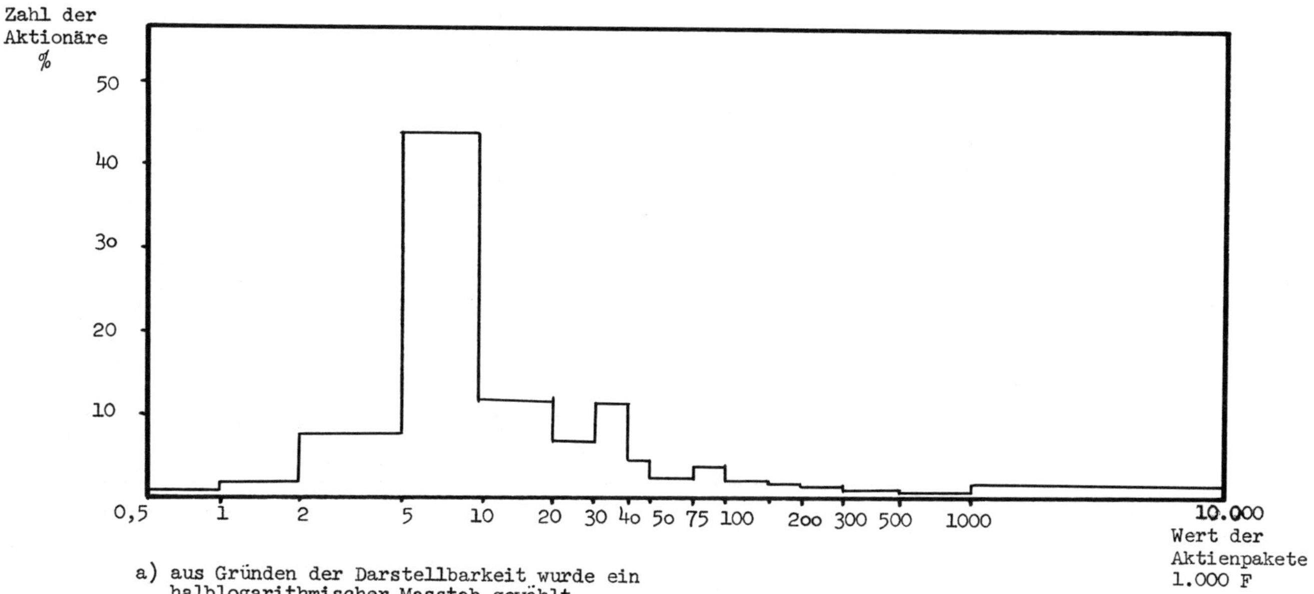

a) aus Gründen der Darstellbarkeit wurde ein halblogarithmischer Masstab gewählt.

Quelle: Tabelle 52

Tabelle 53

Ausgewählte Kanalgesellschaften 1814 - 1850:
Anteile der nach dem Wert der Aktienpakete geordneten Aktionärsgruppen am Gesellschaftskapital %

Nennwert der Aktienpakete F	K a n a l g e s e l l s c h a f t															
	Aire-La Bassée 1828	Arcachon 1834	Ardennen 1825	Beaucaire 1829	Corrèze 1825	Givors 1838	Midi 1850	Oise 1835	Orléans 1850	Roanne 1837	Saint Martin 1832	Sambre 1850	Somme 1826	Vire-Taute 1835	total	total ohne Konzessionen vor 1800
bis 1.000	-	-	-	-	-	-	-	-	-	0,1	-	0,1	0,0	1,9	0,0	0,0
über 1.000 bis 2.000	-	-	-	-	-	-	-	-	-	0,4	-	0,5	0,1	5,4	0,1	0,2
über 2.000 bis 5.000	5,0	3,6	0,2	-	1,8	0,2	-	-	-	1,9	-	2,5	0,3	17,5	0,7	1,3
über 5.000 bis 10.000	9,0	12,9	0,2	1,1	6,1	1,7	15,0	-	19,0	4,4	-	10,2	0,5	33,4	8,2	3,3
über 10.000 bis 20.000	20,3	8,3	0,2	2,9	11,8	5,1	6,0	-	0,3	4,3	-	8,9	0,4	26,4	3,9	4,3
über 20.000 bis 30.000	14,9	17,3	0,3	4,7	7,8	16,2	-	2,4	0,2	-	-	7,1	1,3	-	3,4	3,5
über 30.000 bis 40.000	6,5	-	0,9	1,4	7,9	9,6	26,0	-	0,6	-	-	2,4	1,8	15,5	6,5	1,8
über 40.000 bis 50.000	11,5	7,2	1,3	7,0	20,3	13,2	2,0	3,3	-	1,2	-	9,8	3,8	-	4,2	4,8
über 50.000 bis 75.000	4,3	8,6	2,9	9,2	3,0	9,6	-	5,1	-	3,0	1,8	2,2	2,0	-	2,8	3,5
über 75.000 bis 100.000	12,4	14,3	1,3	20,1	26,8	14,4	7,0	6,0	2,3	-	5,0	9,0	4,4	-	6,7	6,9
über 100.000 bis 150.000	8,5	10,0	1,9	21,6	6,1	6,3	2,0	-	0,9	2,7	-	16,3	4,0	-	4,1	5,5
über 150.000 bis 200.000	7,7	-	4,5	5,8	-	9,7	11,0	-	7,8	-	9,8	-	-	-	5,7	2,7
über 200.000 bis 300.000	-	17,9	9,6	10,3	8,3	-	5,0	-	2,3	-	27,0	7,7	3,8	-	5,3	7,3
über 300.000 bis 500.000	-	-	-	15,8	-	14,2	10,0	22,5	3,9	-	23,3	-	-	-	6,4	4,8
über 500.000 bis 1.000.000	-	-	-	-	-	-	16,0	-	7,8	40,1	-	23,4	-	-	8,8	8,2
über 1.000.000	-	-	76,9	-	-	-	-	60,7	54,7	41,9	33,1	-	77,6	-	33,4	41,9
Total	100,0	100,0	100,0	100,0	100,0	100,0	100,0	100,0	100,0	100,0	100,0	100,0	100,0	100,0	100,0	100,0

Schaubild 12:

Ausgewählte Kanalgesellschaften 1814-1850:
Anteile der nach dem Wert ihrer Aktienpakete
geordneten Aktionärsgruppen am Gesellschaftskapital a)

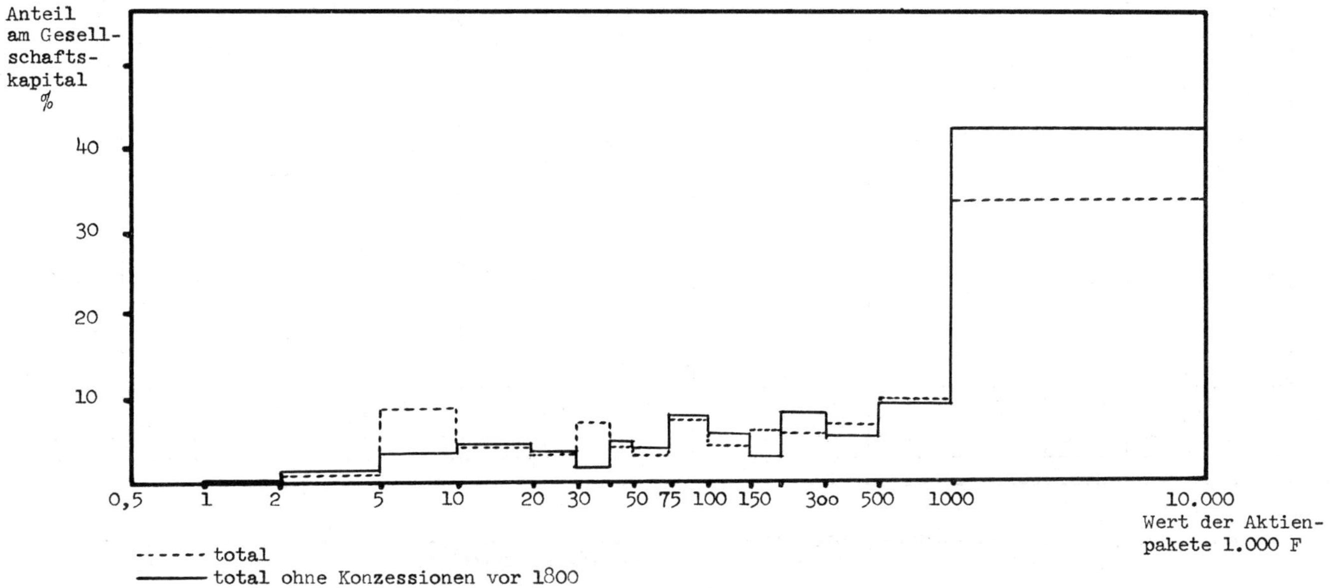

a) aus Gründen der Darstellbarkeit wurde ein halblogarithmischer Masstab gewählt.
Quelle: Tabelle 53.

Tabelle 54

Ausgewählte Kanalgesellschaften 1814 - 1850:
Kumulierte Anteile der nach dem Wert ihrer Aktienpakete geordneten Aktionärsgruppen am Gesellschaftskapital %

Nennwert der Aktienpakete F	Kanalgesellschaft														
	Aire-La Bassée 1828	Arcachon 1834	Ardennen 1825	Beaucaire 1829	Corrèze 1825	Givors 1838	Midi 1850	Oise 1835	Orléans 1850	Roanne 1837	Saint Martin 1832	Sambre 1850	Somme 1826	Vire-Taute 1835	total	total ohne Konzessionen vor 1800
bis 1.000	-	-	-	-	-	-	-	-	-	0,1	-	0,1	0,0	1,9	0,0	0,0
bis 2.000	-	-	-	-	-	-	-	-	-	0,5	-	0,6	0,1	7,3	0,1	0,2
bis 5.000	5,0	3,6	0,2	-	1,8	0,2	-	-	-	2,4	-	3,1	0,4	24,8	0,8	1,5
bis 10.000	14,0	16,5	0,4	1,1	7,9	1,9	15,0	-	19,0	6,8	-	13,3	0,9	58,2	9,0	4,8
bis 20.000	34,3	24,8	0,6	4,0	19,7	7,0	21,0	-	19,3	11,1	-	22,2	1,3	84,6	13,0	9,1
bis 30.000	49,2	42,1	0,9	8,7	27,5	23,2	21,0	2,4	19,5	11,1	-	29,3	2,6	84,6	16,3	12,6
bis 40.000	55,7	42,1	1,8	10,1	35,4	32,8	47,0	2,4	20,1	11,1	-	31,7	4,4	100,0	22,8	14,4
bis 50.000	67,2	49,3	3,1	17,1	55,7	46,0	49,0	5,7	20,1	12,3	-	41,5	8,2	100,0	26,9	19,2
bis 75.000	71,5	57,9	6,0	26,3	58,7	55,6	49,0	10,8	20,1	15,3	1,8	43,7	10,2	100,0	29,7	22,7
bis 100.000	83,9	72,2	7,3	46,4	85,5	70,0	56,0	16,8	22,4	15,3	6,8	52,7	14,6	100,0	36,4	29,7
bis 150.000	92,4	82,2	9,2	68,0	91,6	76,3	58,0	16,8	23,3	18,0	6,8	69,0	18,6	100,0	40,5	35,1
bis 200.000	100,0	82,2	13,7	73,8	91,6	86,0	69,0	16,8	31,1	18,0	16,6	69,0	18,6	100,0	46,2	37,9
bis 300.000	100,0	100,0	23,3	84,1	100,0	86,0	74,0	16,8	33,4	18,0	43,6	76,7	22,4	100,0	51,5	45,2
bis 500.000	100,0	100,0	23,3	100,0	100,0	100,0	84,0	39,3	37,3	18,0	66,9	76,7	22,4	100,0	57,9	50,0
bis 1.000.000	100,0	100,0	23,3	100,0	100,0	100,0	100,0	39,3	45,1	58,1	66,9	100,0	22,4	100,0	66,6	58,1
bis 5.000.000	100,0	100,0	100,0	100,0	100,0	100,0	100,0	100,0	100,0	100,0	100,0	100,0	100,0	100,0	100,0	100,0

Erläuterungen zu Tabellen 51 - 54

1. Bei der Bestimmung der Nennwerte der Aktienpakete wurden nur Stamm- bzw. Kapitalaktien, nicht jedoch Gewinnaktien etc. berücksichtigt. Es wurde jeweils der späteste Zeitpunkt, für den Informationen vorliegen, zugrundegelegt.

2. Für die Oise-, Orléans-Loing- und Roanne-Gesellschaften sind nur die Eigentümer von 89,1, 91,4 bzw. 61,5 % des Kapitals bekannt und berücksichtigt.

3. Für den Midi-Kanal sind die Eigentumsverhältnisse innerhalb der Familie Riquet-Bonrepos nicht bekannt. Es wurde von einer gleichmäßigen Verteilung der 292 Anteile innerhalb der Mitglieder der Familie ausgegangen.

4. Unter einem Aktienpaket eines Aktionärs wurde die Summe der in seiner Hand befindlichen Aktien einer Kanalgesellschaft verstanden.

Quellen: Vgl. Anhang C.

für 10 Franken zu erwerben waren[1] - den Kreis potentieller Käufer erheblich einschränkte, dürfte hieraus deutlich werden, daß ausgesprochen kleinbürgerliche Elemente unter den Aktionären allgemein und unter der schwer faßbaren Gruppe der rentiers und propriétaires im besonderen praktisch nicht vertreten waren.

Die zahlenmäßig weitaus stärkste Gruppe bildeten dagegen die Besitzer "mittlerer" Aktienpakete zwischen 5.000 und 50.000 Franken, und hierunter wieder lagen solche mit Werten von 5.000 bis 10.000 Franken deutlich an der Spitze: 44 % aller analysierten Aktionäre fielen in diese Gruppe, in 6 der 14 Unternehmen war sie am stärksten innerhalb der von uns gebildeten - und zugegebenermaßen willkürlichen - Skala besetzt. Auch die jeweils darüber liegenden Werte sind stark vertreten, so daß insgesamt etwa zwei Drittel aller Aktienpakete in das Intervall zwischen 5.000 und 30.000 Franken, vier Fünftel zwischen 5.000 und 40.000 Franken fallen. Scheidet man die vor 1800 konzessionierten Kanäle aus der Analyse aus, bleibt die Dominanz derartig mittelgroßer Aktienpakete - wenn auch geschwächt - erhalten[2]. Legt man bei der Bewertung dieses Tatbestandes eine Relation zwischen Aktienwert und Gesamtbesitz des Eigentümers von 1 zu 10 zugrunde, läßt sich für deren überwiegende Mehrzahl somit lediglich ein mittelständisches Vermögen nachweisen - wobei es sich jedoch, wie betont, lediglich um einen unteren Grenzwert handelt.

---

1) Vgl. Palmade, Capitalisme, S. 88.

2) Der Vollständigkeit halber sei eine weitere, in unserem Zusammenhang allerdings wenig aussagekräftige Maßzahl zur Kennzeichnung der Größe der Aktienpakete genannt: Als deren arithmetisches Mittel ergab sich ein Wert von 60.000 Franken; in nur einem Einzelfall - bei der Vire-Taute-Gesellschaft - lag es unter 10.000 Franken, bei der Mehrheit von 59 % der Firmen zwischen 20.000 und 60.000, bei 35 % schließlich zwischen 175.000 und 350.000 Franken.

Bei diesen Berechnungen wurde jeweils die Situation zum letzten quellenmäßig belegten Zeitpunkt zugrundegelegt. Vgl. auch Tab. 50.

Völlig anders fallen die Ergebnisse jedoch aus, wenn nicht mehr lediglich die Zahlen der einzelnen Aktionärsgruppen, sondern auch die Höhe ihrer jeweiligen Beiträge zur Aufbringung des Gesellschaftskapitals betrachtet werden. Zum einen tritt die völlig untergeordnete Rolle der "Kleinaktionäre" noch deutlicher hervor. In nur einem einzigen Unternehmen entfallen auf Aktienpakete bis 1.000 Franken mehr als 0,1 % des Gesellschaftskapitals! Faßt man sämtliche Beteiligungen bis 2.000 Franken Nennwert zusammen, ergibt sich ein Anteil am Gesamtkapital der 14 analysierten Gesellschaften von gerade 0,1 %, dehnt man die Obergrenze auf 5.000 Franken aus, werden noch immer weniger als 1 % des Gesellschaftskapitals erreicht. Zum anderen geht bei dieser Betrachtungsweise der Anteil mittlerer Aktienpakete ganz erheblich zurück. In nur drei Gesellschaften bilden sie die Kapitalmehrheit, insgesamt gesehen entfallen auf sie nur etwa ein Viertel der Aktien.

Somit trugen Kleinaktionäre praktisch nichts, mittlere Aktionäre nur einen geringen Teil zur Finanzierung der Kanalgesellschaften bei. Deren Hauptlast wurde vielmehr von einer extrem schmalen Schicht ebenso extrem kapitalkräftiger Großaktionäre getragen. Es verfügten - um zunächst wieder den oben hergeleiteten Richtwert als Maßstab anzulegen - die Besitzer von Aktien im Wert von mehr als 50.000 Franken über knapp drei Viertel, betrachtet man nur die im 19. Jahrhundert vergebenen Projekte, sogar vier Fünftel des Gesamtkapitals der von uns analysierten Projekte. Und innerhalb dieser Großaktionäre kam wiederum den Reichsten der Reichen die größte Bedeutung zu. Dieser im Detail aus den Tabellen 53 und 54 ablesbare Tatbestand soll nur an wenigen Daten verdeutlicht werden: Auf Besitzer von Nennwerten über 200.000 Franken entfiel die Hälfte, auf solche von über 50.000 Franken dreiviertel des Kapitals; betrachtet man nur die im 19. Jahrhundert vergebenen Projekte, erhöhen sich diese Median- bzw. Quartilswerte sogar 500.000 bzw. 75.000 Franken; die Aktienpakete im Wert von über 1 Million Franken repräsentierten ein Drittel, bei Ausschaltung der "alten" Kanäle sogar 42 % des Gesamtkapitals und stellten damit die wichtigste Gruppe innerhalb des - in seiner Untergliederung natürlich weitgehend willkürlichen - Rasters dar. In einigen Unternehmen, nämlich den Orléans-Loing-, Ardennen-, Somme- und Oise-Gesellschaften, ist die Aktienkonzentration so groß, daß jeweils die Mehrheit, ja z.T. die Dreiviertelmehrheit der Anteile in Aktienpaketen von über 1 Million Franken Nennwert vereinigt wurde; schließlich schlägt sich die Bedeutung der Großaktionäre bzw. der hohe Konzentrationsgrad der Aktien - der, soweit Vergleichszahlen vorliegen, sich im Zeitablauf nur geringfügig änderte - auch darin nieder, daß die Gesellschaften häufig von nur wenigen Personen kapitalmäßig beherrscht werden: In nahezu 50 % aller Firmen verfügten ein bis drei Hauptaktionäre jeweils über die Kapitalmehrheit, in nur einem Viertel war das Kapital so breit gestreut, daß zehn und mehr Teilhaber sich zur Erlangung der Kapitalmehrheit hätten zusammentun müssen.

Wenn somit schon aus der Analyse der Berufe der Aktionäre sowie der Zahl der an den einzelnen Gesellschaften Beteiligten deutlich wurde, daß die privaten Kanalinvestitionen des 19. Jahrhunderts von einer relativ schmalen Schicht des gehobenen Bürgertums ermöglicht wurden, zeigt die Untersuchung der Größe der Aktienpakete, daß es tatsächlich die winzige Minorität der "Aristokratie des Reichtums", der Geldaristokratie war, die die Hauptlast der Finanzierung trug. Bereits aus den vorhergehenden Kapiteln ist ableitbar, daß es sich hierbei in erster Linie um Pariser und Ausländer einerseits, Bankiers und hohe Offiziere und Beamte andererseits handelte. Diese Tatsache schlägt sich selbstverständlich auch innerhalb der zuletzt besprochenen Auswahl von Firmen und Aktionären nieder; entsprechend kann die geographische und berufliche Aufsplitterung der nach ihrem Wert geordneten Aktienpakete nur im Detail, nicht aber im Grundsatz neue Erkenntnisse liefern.

Zunächst zur geographischen Strukturierung der einzelnen Aktionärsgruppen, deren Grundzüge aus Tabelle 55 hervorgehen. Innerhalb unseres Rasters zeigen die Häufigkeitsverteilungen der Pariser gegenüber denen der regionalen Elemente eine nahezu gegenläufige Tendenz: Während die Bedeutung der Pariser mit steigenden Aktienwerten nahezu kontinuierlich zunimmt und bei den Anteilseignern von über einer Million Franken mit 90 % die Spitze erreicht, sind die in der jeweils betroffenen Region Ansässigen unter den Kleinaktionären am stärksten, unter den Großaktionären dagegen praktisch gar nicht vertreten. Da die Ausländer sowohl unter den Klein- als auch den Großaktionären relativ häufig, in den mittleren Gruppen dagegen selten anzutreffen sind, die im "sonstigen Frankreich" wohnhaften schließlich fast ausschließlich mittelgroße Aktienpakete besitzen, ergibt sich als Fazit der Analyse, daß die größten Aktionäre entweder aus Paris oder dem Ausland, die kleinsten aus der Region oder dem Ausland, die mittleren schließlich zu annähernd gleichen Teilen aus Paris, den betroffenen Regionen sowie dem sonstigen Frankreich stammen.

Nicht ganz so leicht faßber sind die Ergebnisse der beruflichen Untergliederung der nach dem Wert ihrer Anteile hierarchisierten Aktionäre. Wie im Detail aus Tabelle 56 ablesbar, schälen sich folgende Grundzüge heraus: Bankiers besitzen überwiegend große und größte Aktienpakete; Beamte und Offiziere sind, besonders in den neueren Kanalgesellschaften, relativ gleichmäßig in allen Gruppen vertreten; ähnliches gilt für Rentiers, Kaufleute und Freiberufliche, allerdings mit der Einschränkung, daß sie unter den größten Anteilseignern nicht mehr anzutreffen sind. Aufgrund der unterschiedlichen absoluten Zahlen der einzelnen Gruppen ergibt sich als Fazit, daß unter den Kleinaktionären Rentiers, Staatsdiener und Freiberufliche, unter den mittleren Rentiers und Staatsdiener, unter den größten schließlich Bankiers und Staatsdiener dominierten.

Soweit überprüfbar, gelten diese Ergebnisse im übrigen nicht nur für die zuletzt im Detail analysierte Auswahl, sondern für die Gesamtheit der Aktionäre. Am Beispiel der Großaktionäre, denen ja nach allen bisher vorgelegten Ergebnissen eine weit überragende Rolle bei der Finanzierung der Kanalgesellschaften zukommt, soll dies abschließend dargestellt werden. Welches also waren die zwei bis drei Dutzend Personen, die die privaten Kanalgesellschaften des 19. Jahrhunderts weitgehend finanzierten und kontrollierten?

Tabelle 55

Aktionäre ausgewählter Kanalgesellschaften 1814 - 1850, gegliedert nach dem Nennwert ihrer Aktienpakete und ihrem Wohnsitz

Nennwert der Aktienpakete F	Wohnsitz der Aktionäre %											
	alle Gesellschaften 1)						nur Konzessionen nach 1800 2)					
	Region	Paris	sonst. Frankr.	Aus- land	unklar	total	Region	Paris	sonst. Frankr.	Ausland	unklar	total
bis 2.000	43,2	18,9	-	29,7	8,1	100,0	43,2	18,9	-	29,7	8,1	100,0
über 2.000 bis 5.000	30,2	43,4	4,7	17,0	4,7	100,0	28,2	44,7	4,8	17,5	4,8	100,0
über 5.000 bis 10.000	6,1	49,7	39,6	3,9	0,8	100,0	17,2	53,1	7,8	18,0	3,9	100,0
über 10.000 bis 50.000	44,7	39,7	9,9	3,7	2,0	100,0	14,6	65,5	7,3	8,3	4,4	100,0
über 50.000 bis 100.000	19,8	61,7	-	11,1	7,4	100,0	7,7	65,4	-	15,4	11,5	100,0
über 100.000 bis 500.000	5,7	85,7	-	8,6	-	100,0	5,0	82,5	-	12,5	-	100,0
über 500.000 bis 1000.000	-	50,0	-	50,0	-	100,0	-	-	-	100,0	-	100,0
über 1000.000	-	90,0	-	10,0	-	100,0	-	87,5	-	12,5	-	100,0
total	22,7	47,9	21,0	6,5	2,1	100,0	18,0	57,2	5,2	14,9	4,8	100,0
total absolut	308	651	285	88	28	1360	104	331	30	86	28	579

1) Berücksichtigt wurden die in Tab. 52 aufgeführten Kanalgesellschaften.

2) D.h. ohne die Givors-, Midi- und Orléans-Loing-Gesellschaften.

Schaubild 13

Aktionäre ausgewählter Kanalgesellschaften 1814-1848 gegliedert nach dem Nennwert ihrer Aktienpakete und ihrem Wohnsitz

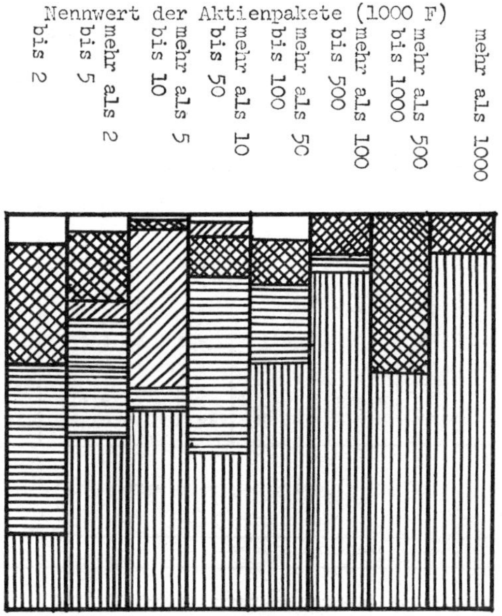

Anteil der Aktionäre mit Wohnsitz
Paris
Region
sonst. Frankreich
Ausland
unklar

Quelle: Tabelle 55 Teil 1.

Schaubild 14

Aktionäre ausgewählter Kanalgesellschaften 1814-1848 gegliedert nach dem Nennwert ihrer Aktienpakete und ihrem Beruf

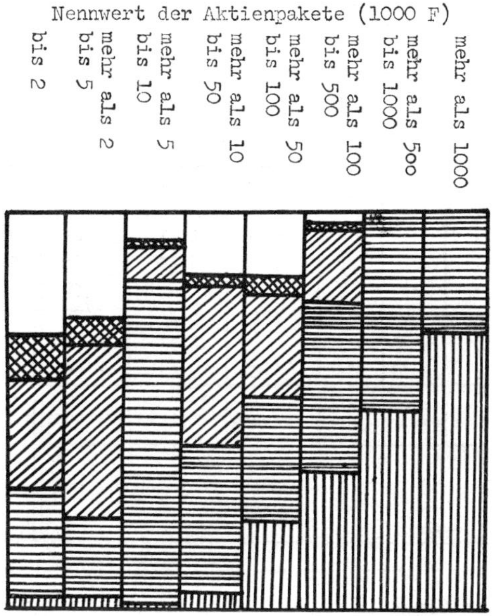

Anteil der Bankiers
Beamten und Offiziere
Rentiers
Freiberuflichen
sonstigen und unklar

Quelle: Tabelle 56 Teil 1.

Tabelle 56

Aktionäre ausgewählter Kanalgesellschaften 1814 - 1850, gegliedert nach dem Nennwert ihrer Aktienpakete und ihrem Beruf

Nennwert der Aktienpakete F	Berufe der Gesellschafter %																	
	alle Gesellschaften[1]									nur Konzessionen nach 1800[2]								
	Rentiers	Beamte u. Offiziere	Bankiers	Kaufleute	freie Berufe	sonst.	unkl.	total	total abs.	Rentiers	Beamte u. Offiziere	Bankiers	Kaufleute	freie Berufe	sonst.	unkl.	total	total abs.
bis 2.000	27,0	27,0	22,7	5,4	10,8	-	27,0	100,0	37	27,0	27,0	2,7	5,4	10,8	-	27,0	100,0	37
über 2.000 bis 5.000	44,3	18,9	2,8	1,9	6,6	1,9	23,6	100,0	106	42,7	19,4	2,9	1,9	6,8	1,9	24,3	100,0	103
über 5.000 bis 10.000	8,6	81,8	0,7	1,3	0,8	0,8	5,9	100,0	594	32,3	26,9	3,1	5,4	3,1	2,3	26,9	100,0	130
über 10.000 bis 50.000	40,4	37,3	3,9	3,1	2,6	1,8	11,0	100,0	456	32,0	25,2	8,7	3,9	2,9	2,9	24,3	100,0	206
über 50.000 bis 100.000	25,9	30,9	22,2	2,5	4,9	-	13,6	100,0	81	13,5	23,1	34,6	3,8	3,8	-	21,2	100,0	52
über 100.000 bis 500.000	18,6	42,9	34,3	2,9	1,4	-	-	100,0	70	17,5	15,0	60,0	5,0	2,5	-	-	100,0	40
über 500.000 bis 1.000.000	-	50,0	50,0	-	-	-	-	100,0	6	-	-	100,0	-	-	-	-	100,0	3
über 1.000.000	-	30,0	70,0	-	-	-	-	100,0	10	-	12,5	87,5	-	-	-	-	100,0	8
total	24,0	54,9	5,7	2,2	2,4	1,1	9,6	100,0	1360	30,4	23,5	13,5	4,0	4,1	1,9	22,6	100,0	579
total absolut	326	747	78	30	33	15	131	1360		176	136	78	23	24	11	131	579	

1) Berücksichtigt wurden die in Tab. 52 aufgeführten Unternehmen;

2) d.h. ohne die Givors-, Midi- und Orléans-Loing-Gesellschaften.

Tabelle 57

Kanalgesellschaften 1814 - 1850: Berufe und Wohnsitz der wichtigsten Aktionäre %

	Aktionäre mit		
	3 und mehr Beteiligungen	2 und mehr Führungsposten	Kapitalbeteiligungen über 1.000.000 F
Wohnsitz			
Paris	92,0	84,6	71,4
sonst.Frankr.	4,0	7,7	11,4
Ausland	4,0	7,7	17,1
Beruf			
Rentier	4,0	10,3	2,9
Beamter od. Offizier	28,0	15,4	14,3
Bankier	52,0	71,8	74,3
freie Berufe	12,0	-	-
Bauunternehmer	4,0	2,6	8,6
total absolut	25	39	35

Quellen: Vgl. Anhang C.

Schaubild 15:

Kanalgesellschaften 1814-1850: Wohnsitz und Beruf der wichtigsten Aktionäre

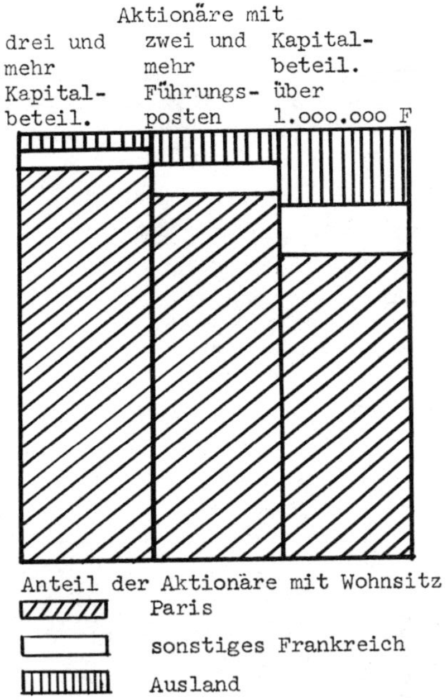

Quelle: Tabelle 57

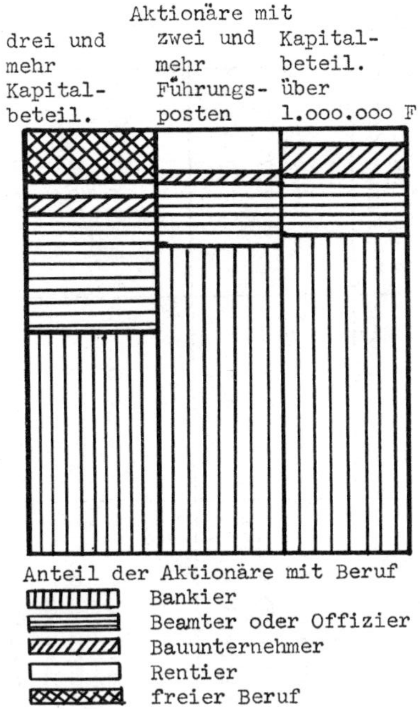

Drei Kriterien wurden zugrundegelegt, um diese Gruppe zu isolieren: zum einen die Zahl der Kanäle, an denen eine Person finanziell beteiligt war; zum zweiten die Zahl ihrer Aufsichtsrats- und sonstigen Führungspositionen; zum dritten - und dies ist das wichtigste Merkmal - der Wert ihrer gesamten Kapitalbeteiligungen. Alle drei Kriterien bringen, was die geographische und berufliche Herkunft der nach ihnen Ausgewählten betrifft, weitgehend übereinstimmende Ergebnisse, die im übrigen wiederum unsere bisherigen Ausführungen bestätigen. Wie aus Tabelle 57 hervorgeht, waren sowohl die nach der Zahl ihrer Beteiligungen und Führungsposten als auch die nach der Höhe ihres finanziellen Engagements hervorragenden Persönlichkeiten[1] einerseits vorwiegend in Paris und zu nur geringen, nahezu gleichen Teilen in der französischen Provinz sowie im Ausland ansässig; andererseits handelte es sich in erster Linie um Bankiers, erst mit erheblichem Abstand folgten Staatsbedienstete,

---

[1] Wie aus Tabelle 57 hervorgeht, wurden in die Untersuchung die Personen einbezogen, die an drei und mehr Kanalgesellschaften finanziell beteiligt waren, mindestens zwei Führungspositionen innehatten oder Kapitalanteile im Nennwert von mindestens einer Million Franken besaßen. In der Gesamtheit der namentlich erfaßten Aktionäre wurden folgende Mehrfachbeteiligungen bzw. Kumulierungen von Führungspositionen festgestellt:

Zahl der Beteiligungen bzw. Führungsposten	Anteil unter den	
	Aktionären (%)	Inhabern von Führungsposten (%)
1	92,4	85,2
2	6,1	12,5
3	1,2	1,5
4	0,2	0,8
5	0,1	-
6	0,1	-
Zahl der Aktionäre absolut	1.679	264
Zahl der Beteiligungen bzw. Führungspositionen absolut	1.839	311

Rentiers, Bauunternehmer und Freiberufliche auf dieser Liste. Trotz dieser strukturellen Übereinstimmung ergaben sich je nach Auswahlkriterium personelle Differenzen: Während die Mehrfachaktionäre überwiegend nur geringe bis mittlere, die in mehreren Führungsgremien Vertretenen meist zwar große, aber doch nicht Spitzenbeteiligungen besaßen, engagierten sich die nach der Höhe der Kapitalbeteiligungen an erster Stelle stehenden Aktionäre vorwiegend nur in ein bis zwei Unternehmen. Zumindest die Mitglieder der letztgenannten Gruppe sollen wegen ihrer für den Kanalbau entscheidenden Bedeutung weitgehend namentlich aufgeführt werden[1]. An erster Stelle unter ihnen standen mit Beteiligungen zwischen 14 und 5 Millionen Franken die Bankiers und Financiers Hentsch und Blanc, Laffitte, Pillet-Will, André und Cottier, Sartoris, Humann, Paravey, Hainguerlot, Greffulhe sowie der Rentier Marquis de Ferrari, d.h. mit Ausnahme des Straßburgers Humann und des Genuesen Ferrari ausschließlich Mitglieder der Pariser Haute Banque. Ihre wichtigste Leistung stellte die Finanzierung der Kanalanleihen von 1821/1822 dar, wobei allerdings die Dauer ihres Engagements nicht in jedem Fall bekannt ist. Aber selbst wenn man lediglich die Aktionäre berücksichtigt, die sich mit Sicherheit längerfristig engagierten, bleibt die Dominanz der Banken und Bankiers gegenüber anderen Gruppen bestehen. Ihre wichtigsten Vertreter unter diesem Gesichtspunkt sind Sartoris, Greffulhe, Hainguerlot, Hentsch, Viollier, die Caisse hypothécaire sowie die Société Générale[2],

---

1) An der Spitze der Mehrfachaktionäre stand mit sechs Engagements der Nachfolger von Honnorez in der Führung von dessen Projekten, der im Departement Nord ansässige Rentier Rousselle, gefolgt von J.G.Hillemacher, dem Direktor der meisten Submissionsgesellschaften mit 5 sowie schließlich dem Bauunternehmer Honnorez und dem Bankier Thuret mit je 4 Beteiligungen. Die meisten Führungspositionen nahmen Honnorez und Rousselle mit jeweils 4, gefolgt von den Bankiers Thuret, Argaud (Firma Blanc, Colin & Cie.) und Bourceret (Firma Pillet-Will & Cie.) mit je 3 Posten ein.

2) Das überragende Bankhaus der Zeit, die Firma J. de Rothschild, war unter den Spitzenaktionären übrigens nicht vertreten. Es besaß lediglich Beteiligungen mittlerer Größenordnung an der Sambre- sowie der Sambre-Oise-Gesellschaft.

Tabelle 58

Kanalgesellschaften 1814 - 1850: Wohnsitz, Beruf und Anteilswerte der kapitalstärksten Aktionäre

Nominalwert der Anteile (Millionen Franken)	Wohnsitz der Aktionäre			Beruf der Aktionäre				total
	Paris	sonst. Frankr.	Ausland	Rentiers	Beamte u. Offiziere	Bankiers	Bauunternehmer	
über 1 bis 2	8	-	3	-	2	7	2	11
über 2 bis 3	4	1	1	-	1	5	-	6
über 3 bis 4	4	1	1	-	2	3	1	6
über 4 bis 5	2	1	1	1	-	3	-	4
über 5 bis 6	2	-	-	-	-	2	-	2
über 6 bis 7	-	1	-	-	-	1	-	1
über 7 bis 8	1	-	-	-	-	1	-	1
über 8 bis 9	1	-	-	-	-	1	-	1
über 9 bis 10	-	-	-	-	-	-	-	-
über 10 bis 11	1	-	-	-	-	1	-	1
über 11 bis 12	1	-	-	-	-	1	-	1
über 12 bis 13	-	-	-	-	-	-	-	-
über 13 bis 14	1	-	-	-	-	1	-	1
total	25	4	6	1	5	26	3	35

als wichtigste Bauunternehmer sind Honorrez, Mosselmann, Bayard de la Vingtrie, als wichtigste dem öffentlichen Sektor zugerechnete Aktionäre schließlich Louis-Philippe, seine Schwester Adêlaide, Herzog Massena, Graf Anisson-Duperon sowie die Ehrenlegion zu nennen.

Die Bedeutung dieser Spitzenaktionäre für die Finanzierung des Kanalbaus ist kaum zu überschätzen: die 35 Personen und Institutionen mit Kapitalbeteiligungen von jeweils mehr als einer Million Franken - ihre Aufgliederung nach der Höhe des jeweiligen Engagements, Beruf und Wohnort ist aus Tabelle 58 ersichtlich - verfügten zumindest zeitweilig über nominell 140 Millionen Franken Kanalanteile, durch sie wurden nicht weniger als 130 Millionen Franken, d.h. zwei Drittel aller von Privaten im Kanalbau unvestierten Mittel bereitgestellt.

Als Fazit der schichtenspezifischen Analyse der Teilhaber der Kanalgesellschaften, in die deren absolute Zahlen, Berufe, Wohnsitze sowie Größe der Aktienpakete eingingen, ergibt sich also, daß sie erstens im Vergleich zu den Besitzern von Renten- und Eisenbahnwerten eine extrem kleine Gruppe darstellten; daß die Kanalaktien mit Ausnahme der Anteile der "alten" Kanäle kaum in das mittlere oder gar kleine Bürgertum bzw. die französische Provinz vordrangen; daß vielmehr Pariser der guten und großen Bourgeoisie fast die Gesamtheit der Kanalbauten finanzierten. Dabei mögen zahlenmäßig die Besitzer mittlerer Vermögen die Mehrheit dargestellt haben; kapitalmäßig jedoch kam einer schmalen Schicht der Reichsten der Reichen und hierunter besonders der Pariser Finanzoligarchie die entscheidende Rolle zu. Letztlich war die Finanzierung der privaten Kanalbauten also im wesentlichen das Werk von ein bis zwei Dutzend Mitgliedern der Haute Banque, einer Handvoll adliger Beamter, Offiziere und Rentiers sowie von zwei bis drei großen Bauunternehmern. Sie lieferten hierdurch ein eindrucksvolles Beispiel dafür, daß die großen Pariser Notablen adliger und bürgerlicher Herkunft - die durchaus nicht immer Pariser Ursprungs waren - lange vor Beginn des Eisenbahnzeitalters ihre wirtschaftlichen Interessen auf ganz Frankreich ausgedehnt hatten, insofern "sowohl der Hauptstadt als auch der Nation gehörten", "ja in der Tat die Führungsschicht von ganz Frankreich bildeten"[1].

---

1) Daumard, Bourgeoisie, S. 649, 177.

C. Zur Rolle der Banken in der französischen Industrialisierung

Die geographische und sozioprofessionelle Herkunftsanalyse des im französischen Kanalbau der ersten Hälfte des 19. Jahrhunderts eingesetzten Privatkapitals hat die hervorragende Rolle einer Gruppe innerhalb dieses für die wirtschaftliche Entwicklung strategischen Sektors deutlich werden lassen: der Mitglieder der Pariser Haute Banque. Bevor diese Tatsache in einen breiteren theoretischen Rahmen eingeordnet und nach Erklärungsgründen hierfür gesucht wird, wollen wir jedoch die Hauptergebnisse unserer Analyse in Erinnerung rufen.

1. Wie in England stellte auch in Frankreich der Übergang vom Land- zum Wasserstraßentransport die eigentliche Revolutionierung der Verkehrsbedingungen dar. Der Bau der Eisenbahnen brachte demgegenüber nur eine marginale Kostensenkung mit sich.

2. Das französische Kanalnetz wurde zum überwiegenden Teil innerhalb einer wenig mehr als zwei Jahrzehnte andauernden Phase geschaffen. Der Beginn dieser canal mania ist auf die Veröffentlichung des Becquey-Planes im Jahre 1820 zu datieren.

3. Sowohl bei der Planung und Bauausführung als auch - in geringerem Maße - bei Finanzierung und Verwaltung der Kanäle spielte der Staat die dominierende Rolle.

4. Bedingt durch seine angespannte Finanzlage war der Staat jedoch bei der Realisierung seiner auf eine gesamtwirtschaftliche Entwicklungsförderung abzielenden Projekte auf die Mithilfe Privater angewiesen. Die Grundzüge der Kooperation zwischen Staat und Privatwirtschaft wurden in den Gesetzen von 1821/1822 geregelt.

5. Aufgrund dieser Kooperation sowie in Realisierung der ihr durch Konzessionen ganz übertragenen Projekte stellte die Privatwirtschaft knapp 40 % des 1814-1848 im Kanalbau investierten Kapitals bereit und erlangte eine mehr oder weniger starke Kontrolle über fast 90 % des Kanalnetzes.

6. Die privaten Kanalgesellschaften wurden überwiegend in der Rechtsford der Kapital- und insbesondere Aktiengesellschaft gegründet. Hiermit unterschied sich der Kanal- von den meisten

anderen Sektoren der französischen Wirtschaft seiner Zeit, er leistete hinsichtlich Einführung und rechtlicher Ausgestaltung der Aktiengesellschaft und somit hinsichtlich der Modernisierung des Kapitalmarktes zumindest in gewissem Maße eine Pionierrolle.

7. Das Kapital der Kanalgesellschaften wurde in erster Linie in Paris aufgebracht. Lokale Interessenten, die bis zum Ende des Ancien Regime eine hervorragende Rolle spielten, vermochten unter der konstitutionellen Monarchie allenfalls noch unbedeutende Projekte zu realisieren. Sogar der Beitrag des Auslandes war größer als derjenige der Provinz, allerdings niedriger als später beim Eisenbahnbau.

8. Die regionale Herkunft der Inhaber von Führungspositionen innerhalb der Kanalgesellschaften entspricht derjenigen der Kapitalgeber. Schon lange vor Beginn des Eisenbahnbaus scheint somit - soweit die Untersuchung eines einzelnen Wirtschaftszweiges so generelle Rückschlüsse erlaubt - der Prozeß wirtschaftlicher Machtkonzentration in Paris auf Kosten der Provinz weit fortgeschritten zu sein.

9. Die meist adligen Inhaber hoher Ämter in Verwaltung und Staat, die bis zur großen Revolution die wichtigsten Träger privaten Kanalbaus waren, nahmen unter der konstitutionellen Monarchie nur noch in geringem Maße an dessen Finanzierung teil. Auch die Gruppen der berufslosen Rentiers sowie Bauunternehmer spielten allenfalls eine ergänzende Rolle, der Anteil reiner Kaufleute, Industrieller und sonstiger Berufsgruppen ist völlig zu vernachlässigen. Den Löwenanteil des Kapitals stellten Bankiers bereit. Fast das gesamte Kanalkapital stammte somit aus dem tertiären Sektor.

10. Die in den Punkten 6, 7, 9 zusammengefaßten Tatsachen schlagen sich darin nieder, daß unter der konstitutionellen Monarchie allenfalls für kleine Projekte die Rechtsform der Personalgesellschaft gewählt wird; nur diese haben - von wenigen Ausnahmen abgesehen - ihren Sitz in der betroffenen Region, nur sie werden von regionalem, etwa von Bauunternehmern oder adligen Beamten und Offizieren bereitgestelltem Kapital finanziert. Große Kanalprojekte werden fast ausnahmslos von Kapital-

gesellschaften getragen, die ihren Sitz in Paris haben und durch Pariser Bankenkapital finanziert werden. Die Höhe des für ein Projekt erforderlichen Kapitals erweist sich als für die Bestimmung des jeweils anzutreffenden Finanzierungsmusters als ausschlaggebend, alle anderen Einflüsse treten hierhinter zurück.

11. Auch in sozioprofessioneller Sicht spiegelt die Zusammensetzung der Führungsgremien der Kanalgesellschaften die Herkunft des Kapitals wieder. Der Kapitalanteil, nicht spezifische Fähigkeiten oder soziales Prestige scheinen über die Besetzung von Führungspositionen zu entscheiden.

12. Dies wird bestätigt durch die Analyse der Rolle, die gesellschaftliche und politische Eliten im Kanalsektor spielten. Selbst der extrem hohe Anteil von Mitgliedern der Legislative in den Führungsgremien der Kanalgesellschaften erklärt sich durch deren starkes finanzielles Engagement. Insbesondere die Mitglieder der Deputiertenkammer trugen in großem Maße zur Finanzierung des vor dem Bahnbau leistungsfähigsten Verkehrssystems und damit zur Entwicklung der durch sie vertretenen Departemente bei. Dies bestätigt die These, daß politisches und unternehmerisches Engagement unter der konstitutionellen Monarchie offensichtlich eng miteinander verknüpft waren.

13. Der Versuch einer sozialen Schichtungsanalyse der Kapitaleigner führt zu dem Schluß, daß die breite Masse der mittleren oder gar kleinen Bourgoisie von der Kanalaktie kaum erreicht, der Kapitalmarkt also wenig erschlossen wurde. Die Kanalgesellschaften wurden größtenteils von einer winzigen Minderheit, der "Aristokratie des Reichtums", finanziert.

14. Betrachtet man die Gesamtheit der Anteilseigner der Kanalgesellschaften, so finden sich unter den etwa drei Dutzend wichtigsten Aktionären, die den Kanalsektor weitgehend kontrollierten, auch einige Beamte, Offiziere und Bauunternehmer. Beschränkt man die Analyse jedoch auf die unter der konstitutionellen Monarchie entstandenen Kanäle, konzentriert die Aufmerksamkeit also auf die Bereitstellung des in dieser Zeit investierten Kapitals, so springt die dominierende Stellung einer Gruppe ins Auge: der Mitglieder der Pariser Haute Banque.

Hinsichtlich der Rolle des Staates beim Kanalbau nimmt Frankreich somit eine Mittelstellung ein zwischen den in Großbritannien anzutreffenden Verhältnissen einerseits - d.h. einer quasi-totalen Dominanz privaten Kanalbaues[1] - und der in Rußland sowie den meisten deutschen Staaten, insbesondere Preußen, vorherrschenden Situation andererseits - d.h. einer nahezu totalen Dominanz staatlichen Kanalbaues[2].

Am ehesten ist die französische Entwicklung mit derjenigen in den Vereinigten Staaten, vermutlich auch mit der im Detail allerdings ungenügend bekannten in den Niederlanden und Belgien, vergleichbar: Auch in den USA, in denen allerdings von Einzelstaat zu Einzelstaat sehr unterschiedliche Wege bei der Finanzierung des Kanalbaus eingeschlagen wurden, spielte insgesamt gesehen der Staat die dominierende Rolle, auch dort entstanden erhebliche Teile des Netzes in Kooperation zwischen öffentlicher Hand und Privatwirtschaft und auch dort stellten Private schließlich ein gutes Viertel des investierten Kapitals bereit[3].

---

1) Vgl. insb. Hadfield, British canals, S. 32 ff.; Dyos, H.J. und Aldcroft, D.H., British transport. An economic survey from the seventeenth century to the twentieth, Leicester University Press 1969, S. 97 ff.; Deane, First industrial revolution, S. 69 f., 75 ff.

2) Vgl. zur Situation in den deutschen Staaten insbesondere Kurs, V., Schiffahrtsstraßen im Deutschen Reich, ihre bisherige und zukünftige Entwickelung..., in: Jahrbücher für Nationalökonomie und Statistik 3. Folge Bd. 10 (1895), S. 123 ff.; Sympher, L., Kanäle, in: Handwörterbuch der Staatswissenschaften Bd. 5, 3. Aufl. Jena 1910, S. 753-777; Borchard, K., Staatsverbrauch und öffentliche Investitionen in Deutschland 1780-1850, Göttingen 1968, S. 225 ff., 241 sowie die dort aufgeführte Literatur. Einen internationalen Vergleich unter Einschluß Rußlands liefert Most, Binnenschiffahrt und Kanalbau im 19. Jahrhundert, S. 40 ff.

3) Vgl. Goodrich's Einleitung zum von ihm herausgegebenen Sammelwerk Canals, S. 1, 5 f.; ders., Government promotion, S. 7 ff, 270 ff., 289; Segal, Cycles of canal construction, S. 177-192, Taylor, Transportation revolution, S. 43 ff.; die in Goodrich, Canals enthaltenen Regionalstudien von Cranmer und Rubin sowie schließlich Scheiber, Ohio canal era, S. 371 ff. Bzgl. Belgien und Holland vgl. die kurzen Ausführungen von Sympfer, Kanäle, S. 369 f.

Diese zwischen den verschiedenen Staaten aufzustellende Rangfolge hinsichtlich der Stärke staatlicher Intervention im Kanalbau entspricht im übrigen exakt der These Gerschenkrons, wonach ein Land auf umso stärkere Instrumente der Entwicklungsförderung zurückgreifen muß, je weiter rückständig es in wirtschaftlicher Hinsicht ist; sie bestätigt also "die grundlegenden Übereinstimmungen und die Abhängigkeit der tatsächlich angewandten institutionellen Hilfsmittel vom Grad der Rückständigkeit"[1].

Vergleiche hinsichtlich des Finanzierungsmusters privater Investitionen im Kanalbau sind somit - da in anderen Ländern entweder die privaten Investitionen völlig unbedeutend waren oder über deren Finanzierung nur unzureichende Informationen vorliegen - praktisch nur mit den Vereinigten Staaten sowie dem Vereinigten Königreich möglich. Während die im übrigen wegen der Dominanz einzelstaatlicher Initiativen sehr komplexe Situation in den Vereinigten Staaten zumindest in einigen Aspekten der französischen ähnelt - neben den in Frankreich kaum beteiligten lokalen, direkt an verbesserten Transportbedingungen interessierten Kapitalgebern spielten auch große Finanzinstitute eine beträchtliche Rolle, indem sie durch Begebung von Anleihen britisches Kapital dem amerikanischen Kanalbau zuführten - ergibt sich für England ein völlig anderes Bild:

Bei den englischen Kanalbauten "handelte es sich in erster Linie um lokale Projekte..., sie wurden von den Anliegern initiiert, das Geld in der direkten Umgebung aufgebracht"[2]. "Allenfalls nachdem die Rentabilität des Kanals offenkundig war, ging teilweise der lokale Anteil zugunsten mehr diffuser Besitzverhältnisse zurück"[3]. Bei diesen lokalen Kapitalgebern handelte es sich überwiegend um Eisenhütten-, Kohlengruben- und Töpfereiunternehmer, um Kaufleute und Großgrundbesitzer- Personen also, die "weniger an der Erwirtschaftung rascher Profite... aus Kanal-

---

1) Gerschenkron, A., Wirtschaftliche Rückständigkeit in historischer Perspektive, in: Braun, R. u.a. (Hrsg.)., Industrielle Revolution. Wirtschaftliche Aspekte, Köln/Berlin 1972, S. 70.

2) Hadfield, British canals, S. 33; ebenso Deane, First industrial revolution, S. 77.

3) Dyos, Aldcroft, British transport, S. 97.

gebühren als vielmehr als zukünftige Benutzer an der Verbesserung der Transportbedingungen interessiert waren"[1]. Bankiers spielten bei der Kapitalaufbringung ebenso wie Angehörige freier Berufe nur eine ergänzende Rolle.

Sowohl in geographischer als auch in sozioprofessioneller Hinsicht steht somit das englische Finanzierungsmuster der privaten Kanalbauten dem für Frankreich festgestellten diametral entgegen. Entsprechend könnte man annehmen - und dieses Problem soll als letztes etwas detaillierter behandelt werden -, daß sich auch die Motivation der französischen von derjenigen der englischen Kanalinvestoren erheblich unterschied. Denn die im Falle Englands als direkt an verbesserten Transportbedingungen interessiert eingestuften Personengruppen und Unternehmen sind zwar auch in französischen Kanalgesellschaften vertreten - die Kohlengrubenbesitzer, die den Plessis-Kanal finanzierten; die Cie des mines de la Loire, die den Givors-Kanal übernahm; der Chemieindustrielle Chaptal, der sich am für den Transport seiner Produkte wichtigen Arles-Bouc-Kanal beteiligte; die Montpellieraner Kaufleute, die zeitweilig den Beaucaire-Kanal beherrschten; die adligen Großgrundbesitzer schließlich, die den Bau des Arcachon-Kanals als Teil eines landwirtschaftlichen Entwicklungsprogramms förderten; hierbei handelt es sich jedoch um Ausnahmen. Besonders auffällig ist wie erwähnt, daß sich anders als später beim Bahnbau[2] keiner der großen Namen der eisenschaffenden Industrie - de Wendel, Boigues, Schneider etc. - unter den Aktionären der Kanäle findet; daß keiner der großen Eisen-,

---

1) ebda.

2) Vgl. Gille, Grande entreprise capitaliste, S. 124; die Tatsache, daß "nahezu sämtliche Hüttenbesitzer an Bahngesellschaften beteiligt waren" erklärt sich vermutlich aus deren Wunsch, Abnehmer für ihre Produkte zu finden. Entsprechendes war für sie vom Kanalbau nicht zu erwarten, eine der ihren beim Bahnbau analoge Rolle spielten beim Kanalbau vermutlich die Bauunternehmer.

Kohlen-, Getreide- oder Weinkaufleute vertreten ist[1]. Selbst wenn man für sämtliche Beteiligungen von Industriellen, Kaufleuten und Großgrundbesitzern ein direktes Interesse an verbesserten Transportbedingungen zugrundelegen würde - ein Nachweis in jedem Einzelfall wäre insbesondere bezüglich der letzten Gruppe äußerst mühsam, wenn nicht unmöglich, wäre andererseits aber vermutlich der einzige Weg, die jeweiligen Finanzierungsmuster der einzelnen Kanäle zu erklären - bliebe deren Anteil insgesamt genommen ja immer noch deutlich unter 10 %.

Bleibt demnach zu folgern, daß die als zukünftige Benutzer vom Ausbau der Verkehrswege am unmittelbarsten profitierenden Gruppen nur unwesentlich an der Finanzierung des Kanalbaues beteiligt waren, daß eine Verzinsung des dem Kanalbau zugeführten

---

1) So konnte von den 52 wichtigsten Eisenindustriellen der letzten Jahre des Empire nur ein einziger als Teilhaber eines Kanals identifiziert werden (vgl. Ménard, C., Le grand patronat dans la sidérurgie française du premier Empire, in: RHS 1965, S. 111 ff. sowie Gille, B., Recherches sur la concentration dans l'industrie sidérurgique en France, in: RHS 1962, S. 264); genausowenig sind - mit Ausnahme der Bankiers Pillet-Will, Bérard und Milleret - die Repräsentanten der Eisenindustrie im Conseil général des manufactures (Gille,B., Esquisse d'une histoire du syndicalisme patronal dans l'industrie sidérurgique française, in: RHS Bd. 5, 1964, S. 216, gibt deren Namen für die Jahre 1810-1870 wieder) oder die leitenden Persönlichkeiten der Interessenvertretung der Schwerindustrie, des Comité des intérêts métallurgiques unter den Kanalaktionären vertreten; (diese werden aufgeführt ebda., S. 67 ff.). Vgl. im übrigen zu den Namen der wichtigsten Eisenindustriellen sowie von deren Kapitalgebern insbesondere Thuillier, Georges Dufaud, S. 37, 71; Roy, J.A., Histoire de la famille Schneider et du Creuzot, Paris 1962, S. 17 ff.; Gille, Grande entreprise capitaliste, S. 47 ff.; ders., La psychologie d'un maître de forges français au début du 19e siècle, in: RHS 1965, S. 67; ders., Les origines d'une grande société métallurgique: Chatillon-Commentry, in: Histoire des Entreprises 1958, S. 12 ff; ders., Le financement de l'industrie sidérurgique française au 19e siècle, in: RHS 1961, S. 285 f.; ders., Les plus grandes sociétés métallurgiques françaises vers 1845, in: RHS 1961, S. 207 ff.; Richard, G., La métallurgie normande en 1845, in: RHS 1964, S. 4 f.; Silly, J.B., La concentration dans l'industrie sidérurgique en France sous le Second Empire, in: RHS 1962, S. 36.

privaten Kapitals einzig und allein aus der Einnahme von Kanalgebühren erhofft wurde[2]. Diese Schlußfolgerung drängt sich umso mehr auf, als die für die Kapitalbereitstellung als entscheidend erkannten Banken ja als Lenkinstitutionen anonymen Kapitals auf der Suche nach rentablen Anlagemöglichkeiten par excellence angesehen werden können. Trotzdem ist sie wohl nur bedingt zulässig. Denn zum einen blieben, worauf bereits hingewiesen wurde, zahlreiche Banken für lange Zeit im Großhandel tätig und traten insofern als Nachfrager von Transportleistungen auf. Zum anderen waren - und diese Tatsache ist wohl noch bedeutsamer - in der Schwerindustrie, dem vermutlich größten Nutznießer verbesserter Transportbedingungen für Massengüter, zahlreiche bisher nicht als Industrielle eingestufte Personen engagiert.

Hier ist nicht gedacht an die alte Aristokratie, die durch die Revolution ihre beherrschende Stellung in diesem Sektor weitgehend einbüßte[1)]. Eher kommen militärische und politische Würdenträger von Empire und Restauration in Betracht, die ihr auf dem Schlachtfeld oder im Staatsdienst neu erworbenes Vermögen in industriellen Unternehmen anlegten - der Herzog von Dalmatien und Marschall Soult etwa, der am Aufbau des Werkes von Alais maßgeblichen Anteil hatte und in unserer Studie als Hauptaktionär des Beaucaire-Kanals auftaucht[2)].

In erster Linie jedoch ist der Einfluß von Bankiers und Financiers in der Schwerindustrie hervorzuheben. In der französischen eisenschaffenden Industrie "waren es in erster Linie sie, die den Modernisierungsprozeß (d.h. die Übernahme der englischen koksverwertenden Produktionsmethoden) vorantrieben"[3)]. Sie stellten das Kapital bereit für den ersten großen Wachstumsstoß dieses Industriezweiges in den Jahren 1821 bis 1826, in

---

1) Vgl. Ménard, C., Le grand patronat, S. 103 ff.; Levy-Leboyer, Banques, S. 330.

2) Vgl. zur Rolle Soults Gille, Grande entreprise capitaliste, S. 57 f., 99 ff.; Levy-Leboyer, Banques, S. 336; Tudesq, Notables, S. 619. Ein anderes Beispiel stellt der Gründer der Eisenwerke von Aveyron, der Herzog von Decazes, dar, vgl. Gille, ebda., S. 75 ff.

3) Gille, Problèmes techniques, S. 27 f. Vgl. auch Vial, J, L'industrialisation de la sidérurgie française 1814-1864, Paris/ Den Haag 1967, S. 172, 176.

dessen Verlauf sich das hier immobilisierte Kapital in etwa verdoppelte[1]. Sie beherrschten die Aktiengesellschaften, die die sechs großen, integrierten, auf Koksbasis arbeitenden Eisenwerke verwalteten, über die Frankreich im Jahre 1830 verfügte[2]. Hinzu kommt, daß "Bankiers auch in der Entwicklung der französischen Kohlenindustrie eine entscheidende Rolle spielten"[3]. Daß sie bei diesem ihrem Engagement viele Fehlschläge erlitten[4] und der von ihnen eingeleitete Modernisierungsprozeß bald ins Stocken geriet[5], ist in unserem Zusammenhang, d.h. bei der Suche nach den Motiven der Kanalinvestoren, von zweitrangiger Bedeutung. Wichtig ist allein die Tatsache des starken Engagements der Bankiers in einem Sektor, der als Hauptnutznießer der durch die Kanäle erhofften verbesserten Transportbedingungen gelten kann.[6]

---

1) So Gille, Analyse de l'industrie sidérurgique, S. 108, gestützt auf Ergebnisse der enquête sur les fers von 1828 sowie diverse Veröffentlichungen von Heron de Villefosse.

2) Gille, Banque, S. 189; ders., Les plus grandes sociétés, S. 217 f.; ders., Problèmes techniques, S. 27 f.; ders., Analyse de l'industrie sidérurgique, S. 95, 110.

3) Gille, Banque, S. 186.

4) Vgl. zu den Ursachen der Fehlschläge in der Eisenindustrie - mangelnde Transport- und (vor dem Eisenbahnbau) Absatzmöglichkeiten, mangelhafte Rohstoffbasis, ungünstige konjunkturelle Entwicklung - Gille, Banque, S. 108 f., 188, 305; ders., Grande entreprise capitaliste, S. 48 ff., 54 ff., 72 ff.; ders., Les problèmes techniques, S. 34; Levy-Leboyer, Banques, S. 15, 34 f., 335, 338 ff.; Léon, Dauphiné, S. 414 f.

5) Noch 1845 wurden 60 % des französischen Roheisens mit Hilfe von Holzkohle produziert, auf die von Bankiers beherrschten modernen integrierten Eisenwerke entfielen kaum 10 % des Gesamtumsatzes der französischen Eisenindustrie, vgl. Pinsson, M., La sidérurgie française, in: Cahiers de l'ISEA: Sidérurgie et croissance économique en France et en Grande Bretagne (1735-1913), Paris 1965, S. 14, 17; Levy-Leboyer, Banques, S. 377, sowie Gille, Les plus grandes sociétés métallurgiques, S. 207 ff.

6) Die starke Position der Bankiers in der koksverarbeitenden eisenschaffenden Industrie erklärt sich im übrigen aus denselben Gründen wie ihre Dominanz im Transportwesen: Die hier zu tätigenden Investitionen waren extrem hoch und fielen - im Gegensatz etwa zur Textilindustrie - nicht kontinuierlich sondern sprunghaft an. Hierdurch wurde deren Selbstfinanzierung erheblich erschwert.

Wenn somit die Bedeutung branchenfremder Kreise und insbesondere von Bankiers für die Schwerindustrie außer Zweifel steht, so ist hieraus allerdings nicht von vornherein zu schließen, daß es sich bei den Kanalinvestoren mehrheitlich um an verbesserten Transportbedingungen direkt Interessierte handelte. Dazu müßte in jedem Einzelfall nachgewiesen werden, daß erstens die am Kanalbau beteiligten mit den in der Schwerindustrie engagierten Bankiers identisch waren und zweitens diese Engagements jeweils in einem sinnvollen verkehrstechnischen Zusammenhang standen.

Die erste Frage ist weitgehend zu bejahen. Zwar ist es bei dem gegebenen Forschungsstand unmöglich, für alle der infragekommenden Bankiers die jeweiligen Industriebeteiligungen im Detail zu verfolgen. Aber die wichtigsten Kanalinvestoren jedenfalls sind auch im Eisen- und Kohlensektor engagiert: Von den bereits angesprochenen 26 Bankiers, die jeweils mehr als eine Million Franken zur Finanzierung des Kanalbaus beitrugen, konnte für 20, d.h. gut 75 %, nachgewiesen werden, daß sie als Konzessionär, Aufsichtsratsmitglied oder Großaktionär an einer Kohlengrube oder einem Eisenwerk maßgeblich beteiligt waren. Dasselbe wurde für 15 weitere Bankiers festgestellt, die zwar für weniger als eine Million Franken Kanalanteile besaßen, aufgrund von Aufsichtsratsposten jedoch ebenfalls wichtige Funktionen in Kanalgesellschaften ausübten[1].

Die Antwort auf die zweite Frage dagegen kann vorläufig noch nicht so eindeutig ausfallen. Obwohl für einige Einzelfälle sicherlich ein derartiger verkehrstechnischer Zusammenhang zugrundegelegt werden kann - die am Roanne-Digoin-Kanal beteiligten Schweizer Bankiers besaßen ebenso wie der Submittent

---

1) Zur Identifizierung der in der Schwerindustrie engagierten Banken - es kann hier nicht für jeden Fall ein Quellennachweis gebracht werden - wurden die bereits mehrfach zitierten Arbeiten von Gille, Ménard, Vial, Thuillier, Guillaume, Leuilliot, Chlepner, Levy-Leboyer und Léon herangezogen. Man kann wie erwähnt davon ausgehen, daß die tatsächliche Zahl der Überschneidungen von Engagements in Schwerindustrie und Kanalsektor noch größer ist, da über die Aktivität der Banken ja nur unvollständige Informationen vorliegen.

des Bourgogne-Kanals Hagerman bedeutende Anteile im Kohlebecken der oberen Loire, die von den Davilliers und der Société Générale beherrschten Sambre- und Sambre-Oise-Kanäle waren von hervorragender Bedeutung für die im Nordosten Frankreichs und in Belgien gelegenen Kohlengruben und Eisenwerke der gleichen Gruppen, um nur wenige Beispiele zu nennen-, würde man vermutlich die Zielgerichtetheit des doch von vielen Zufälligkeiten abhängigen Engagements der Banken überschätzen, wollte man annehmen, daß sie mehrheitlich über ein exaktes Konzept zur parallelen Schaffung von Produktionszentren der Schwerindustrie sowie der dazu notwendigen Absatzwege verfügten. Im Augenblick kann man also wohl davon ausgehen, daß sich sowohl unter den adligen Großgrundbesitzern, den Industriellen und Kaufleuten als auch den Bankiers zu einem nicht unerheblichen Teil direkt an verbesserten Transportbedingungen interessierte Kanalinvestoren befanden. Ihre exakte Quantifizierung jedoch ist vermutlich nur im Zusammenhang mit einer Analyse der Rolle, die den einzelnen Kanälen als Lieferanten von Transportleistung zukam, sinnvoll möglich. Erst durch eine Untersuchung der - erhofften und tatsächlichen - Transportvolumina der Kanäle sowie von deren jeweiliger Struktur - eine Untersuchung also des Netzes der Verkehrsströme auf dem französischen Territorium, in die vermutlich auch die erwartete und tatsächliche Rentabilität der einzelnen Kanalbauten mit eingehen müßte -, kann man hoffen, den Motiven der einzelnen Kanalinvestoren näherzukommen; nur auf diese Weise wird man die Gründe der - trotz der globalen Dominanz Pariser Bankenkapitals sowohl bei den Submissions- als auch den Konzessionsgesellschaften ja dennoch gegebenen - Unterschiede in den Finanzquellen und Finanzierungsmustern der einzelnen Kanalprojekte feststellen können.

Obwohl unsere Analyse sich insofern also auf die Beschreibung vorgefundener Tatbestände beschränken, deren Ursachen jedoch weitgehend im Unklaren lassen muß, kann sie doch einige neue Erkenntnisse zum besseren Verständnis des Prozesses der französischen Industrialisierung liefern. Insbesondere die hierbei von den Banken gespielte Rolle erscheint in einem teilweise veränderten Licht. Denn zwar wird diesen seit langem ein hervorragender Einfluß auf die Modernisierung der französischen

Wirtschaft zugeschrieben. Überwiegend wird dessen Beginn jedoch erst auf die Jahre des Second Empire datiert und hier wieder insbesondere die Rolle des durch die Brüder Pereire gegründeten Crédit Mobilier sowie einiger Nachfolgeinstitute hervorgehoben. Die traditionelle " alte Bank " der konstitutionellen Monarchie, " die Rothschilds, Laffittes und ihresgleichen " habe sich, so beispielsweise Hoselitz und Gerschenkron, vorwiegend auf die kurzfristige Finanzierung von Handels- und Wechselgeschäften sowie das lukrative Geschäft der Begebung von Staatsanleihen beschränkt.[1)]

Die bereits von verschiedenen Autoren geäußerten Zweifel an dieser Auffassung[2)] werden durch unsere Untersuchungen eindeutig bestätigt. Die Art der Finanzierung des - hinsichtlich der Höhe des immobilisierten Kapitals ja wie erwähnt durchaus bedeutenden - Kanalbaues macht deutlich, daß die französischen Banken schon im frühen 19. Jahrhundert, d.h. lange vor Beginn des Eisenbahnbaues, eine entscheidende Rolle bei der Finanzie-

---

1) Hoselitz, Capital formation, S. 3o6 ff.;

Gerschenkron, Wirtschaftliche Rückständigkeit, S. 64f. Vermutlich wurde diese Einschätzung wesentlich geprägt durch das Beispiel Rothschilds, der sich im übrigen ja auch im Kanalbau stark zurückhielt, vgl. oben S. 267 sowie Gille, Rothschild, S. 133, 193 f.; wie wenig gerechtfertigt gerade die Einstufung Laffitte's als Repräsentant des " alten Reichtums " ist, geht hervor aus Gille, Banque, S. 121, 259, 377, der Laffitte's Projekte als Vorläufer der großen Aktienbanken des Second Empire darstellt;

vgl. auch Sée, Vie économique en France, S. 159f.; zum Engagement Laffitte's im Kanalbau siehe oben S. 2o4,267.

2) Vgl. Cameron, Banking in the early stages, S. 1o5 ff, 111, 113f.; vgl. auch Levy-Leboyer Banques, S. 699, der - allerdings erst für die Zeit um 1843 - " den Finanzsektor als den dynamischten Teil der französischen Wirtschaft" ansieht; auf das Engagement der Banken in der Schwerindustrie, das allerdings nicht das gleiche Volumen wie im Kanalsektor erreichte, wurde bereits hingewiesen.

rung von Infrastrukturprojekten spielten, daß sie sich an der Gründung von entsprechenden Kapitalgesellschaften beteiligten, deren Anteile über viele Jahre, ja Jahrzehnte bewahrten, deren Führungsgremien kontrollierten und schließlich auch deren kurzfristige Finanzgeschäfte abwickelten. Lange vor Gründung des Crédit Mobilier besaß Frankreich somit eine erhebliche Zahl im einzelnen zwar kleinerer, zusammengenommen jedoch durchaus leistungsfähiger " Universalbanken ".

Die These Bouviers, daß der banque mixte immer dann eine besondere Rolle im wirtschaftlichen Wachstumsprozeß zukommt, wenn im Gefolge allgemeiner rascher wirtschaftlicher Entwicklung oder durch den Ausbau eines extrem kapitalintensiven Wirtschaftszweiges besonders große Investitionen erforderlich werden[1), gilt für Frankreich also bereits für das frühe 19. Jahrhundert. Dies dürfte das wichtigste Ergebnis unserer Analyse darstellen.

---

1) Vgl. Bouvier, Rapports entre systèmes bancaires, S. 13off.; ders., Brèves réflexions sur le système bancaire, S. 12off.; ders. Systèmes bancaires et entreprises industrielles, S. 66f.

Anhang A: Die Entwicklung des französischen Kanalnetzes im 19. Jahrhundert

Objekt unser Studie ist der Ausbau des Netzes künstlicher Binnenwasserstraßen in Frankreich während der konstitutionellen Monarchie, d.h. in den Jahren zwischen der Abdankung Napoleons im April 1814 und der Februarrevolution 1848. Nicht berücksichtigt wurden von uns

1. natürliche Wasserstraßen,
2. künstliche Wasserstraßen, die nicht der Binnen- sondern der Seeschiffahrt dienten,
3. reine Be- oder Entwässerungs- sowie Wasserversorgungekanäle.

Während die Abgrenzung zu Seeschiffahrts-, Be- und Entwässerungs- sowie Wasserversorgungskanälen keine Probleme aufwirft, ist eine einwandfreie Unterscheidung zwischen künstlichen und natürlichen Wasserstraßen bzw. zwischen Kanälen und kanalisierten Flüssen nicht möglich. Die Tatsache der Überwindung einer Wasserscheide kann sicherlich nicht als notwendiges Merkmal eines Kanals angesehen werden, da Bauten wie Lateralkanäle damit nicht erfaßt würden. Andererseits macht die Benutzung eines Flußlaufes einen Kanal noch nicht zu einer natürlichen Wasserstraße: beim Kanalbau müssen geographische Vorteile genutzt werden; er wird im allgemeinen Bodenvertiefungen und Rinnen folgen, in denen wiederum Wasserläufe anzutreffen sind. Wann es sich hierbei um einen ausgebauten Flußlauf, wann um eine vollständig neue, künstliche Wasserstraße handelt, ist nicht zu entscheiden. Auch die zahlreichen Abgrenzungs- und Definitionsversuche technischer Lehrbücher[1] sind letztlich wenig hilfreich und ändern nichts an der Tatsache, "daß die Unterscheidung zwischen Flüssen und Kanälen im Grunde völlig willkürlich ist."[2] Dies gilt auch für die den Veröffentlichungen des staatlichen Tiefbauamtes zugrundeliegende Gliederung. Einige Flußläufe wie die untere Oise, die zwar weitgehend ausgebaut,

---

1) In einem an der Ecole Nationale des Ponts et Chaussées verwandten Handbuch, dem Manuel de l'ingénieur des ponts et chaussées von A. Debauve, Paris 1878, Bd. XIX, S. 219, werden zwei Unterscheidungsmerkmale genannt: "Erstens besitzen (Kanäle im Gegensatz zu Flüssen) einen gleichbleibenden Querschnitt..., zweitens ... besteht ihr Bett und dementsprechend ihre Oberfläche aus einer Serie horizontaler Teilstücke, deren Niveau sich unterscheidet ... und die durch Schleusen miteinander verbunden sind; sie sind also hydraulische Treppen, während Flüsse schiefe Ebenen darstellen. Kanalisierte Flüsse nehmen eine Mittelstellung ein: sie sind wie Treppen, deren Stufen nicht horizontal sind, sondern Gefälle aufweisen". Wie im Einzelfall ein mehr oder weniger stark kanalisierter Fluß einzuordnen ist, geht auch hieraus nicht hervor.

2) Ministère des Travaux Publics., Statistique de la navigation intérieure ..., Documents historiques et statistiques, Paris 2. Aufl. 1892, BN: Lf262 144 A, S. 40.

deren altes Bett mit seinen Windungen und Ungleichmäßigkeiten jedoch weiter benutzt wurde, führte man in den offiziellen Statistiken als Kanal, den auf ganzer Länge in einem künstlichen Bett gleichbleibender Abmessungen gelegenen Kanal von Bethune jedoch stufte man als Fluß ein, da sich an seiner Stelle ursprünglich ein kleiner, nicht schiffbarer Wasserlauf befunden hatte[1]. Trotz dieser offensichtlichen, im wesentlichen aus historisch-gesetzgeberischen Zufälligkeiten[2] ableitbaren Mängel der offiziellen Kanalstatistiken wäre es wenig sinnvoll, diese in wesentlichen Punkten korrigieren zu wollen - dies umso mehr, als die sich ergebenden Veränderungen einerseits relativ gering, andererseits wiederum mit Willkürlichkeiten behaftet wären. Vor allem aber empfiehlt sich eine enge Anlehnung an die offizielle Klassifizierung aus Gründen der Arbeitsökonomie: zahlreiche quantitative Informationen, etwa Globalangaben über staatliche Investitions-, Instandhaltungs- und Verwaltungsausgaben, sind an dieser Klassifizierung ausgerichtet. Ein neues Klassifizierungssystem würde umfangreiche Neuberechnungen notwendig machen, die zudem häufig am Mangel an Einzeldaten scheitern würden.

Detaillierte Angaben über Zusammensetzung und zeitliche Entwicklung des französischen Kanalnetzes bis zum Ende des 19. Jahrhunderts finden sich in folgenden Veröffentlichungen:

Ministère des Travaux Publics. Direction générale des ponts et chaussées et des chemins de fer. Canaux de navigation. Situation de la longueur des canaux à la fin des XVIe, XVIIe et XVIIIe siècles et au 31 décembre des années 1801 à 1869, Paris 1870, BPC: 10.261; hier finden sich für jeden einzelnen Kanal Angaben über die Daten seiner Autorisation und sukzessiven Eröffnung sowie

---

1) Vgl. zu den technischen Details der französischen Flüsse und Kanäle zu Ende des Second Empire: Ministère des Travaux Publics. Direction générale des ponts et chaussées et des chemins de fer. Rivières navigables. Origines et limites des sections, longueurs, profondeurs d'eau et tonnages moyens, Paris 1871, BPC: 10.261; ders., Rivières canalisées. Conditions techniques d'établissement. Situation au 1er janvier 1870, Paris 1871, BPC: 10.261; ders., Canaux de navigation. Conditions techniques d'établissement. Situation au 1er janvier 1870, Paris 1870, BPC: 10.261.

2) Hier ist in erster Linie an die Art der Finanzierung aus dem Kanal-, Fluß oder Hafenfonds zu denken, die sich teilweise daran ausrichtete, ob die Kanalbauten Teil eines umfassenden, einem bestimmten Infrastrukturbereich gewidmeten Programms darstellten. Praktische Bedeutung hatte die offizielle Klassifizierung vor allem für die Gebührenerhebung: Flußtarife wurden i.a. nach anderen Kriterien erhoben und lagen niedriger als Kanaltarife.

darüber, ob und in welcher Form er konzessioniert bzw. submissioniert war. Diese Statistik wurde bis zum Jahre 1896 weitergeführt in: Ministère des Travaux Publics. Direction des routes, de la navigation et des mines. Division de la navigation, Statistique de la navigation intérieure. Dépenses de premier établissement et d'entretien concernant les fleuves, rivières et canaux. Documents historiques et statistiques, Paris, 3. Aufl. 1898, BN: Lf262144B, S. 75-101; sie enthält zudem einige Korrekturen von in früheren Auflagen dieser Veröffentlichung enthaltenen Ungenauigkeiten. Eine Aufstellung der am 1.1.1870 schiffbaren oder in Bau befindlichen Kanäle findet sich schließlich noch in: Ministère des Travaux Publics. Direction générale des ponts et chaussées et des chemins de fer. Canaux de navigation. Situation de la longueur des canaux au 1er janvier 1870. Epoques d'autorisation et d'ouverture, Paris 1870, BPC: 10.261.

All diesen Veröffentlichungen liegen die gleichen Abgrenzungskriterien zugrunde, entsprechend sind die in ihnen enthaltenen Angaben - abgesehen von kleineren Ungenauigkeiten und Fehlern insbesondere der früheren Ausgaben[1)] - nahezu identisch. Mit ihrer Hilfe wurden die Tabellen 59 und 60 erstellt, wobei lediglich die Daten bis zum Jahre 1900 unter Verwendung von: Ministère des Travaux Publics. Direction des routes, de la navigation et des mines. Division de la navigation. Actes législatifs et dépenses concernant les travaux de navigation intérieure et maritime, 1814-1900, Paris 1902, BN: Lf262 272, S. 114, weitergeführt wurden . Im übrigen allerdings sind die in der zuletzt genannten Veröffentlichung aufgeführten Werte genausowenig mit den von uns genannten zu vergleichen wie die im Guide officiel de la navigation intérieure, Paris 1887 ff. oder in dem von der Direction générale des contributions indirectes herausgegebenen Relevé général du tonnage des marchandises par espèce, par classe et par cours d'eau..., Paris 1847 ff, enthaltenen Daten; diesen drei Veröffentlichungen liegen jeweils andersartige, aus deren jeweiliger Zielsetzung erklärliche und hier im einzelnen nicht darstellbare Abgrenzungskriterien zugrunde.

Auch unsere Werte allerdings weichen geringfügig von den in der Situation de la longueur des canaux bzw. den Documents historiques et statistiques aufgeführten ab, da wir einerseits reine See- und Entwässerungskanäle nicht berücksichtigten[2)], andererseits

---

1) Hinsichtlich der Angaben zur Streckenlänge ist besonders eine für die Bestimmung des Investitionsvolumens extrem wertvolle Veröffentlichung ungenau, nämlich: Ministère des Travaux Publics. Direction générale des ponts et chaussées et des chemins de fer, Canaux de navigation. Dépenses d'établissement au 31 décembre 1868, Paris 1870, BPC: 10.261.

2) Es handelt sich um die Kanäle von Charras (20,6 km, autorisiert 1782, eröffnet 1810), Eu-Tréport (3,6 km, autorisiert 1837, eröffnet 1841), Caën-Meer (14,0 km, autorisiert 1837, eröffnet 1857), Le Havre-Tancarville (25,0 km, autorisiert 1880, eröffnet 1887).

einige kleinere Kanäle zusätzlich aufnahmen[1]. Bei letzteren handelt es sich um Ergänzungsbauten zu älteren Wasserstraßen, die vermutlich aus haushaltstechnischen Gründen nicht offiziell zum Kanalnetz gezählt wurden, deren Einbeziehung jedoch im Hinblick auf eine angestrebte Rentabilitätsbestimmung dieser Wasserstraßen notwendig schien.

Als letztes sei darauf hingewiesen, daß die Angaben der offiziellen Statistik erst nach eingehender Überprüfung mit Hilfe anderer Veröffentlichungen übernommen wurden. Dazu wurden im einzelnen herangezogen:

de Montalivet, Exposé de la situation de l'Empire..., Paris 1813, S. 116-121, 137;

Ministère des Travaux Publics et du Commerce, Statistique de la France, Bd. I, Paris 1837, S. 31;

Chevalier, M., Des intérêts matériels de la France, 4. Aufl. Paris 1838/1839, S. 371-373;

Grangez, E., Traité de la perception des droits de navigation intérieure, Paris 1840, passim;

Ministère des Travaux Publics, Nomenclature des cours d'eau concédés, 1845 (AN F 14.7084);

Grangez, E., Précis historique et statistique des voies navigables de la France..., Paris 1855, passim;

Smith, Navigation intérieure de la France, in: Annuaire de l'Economie Politique, 1860, S. 171-179.

Auf den ersten Blick differieren die hierin enthaltenen Aufstellungen ganz erheblich sowohl untereinander als auch von unseren Angaben. Bei näherer Prüfung lassen sich diese Unterschiede jedoch als Auslassungen, Doppelzählungen oder schließlich dadurch erklären, daß ein und derselben Wasserstraße unterschiedliche Bezeichnungen beigelegt wurden. In jedem Fall erwies sich die offizielle Statistik als am vollständigsten und zuverlässigsten, ohne daß dies hier im Detail belegt werden kann.

---

1) Es sind dies ein Teilstück der Marne-Kanalisierung, nämlich der Kanal St.-Maur (1,1 km, autorisiert 1807, eröffnet 1825), sowie Ergänzungsbauten zum Nantes-Brest-Kanal, nämlich der Isac-Kanal (6,1 km, autorisiert 1839, eröffnet 1847) sowie der Oust-Kanal (6,7 km, autorisiert 1846, eröffnet 1857).

Tabelle 59

Entwicklung des französischen Kanalnetzes bis 19oo, Länge in km

Jahres-ende	autorisierte Kanäle [1]					eröffnete Kanäle					
	unbe-friste-te Kon-zessionen	be-friste-te Kon-zessionen	submissio-niert	staatlich	total	Zunahme total [2]	unbe-friste-te Kon-zessionen	be-friste-te Kon-zessionen	submissio-niert	staatlich	total	Zunahme total [2]
1	2	3	4	5	6	7	8	9	1o	11	12	13
16oo	-	-	-	2o2,8	2o2,8	2o2,8	-	-	-	156,5	156,5	156,5
17oo	382,5	-	-	345,7	728,2	525,4	382,5	-	-	295,1	677,6	521,1
18oo	337,3	42,8	-	1.71o,8	2.o9o,9	1.362,7	333,9	-	-	67o,3	1.oo4,2	326,6
18o1	337,3	12o,6	-	1.633,o	2.o9o,9	-	333,9	27,2	-	643,1	1.oo4,2	-
18o2	445,1	12o,6	-	1.74o,o	2.3o5,7	214,8	333,9	27,2	-	643,1	1.oo4,2	-
18o3	445,1	12o,6	-	1.74o,o	2.3o5,7	-	333,9	27,2	-	643,1	1.oo4,2	-
18o4	445,1	12o,6	-	1.824,7	2.39o,4	84,7	333,9	27,2	-	643,1	1.oo4,2	-
18o5	445,1	12o,6	-	1.891,8	2.457,5	67,1	333,9	27,2	-	643,1	1.oo4,2	-
18o6	445,1	12o,6	-	1.891,8	2.457,5	-	333,9	77,8	-	643,1	1.o54,8	5o,6
18o7	445,1	12o,6	-	2.148,o	2.713,7	256,2	333,9	77,8	-	718,o	1.129,7	74,9
18o8	445,1	12o,6	-	2.148,o	2.713,7	-	333,9	77,8	-	718,o	1.129,7	-
18o9	445,1	12o,6	-	2.148,o	2.713,7	-	333,9	77,8	-	718,o	1.129,7	-
181o	6o3,2	12o,6	-	1.989,9	2,713,7	-	495,4	77,8	-	614,o	1.187,2	57,5
1811	6o3,2	12o,6	-	2.349,9	3.o73,7	36o,o	495,4	77,8	-	614,o	1.187,2	-
1812	6o3,2	12o,6	-	2.349,9	3.o73,7	-	495,4	77,8	-	614,o	1.187,2	-
1813	6o3,2	12o,6	-	2.349,9	3.o73,7	-	495,4	77,8	-	614,o	1.187,2	-
1814	6o3,2	12o,6	-	2.349,9	3.o73,7	-	495,4	77,8	-	619,1	1.192,3	5,1
1815	6o3,2	12o,6	-	2.349,9	3.o73,7	-	495,4	77,8	-	619,1	1.192,3	-
1816	6o3,2	12o,6	-	2.349,9	3.o73,7	-	495,4	77,8	-	619,1	1.192,3	-
1817	6o3,2	12o,6	-	2.349,9	3.o73,7	-	495,4	77,8	-	619,1	1.192,3	-
1818	6o3,2	145,6	-	2.349,9	3.o98,7	25,o	495,4	77,8	-	619,1	1.192,3	-
1819	6o3,2	145,6	-	2.427,4	3.176,2	77,5	495,4	77,8	-	619,1	1.192,3	-
182o	6o3,2	145,6	-	2.427,4	3.176,2	-	495,4	1o2,8	-	619,1	1.217,3	25,o
1821	6o3,2	145,6	744,7	1.915,7	3.4o9,2	233,o	528,o	1o2,8	17,o	6o2,1	1.249,9	32,6
1822	6o3,2	234,9	2.236,5	584,o	3.658,6	249,4	528,o	142,7	71,8	512,4	1.254,9	5,o
1823	6o3,2	234,9	2.236,5	584,o	3.658,6	-	528,o	142,7	148,2	512,4	1.331,3	76,4
1824	6o3,2	249,1	2.236,5	569,8	3.658,6	-	528,o	156,9	184,5	498,2	1.367,6	36,3
1825	622,9	314,8	2.236,5	5o4,1	3.678,3	19,7	532,5	257,9	274,5	433,6	1.498,5	13o,9
1826	622,9	369,2	2.236,5	5o4,1	3.732,7	54,4	6o3,2	277,o	294,5	433,6	1.6o3,3	1o4,8
1827	622,9	465,5	2.236,5	4o7,8	3.732,7	-	6o3,2	368,3	473,5	337,3	1.782,3	179,o
1828	622,9	478,8	2.236,5	394,5	3.732,7	-	6o3,2	381,6	484,2	324,o	1.793,o	1o,7
1829	665,3	436,4	2.236,5	394,5	3.732,7	-	645,6	339,2	661,8	324,o	1.97o,6	177,6
183o	721,1	436,4	2.236,5	394,5	3.788,5	55,8	645,6	339,2	8oo,6	324,o	2.1o9,4	138,8
1831	723,4	436,4	2.236,5	394,5	3.79o,8	2,3	651,6	339,2	869,o	324,o	2.183,8	74,4
1832	723,4	436,4	2.236,5	394,5	3.79o,8	-	651,6	339,2	924,9	324,o	2,239,7	55,9
1833	723,4	5o3,4	2.236,5	394,5	3.857,8	67,o	651,6	339,2	1.216,2	324,o	2.531,o	291,3
1834	723,4	553,7	2,236,5	394,5	3.9o8,1	5o,3	651,6	382,o	1.3o6,3	324,o	2.663,9	132,9
1835	723,4	647,2	2,236,5	379,2	3.986,3	78,2	651,6	497,2	1.484,4	299,3	2.932,5	268,6
1836	723,4	647,2	2,236,5	379,2	3.986,3	-	651,6	497,2	1.51o,3	299,3	2.958,4	25,9

Entwicklung des französischen Kanalnetzes bis 1900, Länge in km

Jahres-ende	autorisierte Kanäle[1)]						eröffnete Kanäle					
	unbefristete Konzessionen	befristete Konzessionen	submissioniert	staatlich	total	Zunahme total[2)]	unbefristete Konzessionen	befristete Konzessionen	submissioniert	staatlich	total	Zunahme total[2)]
1	2	3	4	5	6	7	8	9	10	11	12	13
1837	703,7	672,5	2.236,5	497,5	4.110,2	123,9	645,6	503,2	1.898,7	299,3	3.346,8	388,4
1838	703,7	672,5	2.236,5	1.024,0	4.636,7	526,5	701,4	570,2	2.002,2	299,3	3.573,1	226,3
1839	703,7	677,1	2.236,5	1.030,1	4.647,4	4,6	701,4	587,0	2.134,4	299,3	3.717,1	144,0
1840	703,7	677,1	2.236,5	1.088,2	4.705,5	58,1	701,4	602,9	2.224,9	299,3	3.828,5	111,4
1841	714,9	677,1	2.236,5	1.090,5	4.719,0	13,5	701,4	607,5	2.232,0	350,8	3.891,7	63,2
1842	713,3	677,1	2.236,5	1.096,0	4.722,9	3,9	699,8	653,4	2.236,5	365,2	3.954,9	63,2
1843	713,3	677,1	2.236,5	1.096,0	4.722,9	-	713,3	659,4	2.236,5	365,2	3.974,3	19,4
1844	713,3	677,1	2.236,5	1.096,0	4.722,9	-	713,3	659,4	2.236,5	418,4	4.027,6	53,3
1845	713,3	677,1	2.236,5	1.096,0	4.722,9	-	713,3	659,4	2.236,5	509,3	4.118,5	90,9
1846	713,3	652,4	2.236,5	1.131,7	4.733,9	4,3	713,3	634,7	2.236,5	562,8	4.147,3	28,8
1847	713,3	652,4	2.236,5	1.143,5	4.745,7	11,8	713,3	634,7	2.236,5	568,9	4.153,4	6,1
1848	713,3	652,4	2.236,5	1.218,8	4.821,0	75,3	713,3	634,7	2.236,5	591,3	4.175,8	22,4
1849	713,3	556,1	2.236,5	1.315,1	4.821,0	-	713,3	538,4	2.236,5	739,7	4.227,9	52,1
1850	713,3	556,1	2.236,5	1.315,1	4.821,0	-	713,3	538,4	2.236,5	739,7	4.227,9	-
1851	713,3	509,2	2.236,5	1.362,0	4.821,0	-	713,3	491,5	2.236,5	974,9	4.416,2	188,3
1852	713,3	719,8	2.236,5	1.151,4	4.821,0	-	713,3	643,7	2.236,5	850,1	4.443,6	27,4
1853	713,3	719,8	442,0	2.945,9	4.821,0	-	713,3	643,7	442,0	2.788,8	4.587,8	144,2
1854	713,3	654,1	442,0	3.015,1	4.824,5	3,5	713,3	578,0	442,0	2.854,5	4.587,8	-
1855	713,3	654,1	442,0	3.015,1	4.824,5	-	713,3	636,4	442,0	2.854,5	4.646,2	58,4
1856	713,3	654,1	442,0	3.015,1	4.824,5	-	713,3	636,4	442,0	2.854,5	4.646,8	0,6
1857	713,3	654,1	442,0	3.015,1	4.824,5	-	713,3	636,4	442,0	2.893,8	4.685,5	38,7
1858	713,3	654,1	442,0	3.015,1	4.824,5	-	713,3	636,4	442,0	2.893,8	4.685,5	-
1859	713,3	654,1	442,0	3.015,1	4.824,5	-	713,3	636,4	442,0	2.893,8	4.685,5	-
1860	713,3	654,1	442,0	3.015,1	4.824,5	-	713,3	636,4	442,0	2.929,5	4.721,2	35,7
1861	713,3	636,8	442,0	3.163,0	4.955,1	130,6	713,3	624,4	442,0	2.944,4	4.724,1	2,9
1862	713,3	641,2	442,0	3.163,0	4.959,5	4,4	713,3	624,4	442,0	2.944,4	4.724,1	-
1863	433,0	616,2	-	3.910,3	4.959,5	-	433,0	606,2	-	3.691,7	4.730,9	6,8
1864	433,0	616,2	-	3.910,3	4.959,5	-	433,0	606,2	-	3.705,0	4.744,2	13,3
1865	433,0	616,2	-	3.910,3	4.959,5	-	433,0	606,2	-	3.705,0	4.744,2	-
1866	433,0	616,2	-	3.910,3	4.959,5	-	433,0	606,2	-	3.780,6	4.819,8	75,6
1867	433,0	616,2	-	3.910,3	4.959,5	-	433,0	606,2	-	3.831,7	4.870,9	51,1
1868	433,0	602,0	-	3.974,3	5.009,3	49,8	433,0	592,0	-	3.857,2	4.882,2	11,3
1869	433,0	602,0	-	3.974,3	5.009,3	-	433,0	592,0	-	3.861,5	4.886,5	4,3
1870	433,0	602,0	-	3.974,3	5.009,3	-	433,0	592,0	-	3.880,2	4.905,2	18,7

Tabelle **59** (Fortsetzung)

Entwicklung des französischen Kanalnetzes bis 1900, Länge in km

Jahresende	autorisierte Kanäle 1)						eröffnete Kanäle					
	unbefristete Konzessionen	befristete Konzessionen	submissioniert	staatlich	total	Zunahme total 2)	unbefristete Konzessionen	befristete Konzessionen	submissioniert	staatlich	total	Zunahme total 2)
1	2	3	4	5	6	7	8	9	10	11	12	13
1871 3)	433,0	602,0	-	3.572,9	4.607,9	-401,4	433,0	592,0	-	3.478,8	4.503,8	-401,4
1872	433,0	602,0	-	3.597,9	4.632,9	25,0	433,0	592,0	-	3.478,8	4.503,8	-
1873	433,0	602,0	-	3.597,9	4.632,9	-	433,0	592,0	-	3.478,8	4.503,8	-
1874	433,0	602,0	-	4.045,9	5.080,9	448,0	433,0	592,0	-	3.478,8	4.503,8	-
1875	433,0	602,0	-	4.045,9	5.080,9	-	433,0	592,0	-	3.503,8	4.528,8	25,0
1876	433,0	602,0	-	4.045,9	5.080,9	-	433,0	592,0	-	3.503,8	4.528,8	-
1877	433,0	602,0	-	4.045,9	5.080,9	-	433,0	592,0	-	3.559,8	4.574,8	46,0
1878	433,0	602,0	-	4.045,9	5.080,9	-	433,0	592,0	-	3.651,8	4.676,8	102,0
1879	433,0	588,9	-	4.362,0	5.383,9	303,0	433,0	555,9	-	3.737,0	4.725,8	49,0
1880	433,0	556,2	-	4.398,3	5.387,5	3,6	433,0	523,2	-	3.895,6	4.851,8	126,0
1881	433,0	497,2	-	4.612,1	5.542,1	154,8	433,0	464,2	-	3.944,6	4.851,8	-
1882	433,0	497,2	-	4.762,5	5.692,7	150,4	433,0	464,2	-	4.117,6	5.014,8	163,0
1883	433,0	497,2	-	4.762,5	5.692,7	-	433,0	487,2	-	4.117,6	5.037,8	23,0
1884	433,0	497,2	-	4.762,5	5.692,7	-	433,0	487,2	-	4.117,6	5.037,8	-
1885	433,0	497,2	-	4.762,5	5.692,7	-	433,0	487,2	-	4.121,2	5.041,4	3,6
1886	414,5	497,2	-	4.781,0	5.692,7	-	413,0	487,2	-	4.197,0	5.097,2	55,8
1887	414,5	497,2	-	4.781,0	5.692,7	-	413,0	487,2	-	4.197,0	5.097,2	-
1888	414,5	497,2	-	4.781,0	5.692,7	-	413,0	487,2	-	4.208,0	5.108,2	11,0
1889	414,5	497,2	-	4.781,0	5.692,7	-	413,0	487,2	-	4.256,0	5.156,2	48,0
1890	414,5	442,8	-	4.835,4	5.692,7	-	413,0	432,8	-	4.310,4	5.156,2	-
1891	414,5	442,8	-	4.837,9	5.695,2	2,5	413,0	432,8	-	4.306,4	5.152,2	-4,0
1892	414,5	442,8	-	4.837,9	5.695,2	-	413,0	432,8	-	4.306,4	5.152,2	-
1893	414,5	442,8	-	4.837,9	5.695,2	-	413,0	432,8	-	4.306,4	5.152,2	-
1894	414,5	442,8	-	4.837,9	5.695,2	-	413,0	432,8	-	4.306,4	5.152,2	-
1895	414,5	400,0	-	4.880,7	5.695,2	-	413,0	390,0	-	4.405,7	5.208,7	56,5
1896	414,5	386,7	-	4.894,0	5.695,2	-	413,0	376,7	-	4.419,0	5.208,7	-
1897	414,5	386,7	-	4.894,0	5.695,2	-	413,0	363,4	-	4.432,3	5.208,7	-
1898	137,3	176,1	-	5.381,8	5.695,2	-	135,8	152,8	-	4.920,1	5.208,7	-
1899	137,3	176,1	-	5.381,8	5.695,2	-	135,8	152,8	-	4.920,1	5.208,7	-
1900	137,3	176,1	-	5.381,8	5.695,2	-	135,8	152,8	-	4.920,1	5.208,7	-
1970	-	-	-				-	-	-	4.600,0	4.600,0	-608,7

1) ohne vor oder kurz nach Baubeginn aufgegebene Projekte, d.h. ohne die Kanäle Essonne (autorisiert 1802), Salines de l'Est (1806), Corrèze-Vézère (1825), Pyrénées (1832), Seitenkanal Garonne (1832), Dive-Verlängerung (1835), Seitenkanal untere Loire (1836), St.-Martory-Toulouse (1846).

2) Saldo aus Autorisationen bzw. Eröffnungen und Deklassierungen (letztere im 19. Jahrhundert 5,6 km).

3) Bestandsverringerung bedingt d rch den Verlust Elsaß-Lothringens.

Tabelle 60

Das französische Kanalnetz zu Ende der Julimonarchie[1]

Bezeichnung des Kanals	Autorisation[2]	vollständig schiffbar ab[3]	bis 1848[4] autorisierte Länge (km)	schiffbar im Jahre 1848[4] (km)	davon eröffnet (km)				da
					vor 1800	Konsulat und Kaiserreich (1800-1813)	Restauration (1814-1830)	Julimonarchie (1831-1848)	unbefristet konzessionier (km)
1	2	3	4	5	6	7	8	9	10
Aire-La Bassée	vor 1600/1822	1825	42,4	42,4	7,1	-	35,3	-	42,4
Aisne (Seitenkanal)	1837	1841	51,5	51,5	-	-	-	51,5	-
Aisne-Marne	1840	1860	58,1	-	-	-	-	-	-
Arcachon	1834	(1842)	50,3	40,3	-	-	-	40,3	-
Ardennen	1821	1835	100,0	100,0	-	-	38,4	61,6	-
Arles-Bouc	1802	1834	47,4	47,4	-	-	26,5	20,9	-
Beaucaire (Hauptlinien)	1780	1806	50,6	50,6	-	50,6	-	-	-
Beaucaire (Nebenlinie)	vor 1600	vor 1600	27,2	27,2	27,2	-	-	-	-
Bergues-Dünkirchen	vor 1600	vor 1600	8,6	8,6	8,6	-	-	-	-
Berry	1807/1819	1839	322,5	322,5	-	-	2,4	320,1	-
Blavet	1802	1825	59,6	59,6	-	-	59,6	-	-
Bouc-Martigues	1846	1869	4,3	-	-	-	-	-	-
Bourbourg	18. Jh,	ca. 1760	20,5	20,5	20,5	-	-	-	-
Bourgogne	1773	1832	242,0	242,0	-	49,8	136,3	55,9	-
Briare	1638	1642	59,1	59,1	59,1	-	-	-	59,1
Brusche	1682	1682	21,3	21,3	21,3	-	-	-	-
Calais	vor 1700/1714	1730	42,4	42,4	42,4	-	-	-	-
Centre	1783 bw 1787	1807	120,9	120,9	116,0	4,9	-	-	-
Charente-Seudre	1782/1842/1847	1867	35,4	20,2	-	20,2	-	-	-
Colme	17.Jh.	17.Jh.	38,3	38,3	38,3	-	-	-	-
Coutances	1837	1842	5,6	5,6	-	-	-	5,6	-
Deule	12.-18. Jh.	18.Jh.	65,7	65,7	65,7	-	-	-	-
Dive	1776	1834	42,8	42,8	-	-	-	42,8	-
Dünkirchen-Furnes	vor 1600	vor 1600	14,0	14,0	14,0	-	-	-	-
Etangs	vor1600 bis1822	1826	44,4	44,4	32,8	-	11,6	-	-
Garonne (Seitenkanal)	1768/1838	1855	210,6	76,1	1,6	-	-	74,5	1,6
Givors	1760/1831	1843	18,5	18,5	16,2	-	-	2,3	18,5
Hazebrouck	16.Jh.	16.Jh.	24,7	24,7	24,7	-	-	-	-
Ill-Rhein	1835	1842	9,4	9,4	-	-	-	9,4	-
Ille-Rance	1804	1837	84,7	84,7	-	-	-	84,7	-
Lez	1675	1695	11,4	11,4	11,4	-	-	-	9,6
Loing	1719	1724	49,5	49,5	49,5	-	-	-	49,5
Loire (Seitenkanal, Hauptlinie)	1822	1838	200,0	200.0	-	-	-	200,0	-
Loire (Fourchambault, Decize)	1841/1842	1845	2,8	2,8	-	-	-	2,8	-
Luçon	18.Jh.	18.Jh.	14,2	14,2	14,2	-	-	-	-
Lunel	1718/1822	1826	11,2	11,2	8,7	-	2,5	-	8,7
Marans-La Rochelle	1805	1882	23,3	-	-	-	-	-	-
Mardyck	1714	1716	0,4	0,4	0,4	-	-	-	-
Marne (Seitenkanal)	1837	1845	66,8	66,8	-	-	-	66,8	-
Marne-Rhein	1838	1853	317,5	-	-	-	-	-	-
Midi (Hauptlinie)	1665	1681	240,3	240,3	240,3	-	-	-	240,3
Midi (Narbonne)	um Zeitwende	um Zeitwende	26,2	26,2	26,2	-	-	-	26,2
Midi (Ste.-Lucie, Jonction)	1690/1798	1810	10,7	10,7	4,9	5,8	-	-	10,7
Mons-Condé	1807	1814	5,1	5,1	-	-	5,1	-	-
Nantes-Brest (Hauptlinie)	1811	1840	360,0	360,0	-	-	80,0	280,0	-
Nantes-Brest (Isac, Oust)	1839/1846	1857	12,8	6,1	-	-	-	6,1	-
Neufossé	1686/1754	1771	18,0	18,0	18,0	-	-	-	-
Nivernais	1784	1842	175,6	175,6	-	-	-	175,6	-
Oise (Hauptlinie)	1821	1833	133,0	133,0	-	-	-	133,0	-
Oise (Manicamp)	1819	1822	5,0	5,0	-	-	5,0	-	-
Orleans	1679	1691	73,5	73,5	73,5	-	-	-	73,5
Paris: Ourcq	1802/1841	1843	107,9	107,9	-	-	96,7	11,2	107,9
Paris: St.-Denis	1802	1821	6,6	6,6	-	-	6,6	-	6,6
Paris: St.-Martin	1802	1825	4,5	4,5	-	-	4,5	-	4,5
Plessis	1839	1841	4,6	4,6	-	-	-	4,6	-
Pont-de-Vaux	1782	1842	3,4	3,4	-	-	-	3,4	-
St. Maur	1807	1825	1,1	1,1	-	-	1,1	-	-
St. Quentin	1724/1769	1810	96,3	96,3	44,6	51,7	-	-	-
Rhone/Rhein	1784/1792	1833	350,1	350,1	17,0	-	231,0	102,1	-
Roanne-Digoin	1830	1838	55,8	55,8	-	-	-	55,8	55,8
Roubaix	1825	1880	19,7	12,0	-	-	-	12,0	-
Salines de l'Est	1806	1870	18,7	-	-	-	-	-	-
Sambre	1826	1835	54,4	54,4	-	-	-	54,4	-
Sambre-Oise	1833	1838	67,0	67,0	-	-	-	67,0	-
Scarpe	1835	1835	36,1	36,1	-	-	-	36,1	-
Seine (Marcilly-Troyes)	1805/1840	1851	43,8	28,8	-	-	-	28,8	-
Sensée	1818	1820	25,0	25,0	-	-	25,0	-	-
Somme	1770	1836	156,6	156,6	-	-	154,6	2,0	-
Vire-Taute	1835	1840	32,7	32,7	-	-	-	32,7	-
total			4.764,2	4.153,4	1.004,2	183,0	922,2	2.044,0	714,9

...von waren zwischen 1814 und 1848[5)]		
befristet konzessioniert (km)	submissioniert (km)	staatlich (km)
11	12	13
-	-	-
-	-	51,5
-	-	-
40,3	-	-
-	100,0	-
-	47,4	-
50,6	-	-
27,2	-	-
-	-	8,6
-	322,5	-
-	59,6	-
-	-	-
-	-	20,5
-	242,0	-
-	-	-
-	-	21,3
-	-	42,4
-	-	120,9
-	-	20,2
-	-	38,3
5,6	-	-
65,7	-	-
42,8	-	-
13,3	-	0,7
44,4	-	-
-	-	74,5
-	-	-
24,7	-	-
-	-	9,4
-	84,7	-
-	-	1,8
-	-	-
-	200,0	-
-	-	2,8
14,2	-	-
2,5	-	-
-	-	-
-	-	0,4
-	-	66,8
-	-	-
-	-	-
-	-	-
-	-	-
5,1	-	-
-	360,0	-
-	-	6,1
-	-	18,0
-	175,6	-
-	133,0	-
-	5,0	-
-	-	-
-	-	-
-	-	-
-	-	-
4,6	-	-
-	-	3,4
-	-	1,1
96,3	-	-
-	350,1	-
-	-	-
12,0	-	-
-	-	-
54,4	-	-
67,0	-	-
36,1	-	-
-	-	28,8
25,0	-	-
-	156,6	-
32,7	-	-
664,5	2.236,5	537,5

Anmerkungen zu Tabelle 6o

[1] Erfaßt wurden alle Kanäle, die unter der konstitutionellen Monarchie, d. h. zwischen April 1814 und Februar 1848, zumindest teilweise schiffbar waren bzw. an denen in diesem Zeitraum Investitionen durchgeführt wurden.

[2] Ohne vor oder kurz nach Baubeginn aufgegebene Projekte.

[3] Nicht gleichbedeutend mit Fertigstellung der Bauarbeiten. Zahlen in Klammern zeigen das Jahr an, an dem ein **nie** vollständig fertiggestellter Kanal seine größte Ausdehnung erreichte.

[4] Situation z. Z. der Februarrevolution 1848, d. h. faktisch identisch mit der Situation am Jahresende 1847.

[5] Zeigt an, welche Kanäle 1814 - 1848 zu irgendeinem Zeitpunkt konzessioniert waren; Differenzen zur Situation 1847 lt. Tabelle 59 ergeben sich daraus, daß einige zeitweilig konzessionierte Kanäle bereits wieder unter staatliche Verwaltung gelangt waren, nämlich die Kanäle Mons-Condé (5,1 km, konzessioniert 1817-1837), Hazebrouck (24,7 km, konzessioniert 1835-1846), Midi/St.-Pierre (1,6 km, konzessioniert bis 1842). Die Konzession des Aire-La Bassée-Kanals war im übrigen bis 1829 zeitlich befristet, die des Roubaix bis 1837 zeitlich unbefristet gewesen.

Anhang B: Die Quantifizierung der 1814-1848 im französischen Kanalbau durchgeführten Investitionen

Hauptziel unserer Untersuchung ist festzustellen, welche Personen und Institutionen den Ausbau des französischen Kanalnetzes finanziell ermöglichten und wie hoch deren jeweilige Anteile bei der Mittelbereitstellung waren. Voraussetzung ist die Quantifizierung der in diesem Bereich durchgeführten Investitionen, und zwar lediglich der Nettoinvestitionen, d.h. der Aufwendungen für Neu- und Erweiterungsbauten, nicht jedoch für Reparaturen und Instandhaltungsarbeiten, die nur der Erhaltung des vorhandenen Systems, nicht jedoch dessen Erweiterung dienten. Die Abgrenzung der Ausgaben für Netto- von denen für Reinvestitionen stellt keine Probleme, da sie exakt der in staatlichen und privaten Rechnungsunterlagen vorzufindenden Unterscheidung zwischen dépenses extraordinaires und dépenses ordinaires entspricht. Die Nettoinvestitionen schließen Ausgaben für Landerwerb und sonstige Entschädigungszahlungen ein, sind insofern aus betriebswirtschaftlicher Sicht definiert und somit nicht mit dem Volumen der volkswirtschaftlichen Nettokapitalbildung gleichzusetzen. Andererseits wurden Aufwendungen zur Kapitalbeschaffung, seien es real anfallende Kosten für Fremdkapital oder kalkulatorische Zinsen für Eigenkapital, nicht berücksichtigt. Sie wären relevant im Rahmen einer Rentabilitätsanalyse, nicht jedoch innerhalb einer Untersuchung, die fragt, von wem bestimmte, in einem Bereich der Infrastruktur akkumulierte Produktionsfaktoren bereitgestellt wurden. Das Volumen dieser Produktionsfaktoren wurde im übrigen nicht in realen, sondern in monetären Größen gemessen, womit sich im Prinzip das Problem der Ausschaltung von Preisveränderungen stellte. Da die für den Kanalbau relevanten Preis- und Lohnveränderungen innerhalb der von uns betrachteten 35 Jahre jedoch einerseits offensichtlich gering waren[1], andererseits

---

[1] Den bedeutendsten Kostenfaktor beim Kanalbau stellten die Ausgaben für Löhne dar. Und die Aussage von Sée, Wirtschaftsgeschichte, Bd. II, S. 239, "daß die Löhne (von) 1815 sich bis 1850 wesentlich unverändert gehalten haben, eher mit einer Neigung zum Sinken", ist bis heute kaum bestritten; für die Lohnentwicklung in der Bauindustrie, die der Lage im Kanalbau wohl am ehesten vergleichbar ist, siehe Désert, Aperçus sur l'industrie française du bâtiment au 19e siècle, S. 89, 116 f. sowie Simiand, Le salaire, Bd. III, Tab. 3; für die Lohn- und Preisentwicklung generell siehe Dunham, Révolution industrielle, S. 169 f.; Marczewski, Some Aspects of the Economic Growth of France, S. 377 ff.; Labrousse, Le prix du froment en France au temps de la monnaie stable (1726-1913), S. XIV ff. sowie insb. Lhomme, Economie et histoire, S. 136 ff.

ihre exakte Erfassung erhebliche Schwierigkeiten mit sich gebracht hätte, wurde auf eine Preisbereinigung verzichtet und die Investitionen in laufenden Preisen bewertet. Die unter Restauration und Julimonarchie durchgeführten Investitionen - natürlich haben wir nur solche berüchsichtigt, die die unter Anhang A aufgeführten Wasserstraßen betrafen[1] - wurden

1. aus ordentlichen Mitteln des Staatshaushaltes,
2. aus entsprechend den Gesetzen von 1821/1822 aufgenommenen Anleihen,
3. von privaten Konzessionären finanziert.

I. Die absolute Höhe der Investitionen

1. Investitionen des Staates

Über Höhe und zeitlichen Ablauf der beiden ersten Kategorien, d.h. der zwar nicht allein vom Staat finanzierten, wohl aber unter seiner Leitung durchgeführten Investitionen liegen verläßliche Angaben vor. Sie finden sich in den Rechenschaftsberichten der jeweils zuständigen Ministerien und Dienststellen, und zwar für die nach den Gesetzen von 1821/1822 begonnenen oder weitergeführten Kanäle in

Ministère de l'Intérieur, Rapport au roi sur la situation des canaux..., 7 Bde., Paris 1823-1829, BN: Lf132 22;

Ministère de l'Intérieur, Situation... des canaux..., Paris 1830, BN: Lf 132 23;

Ministère du Commerce et des Travaux Publics, Situation... des canaux..., 3 Bde., Paris 1831-1833, BN: Lf247 4;

Ministère de l'Intérieur, Situation des travaux..., Paris 1835, BN: Lf132 50;

Ministère du Commerce et des Travaux Publics, Situation des travaux..., Paris 1836, BN: Lf247 8;

Ministère des Travaux Publics, de l'Agriculture et du Commerce, Situation des travaux..., 11 Bde., Paris 1837-1847, BN: 4° Lf255 3;

für die übrigen Bauten in

Ministère de l'Intérieur, Compte définitif des dépenses de l'excercice... (1822-1825), 4 Bde., Paris 1823-1826, BN: Lf132 13;

Ministère des Travaux Publics, Compte définitif des dépenses de l'exercice... (1835 - 1854), 2o Bde. Paris 1836-1855, BN: Lf 255 1;

etwaige Lücken schließlich, die bestehen blieben, weil nicht alle Berichte der Ministerien aufgefunden werden konnten - etwa die Compte définitif des Innenministeriums für die Jahre 182o/1821 und 1826 - 183o - konnten mit Hilfe der Rechnungsunterlagen des Tiefbauamtes geschlossen werden, und zwar der Serien

---

[1] Entsprechend wurden nur tatsächlich fertiggestellte Wasserstraßen berücksichtigt. Im übrigen wurden nur an einem letztlich aufgegebenen Projekt, dem Corrèze- Vézère-Kanal, nennenswerte Investitionen durchgeführt (für ca. 1.3oo.ooo F); die anderen erfolglosen Konzessionäre scheiteren bereits in der Planungsphase.

AN: F14.5o8 - F 14.524[30], Comptabilité du service des canaux. Etats de situation définitive... des dépenses, an IV bis 183o.

Zusammenfassungen dieser Angaben finden sich in

Ministère des Travaux Publics. Direction générale des ponts et chaussées et des chemins de fer, Canaux de navigation. Dépenses d'établissement au 31 décembre 1868, Paris 187o, BPC: 1o.261;

Ministère des Travaux Publics. Direction des routes, de la navigation et des mines. Division de la navigation, Statistique de la navigation intérieure. Dépenses de premier établissement et d'entretien concernant les fleuves, rivières et canaux. Documents historiques et statistiques, Paris, 2. Aufl. 1892, BN: Lf[262]144A;

Ministère des Travaux Publics. Direction des routes, de la navigation et des mines. Division de la navigation. Actes législatifs et dépenses concernant les travaux de navigation intérieure et maritime, 1814-19oo, Paris 19o2, BN: Lf[262] 272.

All diese Quellen und Veröffentlichungen weisen zwar unterschiedliche Gliederungs- und Abgrenzungsmerkmale auf und enthalten jeweils andere Zusatzinformationen, davon abgesehen weichen sie in ihren quantitativen Angaben jedoch nur geringfügig voneinander ab. Bei einem Vergleich mit unseren eigenen, in den Tabellen 61 und 62 wiedergegebenen Werten ist zu beachten:

1. Wie aus Anhang A im Detail ersichtlich, bestehen gewisse Differenzen hinsichtlich der jeweils erfaßten Wasserstraßen.

2. Unabhängig von der jeweiligen haushaltsrechtlichen Einstufung wurden von uns sämtliche Ausgaben für Erweiterungs- und Neubauten berücksichtigt, d. h. auch solche, die nicht aus dem fonds des canaux sondern aus dem fonds d'amélioration des rivières sowie dem fonds d'amélioration des ports finanziert wurden. Dies entspricht der Handhabung in Canaux de navigation. Dépenses..., nicht jedoch der in Actes législatifs und Statistique de la navigation intérieure. Dépenses.... Aus Fluß- oder Hafenfonds wurden Bauten am Aisne-Seiten-, Bouc-Martigues-, Bourbourg-, Calais-, Charente-Seudre-, Colme-, Ill-Rhein-, Marne-Seiten- und Nantes-Brest-Kanal in einem Gesamtvolumen von 28.377.ooo F finanziert.

3. Im Gegensatz zu allen drei zuletzt genannten Veröffentlichungen, die Subventionen des Staates, der Departemente und Kommunen entweder völlig vernachlässigen oder den jeweils begünstigten Privatgesellschaften zuordnen, wurden derartige Subventionen von uns den Ausgaben des öffentlichen Sektors zugerechnet. Sie betreffen die Kanäle von Coutances (125.ooo F), Paris (38.72o.ooo F), Pont-de-Vaux (14o.ooo F), Roubaix (85o.ooo F) sowie Vire-Taute (131.ooo F), d. h. haben ein Volumen von insgesamt 39.966.ooo F (vgl. Abschnitt I. 2. dieses Anhanges). Aufgrund dieser Subventionen trugen die Kommunen und Departemente, die 1814-1848 keine eigenen Bauten durchführten, mit 7,8 % zur Finanzierung der Staatsausgaben für Kanalbauten bei. Der mit 92,2 % bei weitem größte Teil dieser Staatsausgaben wurde jedoch von der Zentralverwaltung aufgebracht.

2. Investitionen privater Konzessionäre

Weniger verläßlich als die Angaben über die außerordentlichen Ausgaben des Staates für den Kanalbau sind die Informationen hinsichtlich der Höhe der von privaten Konzessionären durchgeführten Investitionen. Entsprechende Schätzwerte finden sich für die Restauration einerseits, die Julimonarchie andererseits, in Canaux de navigation. Dépenses... Diese Schätzwerte wurden, soweit möglich, anhand von Archivmaterial überprüft. Da sie sich als durchweg korrekt erwiesen - Korrekturen hinsichtlich der Höhe der Investitionen wurden kaum notwendig, nur bezüglich der Art der Finanzierung durch Private bzw. den Staat (vgl. Kanäle von Paris) sowie deren zeitlicher Zuordnung zu Restauration und Julimonarchie (vgl. Abschnitt II.2 und II.3 dieses Anhangs) ergaben sich größere Differenzen zu unseren Werten -,wurden sie auch in den Fällen zugrundegelegt, in denen keine Überprüfung möglich war, d.h. insbesondere beim Orléans-, Loing- und dem Midi-Kanal. Im einzelnen wurden folgende Quellen zur Bestimmung der Höhe der Investitionen der privaten Kanalgesellschaften herangezogen:

Aire-La Bassée. F 14.6821: Kanaldirektor Girette an Commission des routes et canaux, 1828, S. 1o; F 12.6745: Rapport Bureau du Commerce an MCTP, 25. 7. 1831; Grangez, Précis, S. 2o; in Übereinstimmung mit Dépenses d'Etablissement.

Arcachon. Canal d'Arcachon, 1843, S. 6; F 14.6834: Cie des Landes de Bordeaux an Napoléon III. 8. 1o. 1852; Grangez, Précis, S. 4o; Angaben in Dépenses d'Etablissement mit 1.7oo.ooo F offensichtlich leicht überhöht.

Beaucaire. F 14.6844: Cie du canal de Beaucaire, Demande en concession de perpétuité, Paris 183o, S. 3ff; ebd., Cie an MTP, 8. 9. 1842; ebd., Cie: Demande d'une prolongation de concession, Paris 1843, S. 3; Grangez, Précis, S. 75f; in Übereinstimmung mit Dépenses d'Etablissement.

Briare. F 14.7oo2: Cie du canal de Briare, Mémoire sur le rachat, Paris 1859, ebd., Rapport d'une commission sur la demande... de rachat, 21. 11. 1859; ebd., Doss. 22 relatif au rachat; Lagrene, Rivières et canaux, S. 5o; im wesentlichen Übereinstimmung mit Dépenses d'Etablissement; F 14.7o1o: Rapport Inspecteur divisionnaire PC, 3o.1.1841.

Corrèze-Vézère. MU 1833, S. 577; ebd., S. 94o: Rapport Commission Mérilhou; als gescheitertes Projekt in der Gesamtmasse der Investitionen nicht berücksichtigt.

Coutances. Canaux de la Manche, S. 5, 11; Grangez, Précis, S. 17o; Dépenses d'Etablissement gibt die Gesamthöhe der Investitionen mit 577.ooo F zu niedrig an, läßt andererseits die staatlichen Subventionen über 125.ooo F unerwähnt.

Deule. F 14.6865: Les actionnaires... de la Deule an MCTP, 2. 12. 1836 in Übereinstimmung mit Dépenses d'Etablissement.

Dive. O. 24. 1o. 1835; Grangez, Précis, S. 179; Angabe in Dépenses d'Etablissement liegt mit 1.o14.ooo F deutlich unter dem anläßlich der Versteigerung vom 23. 5. 1835 für den Kanal erzielten Kaufpreis und damit offensichtlich zu niedrig.

Dünkirchen-Furnes. Grangez, Précis, S. 2o3 in Übereinstimmung mit Dépenses d'Etablissement.

Etangs. F. 14.6897: Canaux des Etangs: Etat des Travaux... au 31 mars 1827; F 14.6898: Rapport Chefingenieur Hérault, 7.7.1823, 14.9.1823, 24.4.1832; ebd., Rapport Prefekt Hérault 7.12.1833; Ministere de l'Intérieur, Situation des canaux 183o, S. 3o; Ministère du Commerce et des Travaux Publics, Situation des canaux 1833, S. 5ff; die Angaben in Dépenses d'Etablissement sind mit 2.5oo.ooo F überhöht, sie enthalten laufende Wartungs- und Instandsetzungsausgaben. Zudem ist ihre zeitliche Abgrenzung nicht korrekt.

Givors. F 12.6745, Bilanzen 1846, 185o, 1851; Grangez, Précis, S. 257f; die Angaben in Dépenses d'Etablissement liegen mit 6oo.ooo F zu niedrig, da von der Administration nicht abgenommene, dennoch aber genutzte Bauten nicht berücksichtigt wurden.

Hazebrouck. F 14.6912: Rapport Chefingenieur an Präfekt Nord, 9. 6. 1842; ebd., Expertisenprotokoll, 21. 7. 1843; ebd., Rapport Chefingenieur Nord, 24. 11. 1845; in Übereinstimmung mit Dépenses d'Etablissement.

Lez. Grangez, Précis, S. 297f.; Dépenses d'Etablissement.

Loing. Dépenses d'Etablissement.

Luçon. F 14.6932: Konzessionär Daviaud an Präfekt Vendée, 31. 3. 1829; ebd., Rapports Präfekt Vendée an MTP, 15. 1o. 1831 und 7. 5. 186o; in Übereinstimmung mit Dépenses d'Etablissement.

Lunel. Vgl. Etangs; in Übereinstimmung mit Dépenses d'Etablissement.

Midi. Dépenses d'Etablissement.

Mons-Condé. Grangez, Précis, S. 424, in Übereinstimmung mit Dépenses d'Etablissement.

Orléans. Dépenses d'Etablissement.

Paris. Für die Gesamthöhe der Investitionen kann die Angabe von Dépenses d'Etablissement akzeptiert werden - vgl. F 14.7o12: Prony, Tarbé, Bryère u.a., Rapport sur le canal de l'Ourcq, 1819; F 14.7o13: Canal de l'Ourcq, Décompte des travaux exécutés, 11. 1. 1822; Vatout vor Deputiertenkammer 4. 6. 1833 in MU 1833; Vuigner Mémoire sur le canal de l'Ourcq, S. XVIII; Girard, Mémoires, Bd. I, S.2o4ff.; Grangez, Précis, S. 494ff. -, nicht jedoch hinsichtlich deren Finanzierung durch private bzw. öffentliche Kapitalgeber. Denn die Kosten wurden nicht, wie in Dépenses d'Etablissement angenommen, allein von den beteiligten Compagnien, sondern zu einem erheblichen Teil von der Stadt Paris getragen. Nach den verschiedenen Konzessionsverträgen - vgl. insbes. Grangez, a.a.O., sowie auch F 14.7o13, Convention vom 1. 2. 1841 - subventionierte die Stadt die Bauten nicht nur durch Zahlung von ca. 13.ooo.ooo F in bar, sondern beglich auch sämtliche Entschädigungszahlungen, insbesondere für die im Stadtgebiet sehr kostspieligen Landkäufe. Zwar ist die Höhe der

Privatausgaben nicht exakt feststellbar - offensichtlich grenzten die Konzessionäre sie ungenügend von ihren sonstigen Projekten ab, was zu mehr als zehnjährigen Auseinandersetzungen bei der Liquidation des Unternehmens führte -, aus verschiedenen Expertisen sowie der Nachlaßbewertung eines der Konzessionäre geht jedoch hervor, daß sie für den Ourcq- und St.-Denis-Kanal bis 1841 ca. 4.000.000 F, danach ca. 300.000 F betrugen, vgl. 68 AQ 151: Lecudennec, Mémoire 1835 sowie ders., Circulaires 1. 5. 1833, 30. 5. 1835, 31. 5. 1838; Tudesq, Notables, S. 347, 434. Bezüglich der privaten Ausgaben für den St.-Martin-Kanal wurde die Höhe des Eigenkapitals der Konzessionärs-KG a A gewählt, da weder in nenneswertem Umfang Anleihen aufgenommen noch Kapital nachgeschossen wurde. Somit liegen unsere Werte bezüglich der privaten Investitionen zum Bau der Pariser Kanäle um 38.900.000 F unter den in Dépenses d'Etablissement angegebenen.

Die Höhe der privaten Ausgaben für den Ourcq- und St.-Denis-Kanal sind nur als Gesamtheit bestimmbar. Sie wurden entsprechend den Kostenvoranschlägen von 1816 (vgl. den oben aufgeführten Rapport von Prony, Tarbé, Bryère u.a.) anteilmäßig auf die zwei Teilprojekte umgelegt. Entsprechend wurde bei der Aufgliederung der ebenfalls nur als Gesamtheit abschätzbaren Aufwendungen des Staates für die drei Pariser Kanäle verfahren.

Plessis. Dépenses d'Etablissement.

Roanne-Digoin. F 12.6745: Geschäftsberichte und Bilanzen 1831-1840; Ministère des Travaux Publics, Documents relatifs aux canaux, S. 226ff.; der in Dépenses d'Etablissement angegebene Wert von 9.500.000 F schließt die kalkulatorischen Zinsen auf das eingezahlte Kapital während der Bauzeit ein.

Roubaix. F 14.7029: Expertisenprotokoll vom 14. 6. 1836; ebd., Brame, Mémoire descriptif, Lille 1834; ebd., GV 20. 7. 1837, S.4; F 14.7030: Rapport Chefingenieur Nord 9. 5. 1847; ebd., Expertisenprotokoll, 18. 5. 1848; ebd. Messen an MTP, 14. 6. 1848; Grangez, Précis, S. 542ff; die Angaben in Dépenses d'Etablissement liegen mit 2.500.000 F absolut nur geringfügig zu hoch, sondern jedoch die vom Departement Nord und Stadt Roubaix gezahlten Subventionen in Höhe von 850.000 F fälschlicherweise nicht aus.

St.-Quentin. Macaigne, Canal de St. Quentin, S. 156; Grangez, Précis, S. 565ff in Übereinstimmung mit Dépenses d'Etablissement.

Sambre canalisée. Grangez, Précis, S. 576 in Übereinstimmung mit Dépenses d'Etablissement.

Sambre-Oise. C 1o66: Note pour le canal de jonction de la Sambre à l'Oise, Paris 185o, S. 6; ebd., SA Sambre-Oise an MACTP, 2. 5. 186o; Vp 2282: Intéressés dans la concession du canal de jonction de la Sambre à l'Oise: Observations, Paris 1849; Grangez, Précis, S. 585; in Übereinstimmung mit Dépenses d'Etablissement.

Scarpe inférieure. C 1o66: Canal de la Scarpe inférieure: Demande de rachat, 186o; in Übereinstimmung mit Dépenses d'Etablissement.

Sensée, F 14.7o6o: Rapport Chefingenieur Nord, 22. 2. 1846; Grangez, Précis, S. 655; in Übereinstimmung mit Dépenses d' Etablissement.

Vire-et-Taute. Vp 3966: Canaux de la Manche, o. J. 1849, S. 11; Grangez, Précis, S. 716; in Übereinstimmung mit Dépenses d'Etablissement, wo allerdings staatliche Subventionen in Höhe von 131.ooo F. unerwähnt bleiben.

Neben den von uns berechneten bzw. im Detail überprüften Angaben über die unter der Julimonarchie getätigten Kanalbauinvestitionen finden sich in Tabelle 61 Zusatzinformationen über die Höhe der vor 1814 getätigten Investitionen. Hierbei handelt es sich um relativ grobe Schätzwerte, die ohne Prüfung aus der bereits aufgeführten Veröffentlichung des Ministère des Travaux Publics, Canaux de navigation, Dépenses..., übernommen wurden und lediglich dazu beitragen sollen, die Bedeutung der von uns untersuchten Periode 1814- 1848 im Zeitablauf einzuordnen.

Tabelle 61

Nettoinvestitionen im französischen Kanalbau bis 1848: absolute Höhe der Investitionen pro Kanal

(1.000 F)

Bezeichnung des Kanals	bis 1800 privat	bis 1800 staatl.	bis 1800 total	Konsulat und Empire privat	Konsulat und Empire staatl.	Konsulat und Empire total	Restauration privat	Restauration aus Mitteln von Anleihen 1821/22	Restauration staatl.	Restauration total	Julimonarchie privat	Julimonarchie aus Mitteln von Anleihen 1821/22	Julimonarchie staatl.	Julimonarchie total	konstituionelle Monarchie privat	konstituionelle Monarchie aus Mitteln von Anleihen 1821/22	konstituionelle Monarchie staatl.	total total
1	2	3	4	5	6	7	8	9	10	11	12	13	14	15	16	17	18	19
Aire - La Bassée	-	-	-	-	-	-	3.000	-	-	3.000	-	-	-	-	3.000	-	-	3.000
Aisne (Seitenkanal)	-	-	-	-	-	-	-	-	-	-	-	-	5.800	5.800	-	-	5.800	5.800
Aisne-Marne	-	-	-	-	-	-	-	-	-	-	-	-	12.964	12.964	-	-	12.964	12.964
Arcachon	-	-	-	-	-	-	-	-	-	-	1.600	-	-	1.600	1.600	-	-	1.600
Ardennen	-	-	-	-	-	-	-	8.000	1.875	9.875	-	-	4.533	4.533	-	8.000	6.408	14.408
Arles-Bouc	-	-	-	-	3.667	3.667	-	5.242	-	5.242	-	258	2.320	2.578	-	5.500	2.320	7.820
Beaucaire	500	3.000	3.500	8.000	-	8.000	2.000	-	-	2.000	-	-	-	-	2.000	-	-	2.000
Bergues-Dünkirchen	-	575	575	-	-	-	-	-	-	-	-	-	-	-	-	-	-	-
Berry	-	-	-	-	1.609	1.609	-	9.551	1.058	10.609	-	2.449	11.010	13.459	-	12.000	12.068	24.068
Blavet	-	-	-	-	2.996	2.996	-	1.261	417	1.678	-	66	672	738	-	1.327	1.089	2.416
Bouc-Martigues	-	-	-	-	-	-	-	-	-	-	-	-	21	21	-	-	21	21
Bourbourg	-	900	900	-	-	-	-	-	-	-	-	-	242	242	-	-	242	242
Bourgogne	-	6.500	6.500	-	7.284	7.284	-	20.808	3.234	24.042	-	4.192	13.650	17.842	-	25.000	16.884	41.884
Briare	10.000	-	10.000	-	-	-	1.500	-	-	1.500	1.500	-	-	1.500	3.000	-	-	3.000
Brusche	-	800	800	-	-	-	-	-	-	-	-	-	-	-	-	-	-	-
Calais	-	2.500	2.500	-	-	-	-	-	-	-	-	-	780	780	-	-	780	780
Centre	-	9.400	9.400	-	-	-	-	-	3.250	3.250	-	-	3.228	3.228	-	-	6.478	6.478
Charente-Seudre	-	500	500	-	1.116	1.116	-	-	-	-	-	-	210	210	-	-	210	210
Colme	-	1.320	1.320	-	-	-	-	-	330	330	-	-	150	150	-	-	480	480
Coutances	-	-	-	-	-	-	-	-	-	-	513	-	125	638	513	-	125	638
Deutle	-	7.000	7.000	-	-	-	1.200	-	-	1.200	-	-	-	-	1.200	-	-	1.200
Dive	1.000	-	1.000	-	-	-	1.411	-	-	1.411	589	-	-	589	2.000	-	-	2.000
Dünkirchen-Furnes	-	300	300	-	1.200	1.200	122	-	-	122	-	-	-	-	122	-	-	122
Etangs	-	2.000	2.000	-	1.820	1.820	1.513	-	377	1.890	267	-	-	267	1.780	-	377	2.157
Garonne (Seitenkanal)	-	500	500	-	-	-	-	-	-	-	-	-	51.789	51.789	-	-	51.789	51.789
Givors	3.100	-	3.100	3.100	-	3.100	400	-	-	400	700	-	-	700	1.100	-	-	1.100
Hazebrouck	-	300	300	-	-	-	-	-	-	-	100	-	-	100	100	-	-	100
Ill-Rhein	-	-	-	-	-	-	-	-	-	-	-	-	2.499	2.499	-	-	2.499	2.499
Ille-Rance	-	-	-	-	5.353	5.353	-	5.537	647	6.184	-	510	2.194	2.704	-	6.047	2.841	8.888
Lez	-	400	400	-	-	-	60	-	-	60	-	-	-	-	60	-	-	60
Loing	5.000	-	5.000	-	-	-	500	-	-	500	500	-	-	500	1.000	-	-	1.000
Loire (Seitenkanal,Hauptlinie)	-	-	-	-	-	-	-	11.504	-	11.504	-	496	19.364	19.860	-	12.000	19.364	31.364
Loire (Fourchambault,Decize)	-	-	-	-	-	-	-	-	-	-	-	-	1.234	1.234	-	-	1.234	1.234
Luçon	-	200	200	-	100	100	150	-	-	150	100	-	-	100	250	-	-	250
Lunel	1.000	-	1.000	-	-	-	90	-	-	90	-	-	-	-	90	-	-	90
Marans-La Rochelle	-	-	-	-	1.791	1.791	-	-	2.894	2.794	-	-	4.138	4.138	-	-	6.932	6.932
Mardyck	-	300	300	-	-	-	-	-	-	-	-	-	-	-	-	-	-	-
Marne (Seitenkanal)	-	-	-	-	-	-	-	-	-	-	-	-	7.908	7.908	-	-	7.908	7.908
Marne-Rhein	-	-	-	-	-	-	-	-	-	-	-	-	57.565	57.565	-	-	57.565	57.565
Midi	8.000	25.000	33.000	2.500	-	2.500	500	-	-	500	-	-	-	-	500	-	-	500
Mons - Condé	-	-	-	-	300	300	630	-	-	630	-	-	-	-	630	-	-	630
Nantes-Brest (Hauptlinie)	-	-	-	-	1.250	1.250	-	23.392	746	24.138	-	5.234	15.835	21.069	-	28.626	16.581	45.207
Nantes-Brest (Isac, Oust)	-	-	-	-	-	-	-	-	-	-	-	-	5.157	5.157	-	-	5.157	5.157
Neufossé	-	4.000	4.000	-	-	-	-	-	-	-	-	-	-	-	-	-	-	-
Nivernais	-	4.316	4.316	-	1.184	1.184	-	8.000	1.737	9.737	-	-	17.848	17.848	-	8.000	19.585	27.585
Oise (Hauptlinie)	-	-	-	-	-	-	-	2.595	-	2.595	-	405	2.725	3.130	-	3.000	2.725	7.725
Orléans	8.000	-	8.000	-	-	-	1.000	-	-	1.000	1.100	-	-	1.100	2.100	-	-	2.100
Paris: Ourcq[1]	-	-	-	-	12.750	12.750	3.077	-	16.903	19.980	300	-	1.000	1.300	3.377	-	17.903	21.280
Paris: St. Denis[1]	-	-	-	-	446	446	923	-	5.017	5.940	-	-	-	-	923	-	5.017	5.940
Paris: St. Martin[1]	-	-	-	-	604	604	2.576	-	11.431	14.007	1.024	-	4.549	5.573	3.600	-	15.980	19.580
Plessis	-	-	-	-	-	-	-	-	-	-	100	-	-	100	100	-	-	100
Pont-de-Vaux	160	-	160	-	-	-	-	-	-	-	-	-	545	545	-	-	545	545
Rhône-Rhein	-	600	600	-	9.440	9.440	-	10.000	3.010	13.010	-	-	5.200	5.200	-	10.000	8.210	18.210
Roanne-Digoin	-	-	-	-	-	-	-	-	-	-	8.780	-	-	8.780	8.780	-	-	8.780
Roubaix	-	-	-	-	-	-	1.455	-	150	1.605	95	-	700	795	1.550	-	850	2.400
St. Maur[1]	-	-	-	-	1.218	1.218	-	-	1.782	1.782	-	-	-	-	-	-	1.782	1.782
St. Quentin	2.700	4.000	6.700	-	11.000	11.000	2.798	-	2.998	5.796	1.702	-	-	1.702	4.500	-	2.998	7.498
Salines de l'Est	-	-	-	620	626	1.246	-	-	-	-	-	-	-	-	-	-	-	-
Sambre	-	-	-	-	-	-	-	-	-	-	3.000	-	-	3.000	3.000	-	-	3.000
Sambre-Oise	-	-	-	-	-	-	-	-	-	-	12.600	-	-	12.600	12.600	-	-	12.600
Scarpe	-	-	-	-	-	-	-	-	-	-	2.220	-	-	2.220	2.220	-	-	2.220
Seine (Marcilly-Troyes)	-	-	-	-	1.900	1.900	-	-	299	299	-	-	3.947	3.947	-	-	4.246	4.246
Sensée	-	-	-	-	-	-	1.550	-	556	2.106	-	-	-	-	1.550	-	556	2.106
Somme (einschl. Manicamp)	-	1.700	1.700	-	1.512	1.512	-	6.600	1.282	7.882	-	-	2.086	2.086	-	6.600	3.368	9.968
Vire-Taute	-	-	-	-	-	-	-	-	-	-	1.402	-	131	1.533	1.402	-	131	1.533
diverse[2]	-	-	-	-	-	-	-	322	-	322	-	288	-	288	-	610	-	610
TOTAL	39.460	76.111	115.571	14.220	69.166	83.386	26.455	112.812	59.893	199.160	38.192	13.898	262.119	314.209	64.647	126.710	322.012	513.369

1) für Werte vor 1814 in Verbindung mit Grangez, Précis, passim.

2) fonds de retour, dh. Mittel, die durch den Verkauf von beim Bau der Kanäle benutzten Geräten und Materialien nochmals eingesetzt werden konnten.

II. Die Entwicklung der Investitionen im Zeitablauf

1. Investitionen des Staates

Über den zeitlichen Ablauf von 100 % der mit Hilfe der Anleihen von 1821/1822 sowie von 86,1 % der aus Mitteln des ordentlichen Staatshaushaltes bzw. von anderen Gebietskörperschaften finanzierten Investitionen finden sich verläßliche Angaben in den unter Abschnitt I.1 dieses Anhangs aufgeführten Rechenschaftsberichten der jeweils beteiligten Ministerien und Dienststellen. In diesen Angaben sind Beträge, die der Staat als Garantiesumme gegenüber den von ihm beauftragten Privatunternehmen zunächst zurückbehielt, mit einbezogen. Sie geben somit den Wert der tatsächlich durchgeführten Investitionen wieder, von dem die effektiven Ausgaben des Staates teilweise abwichen. Da der Wert der Garantiesumme aber einerseits gering war - nur selten erreichte er 5 % der Gesamtinvestitionen - und sich obendrein Garantie-rückstellungen und -nachzahlungen im Zeitablauf automatisch weitgehend ausglichen, wichen Investitionsvolumen und Staatsausgaben nur geringfügig voneinander ab. Auch der Umstand, daß die Angaben sich auf Fiskal- und nicht auf Kalenderjahre beziehen, ist im allgemeinen von nur geringer Bedeutung. Die Ausgaben des ab 1833 geltenden Fiskaljahres vom 1. 11. bis 31. 10. etwa können ohne Bedenken dem jeweiligen Kalenderjahr zugeschlagen werden, da in den Wintermonaten die Bautätigkeit ruhte.

Lediglich für 4 Kanalprojekte mit einem Investitionsvolumen von 45 Millionen Francs konnten aus den Quellen keine Investitonsprofile gewonnen werden, für ihre zeitliche Zuordnung mußte auf noch zu erläuternde Schätzmethoden zurückgegriffen werden.

2. Investitionen privater Konzessionäre

Wesentlich spärlichere Informationen liegen über den zeitlichen Ablauf der privaten Investitionen vor. Lediglich für drei Kanäle mit einem Investitionsvolumen von 12,1 Millionen Franken, d. h. für nur knapp ein Fünftel aller privaten Investitionen, konnten entsprechende Angaben direkt aus den unter Abschnitt I. 2 dieses Anhangs aufgeführten Quellen gewonnen werden.[1]

3. Die Erstellung von Schätzwerten

Insgesamt mußte somit der zeitliche Ablauf von Investitionen in Höhe von 96,1 Millionen Franken, d. h. von 18,7 % der insgesamt unter der konstitutionellen Monarchie getätigten Investitionen, geschätzt werden. Unabhängig von der Art der jeweiligen Mittelbereitstellung - 54,7 % der Investitionen

---

[1] Es handelt sich um die an den Kanälen von Briare, Etangs, Roanne-Digoin durchgeführten Invesitionen.

wurden von privaten Konzessionären, 45,3 % von Gebietskörperschaften finanziert - wurde bei der Erstellung von Schätzwerten zwischen drei Gruppen von Projekten unterschieden:

1. Bauten, die sich über nur zwei Jahre hinzogen[1]. Dies war bei 9 privaten und 3 staatlichen Projekten bzw. Teilprojekten der Fall, die Investitionen in Höhe von 4,3 bzw. 1,5 Millionen Franken erforderten. Bei ihnen wurde von einer gleichmäßigen Aufteilung der Ausgaben auf die beiden Baujahre ausgegangen.

2. Investitionen, die die Verbesserung bestehender Bauten zum Ziel hatten, etwa die Anpassung der Dimensionen eines Kanals an benachbarte Wasserwege durch Vertiefung oder Verlängerung der Schleusen. Derartige Bauten zogen sich typischerweise über einen extrem langen Zeitraum hin - 3o Jahre Bautätigkeit wie beim Briare-Kanal stellten keine Ausnahme dar - und waren - wie die aus den Quellen ersichtlichen Werte für den Centre- und Briare-Kanal zeigen - durch Investitionen nahezu gleichbleibender Höhe charakterisiert (vgl. Schaubild 16a). Entsprechend wurden derartige Verbesserungsinvestitionen, die ein Volumen von 7.5oo.ooo Franken erreichten und sich auf 6 Projekte bzw. Teilprojekte bezogen, gleichmäßig auf die jeweilige Zahl der Baujahre verteilt.

3. In sich abgeschlossene Neubauten von Kanälen oder Kanalteilstrecken. Die Investitionen an derartigen Projekten zogen sich nicht gleichmäßig über die gesamte Bauzeit hin, vielmehr wiesen sie- von wenigen, leicht erklärbaren Ausnahmen abgesehen[2] - unabhängig von Umfang, Dauer und Finanzierungsart ein offensichtlich technisch bedingtes Investitionsprofil auf, das durch relativ niedrige Anfangswerte, einen steilen Anstieg sowie ein allmähliches Abflachen gekennzeichnet war und als linkssteile Glockenkurve beschrieben werden könnte (vgl. die Beispiele in Schaubild 16b). Um dieser Tatsache bei der Erstellung von Schätzwerten Rechnung zu tragen, wurde aus den bekannten Invesitionsprofilen von Kanalneubauten durch Mittelwertbildung ein durchschnittliches oder "Standard-Investitionsprofil" gebildet und die Aufwendungen für Kanäle, über deren Investitionsverlauf ungenügende Informationen vorlagen, gemäß diesem

---

[1] Zeitraum und Art der Bautätigkeit konnten für alle Kanäle mit Hilfe der oben aufgeführten Quellen festgestellt werden; die der eigentlichen Bautätigkeit vorangehende Planungsperiode wurde dabei nicht berücksichtigt. Wurden an einem Kanal mehrere voneinander unabhängige Projekte durchgeführt, etwa die Anlage verschiedener Nebenkanäle, wurden für jedes Teilprojekt gesonderte Schätzwerte erstellt.

[2] Derartige Ausnahmen stellen etwa der Bau des Marans-La Rochelle- sowie des Blavet-Kanals dar. Zur Fertigstellung des ersteren - die sich über fast 8o Jahre hinzog - wurden Sträflinge eingesetzt, die des letzteren wurde zunächst durch den Zusammenbruch des Empire und dann dadurch verzögert, daß nach Erschöpfung der Anleihe von 1822 nach neuen Wegen der Finanzierung gesucht wurde.

Schaubild **16**:

Investitionsprofile von Kanalbauten

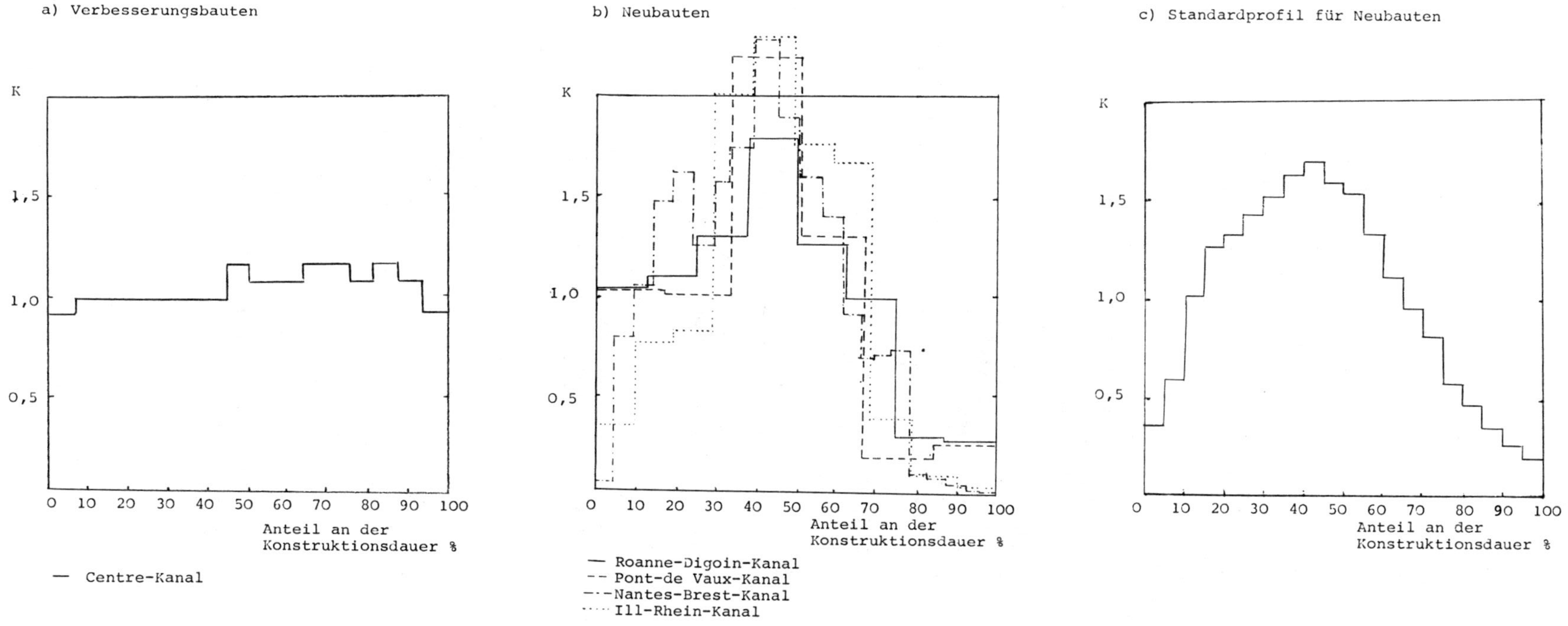

Standardprofil auf die einzelnen Baujahre verteilt. Als Grundlage der Schätzung dienten die Profile von 20 Projekten, auf die 65,1 % aller unter der konstitutionellen Monarchie durchgeführten Investitionen entfielen, geschätzt wurde auf diese Weise der zeitliche Ablauf von 16,4 % der Gesamtinvestitionen, die insgesamt 16 Projekte betrafen. Im einzelnen wurden folgende Rechenschritte durchgeführt[1]:

1. Um die Vergleichbarkeit der hinsichtlich Dauer und Volumen unterschiedlichen Investitionsverläufe zu ermöglichen, wurden sowohl die in den einzelnen Baujahren getätigten Ausgaben als Prozentsatz der Gesamtausgaben als auch die einzelnen Baujahre als Prozentsatz der Gesamtbauzeit ausgedrückt.

2. Aus diesen beiden Größen wurde der Quotient K gebildet, d.h. der Anteil eines Jahres an den Gesamtinvestitionen wurde ins Verhältnis gesetzt zum Anteil dieses Jahres an der Gesamtbaudauer. Bei in der Höhe gleichbleibenden Investitionen nimmt K durchgehend den Wert 1 an, d.h. in jeder beliebigen Bauperiode von beispielsweise einem Zehntel der Gesamtbauzeit wurden jeweils genau ein Zehntel der Gesamtinvestitionen durchgeführt. Dies ist bei den als Verbesserungsinvestitionen eingestuften Bauten am Centre-Kanal weitgehend der Fall, während K bei Neubauten - etwa dem privaten Roanne-Digoin-Kanal oder den staatlichen Kanälen zwischen Nantes und Brest, Ill und Rhein oder von Pont de Vaux, um nur einige Beispiele unterschiedlichen Bauvolumens und unterschiedlicher Baudauer zu nennen - den erwähnten Glockenkurvenverlauf zeigt (vgl. Schaubild 16 a, b).

3. Durch lineare Interpolation wurden die einzelnen K-Kurven jeweils in 20 gleichlange Abschnitte untergliedert, d.h. es wurden die Werte der 5 %-Punkte im Zeitablauf bestimmt. Für jeden dieser Punkte wurde das arithmetische Mittel aus den - im übrigen bereits weitgehend homogenen - die 20 Einzelkanäle betreffenden Werten gebildet. Dies ergab eine Durchschnittskurve der K-Werte, die als Standard-Investitionsprofil angesehen wurde (vgl. Schaubild 16 c).

4. Mit Hilfe dieses Standardprofils wurden die Investitionen der zu schätzenden Kanäle auf die Jahre ihrer Bauzeit verteilt, womit auch die letzten noch fehlenden Werte zur Bestimmung der zeitlichen Entwicklung der französischen Kanalinvestitionen unter der konstitutionellen Monarchie gewonnen waren. Zwar können die so erstellten "synthetischen" Werte natürlich keine absolute Genauigkeit beanspruchen[2]; das gilt besonders für die Zeitreihe der Privatinvestitionen, deren Werte zu 63,1 % mit Hilfe des Standard-Investitionsprofils bestimmt wurden; der zeitliche Ablauf der staatlichen Investitionen dagegen ist wesentlich verläßlicher, er beruht zu 86,5 % auf gesicherten Werten. Aber auch die Entwicklung der Privatinvestitionen dürfte die

---

1) Vgl. hierzu auch die Ausführungen von H.J. Cranmer, <u>Canal Investment, 1815-1860</u>, in: <u>Studies in Income and Wealth</u>, Bd. 24, Princeton 1960, S. 547 ff.

2) Die geschätzten Werte werden deshalb - abgesehen von den doch weitgehend verläßlichen, sich auf Bauten von nur zwei Jahren Dauer beziehenden Angaben - in Tabelle 62 gesondert ausgewiesen.

Wirklichkeit weitgehend korrekt wiederspiegeln, da die Bauzeiten der Kanäle, auf die unsere Schätzmethoden angewandt wurden, relativ kurz waren, für zeitliche Verschiebungen also wenig Raum bleibt[1]. Die unter volkswirtschaftlicher Perspektive entscheidende Zeitreihe der Gesamtinvestitionen schließlich ist wiederum - da hier den Privatinvestitionen nur geringes Gewicht zukommt - zu 82,4 % aus Primärwerten erstellt und besitzt somit einen hohen Aussagewert.

[1] In 8 der 15 Projekte mit einem Investitonsanteil von 57,1 % betrug die Bauzeit weniger als 5 Jahre, in 7 Projekten mit 34,1 % der Investitionen lag sie zwischen 6 und 9, in einem Fall mit 8,8 % der Investitionen über 10 Jahren.

Tabelle 62

Die Nettoinvestitonen im französischen Kanalbau unter der konstitutionellen Monarchie:

Die Entwicklung der Investitionen im Zeitablauf (1.000 F)

Jahr	Ausgaben privater Konzessionäre			Ausgaben aus Mitteln der Anleihen von 1821/22[2]	Ausgaben des Staates			Ausgaben total		
	quellenmäßig belegt[1]	geschätzt	total		quellenmäßig belegt[1]	geschätzt	total	quellenmäßig belegt[1]	geschätzt	total
1	2	3	4	5	6	7	8	9	10	11
1814	-	226	226	-	832	-	832	832	226	1.058
1815	-	251	251	-	234	-	234	234	251	485
1816	-	291	291	-	843	-	843	843	291	1.134
1817	-	291	291	-	1.180	-	1.180	1.180	291	1.471
1818	315	290	605	-	1.618	-	1.618	1.933	290	2.223
1819	1.090	663	1.753	-	2.293	2.032	4.325	3.383	2.695	6.078
1820	775	1.175	1.950	-	2.242	4.080	6.322	3.017	5.255	8.272
1821	-	1.288	1.288	-	1.374	4.688	6.062	1.374	5.976	7.350
1822	-	1.307	1.307	924	929	4.702	5.630	1.852	6.009	7.861
1823	308	1.868	2.176	9.157	1.128	3.942	5.070	10.593	5.810	16.403
1824	325	2.258	2.583	13.169	991	3.104	4.095	14.485	5.362	19.847
1825	399	1.815	2.214	17.719	1.138	2.330	3.468	19.256	4.145	23.401
1826	836	1.219	2.055	19.354	1.258	1.959	3.217	21.448	3.178	24.626
1827	712	1.253	1.965	16.999	642	1.558	2.200	18.353	2.811	21.164
1828	92	2.092	2.184	12.356	954	1.668	2.622	13.402	3.760	17.162
1829	229	2.518	2.747	10.610	3.758	1.614	5.372	14.597	4.132	18.729
1830	147	2.422	2.569	12.524	5.308	1.494	6.802	17.979	3.916	21.895
1831	319	1.668	1.987	7.690	8.509	1.240	9.749	16.518	2.908	19.426
1832	1.321	1.023	2.344	6.073	11.536	1.010	12.546	18.930	2.033	20.963
1833	1.395	1.645	3.040	135	16.649	840	17.489	18.179	2.485	20.664
1834	1.665	3.882	5.547	-	15.547	550	16.097	17.212	4.432	21.644
1835	2.203	5.112	7.315	-	10.936	417	11.353	13.139	5.529	18.668
1836	1.576	5.225	6.801	-	11.003	292	11.295	12.579	5.517	18.096
1837	1.232	3.592	4.824	-	8.972	200	9.172	10.204	3.792	13.996
1838	368	2.008	2.376	-	6.427	1.325	7.752	6.795	3.333	10.128
1839	398	958	1.356	-	10.994	2.281	13.275	11.392	3.239	14.631
1840	157	705	862	-	21.267	1.664	22.931	21.424	2.369	23.793
1841	66	454	520	-	18.379	530	18.909	18.445	984	19.429
1842	-	253	253	-	20.796	-	20.796	20.796	253	21.049
1843	174	151	325	-	24.924	-	24.924	25.098	151	25.249
1844	174	93	267	-	23.826	-	23.826	24.000	93	24.093
1845	20	93	113	-	14.595	-	14.595	14.615	93	14.708
1846	40	93	133	-	16.256	-	16.256	16.296	93	16.389
1847	37	93	130	-	11.154	-	11.154	11.191	93	11.284
total 1814-1830=	5.228	21.227	26.455	112.812	26.722	33.171	59.893	144.762	54.398	199.160
total 1831-1847=	11.144	27.048	38.192	13.898	251.770	10.349	262.119	276.812	37.397	314.209
total 1814-1847=	16.372	48.275	64.647	126.710	278.492	43.520	322.012	421.574	91.795	513.369

1) einschließlich der sich auf Projekte mit nur zwei Jahren Baudauer beziehenden Schätzungen;

2) vollständig quellenmäßig belegt; einschließlich der Mittel aus dem Fonds de Retour in Höhe von 610.000 Franken.

Anhang C: Zur Identifizierung und Klassifizierung der privaten Kapitalgeber und Führungskräfte

Zur Analyse der geographischen und sozioprofessionellen Herkunft der an privaten Kanalgesellschaften Beteiligten mußten einerseits deren Namen, Kapitalanteile, Funktionen in der Unternehmensführung festgestellt, andererseits eine Reihe anderer sie betreffender Daten wie Wohnort, Beruf, Adelstitel, Zugehörigkeit zur Legislative sowie, wenn möglich, weitere Informationen über ihre wirtschaftlichen Aktivitäten und Vermögensverhältnisse gewonnen werden. Häufig fanden sich derartige Angaben, vermengt zudem mit Details über die Rechtsform der Unternehmen, in ein und demselben Dokument nebeneinander. Hier sei nur an die Gesellschaftsverträge erinnert, die eine wesentliche Grundlage unserer Dokumentation bilden.

Aus diesem Grunde würde eine detaillierte Quellenangabe zu jeder der Tabellen und Ausführungen, die die Rechtsform der Unternehmen sowie die daran Beteiligten unter verschiedenen Aspekten beleuchten, zu ständiger Wiederholung umfangreicher Quellenangaben führen. Um dies zu vermeiden, wurden nur in Ausnahmefällen - etwa zum Nachweis von Zitaten oder beim Abwägen von Zweifelsfragen - Quellenverweise aufgeführt, im übrigen jedoch die gesamte Dokumentationsbasis im folgenden Anhang zusammengefaßt.

Zwei Gruppen von Dokumenten und Veröffentlichungen sind zu unterscheiden: einerseits diejenigen, die direkt Aufschluß geben über Rechtsform der Gesellschaften und Namen der Beteiligten und häufig, nämlich zu etwa 50 %, auch die übrigen gewünschten Informationen über Wohnort, Beruf etc. enthielten; sie wurden, von einigen übergreifenden Veröffentlichungen abgesehen, für jedes Kanalprojekt getrennt zusammengestellt; andererseits die biographischen Hilfsmittel und Monographien, mit deren Hilfe die bereits namentlich Erfaßten identifiziert und weiter charakterisiert wurden.

I. Quellen und Veröffentlichungen mit Informationen über die rechtliche Ausgestaltung der Kanalgesellschaften sowie über die hieran Beteiligten

1. Generelle Hinweise bzw. mehrere Kanäle betreffende Angaben konnten folgenden übergreifenden Handbüchern und Studien entnommen werden:

Almanach Royal et National, Paris 1815 ff.

Almanach du commerce de Paris, hrsg. von J. de La Tynna und - ab 1819 - S. Bottin, Paris 1807-1838

Almanach-Bottin du Commerce, hrsg. von S. Bottin, Paris 1839-1856

Archives Statistiques, hrsg. vom Ministère des Travaux Publics, de l'Agriculture et du Commerce, Paris 1837, S. 290-293

Bresson, J., L'annuaire des sociétés par actions, Paris 1840

Courtois, A., Bourse des effets publics, Paris, Lyon, Marseille. Tableaux des cours des principales valeurs du 17 janvier 1797 (28 Nivôse an V) à nos jours, Paris 1862

Courtois, A., Notices historiques et statistiques sur les canaux entrepris en vertu des lois de 1821 et 1822, in: Journal des Economistes Bd. 29, 1851, S. 213-242

Debauve, Manuel de l'ingénieur des ponts et chaussées, Bd. XIX: Des eaux comme moyen de transport, Paris 1878

Documents relatifs aux canaux, hrsg. vom Ministère des Travaux Publics, Paris 1840, S. 122

Fohlen, C., Sociétés anonymes et développement capitaliste sous la monarchie censitaire, in: Histoire des Entreprises 1960, S. 65-77

Fohlen, C., Sociétés anonymes et développement capitaliste sous le Second Empire, in: Histoire des Entreprises 1961, S. 65-79

Grangez, E., Discussion et documents sur les canaux, sur les routes et sur les chemins de fer de la France, Paris 1830

Grangez, E., Précis historique et statistique des voies navigables de la France, Paris 1855

Journal de l'Industriel et du Capitaliste, Paris 1836-1840, regelmäßige Börsenberichte

Proudhon, P.-J., Manuel du spéculateur à la Bourse, Paris 1857, S. 269-285

Picard, A., Traité des eaux. Droit et administration, Bd. III: Cours d'eau navigables ou flottables. Canaux de navigation, Paris 1893, S. 519-535

2. Den wichtigsten Teil der Dokumentation bilden jedoch die Gesellschaftsverträge, Geschäftsberichte, Broschüren der Kanalunternehmen, ihre Korrespondenz bzw. der Briefwechsel einiger an ihnen beteiligter Bankiers sowie schließlich die Rapporte der staatlichen Tiefbauingenieure. Sie finden sich vorwiegend in den Serien F 12, F 14, 61 AQ, 65 AQ, 68 AQ der Archives Nationales, der Serie Vp der Bibliothèque Nationale sowie dem Bulletin des Lois, in dem sämtliche und somit auch die den Kanalbau betreffenden Gesetze, Ordonnanzen und Dekrete[1] sowie der überwiegende Teil der Satzungen der Aktiengesellschaften veröffentlicht wurden. Im einzelnen stammen die die jeweiligen Kanalgesellschaften betreffenden Informationen aus folgenden Quellen und Veröffentlichungen[2], wobei die unter I 1 aufgeführten Titel nicht nochmals berücksichtigt wurden:

---

[1] Im folgenden werden Gesetze etc. nur dann aufgeführt, wenn sie unsere Fragestellung direkt betreffen. Es wird also - zumal vor 1800 erlassene Verordnungen nicht berücksichtigt werden - keine vollständige Aufstellung der die einzelnen Wasserstraßen betreffenden gesetzlichen Bestimmungen gegeben.

[2] Vgl. zu den Abkürzungen das entsprechende Verzeichnis.

Aire-La Basséé. L. 14.8.1822; L. 29.7.1829; O. 13.12.1832, Annex: GV 19.11.1832; F 12. 6745: GV 26.8.1822, 27.2.1823, 25.7.1828 sowie Rapport Bureau du Commerce an MCTP 25.7. 1831; F 14. 6821: Dossier 2 und 21 sowie Girette, Canal d'Aire à La Bassée, 1828.

Arcachon. L. 1.6.1834; F 14. 6834, GV April/Juli 1834; ebda, Cie des Landes de Bordeaux an Napoléon III. 8.10.1852; Canal d'Arcachon, 1843; Canal d'Arcachon, 1844.

Ardennes. L. 5.8.1821; O. 20.2.1823, Annex: GV 28.12.1822; O. 27.4.1825, Annex:GV 9.4.1825; F 12. 6746: GB HV 1834; 61 AQ 202-204: Gewinnaktien, Besitzer 1825; 61 AQ 210: Kapitalaktien, Besitzer 1825; vgl. auch Cie des Trois Canaux.

Arles-Bouc. Courtois, Notices, S. 237 ff; L. 14.8.1822; O. 13.11.22, Annex: GV 2.11.1822; O. 31.10.1827, Annex: GV 26.9.1827; O. 24.6.1828, Annex: GV 9.5.1828; F 14. 3473 und F 14. 6842: GB HV 1829, 1840, 1844, 1849; F 14. 6842: Cie Arles-Bouc, Mémoire ampliatif, 24.3.1830.

Beaucaire. Levy-Leboyer, Banques, S. 336, 623, 677; F 14. 6844: Entreprise du canal d'Aigues-Mortes à Beaucaire. Actes constitutifs de la Société Anonyme des Actionnaires, Paris 1808 mit Vertrag 27 floréal an IX (17.5.1801), A 17 prairial an IX (6.6.1801), GV 30.5. und 22.7.1808, GB HV 22.7.1808 (Paris), GB HV 19.8.1808 (Montpellier), Acte de dépot 14.6.1808; ebd., Cie du canal de Beaucaire, Demande en concession de perpétuité, Paris 1830; ebd., Cie concessionnaire du canal de Beaucaire à Aigues-Mortes, Demande d'une prolongation de concession, Paris 1843; C 10 66: Cie du canal de Baucaire, Entreprise du canal d'Aigues-Mortes à Beaucaire, o.O., o.D. (ca. 1830) mit GB HV 28.2.1829; 65 AQ D 3: Ancienne Cie du canal de Beaucaire, Rapport sur la révision des statuts, Paris 1899.

Berry. Vgl. Quatre Canaux.

Blavet. Vgl. Quatre Canaux.

Bourgidou. Vgl. Beaucaire.

Bourgogne. Courtois, Notices, S. 235 ff.; L. 14.8.1822; O. 13.11.1822, Annex: GV 2.11.1822; O. 31.10.1827, Annex: GV 26.9.1827; O. 5.6.1828, Annex: GV 7.3.1828; F 12. 6744: Cie. Bourgogne an MTP, 15.5.1833.

Briare. Dutens, Histoire, Bd. I, S. 85 ff.; Pinsseau, Canal Henri IV, S. 141-146; F 14. 7002, Duc d'Orléans, Au Roi et à nosseigneurs de son conseil, 1770; ebd., MFin an Conseiller d'Etat chargé des PC, 3 brumaire an XIV; ebd., Rapport Bureau de la Navigation an DG PC, 24 messidor an XIII; ebd., Marquis de Brion an DG PC, 23.11.1822; ebd., Propriétaires du canal de Briare an DG PC, 20.4.1825; ebd., Memoire sur le rachat, Paris 1859; ebd., Rapport d'une commission sur la demande...de rachat, 21.11.1859.

Corrèze-Vézère. L 8.6.1825; O. 4.3.1830; MU 1832, S. 1048 (Rapport Baude); MU 1833, S. 940 (Rapport Mérilhou); MU 1833, S. 577; 68 AQ 2: Société des canaux de la Corrèze et de la Vézère. Liste des Actionnaires; ebd., Société des Canaux de la Corrèze et de la Vézère. Prospectus, mit GV 28.6.1825; ebd., Notice sur les canaux de la Corrèze et de la Vézère, o.D.

Coutances. O. 19.7.1836; Décision Ministérielle 10.4.1837; Canaux de la Manche, 1849.

Deule. Jacquemyns, Langrand-Dumonceau, Bd. 1, S. 86; Levy-Leboyer, Banques, S. 306; O. 16.9.1825; F 14. 6885: Ausschreibungsprotokoll 6.7.1825; ebd., Rapport Chefingenieur Nord an Prefekt Nord, 4.7.1836; ebd., Procès-Verbal de reconnaissance des ouvrages exécutés...par le concessionnaire de la Deule..., 13.9.1836; ebd., Les actionnaires... de la Deule, Note pour M. le DG PC, Oktober 1836; ebd., Les actionnaires...de la Deule an MCTP, 2.12.1836. F 14. 7029: Honnorez, Mémoire pour M. Honnorez et les actionnaires des canaux de la Sensée et de la Deule, 1835.

Dive. Grangez. Précis, S. 178 ff; O. 9.10.1825; O. 23.5.1835; O. 24.10.1835.

Dunkirchen-Furnes. O. 13.3.1828; O. 6.8.1828.

Essonne. Lamé, G., Clapeyron, E., Flachat, S. und E., Vues politiques, S. 141 f.; Pinsseau, Canal d'Orléans, S. 216 f.; D. 3.7.1804; O. 30.3.1820; O. 11.2.1829.

Etangs. L. 5.8.1821; O. 30.1.1822; F 14 6897: Cie du canal de Beaucaire. Demande de la concession du canal des Etangs, 1817; F 14.6898: MFin an MACTP 16.8.1853; ebd., Préfet Hérault an DGPC 12. 1. 1835.

Garonne-Seitenkanal. O. 17.12.1828; L. 22.4.1832; L. 9.7.1835; L. 9.7.1836; L. 3.7.1838; MU 1835, S. 1405 (Rapport Jaubert); MU 1836, S. 1316 (Rapport Jaubert); MU 1837, S. 1246 (Rapport Teste); MU 1837, S. 1060.

Givors. Gras, Le Forez, S. 77-89, 97, 114-116; Palluat de Besset, Les Zacharie, S. 17; Levy-Leboyer, Banques, S. 695; O. 5.12.1831; O. 13.8.1838, Annex: GV 1.9.1837; F 12.536; Statuts approuvés par Ordonnance royale du 15 août 1838 (sic!), Lyon 1838; F 12.6745: Bilanzen 1846, 1850-1854.

Hazebrouck. O. 22.7.1834; O. 14.9.1835; O. 8.10.1835; O. 5.6.1845; F 14.6912: Ausschreibungsprotokoll 23.11.1835; ebd., Rapport Chefingenieur an Prefekt Nord, 9.6.1842, ebd., Detrez Erben an Prefekt Nord, 22.10.1842; ebd., A. Prefekt Nord, 24.11.1842; ebd., Defontaine an Prefekt Nord, 9.3.1843; ebd., MTP an Prefekt Nord 15.4.1843; ebd., Rapport Divisionsinspektor Ponts et Chaussées 8.4.1846.

Ille-Rance. Vgl. Quatre Canaux.

Lez. Grangez, Précis, S. 296 f.; Picard, Traité Bd. III, S. 523 f.; Canal du Lez ou de Grave à Montpellier. Réponse à un projet de requête, Montpellier 1841.

Loing. Vgl. Orléans.

Loire-Seitenkanal. Vgl. Quatre Canaux.

Loire, untere: Seitenkanal. L. 17.6.1836; MU 1835, S. 1451 (Rapport Bussières); MU 1836, S. 696.

Luçon. O. 19.5.1824; F 14.6932: Ausschreibungsprotokoll 15.3.1824; ebd., Daviaud an MTP, 3.4.1840; ebd., Rapport Prefekt Vendée an MTP, 7.5.1860.

Lunel. Picard, Traité, Bd. III, S. 523 f.

Manicamp. Vgl. Somme.

Midi. Maistre, Canal des Deux Mers, S. 40 ff., 116 f., 145 ff.; Tassot, Canal du Midi, S. 58 ff; Debauve, Manuel Bd. XIX, S. 424; D. 12.8.1807; D. 1.9.1807; D. 21.3.1808; D. 7.2.1809; D. 4.3.1809; L. 23.12.1809; D. 16.1.1810; D. 28.1.1810; D. 10.3.1810; O. 20.11.1814; O. 1.4.1817; O. 25.4.1823; D. 21.6.1858; F 14.6966: Propriété du canal du Midi, Paris 1844; Arrêt rendu par la cour royale de Toulouse, le 4 Juillet 1843, Toulouse 1843; 65 AQ D 53: Rousset, Partage d'actions, passim, sowie ders., Tableau, passim; Affermage du canal du Midi, Toulouse 1866 (BN Vp 20.095); Observations des co-propriétaires du canal du Midi, o.O., an IV (BN: 4° Vp 4430).

Mons-Condé. D. 18.9.1807; O. 9.4.1817; O. 22.10.1817; O. 20.2.1822; O. 7.3.1831; F 14.6968: Les bateliers du canal de Condé (Nord). Pétition à MM les Membres de la chambre des Députés, Paris 1832, S. 12.

Nantes-Brest. Vgl. Quatre Canaux.

Nivernais. Vgl. Quatre Canaux.

Oise. O. 13.7.1825; O. 2.8.1826, Annex: GV 17.3.1826 mit Nachträgen 27.6.1826 und 8.7.1826; O. 14.1.1838, Annex: Beschluß HV 25.5.1837; F 12.6746: GB HV 1834; 61 AQ 205-209: Zeichner der Kapital- u. Gewinnaktien 1825/1826; vgl. auch Trois Canaux.

Orléans. Pinsseau, Canal d'Orléans, S. 23 ff., 60, 71 ff., 88 ff., 122-141, 245 f.; Dutens, Histoire Bd. I, S. 105 f.; Bray, Canaux d'Orléans, S. 856 f.; Dupérier, De la navigation intérieure, S. 250; D. 10.3.1809; D. 7.5.1809; D. 16.3.1810; L. 20.5.1863; D. 12.3.1864; L. 21.12.1872 sowie die beim Midi-Kanal aufgeführten L., O., D.

Ourcq. Vgl. Paris.

Paris. Girard, Mémoires, Bd. I, S. 173 ff., 208 ff.; Navier, Mémoires sur le canal de l'Ourcq, S. 70; Vuignez, Mémoire, S. XVII f., XXII ff.; Gille, Banque, S. 55 f.; Levy-Leboyer, Banques, S. 481, 486 f.; Tudesq, Notables, S. 347, 434; L. 29 floréal X (19.5.1802); A. 25 thermidor X (13.8.1802); D. 4.9.1807; L. 20.5.1818; O. 10.6.1818; L. 5.8.1821; O. 11.12.1821; O. 23.6.1824; O. 14.5.1841; D. 22.4.1876; F 14.7012: Prony, Tarbé, Bryère u.a., Rapport sur le canal de l'Ourcq, 25.4.1816; F 14.7013: Administration Générale des Ponts et Chaussées, Rapport sur le canal de l'Ourcq, 1819; ebd., Conventions additionnelles au traité de concession, 1.2.1841; AD XIII 12: Cie des canaux de Paris, registre des délibérations, 2.1.1823; 68 AQ 127: GB HV Cie St. Martin 27.2.1845 und 28.2.1850; ebd., Guibout an Thuret, 4.2.1822; ebd., Dupin an Thuret 1823; 68 AQ 136: Dupin an Thuret, 1824-1839, passim; ebd. sowie 68 AQ 2: Cie St. Martin, délibérations 29.6.1825, 21.6.1826, 19.7.1826, 6.2.1828; 68 AQ 151: Lecudennec, Mémoire 1835 sowie ders., Circulaires 1.5.1833, 30.5.1835, 31.5.1838; V 33.839: Canal St. Martin. Acte de société du 20 juin 1827.

Plessis. Grangez, Précis, S. 504 f.; O. 19.7.1839; O. 16.8. 1839.

Pyrénées. L. 20.2.1832; Vp 3963: Canal des Pyrénées.

Quatre Canaux. Courtois, Notices, S. 219 ff.; Pillet-Will, Dépense, Bd. I, S. 99 ff; Levy-Leboyer, Banques, S. 673; L. 14.8.1822; O. 12.3.1823, Annex: GV 21. und 22.2.1823; O. 16.6.1824, Annex: Ergänzung GV 10.9.1823; F 12.6744 und F 14.7014: GB HV 1824-1828, 1831-1845, 1847-1849, 1851-1856; F 12.6744: GV 25.11.1822; ebd., Cie Quatre Canaux an MFin 17.10.1822, an MI 26.11.1822; an Becquey 15.9.1823; MI an Becquey 30.11.1822, an Cie Quatre Canaux 3.1.1823; Becquey an MI 21.12.1822.

Radelle. Vgl. Beaucaire.

Rhône-Rhin. Dupérier, Navigation intérieure, S. 246; Courtois, Notices, S. 216 ff.; Barth, Canal du Rhône au Rhin, S. 189; Descombes, Problèmes d'histoire; ders., Notice historique; Faber, Paravey, S. 183 ff.; Ponteil, Georges Humann et l'achèvement, S. 302 ff.; ders., Le financement; Leuilliot, Alsace, Bd. II, S. 228 ff.; Levy-Leboyer, Banques, S. 674; Dutens, Navigation intérieure, Bd. I, S. 321 ff.; Flachat, Barrault, Valeur financière, S. 3; L. 5.8.1821; O. 19.10.1821, Annex: GV 13.10.1821; O. 19.7.1832; F 12.6744: Conseil d'état, avis 5.10.1821 sowie Briefwechsel über Satzungsänderung zwischen Rhône-Rhin-Gesellschaft, MAC, MTP, MFin August 1842 bis August 1844.

Roanne-Digoin. Pillet-Will, De la dépense et du produit, Bd. I, Paris 1837, S. 172; Levy-Leboyer, Banques, S. 674; L. 29.3.1827; O. 11.10.1830; O. 2.6.1831, Annex: GV 16.5. 1831; O. 21.6.1837, Annex: GV 21.3.1837 sowie Protokoll HV 31.3.1837; F 12.6745: Rapport Bureau de Commerce an MTP, 17.1.1831; ebd., Documents relatifs au canal de Roanne à Digoin, Genf 1832; ebd., Dépot de procurations par M. Fer devant M. Jullieron, Notaire à Roanne, 31.3.1837 und 8.4. 1837; ebd., GV 11.1.1843 und Annex: Protokoll HV 1842; ebd., Protokoll HV 1858; F 14.7028: Conseil municipal de Roanne, Protokoll délibération 14.12.1829 und 28.1.1835; Vp 20.227: Protokoll HV 7.5.1849; V 33.834: Protokoll HV 7.5.1855.

Roubaix. L. 8.6.1825; O. 30.11.1825; L. 9.7.1836; O. 21.3. 1837; F 14.7029: Brame, Observations, Lille 1833; ebd., ders., Mémoire déscriptif, Lille 1834; ebd., Mémoire pour la prolongation du canal de Roubaix, 1835; ebd., GV 20.7. 1837; ebd., Bayard de la Vingtrie frères et de Vergèz, Quelques observations, o.O., o.J. (ca. 1835); ebd., dies., Dernières observations, 1836; ebd., dies., Note présentée, 1861; ebd., Girette, Observations, 1835; ebd., ders., Canal de Roubaix, 1836; ebd., ders., Un dernier mot, 1836; ebd., Honnorez, Mémoire, 1835; ebd., ders., Réclamations, 1836; F 14.7030: Arrêt cour d'appel de Douai, 17.8.1849, mit GV 2.4.1826 und GV 28.9.1837; ebd., Cie du canal de Roubaix an MC, 10.1.1842; ebd., Duc de Montebello an Prefekt Nord, 31.1.1851 sowie an MTP, 3.8.1851; ebd., Messen an MTP, 3.8.1851; ebd., Rapport Chefingenieur 1.10.1851; ebd., Vorvertrag zwischen Stadt Roubaix und Cie du canal de Roubaix, 10.11.1855; 68 AQ 2: Brame, Observations, 1833; ebd., Extrait Grand Livre H No 475 der Bank Thuret; ebd., Gremion an Thuret, 24.4.1850; 68 AQ 125: Beugnot an Thuret, 20.6.1831 und 5.9.1834; 68 AQ 149: St. Aignan an Thuret, 15.11.1835 und 10.12.1849.

Saint-Denis. Vgl. Paris.

Saint-Martin. Vgl. Paris.

Saint-Quentin. Macaigne, Canal de St.-Quentin, S. 151 ff.; L. 29.5.1827; F 14. 7036, passim; Les délegués de la navigation du Nord, Pétition, Paris 1849.

Sambre canalisée. Levy-Leboyer, Banques, S. 603; L. 24.3.1825; O. 8.2.1826; D. 20.12.1850, Annex: GV 13.12.1850; F 12.6745: Navigation de la rivière canalisée de la Sambre. Documents relatifs à cette entreprise, Paris 1832; F 14.7044/7047: Davillier an MTP, 30.1.1849 und 21.3.1850; C. 1066: Société Anonyme de la Sambre canalisée Statuts, Paris 1856; 68 AQ 155: Thuret an Cordier, 12.5.1832; ebda, Messen an Thuret, 26.9.1828, 25.3.1829, 17.6.1834; ebda, GV 7.5.1832 und 24.7.1832.

Salines de l'Est. Grangez, Précis, S. 572 ff.; D. 14.4.1806.

Sambre-Oise. L. 30.4.1833; O. 30.10.1833; O. 20.10.1834, Annex: GV 15.10.1834; F 12.6745: Rapport Ingénieur des Ports et Chaussées an MC, 31.8.1834; GB HV 1852, 1854, 1855; F 14.7044-7047: Davillier an MTP, 1.6.1843; C. 1066: Note pour le canal de jonction de la Sambre à l'Oise, Paris 1850; ebd., SA Sambre-Oise an MACTP, 2.5.1860; 65 AQD 39: GB SA Sambre-Oise 9.1.1854, 10.7.1854, 10.7.1855, 10.1.1857; ebd., Société Anonyme du canal de jonction de la Sambre à l'Oise, Statuts, cahier des Charges et tarif, Paris 1882, S. 4 f.; 4° Vp 1465: Concession du canal de jonction de la Sambre à l'Oise, Documents relatifs à cette entreprise, Paris 1833; Vp 2282: Intéressés dans la concession du canal de jonction de la Sambre à l'Oise: Observations, Paris 1849.

Scarpe inférieure. Tudesq, Notables Bd. I, S. 433; L. 11.4.1835, Annex: Ausschreibungsprotokoll 10.9.1834; F 12.6822: Administration des Ponts et Chaussées. Note du 21 juin 1858 relative à la Cie des Ponts et Canaux réunis. F 14.7029: Bayard de la Vingtrie frères und de Vergez, diverse Pamphlete, vgl. Roubaix; C. 1066: Canal de la Scarpe inférieure. Demande de rachat, 1860.

Sensée. L. 13.5.1818; O. 18.5.1820, Annex: GV 19.1.1820; F 14.7060, Rapport Chefingenieur Cordier 15.2.1816; ebd, Prefekt Nord an DGPC, 21.11.1820; ebd., Rousselle an MTP, 1851; vgl. auch Deule, insb. F 14.7029.

Silveréal. Vgl. Beaucaire.

Somme. L. 5.8.1821; O. 20.2.1823, Annex: GV 28.12.1822; O. 27.4.1825, Annex: GV 9.4.1825; F 12.6746: GB HV 1834; 61 AQ 200/201: Zeichner der Gewinnaktien 1825; 61 AQ 210: Zeichner der Kapitalaktien 1825/1826; vgl. auch Trois Canaux.

Trois Canaux. Courtois, Notices, S. 227 ff.; O. 3.3.1835, Annex: GV 2. bis 5.2.1835; F 12.6746: GB HV 1836-1840, 1842-1844, 1847-1848, 1850-1854; ebd., Entwurf GV 11.7.1833; ebd., Guillois, Staatskommissar bei der Cie des Trois Canaux, an MC, 25.1.1834; ebd., Rapport Staatsrat Vincens an MC, 16.7.1834; 61 AQ 211-213: Briefkopien, insb. Sartoris an Koymans 15.9.1821, 1.9.1821, 23.8.1823; An Cordier, 12.7.1821, 21,8.1821, 27.11.1821; an Balguerie-Stuttenberg, 27.8.1821; vgl. auch Ardennes, Oise, Somme.

Vire-et-Taute. L. 30.4.1833; O. 1.7.1835; F 14.7113: Exposé du projet de navigation de St.-Lô à la mer, 1835; Vp 3966: Canaux de la Manche, o.O. 1849.

II. Biographische Hilfsmittel

1. Biographien, Nachschlagwerke, Jahr-, Adreßbücher u.ä.

Almanach des adresses de Paris ou des 250.000 adresses, Paris 1841

Almanach Bottin du Commerce, hrsg. von S. Bottin, Paris 1839-1856

Almanach du Commerce de Paris, hrsg. von J. de La Tynna und - ab 1819 - S. Bottin, Paris 1807-1838

Almanach général parisien ou liste des 70.000 adresses, Paris

Almanach Royal et National, Paris (Titel 1848/1849/1850: Almanach National annuaire de la République Française).

Annuaire historique et statistique de la ville de Lyon

Annuaire de la pairie et de la noblesse, hrsg. von Borel d'Hauterive, Paris 1843-1850

Biographie Nationale de Belgique, 32 Bde., Brüssel 1866 ff.

Cardevacque, A. de, Dictionnaire biographique du département du Pas-de-Calais, Arras 1879

Carnoy, E., Dictionnaire biographique des hommes du Nord, Paris 1899

Carnoy, E., Dictionnaire biographique des hommes de l'Est, Paris 1903

Carnoy, E., Dictionnaire biographique des hommes du Midi; Paris 1903

Chaix d'Est-Ange, Dictionnaire des familles françaises anciennes ou notables à la fin du XIXe siècle, 3 Bde., Paris 1903-1922

Dictionnaire de biographie française, hrsg. von M.Prévost, Roman d'Amat u.a., Paris 1933 ff.

Dictionnaire des parlementaires français, hrsg. von A. Robert, Bourloton, Cougny, 5 Bde.,Paris 1891

Guide du commerçant et du voyageur

Hoefer, J.Ch.F., Nouvelle Biographie générale, 46 Bde., Paris 1856 ff.

Junger, A., Dictionnaire biographique des grands négociants et industriels, Paris 1902

Michaud, J., Nouvelle Biographie universelle ancienne et moderne, 45 Bde., Paris 1843 ff.

Notes biographiques sur les membres des assemblées municipales parisiennes et des conseils généraux de la Seine de 1800 à nos jours, 1re partie: 1800-1870, Publications de la Commission des Travaux historiques de la ville de Paris, Paris

Révérend, A., Armorial du Ier Empire, 4 Bde., Paris 1894-1897

Révérend, A., Les familles titrées et anoblies du XIXe siècle, 7 Bde., Paris 1901 ff.

Six, G., Dictionnaire biographique des généraux et amiraux français,de la Révolution et de l'Empire, 2 Bde., Paris 1934

Vapereau, G., Dictionnaire universel des contemporains, Paris 1893

Verly, H., Essay de biographie lilloise contemporaine, 1800-1869, Lille 1869

Auch die Register der in den Archives Nationales deponierten Firmenarchive, beispielsweise der Archive der Banken André und Cottier (44 AQ), Greffulhe/Sartoris (61 AQ), Thuret und Cie. (68 AQ), enthalten vielfältige Informationen zur beruflichen und geographischen Einordnung der am Kanalbau Beteiligten.

2. Monographien, Aufsätze u.ä. (Auswahl)

Als am wertvollsten zur Identifizierung und zur Sammlung von Informationen über die wirtschaftlichen Aktivitäten des von uns erfaßten Personenkreises erwiesen sich

Allemagne, H.-R. d', Les Saint-Simoniens, 1827-1837, Paris 1930

Bouvier, J., Le Crédit Lyonnais de 1863 à 1882. Les années de formation d'une banque de dépôts, 2 Bde. Paris 1961

Chlepner, B.S., La banque en Belgique. Etude historique et économique, Bd. I: Le marché financier belge avant 1850, Brüssel 1926

Daumard, A., La bourgeoisie parisienne de 1815 à 1848, Paris 1963

Gille, B., La banque et le crédit en France de 1815 à 1848, Paris 1959

ders., Le Conseil Général des Manufactures, Paris 1961

ders., Recherches sur la formation de la grande entreprise capitaliste, Paris 1959

ders., Les origines de la grande industrie métallurgique en France, Paris 1948

ders., Les Rothschild, 2 Bde., Paris 1965, 1967

ders., La sidérurgie française au XIXe siècle, recherches historiques, Genf 1968

Guillaume, P., La Compagnie des Mines de la Loire (1846-1854). Essai sur l'apparition de la grande industrie capitaliste en France, Paris 1966

Jacquemyns, G., Langrand-Dumonceau, promoteur d'une puissance financière catholique, 5 Bde. Brüssel 1960-1965

Labès, L., Les Pairs de France sous la Monarchie de Juillet, Lorient 1938

Lambert-Dansette, J., Quelques familles du patronat textile de Lille-Armentière (1789-1914); origines et évolution d'une bourgeoisie, Lille 1954

Leuilliot, P., L'Alsace au début du XIXe siècle. Essai d'histoire politique, économique et religieuse (1815-1830), Paris 1959, 1960

Levy-Leboyer, M., Les banques européennes et l'industrialisation internationale dans la première moitié du XIXe siècle, Paris 1964

Lüthy, H., La banque protestante en France de la révocation de l'Edit de Nantes à la Révolution, Bd. II: De la banque aux finances (1730-1794), Paris 1961

Thuillier, G., Georges Dufaud et les débuts du grand capitalisme dans la métallurgie en Nivernais au XIXe siècle, Paris 1959

Tudesq, A.-J., Les Grand Notables en France (1840-1849); étude historique d'une psychologie sociale, 2 Bde. Paris 1964

ders., Les conseillers généraux en France au temps de Guizot, 1840-1848, Paris 1967

Vial, J., L'industrialisation de la sidérurgie française 1814-1864, Paris/Den Haag 1967

Schließlich wurden zahlreiche Artikel der Zeitschriften

Centre de recherches sur l'histoire des entreprises: Bulletin, Paris 1953, 1954

Histoire des entreprises, Paris 1958-1963

Revue d'histoire de la sidérurgie, Nancy 1960-1968

auf biographische Informationen hin durchgearbeitet.

Quellen und Literatur[1]

A. Ungedruckte Quellen

1. Archives Nationales

C 1066, 1088: Rachat des canaux: Documents et délibérations des commissions

F 12.6744-6746: Sociétés Anonymes: Canaux, 1821-1838

F 12.6822: Sociétés Anonymes: Ponts et Canaux, 1821-1850

F 14.508-524^{1}: Comptabilité du service des canaux. Etats de situation définitive et des dépenses faites, An IV à 1827

F 14.524^{2}-524^{30}: dasselbe 1821-1830

F 14.609-708: Canaux. Arrêts, lettres patentes, mémoires, rapports, projets, correspondance, devis et plans, 1710-1823

F 14.705-708^{1}: Projets de canaux

F 14.708^{2}-708^{22}: Indemnités pour terrains cédés au service des canaux, 1823 à 1840

F 14.1252: Enquête générale sur les voies de communication intérieure. Routes, canaux, ponts, navigation intérieure, 1811-1812

F 14.1269-1270: Grande enquête sur le commerce et ses moyens de transport, 1811-1812

F 14.3473-3475: Compte des canaux, 1838-1864

F 14.2182^{1}: Dossier personnel de l'ingénieur des Ponts et Chaussées Barnabé Brisson

F 14.2220^{2}: dass. Joseph-Michel Dutens

F 14.6821-7073: Canaux. Classement par ordre alphabétique de canaux

F 14.7076-7079: Commission des routes et canaux, rapports... (1821-1869)

F 14.7085-7113: Projets de canaux. Classement par ordre alphabétique de canaux

F 14.10912^{25}-10912^{48}: Délibérations du Conseil Général des Ponts et Chaussées, 4.10.1815-13.4.1822

F 14.12536, 12557: Projets de canaux

F 20.289^{3}: Tableau du mouvement de la navigation par département. Enquête 1844

F 20.724: Statistique de l'industrie des transports: roulage par terre 1845; navigation intérieure 1841, 1845; chemins de fer 1845

---

1) Diejenigen der in Anhang C II zitierten Titel, die ausschließlich zur Identifizierung und Klassifizierung der an den Kanalgesellschaften beteiligten Personen dienten, werden im Quellen- und Literaturverzeichnis nicht nochmals aufgeführt.

2. Private Archive

a) Bank Greffulhe bzw. Sartoris & Cie - Signatur AN: 61 AQ

benutzt wurden: 61 AQ 199-210,214: Kanalprojekte
61 AQ 211-213: Korrespondenz, 1821-1833

b) Association nationale des porteurs français de valeurs mobilières - Signatur AN: 65 AQ

benutzt wurden: 65 AQ D 1 - D 53: Kanäle

c) Bank Thuret & Cie - Signatur AN: 68 AQ

benutzt wurden: 68 AQ 2: Kanalprojekte
68 AQ 125-155: Korrespondenz mit Kanalgesellschaften oder daran Beteiligten, 1822-1848

B. Gedruckte Quellen

1. Offizielle und offiziöse Veröffentlichungen

Almanach Royal et National, Paris 1815 ff.

Archives Parlementaires, Paris 1830-1839 (für einen Teil der den Kanalbau betreffenden Parlamentsdebatten, Gesetzesvorhaben einschl. Begründungen und Kommissionsberichte)

Becquey, F.-L., Observations sur le rapport lu par M. le comte Molé dans la séance du 6 octobre 1828; commission des routes et canaux, 1.12.1828, Paris 1828

ders., Rapport au Roi sur la navigation intérieure de la France, Paris 4.8.1820

Bulletin des Lois, Paris 1801-1860 (Texte der den Kanalbau betreffenden Gesetze, Ordonnanzen, Dekrete)

Direction générale des contributions indirectes. Navigation intérieure. Cours d'eau administrés par l'Etat. Relevé général du tonnage des marchandises par espèce, par classe et par cours d'eau, tant à la descente qu'a la remonte, pendant l'année... (1847-1880), 34 Bde., Paris 1848-1881 (Titel variiert leicht von Jahr zu Jahr)

Dode de la Brunerie, Vte, Rapport sur le principe et le mode d'intervention de l'autorité militaire relativement aux travaux d'utilité publique compris dans la zone des frontières. Commission des routes et canaux, 3.1.1829, Paris 1829 (AN: F 14.7076)

Hély-d'Oissel, Bon A.-P.-F., Rapport au nom de la section chargée de l'examen des questions relatives au règlement des indemnités dues pour occupation des propriétés privées pour cause d'utilité publique. Commission des Routes et Canaux, 10.3.1829, Paris 1829

Ministère du Commerce, Documents statistiques sur la France, Paris 1835

Ministère du Commerce et des Travaux Publics, Compte définitif des dépenses de l'exercise 1829, Paris 1831

dass., Situation... des canaux et autres ouvrages entrepris..., 3 Bde., Paris 1831-1833

dass., Direction générale des Ponts et Chaussées et des Mines, Situation des travaux au 31 décembre 1835, Paris 1836

Ministère des Finances, Budgets définitifs de l'exercice... (1826-1839), 14 Bde. Paris 1827-1840

dass., Compte définitif des dépenses de l'exercice... (1835-1848), 14 Bde., Paris 1836-1850

Ministère de l'Intérieur, Compte définitif des dépenses de l'exercice... (1822-1825), 4 Bde., Paris 1823-1826

dass., Rapport au Roi sur la situation des canaux..., 7 Bde., Paris 1823-1829

dass., Situation au 31 mars 1830 des canaux et autres ouvrages entrepris en vertu des lois des 20 juin et 5 août 1821, 17 avril et 14 août 1822..., Paris 1830

dass., Direction générale des Ponts et Chaussées et des Mines, Situation des travaux au 31 décembre 1834, Paris 1835

Ministère du travail et de la prévoyance sociale. Statistique générale de la France. Salaires et coût de l'existence à diverses époques, jusqu'en 1910, Paris 1911

Ministère des Travaux Publics, Compte définitif des dépenses de l'excercice... (1835-1854), 20 Bde., Paris 1836-1855

dass., Documents relatifs aux canaux, Paris 1840

dass., Direction générale des ponts et chaussées et des chemins de fer, Canaux de navigation. Conditions techniques d'établissement. Situation au 1er janvier 1870, Paris 1870

dass., Canaux de navigation. Dépenses faites, de 1814 à 1868, pour travaux extraordinaires d'établissement ou d'amélioration, Paris 1870

dass., Canaux de navigation. Dépenses d'établissement au 31 décembre 1868, Paris 1870

dass., Canaux de navigation. Etat des canaux exécutés ou en cours d'exécution antérieurement au 19e siècle, Paris 1870

dass., Canaux de navigation. Origine et limite des sections, longueurs, profondeurs d'eau et tonnages moyens, Paris 1871

dass., Canaux de navigation. Situation de la longueur des canaux à la fin des 16e, 17e et 18e siècles et au 31 décembre des années 1801 à 1869, Paris 1870

dass., Canaux de navigation. Situation de la longueur des canaux au 1er janvier 1870. Epoques d'autorisation et d'ouverture, Paris 1870

dass., Canaux de navigation. Tableau de la fréquentation des canaux pendant les années 1847 à 1868, Paris 1870

dass., Navigation intérieure. Etat par ordre alphabéthique des voies navigables, rivières et canaux, Paris 1871

dass., Navigation intérieure Répartition, par département, de la longueur des voies navigables, Paris 1871 dass., Navigation intérieure. Rivières flottables en trains. Situation au 1er janvier 1870, Paris 1871

dass., Rivières. Dépenses faites, de 1814 à 1868, pour travaux extraordinaires d'établissement ou d'amélioration, Paris 1871

dass., Rivières canalisées. Conditions techniques d'établissement. Situation au 1er janvier 1870, Paris 1871

dass., Rivières navigables. Dépenses d'établissement ou d'amélioration au 31 décembre 1868, Paris 1871

dass., Rivières navigables. Origine et limite des sections, longueurs, profondeurs d'eau et tonnages moyens, Paris 1871

dass., Rivières navigables. Tableau de la fréquentation des rivières navigables pendant les années 1847 à 1868, Paris 1872

dass., Direction générale des ponts et chaussées et des chemins de fer, Documents statistiques sur les routes et ponts, Paris 1873

dass., Direction des routes,de la navigation et des mines, Guide officiel de la navigation intérieure, Paris 1887, 1911, 1921

dass., Direction des routes, de la navigation et des mines. Division de la navigation, Actes législatifs et dépenses concernant les travaux de navigation intérieure et maritime, 1814-1900, Paris 1902

dass., Actes législatifs et dépenses concernant les travaux de navigation intérieure et maritime, 1900-1910, Paris 1912

dass., Statistique de la navigation intérieure. Dépenses de premier établissement et d'entretien concernant les fleuves, rivières et canaux. Documents historiques et statistiques, 2. Aufl. Paris 1892; 3. Aufl. Paris 1898

Ministère des Travaux Publics, de l'Agriculture et du Commerce, Documents statistiques sur la France, Paris 1835

dass., Archives statistiques, Paris 1837

dass., Statistique de la France, Bd. 1: Territoire, population, Paris 1837

dass., Statistique générale de la France, 4 Bde., Paris 1847

dass., Statistique de la France, 2. Folge: Territoire, population, Bd. 2,Paris 1855

dass., Direction générale des ponts et chaussées et des mines, Situation des travaux..., 11 Bde. Paris 1837-1847

Molé, Cte de, Rapport au nom de la section chargée de l'examen des questions relatives à l'ouverture et à l'achèvement des canaux; commission des routes et canaux, 1.12.1828, Paris 1828 (AN: F 14. 7076) ders., Rapport sur la position des questions relatives aux moyens d'achever les canaux entrepris en vertu des lois de 1821 et 1822; commission des routes et canaux, 6.10.1828, Paris 1828 (AN: F 14. 7076)

Moniteur Universel ou Gazette Nationale, Paris 1814-1860 (Für die den Kanalbau betreffenden Parlamentsdebatten, Gesetzesvorhaben einschl. Begründungen, Kommissionsberichte)

Montalivet, Cte J.-P.B.de, Exposé de la situation de l'Empire, présenté au corps législatif dans sa séance du 25 février 1813, Paris 1813

Prony, Tarbé, Bryère u.a., Rapport sur le canal de l'Ourcq, Paris 1819 (Administration générale des ponts et chaussées Hrsg.)

Statistique de la France, 2. Serie Bd. 12: Prix et salaires à diverses époques, Straßburg 1863

Tarbé de Vauxclairs, Rapport sur la situation des canaux (Commission des routes et canaux, séance du 1er décembre 1828), Paris 1828

2. Sonstige zeitgenössische Publikationen[1)]

De l'abaissement des droits de péage sur les canaux, in: Journal de l'Industriel Bd. 9 (1840), S. 294-317

Les actionnaires de la société en commandite par actions du canal de la Deule, Note pour M. le Directeur Général des Ponts et Chaussées, Paris 1836 (AN: F 14. 6885)

Les administrateurs du canal des Pyrénées, Canal des Pyrénées. Note sur la question financière, o.O. 1839 (BN: Vp. 3963)

Affermage du canal du Midi; par la compagnie propriétaire de ce canal à la Cie des chemins de fer du Midi et du canal latéral à la Garonne, Toulouse 1866 (BN: Vp 20.095)

Arrêt rendu par la cour royale de Toulouse, le 4 juillet 1843, dans la cause des héritiers de Riquet-Caraman et de Riquet-Bonrepos; contre M. le Préfet de la Hte Garonne, représentant l'Etat, Toulouse 1843

Artaud, Des canaux exécutés par le Gouvernement depuis 1821 et 1822, Paris 1828

---

1) Nicht gesondert aufgeführt wurden die den Aktionärsversammlungen vorgelegten Geschäftsberichte der Kanalgesellschaften (GB HV), selbst wenn sie in gedruckter Form vorliegen. Ihr jeweiliger Standort ist aus Anhang B ersichtlich.

Aulagnier, F., Etudes pratiques sur la navigation du Centre, de l'Est et du Nord de la France, et des principales voies navigables de la Belgique, Paris 1841

Bartholony, F., Du meilleur système à adopter pour l'exécution des travaux publiques en France..., Paris 1838

ders., Appendice à l'écrit du meilleur système à adopter pour l'exécution des travaux publics, Paris 1839

ders., Résultats économiques des chemins de fer, Paris 1844

Les bateliers du canal de Condé (Nord), Pétition adressée à MM. les Membres de la Chambre des Députés, Paris 1832 (AN: F 14. 6968)

Bayard de la Vingtrie frères, Concession de la Scarpe inférieure. Exposé des raisons d'intérêt public... en faveur du rachat de cette concession par l'Etat, Douai 1861

dies., Lettre des concessionnaires de la Scarpe adressée à M. le Directeur Général des Ponts et Chaussées..., o.O. 1835

dies., Note présentée par les congérants de la Scarpe Inférieure à MM. les Membres du Conseil d'Etat concernant l'achèvement et la reprise du canal de Roubaix par l'Etat, Paris 1861

dies., Note présentée à Messieurs les membres du corps législatif par les concessionnaires - gérants du canal de la Scarpe inférieure (Sur le rachat de divers canaux par le Gouvernement), Paris 1861

dies., de Vergèz, Quelques observations sur le rapport de la commission chargée de l'examen du projet de loi sur le canal de Roubaix, o.O., o.J. (ca. 1835)

dies., Dernières oberservations au Conseil d'Etat sur le canal de Roubaix, o.O. 1838

Beugnot, Cte. A.A., Vie de Becquey, Ministre d'Etat et directeur général des ponts et chaussées et des mines sous la Restauration, Paris 1852

Block, M., Statistique de la France comparée avec les divers pays de l'Europe, 2. Aufl., 2 Bde. Paris 1875

Bottin, S. La Tynna, J.de (Hrsg.), Almanach du commerce de Paris, Paris 1819-1838

Bottin, S. (Hrsg.), Almanach-Bottin du Commerce, Paris 1839-1856

Bourgnon de Layre, Bon A., Des voies de communication en France, Poitiers 1846

Brame, L., Mémoire descriptif du canal de Roubaix et aperçu des dépenses et des revenus, Lille 1834

ders., Observations du concessionnaire du canal de Roubaix sur la délibération du Conseil Général du département du Nord, dans sa session de 1833, o.O. 1833

Bresson, J., L'annuaire des sociétés par actions, Paris 1840

ders., (Hrsg.), Cours général de la bourse de Paris, 20 Bde., Paris 1842-1861

Brisson, B., Essai sur le système général de navigation intérieure de la France, Paris 1829

ders., Dupuis de Torcy, Essai sur l'art de projeter les canaux à point de partage, Paris 1802, in: Brisson, B., Essai sur le système général de navigation intérieure de la France, Paris 1829, S. 135-158

Burat, J., De l'emploi de l'armée aux travaux publics, in: Journal de l'Industriel Bd. 2(1836), S. 1-9

ders., De l'emploi de l'armée aux travaux d'utilité publique, in: Journal de l'Industriel Bd. 6 (1839), S. 137-154

Canal d'Arcachon, o.O. 1843 (BN: Vp 3956)

Canal d'Arcachon, o.O. 1844 (BN: Vp 3957)

Canal latéral à la Garonne. Notes à consulter pour la discussion de la nouvelle loi, o.O. o.J. (BN: V 13.134)

Canal du Lez ou de Grave, à Montpellier. Réponse à un projet de requête..., o.O. 1841 (BN: Vp 24.022)

Canal des Pyrénées, o.O. o.J. (ca. 1835) (BN: Vp 3963)

Canal de Roanne à Digoin, Assemblée générale du 7 mai 1849, Roanne 1849 (BN: Vp 20.227)

Canal de Roanne à Digoin, Assemblée générale du 7 mai 1855, Roanne 1855 (BN: V 33.834)

Canal de Saint-Martin, Paris an V (BN: V 33.839)

Canal de la Scarpe inférieure: Demande de rachat, o.O. 1860 (AN: C 1066)

De la canalisation du territoire compris entre la Loire et la Garonne, in: J.d.I. Bd. 9 (1840), S. 29-44

Canaux de la Manche, o.O. 1849 (BN: Vp 3966)

Chevalier, M., Canaux de navigation, in: Ch. Coquelin, Guillaumin, Dictionnaire de l'Economie Politique, Bd. 1 Paris 1851, S. 264-272

ders., Des chemins de fer comparés aux lignes navigables, in: RDM 1838, S. 789-813

ders., Des intérêts matériels en France, 4. Aufl. Paris 1838/1839

ders., Statistique des travaux publics sous la Monarchie de 1830, in: Journal des Economistes, Bd. 21 (1848), S. 281-300

Collignon, Ch., Du concours des canaux et des chemins de fer et de l'achèvement du canal de la Marne au Rhin, Paris 1845

ders., Du concours des canaux et des chemins de fer au point de vue de l'utilité publique. Résumé succinct de la discussion, Paris 1845

ders., Les travaux publics en France depuis la révolution de février, in: RDM 1849, S. 861-888

Collot, Bartholony, F., Waru, A. de, Observations de la Compagnie des Quatre canaux sur le projet de loi relatif au rachat des actions de jouissance des canaux, Paris 1843

Comoy, Canaux: utilité, exploitation, dépenses, in: Annuaire des Ponts et Chaussées, 1847 II

ders., Observations sur les conditions dans lesquelles on doit mettre les canaux de navigation pour qu'ils puissent augmenter la fortune publique. Conséquences que l'on doit en tirer pour le mode d'exploitation des canaux de France, in: Annuaire des Ponts et Chaussées 1847 II, S. 133-217

Compagnie du canal d'Arles à Bouc, Mémoire ampliatif, o.O. 1830 (AN: F 14. 6842)

Compagnie du canal de Beaucaire, Demande en concession de perpétuité, Paris o.J. (1830) (AN: F 14. 6844)

Compagnie du canal de Beaucaire, Demande d'une prolongation de concession, Paris 1843 (AN: F 14. 6844)

Compagnie du canal de Beaucaire. Entreprise du canal d'Aigues-Mortes à Beaucaire, o.O. o.J. (AN: C 1066)

Ancienne Compagnie du canal de Beaucaire, Rapport sur la révision des statuts, Paris 1899 (AN: 65 AQ D 3)

Compagnie du canal de Briare, Mémoire sur le rachat du canal de Briare, Paris 1859 (AN: F 14. 7002)

Compagnie du canal de Givors, Statuts approuvés par ordonnance royale du 15 août 1838, Lyon 1838 (AN: F 12. 536)

Concession du canal de jonction de la Sambre à l'Oise... Documents relatifs à cette entreprise, Paris 1833 (AN: C 1066)

Coquelin, Ch., Les chemins de fer et les canaux. De la rivalité actuelle des chemins de fer et des voies navigables en France, en Angleterre et en Belgique, in: RDM 1845, S. 269-301

ders., Les chemins de fer et les canaux. Des travaux de canalisation, in: RDM 1845, S. 1.115-1.134

ders., Des sociétés commerciales en France et en Angleterre, in: RDM 1843, S. 397-437

Cordier, L., Mémoires sur les travaux publics, 2 Bde., Paris 1841, 1842

Courtois, A., Bourse des effets publics. Paris-Lyon-Marseille. Tableaux des cours des principales valeurs du 17 janvier 1797 (28 Nivôse an V) à nos jours, Paris 1862

ders., Notice sur les canaux en France, in: Annuaire de l'Economie Politique et de la Statistique, 1852, S. 182-191

ders., Notices historiques et statistiques sur les canaux entrepris ou achevés en vertu des lois de 1821 et 1822, in: Journal des Economistes, Bd. 29 (1851), S. 213-242

ders., Des opérations de bourse ou manuel des fonds publics français..., 3. Aufl. Paris 1859

Debauve, A., Manuel de l'ingénieur des ponts et chaussées, Bd. 19: Des eaux comme moyen de transport, Paris 1878

ders., Les travaux publics et les ingénieurs des ponts et chaussées depuis le 17e siècle, Paris 1893

Les délégués de la navigation du Nord, Pétition à l'Assemblée Nationale concernant la réduction des tarifs du canal de St. Quentin, Paris 1849 (BN: Vp 2160)

Demande d'une prolongation de concession adressée à M. le Ministre des Travaux publics par la Compagnie concessionnaire du canal de Beaucaire à Aigues-Mortes, Paris 1843 (AN: F 14. 6844)

Documents relatifs au canal de Roanne à Digoin, Genf 1832 (AN: F 12 6745)

Dupérier, De la navigation intérieure. Des tarifs et des droits divers sur les voies navigables de France. Rachat des actions de jouissance, in: Journal des Economistes, Bd. 7 (1844), S. 242-265 ders., Rapport sur les tarifs de la navigation, Paris 1846

Dupin, Bon Ch., Des forces productives et commerciales de la France, 2 Bde., Paris 1827

Dupuit, J.-E.-J., De l'influence des péages sur l'utilité des voies de communication, in: Annales des Ponts et Chaussées, 1849 I

ders., De la législation actuelle des voies de transport: nécessité d'une réforme basée sur des principes rationnels, in: Journal des Economistes Bd. 23 (1849), S. 217-231

ders., De la mesure de l'utilité des travaux publics, in: Annales des Ponts et Chaussées 1844 II, S. 332-375

Dutens, J.-M., Histoire de la navigation intérieure de la France, avec une exposition des canaux à entreprendre pour en compléter le système, 2 Bde. Paris 1829

ders., Mémoires sur les travaux publics de l'Angleterre, Paris 1819

Entreprise du canal d'Aigues-Mortes à Beaucaire. Actes constitutifs de la Société Anonyme des Actionnaires, Paris 1808 (AN: F 14. 6844)

Exposé du projet de navigation de St.-Lô à la mer, et du projet d'association pour l'éxecution de cette navigation, o.O. 1835 (AN: F 14. 7113)

Faucher, L., De la souscription directe dans les entreprises de travaux publics, in: RDM 1838, S. 697-712

Fix, Th., Les canaux en France. Coup d'oeil économique et financier, in: Annuaire de l'Economie Politique et de la Statistique 1847, S. 129-137

Flachat, E., Rapport sur le canal du Berry, Paris 1842

ders., Barrault, A., Observations supplémentaires sur le nouveau tarif du canal du Rhône au Rhin, Paris 1844

dies., Rapport sur la valeur financière du canal du Rhône au Rhin, Paris 1844

Flachat, E., Burat, J. Des canaux exécutés par le gouvernement, in: Journal de l'Industriel Bd. 1 (1836), S. 271-285

ders., Pétiet, J., Rapport sur la situation des travaux de la navigation du canal du Rhône au Rhin, Paris 1842

Flachat, St., Du canal maritime de Paris à Rouen, 4 Bde., Paris 1829

Galabert, L., Canal des Pyrénées; ses dépenses, ses revenus et son utilité, Paris 1835

Gauthey, E.M., Mémoires sur les canaux de navigation, Paris 1816

Girard, P.S., Considérations sur les canaux et sur le mode de leur concession, 2. Aufl. Paris 1824

ders., Mémoires sur le canal de l'Ourcq..., 2 Bde. Paris 1831, 1843

ders., Précis historique sur la navigation intérieure, Paris 1818

Girette, J.F., Canal d'Aire à la Bassée, o.O. 1828

ders., Canal de Roubaix: Opposition de la Société du canal d'Aire à la Bassée, o.O. 1836

ders., Un dernier mot pour la société du canal d'Aire à la Bassée, o.O. 1836

ders., Observations en réponse à un mémoire pour le prolongement du canal de Roubaix jusqu'à l'Escaut, o.O. 1835

Graeff, A., Construction des canaux et des chemins de fer..., 2 Bde. Paris 1861

Grangent, S.-V., Notice sur le canal de Beaucaire à Aigues-Mortes, in: Annuaire des Ponts et Chaussées 1832 I, S. 106-136

Grangez, E., Des droits de navigation intérieure sur les rivières et les canaux, in: Journal de l'Industriel Bd. 9 (1840), S. 193-220

ders., Précis historique et statistique des voies navigables de la France et d'une partie de la Belgique, Paris 1855

ders., Traité de la perception des droits de navigation intérieure, Paris 1840

ders., Traité de la perception des droits de navigation. Supplément, Paris 1841

ders., Augoyat, A.-M., Discussions et documents sur les canaux, sur les routes et sur les chemins de fer de la France, Paris 1830

Guillemain, P., Navigation intérieure. Rivières et canaux, 2 Bde. Paris 1885

Un habitant des Landes. La canalisation des Landes est une des nécessités de l'époque, Paris 1854 (BN: Vp 24.029)

Hommage des élèves des Ponts et Chaussées à la Mémoire de M. Brisson, Paris o.J. (1828) (F 14. 2182I, Dossier Brisson)

Honnorez, A.-J., Mémoire pour M. Honnorez et les actionnaires des canaux de la Sensée et de la Deule sur la question du prolongement du canal de Roubaix jusqu'à l'Escaut, o.O. 1835

ders., Réclamation de M. Honnorez, concessionaire des canaux de la Sensée et de la Deule, contre le projet de loi relatif au canal de Roubaix, o.O. 1838

Intéressés dans la concession du canal de jonction de la Sambre à l'Oise. Observations à l'Assemblée Nationale sur un amendement au Budget... pour la réduction des droits de péage, Paris 1849 (BN: Vp 2282)

Lagrené, H. de, Cours de navigation intérieure: Fleuves et rivières, 3 Bde. Paris 1869-1873

ders., Les travaux publics en France, Bd. 3: Rivières et canaux, Paris 1883

Lamé, G., Clapeyron, E., Flachat, St. u. E., Vues politiques et pratiques sur les travaux publics en France, Paris 1832

La Tynna, J. de (Hrsg.), Almanach du commerce de Paris, Paris 1807-1818

Laveleye, A. de, Histoire financière des chemins de fer français, Brüssel, Paris 1860

Lavergne, L.de, De la répartition des dépenses publiques en France, in: Journal des Economistes Bd. 35 (1853), S. 1-12

Lecudennec, Mémoire pour M. Lecudennec, liquidateur de la Société R. Vassal et Cie, appelant contre M. Laurent Hainguerlot, intimé, Paris o.J. (ca. 1835) (AN: 68 AQ 151)

Legoyt, A., Les voies de communication en France en 1846, in: Annuaire de l'Economie Politique 1847, S. 102-114

Lescoeur, C., Essai historique et critique sur la législation des sociétés commerciales en France et à l'étranger, Paris 1877

Loeper, C., Geschichte des Verkehrs in Elsaß-Lothringen unter besonderer Berücksichtigung der Schiffahrt, des Post- Eisenbahn- und Telegraphenwesens, Straßburg 1873

Lucas, F., Etude historique et statistique sur les voies de communication de la France, Paris 1873

ders., Les travaux publics de la France, Bd. 3: Rivières et canaux, Paris 1883

Marivetz, Goussier, Système général des navigations de l'intérieur de la France, Paris 1788

Les membres du Conseil Municipal de Tourcoing, délégués, A Messieurs les Membres du Conseil Général du Département du Nord, o.O. 1854 (BN: Vp 24.013)

Mémoire pour la prolongation du canal de Roubaix, o.O., 1835 (AN: F 14.7029)

Michelet, J., Le peuple, Paris 1848

Minard, M., Des conséquences du voisinage des chemins de fer et des voies navigables, Paris 1844

ders., Un épisode de la guerre ouverte entre les chemins de fer et les voies navigables, Paris 1845

ders., Motifs pour préférer dans les travaux publics des ouvrages moins couteux, quoique moins durables, in: Journal des Economistes Bd. 30 (1830), S. 65-67

Minard, C.-J., Tableau comparatif de l'estimation et de la dépense de quelques canaux anglais, in: Annuaire des Ponts et Chaussées 1832 I, S. 140 f. (BN: V 46.859)

Navier, C.-L.-M.-H., Mémoires sur le canal de l'Ourcq et la distribution de ses eaux..., Paris 1831

Navigation de la rivière canalisée de la Sambre. Documents relatifs à cette entreprise, Paris 1832 (AN: F 12.6745)

Note pour le canal de jonction de la Sambre à l'Oise au sujet de l'abaissement des tarifs sur le canal de St.Quentin, Paris 1850 (AN: C 1066)

Notice sur les canaux de la Corrèze et de la Vézère, Paris o.J. (1827) (AN: 68 AQ 2)

Observations de co-propriétaires du canal du Midi, o.O. an IV (BN: 4° V Pièce 4430)

Observations sur la loi de rachat des actions de jouissance des canaux, Paris 1842 (BN: Vp 23.449)

Orléans, duc d', Au roi et à nosseigneurs de son conseil, o.O 1770 (AN: F 14.7002)

Pereire, G. (Hrsg.), Ecrits de Emile et Isaac Pereire, Bd. 7: Les chemins de fer, 4e fascicule, Paris 1904

Pillet-Will, Cte. M.F., De la dépense et du produit des canaux et des chemins de fer. De l'influence des voies de communication sur la prospérité industrielle de la France, 2 Bde. Paris 1837

ders., Observations sur l'indemnité que réclame la Compagnie des Quatre Canaux, Paris 1837

Pommeuse, H. de., Des canaux navigables considérés d'une manière générale avec des recherches comparatives sur la navigation intérieure de la France et celle de l'Angleterre, 2 Bde., Paris 1822

ders., Canaux et Rivières, in: Annuaire des Ponts et Chaussées 1839 II, S. 384-393

Sur le projet de loi pour l'achèvement de divers canaux. o.J. o.O. (ca. 1820) (BN: Vp 11.654)

Propriété du canal du Midi. Les héritiers de Riquet-Caraman et de Riquet-Bonrepos contre le préfet de la Haute Garonne, Paris 1844 (AN: F 14. 6966)

Proudhon, P.J., De la concurrence entre les chemins de fer et les voies navigables, Paris 1845

ders., Manuel du spéculateur à la Bourse, 3. Aufl. Paris 1857

Rapports sur les tarifs de la navigation. Paris 1846 (Chambre de Commerce de Paris: 360.642)

Rousset, du, Partage d'actions du canal du Midi entre les descendants du fils ainé de Pierre-Paul Riquet..., Paris 1873

ders., Tableau récapitulatif de 307 actions du canal du Midi partagées entre les héritiers et représentants des comte et marquis de Caraman..., Paris 1857

Sartoris, U., Du canal des Ardennes..., Paris 1826

ders., Observations sur le canal des Ardennes..., Paris 1833

Say, J.-B., Des canaux de navigation dans l'état actuel de la France, Paris 1818

Schneider, A.-V., De l'intervention de l'armée dans les grands travaux publics, Paris 1847

Smith, Navigation intérieure de la France, in: Annuaire de l'Economie Politique et de la Statistique, 1860, S. 171-179

Société anonyme du canal de jonction de la Sambre à l'Oise, Statuts, cahiers des charges et tarif, Paris 1882 (AN: 65 AQ D 39)

Société des canaux de la Corrèze et de la Vezère. Prospectus, Paris o.J. (1825) (BN: 68 AQ 2)

Société anonyme de la Sambre française canalisée. Statuts, Paris 1856 (AN: C 1066)

Teisserenc, E., Etudes sur les voies de communication perfectionnées et sur les lois économiques de la production du transport, Paris 1847

ders., Statistique des voies de communication en France, Paris 1845

V[++], A.-F., Considérations générales sur les voies de transport appliquées aux villes de Nantes et du Havre, Nantes/Paris 1841 (BN: Vp 4.186)

Vallée, L.L., De l'aliénation des canaux, Paris, o.J.

ders., Des voies de communication, considérées sous le point de vue de l'intérêt public; avec un appendice sur les chemins de fer de Paris à Boulogne, Calais, Dunkerque, Lille et Valenciennes, Paris 1836

Vuigner, E. , Mémoire relatif aux travaux exécutés... sur la rivière et le canal de l'Ourcq..., Paris 1862

C. Literatur

Allemagne, H.R.d', Les Saint-Simoniens, 1827-1837, Paris 1930

Avenel, Vte G.d', L'évolution des moyens de transports, Paris 1919

Bairoch, P., Révolution industrielle et sous-développement, 3. Aufl. Paris 1969

Barth, E., Notice historique sur le canal du Rhône au Rhin, in: Revue d'Alsace (Album Alsacien) 1873, S. 5-36 und S. 181-212

Beaujouan, G., Lebée, E., La fondation du crédit industriel et commercial, in: Histoire des Entreprises 1960, S. 5-40

Beaurin-Gressier, L., Canaux, in: L. Say (Hrsg.), Dictionnaire des finances, Bd. 1, 2. Aufl. Paris 1889, S. 850-856

ders., Navigation intérieure, in: L. Say (Hrsg.), Dictionnaire des Finances, Bd. 2, 2. Aufl. Paris 1894, S. 645-655

Bécarud, J., La noblesse dans les Chambres (1815-1848), in: Revue internationale d'histoire politique et constitutionelle, N.F. Bd. 3 (1953), S. 189-205

Borchard, K., Staatsverbrauch und öffentliche Investitionen in Deutschland 1780-1850, Göttingen 1968

Bouron, S., Les voies navigables françaises de Bourgogne et du Centre, in: Annales de Géographie 1932, S. 188-196

Bouvier, J., Sur les dimensions mesurables du fait financier- XIXe et XX siècles, in: RHES Bd. 46 (1968), S. 161-184

ders., Rapports entre systèmes bancaires et entreprises industrielles dans la croissance européenne au XIXe siècle, in: Léon, P., Crouzet, F., Gascon, R. (Hrsg.), L'industrialisation en Europe au 19e siècle. Cartographie et typologie, Paris 1972, S. 115-135

ders., Brèves réflexions sur le système bancaire en France (19e - 20e siècles), in: Revue internationale d'histoire de la banque, Bd. 1 (1968), S. 120-125

ders., Les Rothschild, Paris 1960

ders., Systèmes bancaires et entreprises industrielles dans la croissance européenne au 19e siècle, in: Annales Bd. 27 (1972), S. 46-70

Bray, E. de, Canaux d'Orléans et du Loing, in: L. Say, Dictionnaire des Finances Bd. 1, 2. Aufl. 1889 , S. 856 f.

Cahen, L., L'enrichissement de la France sous la Restauration, in: RHMC 1930, S. 178-207

Cameron, R.E. u.a., Banking in the early stages of industrialization. A study in comparative economic history, New York, London, Toronto 1967, insb. Kap. 1, Introduction, S. 1-14, Kap. 4, France, 1800-1870, S. 100-128

ders., A theoretical basis of a comparative study of the role of financial institutions in the early stages of industrialization, in: Deuxième Conférence Internationale d'Histoire Economique, Aix-en-Provence 1962, Bd. 2: Moyen Age et Temps Modernes, Paris 1965, S.567-588

ders., France and the economic development of Europe, 1800-1914, Princeton 1961

ders., Profit, croissance et stagnation en France au 19e siècle, in: Economie Appliquée 1957, S. 409-444

Caron, F., Histoire de l'exploitation d'un grand réseau français: la compagnie des chemins de fer du Nord de 1846 à 1936, 2 Bde. mss., Thèse lettres Nanterre 1969

ders., Recherches sur le capital des voies de communication en France au 19e siècle (en particulier le capital ferroviaire), in: Léon, P., Crouzet, F., Gascon, R. (Hrsg.), l'industrialisation en Europe au 19e siècle, Cartographie et typologie, Paris 1972, S. 237-261

Cavaillès, H., La route française. Son histoire, sa fonction, Paris 1946

Chabert, A., Essai sur le mouvement des prix et des revenus en France de 1789 à 1820, 2 Bde., Paris 1945-1949

Chalmin, P., L'officier français de 1815 à 1870, Paris 1957

Charlety, S., Histoire du Saint-Simonisme (1825-1864), Paris 1896

Chlepner, B.S., La banque en Belgique. Etude historique et économique, Bd. 1: Le marché financier belge avant 1850, Brüssel 1926

Clapham, J.H., The economic development of France and Germany 1815-1914, 4. Aufl. Cambridge 1963

Clozier, R., Géographie de la circulation. Bd. 1: L'économie des transports terrestres (rail, route et eau), Paris 1963

Colson, C., Transports et tarifs, 2. Aufl. Paris 1898

Cranmer, J.H., Canal Investment, 1815-1860, in: Studies in Income and Wealth, Bd. 24 (1960), S. 547-564

ders., Improvements without public funds: The New Jersey canals, in: Goodrich, Carter (Hrsg.), Canals and American economic development. New York, London 1961, S. 115-166

Crécy, M. de, Bibliographie analytique des enquêtes effectuées par ordre du Ministère du Commerce et de l'Agriculture de 1800 à 1918, in: Histoire des Entreprises Bd. 10 (1962), S. 2o - 76.

Crouzet, F., Essai de construction d'un indice annuel de la production industrielle française au 19e siècle, in: Annales, Bd. 25 (1970), S. 56-99

Cuënot, G., Rivières canalisées et canaux, Paris 1913

Daumard, A., La bourgeoisie parisienne de 1815 à 1848, Paris 1963

dies., Une référence pour l'étude des sociétés urbaines en France au XVIIIe et XIXe sicles. Projet de code socio-professionel, in: RHMC Bd. 10 (1963), S. 185-210

dies., Structures sociales et classement socio-professionel. L'apport des archives notariales au XVIIIe et XIXe siècles, in: Revue Historique Bd. 227 (1962), S. 139-154

Deane, Ph., Capital formation in Britain before the railway age, in: EDCC Bd. 9 (1960/61), S. 352-368

dies., The first industrial revolution, Cambridge,1969

Des Cilleuls, A., Origines et développement du régime des travaux publics en France, Paris 1895

Descombes, R., Le canal du Rhône au Rhin. Notice historique et descriptive, in: Les Travaux Publics Bd. 93, Nr. 941 (1957/IV), S. 14-32

ders., Le canal du Rhône au Rhin. Problèmes d'histoire et d'économie, in: Bulletin de la Société Industrielle de Mulhouse, 1959, S. 3-130

Désert, G., Aperçus sur l'industrie du bâtiment au 19e siècle, in: Bardet, J.-P. u.a., Le bâtiment. Enquête d'histoire économique, 14e- 19esiècles, Bd. 1, Paris 1971, S. 35-120

Dhont, J., Bruwier, M., The industrial revolution in Belgium and Holland 1700-1914, London 1970 (The Fontana Economic History of Europe Bd. 4 Teil 1)

Dictionnaire des parlementaires français, hrsgg. v. A. Robert, Bourloton, Cougny, 5 Bde. Paris 1891

Dunham, A.L., La révolution industrielle en France (1815-1848), Paris 1953

Dyos, H.J., Aldcroft, D.H., British transport. An economic survey from the seventeenth century to the twentieth. Leicester University Press 1969

Faber, K.-G., Aristokratie und Finanz. Das Pariser Bankhaus Paravey et Comp. (1819-1828), in: VSWG Bd. 57 (1970), S. 145-230

Fishlow, A., American railroads and the transformation of the ante-bellum-economy, Cambridge (Mass.) 1965

Fogel, R.W., Railroads and American economic growth. Essays in econometric history, Baltimore 1964

Fohlen, C., Une affaire de famille au 19e siècle: Mequillet-Noblot, Paris 1955

ders., The industrial revolution in France 1700-1914, London 1970 (The Fontana Economic History of Europe Bd. 4, Teil 3)

ders., Sociétés anonymes et développement capitaliste sous la monarchie censitaire, in: Histoire des Entreprises 1960, S. 65-77

ders., Sociétés anonymes et développement capitaliste sous le Second Empire, in: Histoire des Entreprises 1961, S. 65-79

Foville, A. de, La transformation des moyens de transport et ses conséquences économiques, Paris 1880

Germain-Martin, H., Histoire économique et financière de la France, Paris 1927

Gerschenkron, A., Wirtschaftliche Rückständigkeit in historischer Perspektive, in: Braun, R. u.a. (Hrsg.), Industrielle Revolution. Wirtschaftliche Aspekte, Köln u. Berlin 1972 (NWB 50), S. 59-78

Gille, B., Analyse de l'industrie sidérurgique française à la veile de 1830, in: RHS Bd. 3 (1962),S. 83-111

ders., Banking and Industrialization in Europe 1730-1914, London 1970 (The Fontana Economic History of Europe Bd. 3, Teil 4)

ders., La banque et le crédit en France de 1815 à 1848, Paris 1959

ders., Le conseil général des manufactures, Paris 1961

ders., (anonym erschienen), Les crédits accordés à l'industrie sidérurgique au moment de la crise de 1848, in: RHS 1965, S. 191-199

ders., Esquisse d'une histoire du syndicalisme patronal dans l'industrie sidérurgique française, in: RHS Bd. 5 (1964), S. 209-249

ders., (anonym erschienen), Le financement de l'industrie sidérurgique francaise au XIXe siècle, in: RHS 1961, S. 277-288

ders., La métallurgie française d'Ancien Régime, in: RHS Bd. 5 (1964), S. 153-171

ders., Les origines de la grande industrie métallurgique en France, Paris 1948

ders., Les origines d'une grande société métallurgique: Chatillon-Commentry , in: Histoire des Entreprises 1958, S. 7-28

ders., Les problèmes techniques de la sidérurgie française au cours du 19e siècle, in: RHS Bd. 2 (1961), S. 15-46

ders., (anonym erschienen), La psychologie d'un maître de forges français au début du 19e siècle, in: RHS 1965, S. 61-72 ders., (anonym erschienen), Recherches sur la concentration dans l'industrie sidérurgique en France, in: RHS 1962, S. 263-270

ders., Recherches sur la formation de la grande entreprise capitaliste, Paris 1959

ders., Les Rothschild, 2 Bde. Paris 1965, 1967

ders., La sidérurgie française au 19e siècle, Genf 1968

ders., La sidérurgie française du 19e siècle avant l'acier, in: RHS Bd. 7 (1966), S. 239-275

ders. (anonym erschienen), Les plus grandes sociétés métallurgiques françaises vers 1845, in: Revue d'histoire de la sidérurgie française Bd. 2 (1961), S. 201-219

ders., Les sources statistiques de l'histoire de France, Genf, Paris 1964

Gillet, M., Le bassin houillier du Nord et du Pas-de-Calais de 1815 à 1914 (Etude économique et sociale), mss. 3 Bde. Paris 1971 (Thèse lettres Paris IV)

ders., Charbonnages belges et charbonnages du Nord de la France au 18e et 19e siècle, in: Mélanges offerts à G. Jacquemyns, Brüssel 1968, S. 361-384

Girard, L., La politique des travaux publiques du Second Empire, Paris 1952

Good, D.F., Backwardness and the role of banking in nineteenth-century European industrialization, in: JEcH Bd. 33 (1973), S. 845-850

Goodrich, C. (Hrsg.), Canals and American economic development, New York, London 1961

ders., Government promotion of American canals and railroads 1800-1890, 2. Aufl. New York, London 1965

Gras, L.-J., Le Forez et le Jarez navigables. Histoire de la navigation en Loire et sur le canal de Givors et des projets de canal de la Loire au Rhône, St. Etienne 1930

Gravier, J.F., Paris et le désert français, Paris 1947

Guillaume, P., La Compagnie des Mines de la Loire (1846-1854), Paris 1966

ders., Essai sur la composition de la fortune bordelaise au milieu du 19e siècle, in: RHES 1965, S. 321-362

Hadfield, C., British canals. An illustrated history, 2.Aufl. London 1959 ders., The canal age, Newton Abbot 1968

ders., The canals of Southern England, London 1955

ders., The canals of South Wales and the border, 2. Aufl. Newton Abbot 1967

Hasquin, H., Une mutation. Le "Pays de Charleroi" aux XVIIe et XVIIIe siècles. Aux origines de la révolution industrielle en Belgique, Brüssel 1971

Hawke, G.R., Railways and economic growth in England and Wales 1840-1870, Oxford 1970

Henderson, W.O., Britain and industrial Europe 1750-1870, 2. Aufl. London 1965

ders., The industrial revolution in Europe 1815-1914, Chicago 1961

Higonnet, P.L.-R. und T.B., Class, corruption and politics in the French Chamber of Deputies, 1846-1848, in: Rowney, D.K. und Graham, J.Q. (Hrsg.), Quantitative history. Selected readings in the quantitative analysis of historical data, Homewood (Illinois)1969, S. 129-147

Hoselitz, B.F., Entrepreneurship and capital formation in France and Britain since 1700, in: NBER (Hrsg.), Capital formation and economic growth, Princeton 1956, S. 291-338

INSEE (Hrsg.), Code des catégories socio-professionelles, Teil 1, 3. Aufl. Paris 1954

Jackman, W.T., The development of transportation in modern England, 2. Aufl. London 1962

Jacquemyns, G., Langrand-Dumonceau, promoteur d'une puissance financière catholique, 5 Bde. Brüssel 1960-1965

James, A.M., Sidérurgie et chemins de fer en France, in: Russo, F. u.a., Sidérurgie et croissance économique en France et en Grande-Bretagne (1735-1913), Paris 1965, S. 103-151 (Cahiers de l' ISEA, Serie T, Nr. 5)

Jouffroy, L.-M., L'ère du rail, Paris 1953

Kaufmann, R. von, Die Eisenbahnpolitik Frankreichs, 2 Bde. Stuttgart 1896

Keller, H., Die Wasserstraßen Frankreichs, in: A. Petermann's Mittheilungen Bd. 27 (1881), S. 401-411, 449-458

Kindleberger, C.P., Economic growth in France and Britain 1851-1950, Cambridge (Mass.) 1964

Krantz, J.-B., Étude sur l'application de l'armée aux travaux d'utilité publique, Paris 1847

ders., Projet de création d'une armée des travaux publics, Paris 1847

Kurs, V., Schiffahrtsstraßen im Deutschen Reich, ihre bisherige und zukünftige Entwicklung und ihre gegenwärtige wirtschaftliche und finanzielle Ausnutzung, in: Jahrbücher für Nationalökonomie und Statistik. 3. Folge, Bd. 1o (1895), S. 641-7o5.

Labès, L.,Les Pairs de France sous la Monarchie de Juillet, Lorient 1938.

Labrousse, E., Le prix du froment en France au temps de la monnaie stable (1726-1913), Paris 197o.

Lambert-Dansette, J., Quelques famille du patronat textile de Lille-Armentières (1789-1914); origines et évolution d'une bourgeoisie, Lille 1954

Landes, D., Vieille banque et banque nouvelle: la révolution financière du 19e siècle, in: RHMC 1956, S. 2o4-222

ders., French entrepreneurship and industrial growth in the nineteenth century, in: JEcH Bd. 9(1949), S. 45-61

Lefèvre, A., Sous le Second Empire: Chemins de fer et politique. Paris 1951

Léon, P., L'industrialisation en France en tant que facteur de croissance économique, du début du 18e siècle à nos jours; in: Première Conférence Internationale d'Histoire Economique, Stockholm 196o, Paris 196o, S. 163-2o4.

ders., La naissance de la grande industrie en Dauphiné (fin du 17e siècle - 1789), Paris 1954.

Letaconnoux, J., Les transports en France au 18e Siècle, in: RHMC, Bd. 11(19o8/o9), S. 97-114 und S. 269-292.

ders., Voies de communication en France au 18e siècle, in: VSWG, Bd. 7, S. 94-141

Leuilliot, P., L'Alsace au début du 19e siècle. Essai d'histoire politique, économique et religieuse (1815-183o), 3 Bde., Paris 1959/196o.

Lévy-leboyer, M., Les banques européennes et l'industrialisation internationale dans la première moitié du 19e siècle, Paris 1964.

ders., La croissance économique en France au 19e siècle. Résultats _ iminaires, in: Annales, Bd. 23 (1968), S. 788-8o7.

Lhomme, J., La grande bourgeoisie au pouvoir (183o-188o), Paris 196o

ders., Economie et histoire, Genf 1967

ders., Capitalisme et économie dirigée dans la France contemporaine, Paris 1942

Lippmann, W., La cité libre, Paris 1938

Lüthy, H., La banque protestante en France de la révocation de l'Edit de Nantes à la Révolution, Bd. 2: De la banque aux finances. (173o-1794), Paris 1961

Macaigne, R., Le canal de St.-Quentin, Paris 1934

Maistre, A., Le canal des deux mers. Canal Royal du Languedoc 1666-181o, Toulouse 1968

Marczewski, J., Some aspects of the economic growth of France, 166o-1958, in: EDCC Bd. 9(1961), S. 369-386.

ders., The take-off hypothesis and French experience, in: W.W.Rostow (Hrsg.), The economics of take-off into sustained growth, New York 1963, S. 119-138.

Ménard, C. (Pseudonym von B. Gille), Le grand patronat dans la sidérurgie française du premierEmpire, in: RHS 1965, S. 1o3-122.

Most, O., Binnenschiffahrt und Kanalbau im 19. Jahrhundert, in: Historische Raumforschung Bd. 6: Raumordnung im 19. Jahrhundert, 2. Teil, Hannover 1967, S. 35-47.

ders., Frankreichs Wasserstraßen und Binnenschiffahrt, in: Großdeutscher Verkehr, 1943, S. 3o8-327.

Niemi, A. W., A further look at interregional canals and economic specialization: 182o-184o, in: EEH, 2. Serie, Bd. 7(197o), S. 499-52o.

Nogaro, B., Oualid, W., L´évolution du commerce, du crédit et des transports depuis cent cinquante ans. Paris 1914.

Palluat de Besset, R., Les Zacharie et les interessés au canal Royal de Givors. (1745-182o), Montbrison 1922.

Palmade, G. P., Capitalisme et capitalistes français au 19e siècle, Paris 1961.

Papy, M., Quelques fortunes bordelaises au milieu du 19e siècle, in: Revue d'Histoire Economique et Sociale 1965, S. 192-221.

Picard, A., Les chemins de fer. Aperçu historique: Résultats généraux de l'ouverture des chemins de fer; concurrence des voies ferrées entres elles et avec la navigation. Paris 1918

ders., Traité des eaux. Droit et administration, Bd. 3: Cours d'eau navigables ou flottables. Canaux de navigation, Paris 1893

Pinson, M., La sidérurgie française, in: Cahiers de l'ISEA: Sidérurgie et croissance économique en France et en Grande-Bretagne (1735-1913), Paris 1965, S. 7-101

Pinsseau, H., Un aspect du développement économique de la France: Histoire de la construction, de l'administration et de l'exploitation du canal d'Orléans de 1676 à 1954, Paris, Orléans 1963.

Pinsseau, P., Le canal Henri IV ou canal de Briare (1604-1943), Paris 1943

Ponteil, F., L'Alsacien J.G. Humann, le brasseur d'affaires, l'homme politique, in: RHM 1937

ders., Le canal de la Marne au Rhin. Les avatars de sa construction, in: Revue de la Navigation Intérieure et Rhénane, Bd. 26 (1953), S. 598-601

ders., Le financement de la construction du canal du Rhône au Rhin sous la Restauration, in: Revue de la Navigation Intérieure et Rhénane, Bd. 25 (1953), S. 172-177

ders., Georges Humann et l'achèvement du canal du Rhône au Rhin, in: Navigation du Rhin, Bd. 12 (1934), S. 302-308

ders., Les institutions de la France de 1814 à 1870, Paris 1966

ders., Le ministre des finances Georges Humann et les émeutes antifiscales en 1841, in: Revue Historique Bd. 179 (1937), S. 311-354

Pradelle, P., Du régime administratif et juridique du canal et de la rivière d'Ourcq, Laval 1902

Ransom, R.L., Canals and development: a discussion of the issues, in: AER, Papers and Proceedings, 1964, S. 365-376

ders., Interregional canals and economic specialization in the ante-bellum United States, in: EEH , 2. Serie Bd. 5 (1967/68) S. 12-35

ders., A closer look at canals and western manufacturing, in: EEH, 2. Serie Bd. 8 (1971), S. 501-508

Régey, G., Le Doubs navigable ou le canal du Rhône au Rhin, Besançon 1913

Renouard, D., Le transport de la marchandise par fer, route et eau depuis 1850, Paris 1960

Renshaw, E.F., A note on the measurement of the benefits from public investment in navigation projects, in: AER Bd. 47 (1957), S. 652-662

Richard, G., La métallurgie normande en 1845, in: RHS 1964, S. 1-51

Ripert, G., Aspects juridiques du capitalisme moderne, 2. Aufl. Paris 1951

ders., Traité élémentaire de droit commercial, 4. Aufl. Paris 1959

Rivet, F., La navigation à vapeur sur la Sâone et le Rhône 1783-1863, Paris 1962

Rostow, W.W. (Hrsg.), The economics of take-off into sustained growth, London 1963

ders., The process of economic growth, Oxford 2. Aufl. 1960

Rougerie, J., Remarques sur l'histoire des salaires à Paris au XIXe siècle, in: Le mouvement social Bd. 63 (1968), S. 71-108

Roy, J.A., Histoire de la famille Schneider et du Creusot, Paris 1962

Rubin, J., An innovating public improvement: the Erie Canal, in: C. Goodrich (Hrsg.), Canals and American economic development, New York, London 1961, S. 15-66

ders., An imitative public improvement: the Pennsylvania mainline, in: C.Goodrich (Hrsg.), Canals and American economic development, New York, London 1961, S. 67-114

Saffroy, Les voies navigables de la France, Paris 1911

Savage, C.J., An economic history of transport, London 1966

Scheiber, H.N., On the new economic history - and its limitations: a review essay, in: Agricultural History, Bd. 41 (1967), S. 383-395

ders., Ohio canal era: a case study of government and the economy, 1820-1861, Athens (Ohio) 1969

Schnerb, R., Le 19e siècle, l'apogée de l'expansion européenne, 1815-1914, Paris 1961 (Histoire générale des civilisations, M. Crouzet, Hrsg. ,Bd. 6)

Schumacher, H., Die finanzielle Entwicklung der französischen Wasserstraßen, in: Archiv für Eisenbahnwesen Bd. 22 (1899), S. 421-513

Schwabe, H.R., Die Entwickelung der deutschen Binnenschiffahrt bis zum Ende des 19. Jahrhunderts, Berlin 1899

Sée, H., Französische Wirtschaftsgeschichte, Bd. 2, Jena 1936 (Handbuch der Wirtschaftsgeschichte, hrsg. von G. Brodnitz)

ders., La vie économique de la France sous la Monarchie censitaire (1815-1848), Paris 1927

Segal, H.H., Canals and economic development, in: C. Goodrich (Hrsg.), Canals and American economic development, New York, London 1961, S. 216-248

ders., Cycles of canal construction, in: C. Goodrich (Hrsg.), Canals and American economic development, New York, London 1961, S. 169-215

Silly, J.B. (Pseudonym v. B. Gille), La concentration dans l'industrie sidérurgique en France sous le Second Empire, in: RHS, Bd. 3 (1962), S. 20-47

ders., La disparition de la petite métallurgie rurale, in: RHS Bd. 2 (1961), S. 47-61

Simiand, F., Le salaire, l'évolution sociale et la monnaie, 3 Bde. Paris 1932

Sympher, L., Kanäle, in: Handwörterbuch der Staatswissenschaften Bd. 5, 3. Aufl. Jena 1910, S. 753-777

Tarlé, E., Napoléon et les intérêts économiques de la France, in: Revue des études Napoléoniennes, März/April 1926, S. 117-137

Tassot, F., Le rachat du canal du Midi. Etude historique de la propriété de l'oeuvre de Riquet, Toulouse 1912

Taylor, G.R., The transportation revolution 1815-1860, New York 1964 (The economic history of the United States, Hrsg. v. Henry David u.a., Bd. 5)

Thuillier, G., Georges Dufaud et les débuts du grand capitalisme dans la métallurgie, en Nivernais, au XIXe siècle, Paris 1959

Tudesq, A.-J., L'attraction parisienne sur le recrutement parlementaire à la fin de la monarchie de Juillet, in: Politique. Revue internationale des doctrines et des institutions NS. Bd. 1 (1958), S. 271-286

ders., Les conseillers généraux en France au temps de Guizot, Paris 1967

ders., Les listes électorales de la monarchie censitaire, in: Annales Bd. 13 (1958), S. 277-288

ders., Les grand notables en France (1840-1849). Etude historique d'une psychologie sociale, 2 Bde. Paris 1964

ders., Les Pairs de France au temps de Guizot, in: RHMC Bd. 3 (1956), S. 262-283

Uhry, A., L'Alsace et le canal de la Marne au Rhin, in: La Navigation du Rhin Bd. 12 (1934), S. 329-353

Vial, J., L'industrialisation de la sidérurgie française 1814-1864, Paris, Den Haag 1967

Voigt, F., Verkehr, Bd. 2, Teil 1: Die Entwicklung des Verkehrssystems, Berlin 1965

Vox, M. (Hrsg.), Napoléon Ier, Correspondance, Six cent lettres de travail (1806 à 1810), Paris 1943

Weber, H.P., Investitionskriterien für Wasserstraßenbauten, Berlin 1965

Weill, G., La France sous la monarchie constitutionnelle, 2. Aufl. Paris 1912

Register

1. Kanäle und Kanalgesellschaften[1)]

Aire-La Bassée S. 41 f., 55, 137, 171 f., 182 f., 227
Aisne (Seitenkanal) S. 298
Arcachon S. 78, 135 f., 181 f., 187, 234, 236, 280
Ardennen S. 42, 65 f., 101 ff., 127 f., 202 ff.; s. Cie des Trois Canaux
Arles-Bouc S. 66, 100 ff., 106, 132 f., 147, 206 f., 246, 280
Beaucaire, S. 22, 121 ff., 190 ff., 212, 236, 280
Berry S. 22, 24, 66, 129; s. Cie des Quatre Canaux
Blavet S. 24, 304 ; s. Bretagne und Cie des Quatre Canaux
Bouc-Martigues S. 298
Bourbourg S. 298
Bourgidou S. 121
Bourgogne S. 22, 24, 66, 100 ff., 132 f., 147, 206 f., 246
Bretagne S. 24, 41, 48, 66; s. Blavet, Ille-Rance, Nantes-Brest und Cie des Quatre Canaux
Briare S. 22, 23, 113, 172, 176, 187, 234
Caën-mer S. 290
Calais S. 298
Centre S. 22, 24, 62
Charente-Seudre S. 298
Charras S. 290
Colme S. 298
Corrèze-Vézère S. 81, 155, 172, 184, 187, 234, 297
Coutances S. 133 f., 171, 185, 298
Decize: s.Loire (Seitenkanal)
Deule S.146 f., 172
Deux-Mers: s.Midi

---

1) Da die Firmennamen der Kanalgesellschaften häufig wechselten, werden mit Ausnahme der Cie des Quatre Canaux sowie der Cie des Trois Canaux nur die Bezeichnungen der Kanäle aufgeführt. Nicht berücksichtigt in diesem Register wurden die übergreifenden Tabellen 2, 22, 43, 50-54, 60 und 61.

Dive S. 135, 190
Dünkirchen-Furnes S. 112, 124, 171
Essonne S. 81, 155, Tab.59
Est S. 27
Etangs S. 22, 24, 123f.,193
Eu-Tréport S. 290
Fourchambault; s. Loire (Seitenkanal)
Garonne (Seitenkanal) S.50, 52, 81, 155, 222, Tab.59
Givors S.78, 96, 118ff.,154, 173f.,190, 222, 251, 280
Hazebrouck S. 112, 124, 171
Ill-Rhein S.298
Ille-Rance S.24; s.Bretagne und Cie des Quatre Canaux
Isac; s.Nantes-Brest
Jonction; s.Midi
Le Havre-Trancarville S. 290
Lez S. 112, 177, 187, 234
Loing S. 83, 117f., 166, 177, 187, 219, 234, 251
Loire (Seitenkanal)S.55, 66, 129; s.Cie des Quatre Canaux
Loire (untere) S. 81, 155, Tab.59
Luçon S.112, 124, 171
Lunel S.112, 175, 191
Manicamp S.41, 65f.; s.Somme
Marans-La Rochelle S.62, 304
Marne (Seitenkanal) S.298
Marne-Rhein S.52f.
Midi S.19, 22, 23, 83, 114 ff., 166, 170, 177ff., 187, 190, 219, 234, 251
Mons-Condé S.145 ff., 172
Nantes-Brest S.24, 291, 298; s.Bretagne und Cie des Quatre Canaux
Narbonne; s.Midi
Nivernais S.24, 66, 129; s.Cie des Quatre Canaux
Oise S.65 f., 102 f., 127, 129, 202, 205; s.Cie des Trois Canaux
Orléans S.23, 83, 117 f., 166, 177, 187, 219, 234, 251
Ourcq; s. Paris
Oust; s.Nantes-Brest

Paris S. 82, 126, 130, 191, 196 ff., 213, 236, 245, 298
Plessis S. 124, 175, 280
Pont-de-Vaux S. 298
Pyrénées S. 49, 81, 155, Tab. 59
Quatre Canaux, Cie des S. 83, 86, 95, 98-105, 109, 129 ff., 155, 193, 207 ff., 236, 246
Radelle S. 121; s.Beaucaire
Rhone-Rhein S. 24, 41 f., 64 ff., 103, 124 f., 127, 130, 147, 154 193, 200 f., 213, 230, 236, 246
Roanne-Digoin S. 78, 95, 103, 147 ff., 198 ff., 202, 213
Roubaix S. 138 ff., 172, 179 f., 184, 187, 226 f., 234, 236, 298
St. Denis; s. Paris
St. Martin; s. Paris
St. Martory-Toulouse Tab. 59
St. Maur S. 291; s. Marne-Seitenkanal
St. Quentin S. 146 f., 172
Ste. Lucie; s. Midi
Salines de l'Est S. 223, Tab. 59
Sambre S. 78, 106, 142 ff., 172, 184 f., 187, 194 ff., 212, 227
Sambre-Oise S. 41, 78, 142 ff., 166, 172, 191, 194 f., 212, 227, 244
Scarpe inférieure S. 141, 171
Sensée S. 55, 140, 146 ff., 172
Silvéréal S. 121; s. Beaucaire
Somme S. 24, 41, 65 f., 101 ff., 127 f., 202 ff.; s. Cie des Trois Canaux
Trois Canaux, Cie des 86, 101 ff., 127 ff., 205 ff., 213, 246
Vilaine S. 22
Vire-et-Taute S. 133 f., 171, 185 f., 234, 262, 298

2. Personen, Finanzinstitutionen, Bauunternehmen

Adelaide d'Orléans 118, 166, 176, 274
Ampère, A., S. 174, 222
André et Cottier S. 209, 272
Anisson-Duperon, Cte de 274
Ardoin, Hubbard et Cie S. 209
Aubieres, A. d' S. 46, 109
Baillet, H. de S. 168, 194
Bartholony, F. S. 67, 75
Basse, F. S. 194
Basterrèche, F. S. 55, 109, 123, 190
Bayard de la Vingtrie, C. S. 141, 171, 214, 220, 274
Becquey, L. S. 32-39, 47 f., 55, 58 ff., 70 ff., 200, 275
Bérard, A.S.L. S. 168, 191, 281
Bethmann frères S. 201
Blanc, Colin et Cie S. 272
Bodin frères et Cie S. 132, 209
Brame, L. S. 140 f., 179
Brisson, B. S. 34 ff., 55
Caisse Hypothécaire S. 135, 190, 272
Candolle-Turettini, de S. 198
Cerfberr, A.T. S. 137
Chaptal, J. S. 280
Chevalier, M. S. 38, 51 f.
Cie des Mines de la Loire S. 120, 175, 280
Clapeyron, E. S. 38
Colin, P.A.G. S. 134
Collignon, Ch. S. 46, 53
Cordier, L. S. 68, 194, 202
Crédit Mobilier S. 286 f.
Dassier, A. S. 125
Davillier, J.-Ch. et al. S. 123, 169, 191 ff., 196, 200, 231, 235, 285
Delahante, A. S. 174, 190
Delessert, B. S. 249
Desjardins, A. S. 42, 137

Doffegnies, H. S. 194
Dupuis de Torcy S. 34 f.
Durand, F. S. 123 f., 192
Dutens, J.M. S. 36 ff., 55, 59
Fajon, F. S. 69
Ferrari, A. de S. 206 f., 272
Flachat, E. u. S. S. 38
Freycinet, C. de S. 27, 74
Greffulhe, J.-L. S. 127, 203, 235, 272
Hagerman, J. S. 132, 206 f., 285
Hainguerlot, P.-L. S. 196 f., 272
Hély-d'Oissel, Bon A.-P.-F. S. 74
Hentsch, H. S. 198, 209, 272
Hentsch, H., Blanc et Cie S. 209, 272
Hillemacher, J.G. S. 272
Honnorez, A. S. 126, 140, 145 ff., 151, 172, 214, 220, 223, 272, 274
Humann, G. et al. S. 50, 124, 193, 201, 208 f., 272
Issarts, F. des S. 58, 68
Jaquet et Richard S. 198
Laffitte, J. S. 47, 55, 67, 209, 272, 286
Lamé, G. S. 38, 45, 48, 67
Lapanouze, C. de S. 209
Lefebvre, J. et Cie S. 209
Légion d'Honneur S. 115, 166, 177, 179, 274
Lemaire, V. S. 134
Leopold I., König der Belgier S. 166, 195
Loque, J.-C.-M. S. 137
Louis-Philippe I., König der Franzosen S. 118, 166, 176, 184, 274
Milleret et Cie S. 281
Mosselman(n), M. S. 134, 274
Noailles, A. de S. 184, 187
Odier, G. S. 132, 206 f.
Orléans, Philippe duc d' S. 117 f.
Paravey, P.-F. S. 68, 125, 201 f., 209, 272
Pereire, E. u. I. S. 286

Périer, C. S. 47, 68, 209
Pillet-Will, Cte M.-F. S. 67, 209, 272, 281
Polonceau, A.R. S. 134
Pommeuse, Huerne de S. 45, 59 ff.
Renouard de Bussière, A.-P. S. 201, 209
Riquet, P.-P. S. 114 ff., 170, 178, 190
Riquet-Bonrepos S. 115 ff., 178, 214
Riquet-Caraman S. 115 ff., 178, 181
Rothschild, J. de S. 189, 191, 194, 196, 200, 231, 272
Rouget de l'Isle, C. S. 201, 230
Rousselle S. 147, 272
Saglio, F. S. 193, 201, 208 f.
Sartoris, U. S. 60, 68, 99, 101 ff., 127, 202 f., 253, 272
Seguin frères et Cie S. 134
Siméon, Innenminister S. 38, 43, 55 f., 58, 60 f.
Société des Actions Réunies S. 190
Société des Capitalistes S. 189 f.
Société Génerale S. 189 f., 194, 196, 272, 285
Soult, N. Jean de Dieu, Duc de Dalmatie S. 51, 123, 168, 193, 282
Talabot, P. S. 123
Tardis, Marquis de S. 198
Thiers, A. S. 48, 50 ff., 68, 72 f.
Thuret et Cie S. 197, 201, 272
Urbain et Piard S. 145, 194
Usquin, P.F.D. S. 123, 193
Vallée, L.L. S. 45
Villevèque, Laisné de S. 58
Viollier, J.-L. S. 198, 272
Zacharie, F. et al. S. 119 ff., 173

Schriften zur Wirtschafts- und Sozialgeschichte

1. **Massenpublikum und Journalistentum im 19. Jahrhundert in Nordwestdeutschland.** Von R. Engelsing. 305 S. 1966. DM 45,60

2. **Justus Mösers Gewerbetheorie und Gewerbepolitik im Fürstenbistum Osnabrück in der zweiten Hälfte des 18. Jahrhunderts.** Von J. Runge. 162 S. 1966. DM 29,60

3. **Aktionen gegen die „kalte Sozialisierung" 1926 - 1930.** Ein Beitrag zum Wirken ökonomischer Einflußverbände in der Weimarer Republik. Von C. Böhret. 279 S. 1966. DM 58,60

4. **WASAG.** Geschichte eines Unternehmens 1891 - 1966. Von W. Fischer. 254 S. 1966. DM 47,60

5. **Ansätze technologischen Denkens bei den Kameralisten des 17. und 18. Jahrhunderts.** Von U. Troitzsch. 193 S. 1966. DM 34,60

6. **Die „Georg Fuggerischen Erben".** Kaufmännische Tätigkeit und sozialer Status 1555 bis 1600. Von R. Hildebrandt. 217 S. 1966. DM 43,60

7. **Die Bedeutung wirtschaftlicher Faktoren bei der Wiedereinführung der Eisen- und Getreidezölle in Deutschland 1879.** Von K. W. Hardach. 219 S. 1967. DM 44,—

8. **Forstgeschichte** im Zeitalter der industriellen Revolution. Von H. Rubner. 235 S. 1967. DM 46,60

9. **Der Einfluß der Agrarreformen des beginnenden 19. Jahrhunderts in Ostpreußen auf Höhe und Zusammensetzung der preußischen Staatseinkünfte.** Von V. Gropp. 187 S. 1967. DM 44,—

10. **Arbeitsdienst in Deutschland.** Pläne und Verwirklichungsformen bis zur Einführung der Arbeitsdienstpflicht im Jahre 1935. Von H. Köhler. 281 S. 1967. DM 53,60

11. **Vom Gewerbefleiß zur Industrie.** Ein Beitrag zur Wirtschaftsgeschichte des 18. Jahrhunderts. Von F. Eulen. 215 S. 1967. DM 46,60

12. **Das Leinenhaus Grünfeld.** Erinnerungen und Dokumente von Fritz V. Grünfeld. Eingel. und hrsg. von St. Jersch-Wenzel. 237 S. 1967. DM 39,60

13. **Die Arbeiterfrage im preußischen Abgeordnetenhaus 1848 - 1869.** Von H. Volkmann. 218 S. 1968. DM 47,60

14. **Der soziale Status des Arbeiters in der Frühsozialisierung.** Eine Untersuchung über die Arbeitnehmer in der französischen eisenschaffenden Industrie zwischen 1800 und 1870. Von G. H. Hardach. 221 S. 1969. DM 47,60

15. **Wirtschaftliches Wachstum und Sozialer Wandel.** Von B. F. Hoselitz. 287 S. 1969. Brosch. DM 46,60; Lw. DM 53,40

16. **Universität, Technische Hochschule und Industrie.** Ein Beitrag zur Emanzipation der Technik im 19. Jahrhundert unter besonderer Berücksichtigung der Bestrebungen Felix Kleins. Von K. H. Manegold. 330 S. 1970. DM 69,80

17. **Koloniale Entwicklung und Ausbeutung.** Wirtschafts- und Sozialgeschichte Deutsch-Ostafrikas 1885 - 1914. Von R. Tetzlaff. 309 S. 1970. DM 69,80

18. **Bauernwirtschaft und Bauerneinkommen im Fürstentum Paderborn im 18. Jahrhundert.** Von F.-W. Henning. 250 S. 1970. DM 56,—

19. **Wege zur Verbreitung technischer Kenntnisse zwischen England und Deutschland in der zweiten Hälfte des 18. Jahrhunderts.** Von W. Kroker. 203 S. 1971. DM 47,60

20. **Das Gewicht monopolistischer Elemente in der amerikanischen Textilindustrie, 1840 bis 1880.** Modische Produktvariation unter Führung des Kommissionshauses. Von H. Siegenthaler. 127 S. 1972. DM 36,60

21. **Vom Einwohner zum Bürger.** Zur Emanzipation der städtischen Unterschicht Göttingens 1890 - 1920. Eine sozial- und kommunalhistorische Untersuchung. Von A. v. Saldern. 508 S. 1973. DM 88,—

22. **Entwicklungsstadien und Zweiter Weltkrieg.** Ein wirtschaftswissenschaftlicher Beitrag zur Frage der Kriegsursachen. Von K. Thöne. 106 S. 1974. DM 28,60

23. **Landesherrschaft und Bergbauwirtschaft.** Zur Wirtschafts- und Verwaltungsgeschichte des Oberharzer Bergbaugebietes im 16. und 17. Jahrhundert. Von E. Henschke. 443 S. 1974. DM 88,60

24. **Der Trustkampf (1901 - 1915).** Ein Beitrag zum Verhalten der Ministerialbürokratie gegenüber Verbandsinteressen im Wilhelminischen Deutschland. Von F. Blaich. 157 S. 1975. DM 39,60

25. **Der Generalstreik der Eisenbahner in Frankreich von 1910.** Das Scheitern des Revolutionären Syndikalismus und die repressive Politik Briands. Von H. Spuhler. 266 S. 1975. DM 64,60

26. **Die Jaluit-Gesellschaft auf den Marshall-Inseln 1887 - 1914.** Ein Beitrag zur Kolonial- und Verwaltungsgeschichte in der Epoche des deutschen Kaiserreichs. Von W. Treue. 197 S. 1976. DM 48,—

27. **Weltmarktorientierung und relative Stagnation.** Währungspolitik in Deutschland 1924 - 1931. Von G. Hardach. 182 S. 1976. DM 48,—

D U N C K E R & H U M B L O T / B E R L I N

Beiträge zu einer historischen Strukturanalyse Bayerns im Industriezeitalter

Herausgegeben von Prof. Dr. Karl Bosl, Universität München

1. **Die Entstehung einer Revolution.** Die Volksabstimmung in Bayern während des Ersten Weltkrieges. Von K. L. Ay. 230 S. 1968. DM 44,80

2. **Landtag und Regierung in Bayern am Vorabend der Revolution von 1918.** Von W. Albrecht. 487 S. 1968. DM 78,60

3. **Organisierter Anarchismus im Deutschen Kaiserreich von 1870.** Von U. Linse. 410 S. 1969. DM 74,60

4. **Süddeutschland in der Weimarer Republik.** Von W. Benz. 371 S. 1970. DM 68,60

5. **Geschichtsauffassung und politisches Denken Münchener Historiker in der Weimarer Zeit.** Von C. Weisz. 309 S. 1970. DM 58,60

6. **Heinrich Held als Parlamentarier.** Eine Teilbiographie 1868 - 1924. Von R. Keßler. 532 S. 1971. DM 88,60

7. **Reichsreform und Finanzpolitik.** Von F. Menges. 467 S. 1971. DM 84,60

8. **Die Republik als Herausforderung.** Konservatives Denken in Bayern zwischen Weimarer Republik und antidemokratischer Reaktion (1918 - 1925). Von F. Mennekes. 275 S. 1972. DM 58,60

9. **Das bayerische Offizierskorps 1866 - 1914.** Von H. Rumschöttel. 344 S. 1973. DM 78,60

10. **„Nahrungsstand" und „erzwungener Gesellenstand".** Mentalité und Strukturwandel des bayerischen Handwerks im Industrialisierungsprozeß um 1860. Von G. Schwarz. 264 S. 1974. DM 66,60

11. **Die bayerischen Herrscher von Ludwig I. bis Ludwig III. im Urteil der Presse nach ihrem Tode.** Von E. Ursel. 197 S. 1974. DM 52,60

12. **Die Vorgeschichte der nationalsozialistischen Machtübernahme in Bayern 1932/33.** Von F. Wiesemann. 323 S. 1975. DM 78,60

13. **Franz Gürtner, Politische Biographie eines deutschen Juristen 1881 - 1941.** Von E. Reitter. 238 S. 1976. DM 66,—

14. **Die Lensch-Cunow-Haenisch-Gruppe.** Von R. Sigel. 177 S. 1976. DM 48,60

15. **Industrie und Politik in Bayern 1900 - 1919.** Von G. Eckardt. 201 S. 1976. DM 58,60

D U N C K E R & H U M B L O T / B E R L I N

Historische Forschungen

1. **Geschichte der Menschenrechte und Grundfreiheiten im Umriß.** Von G. Oestreich. 135 S. 1968. DM 19,80

2. **Subjektivität und Geschichtswissenschaft.** Grundzüge einer Historik. Von H.-W. Hedinger. 691 S. 1969. DM 129,—

3. **Untersuchungen zu Johann Gustav Droysens „Historik".** Von K. Spieler. 152 S. 1970. DM 28,60

4. **Die Deutsche Marinepolitik 1916 - 1918.** Von R. Stegemann. 179 S. 1970. DM 33,60

5. **Sir Roger Casement und die deutsch-irischen Beziehungen.** Von K. Wolf. 205 S. 1972. DM 46,60

6. **Rationales Naturrecht als revolutionäre Praxis.** Untersuchungen zur „Erklärung der Menschenrechte und Bürgerrechte" von 1789. Von J. Sandweg. 345 S. 1972. DM 68,60

7. **Kant und die Französische Revolution.** Von P. Burg. 283 S. 1974. DM 66,60

8. **Calvinismus und französische Monarchie im 17. Jahrhundert.** Die politische Lehre der Akademie Sedan und Saumur, mit besonderer Berücksichtigung von Pierre Du Moulin, Moyse Amyraut und Pierre Jurieu. Von H. Kretzer. 486 S. 1975. DM 126,—

9. **David Hume und das Problem der Geschichte.** Von U. Voigt. 188 S. 1975. DM 49,80

10. **Reformation und Bauernkrieg im Geschichtsbild der DDR.** Zur Methodologie eines gewandelten Geschichtsverständnisses. Von J. Foschepoth. 170 S. 1976. DM 40,—

11. **Cognitio Historica.** Die Geschichte als Namengeberin der frühzeitlichen Empirie. Von A. Seifert. 202 S. 1976. DM 68,—

D U N C K E R & H U M B L O T / B E R L I N